The New

Project Management

프로젝트 관리의 해법

J. 데이빗슨 프레임 지음 ㅣ 이석주 · 신영환 옮김

프로젝트 관리의 해법

펴 냄   2007년 2월 10일 1판 1쇄 박음 | 2007년 2월 15일 1판 1쇄 펴냄
지은이   J. 데이빗슨 프레임
옮긴이   이석주 · 신영환
펴낸이   김철종
펴낸곳   (주)한언
          등록번호 제1-128호 / 등록일자 1983. 9. 30
주 소   서울시 마포구 신수동 63-14 구 프라자 6층(우 121-854)
          TEL. 02-701-6616(대) / FAX. 02-701-4449
책임편집 김윤선 yskim@haneon.com
디자인   김신애 sakim@haneon.com
홈페이지 www.haneon.com
e-mail   haneon@haneon.com

이 책의 무단전재 및 복제를 금합니다.
잘못 만들어진 책은 구입하신 서점에서 바꾸어 드립니다.

ISBN   978-89-5596-391-5   03320

프로젝트 관리의 해법

**The New
Project Management**

당신은 프로젝트 관리의 핵심인재입니다.

복잡한 환경에서의 프로젝트 관리

이 책은 복잡한 현대 사회에서 프로젝트 관리에 종사하는 모든 사람들을 위해 쓰였다. 건설업이나 방위산업과 같은 전통적인 프로젝트뿐만 아니라, 정보화 시대에는 정보 시스템 분야, 재무 분야, 마케팅 분야, 제약 분야, 보험 분야 등의 프로젝트를 다루는 데 있어서도 과거의 방식만으로는 문제를 해결하기 어렵다. 즉, 과거의 PERT 일정관리 기법, S곡선 예산관리 기법, 자원 부하표로는 오늘날의 프로젝트를 수행하기 힘들다.

이 책에서는 프로젝트 관리에서 일반적으로 다루지 않았던 개념과 기법을 설명하고자 한다. 프로젝트 관리는 수십 년 동안 사용한 일련의 표준 기법들과 밀접한 연관성을 갖고 있다. PERT/CPM 네트워크는 1957년에 발표되었고, 간트차트 *Gantt chart*는 제1차 세계대전 중에 처음으로 사용되었다. 사람들은 내게 이런 질문을 하곤 한다. "당신은 프로젝트 관리가 무엇인지 알고 있습니까?" 이는 곧 "당신은 PERT 차트 상에서 위험경로(critical path)를 산출하는 방법을 알고 있습니까?"라는 질문으로 바꿀 수 있다. 프로젝트 관리에 대해 지금까지 나온 책들은 프로젝트의 득과 실을 결정하는 데 제 역할을 하지 못했다.

오늘의 프로젝트 관리자는 무질서와 혼돈이 지배하는 환경 속에서 업무를 수행해야 한다. 이 책은 프로젝트 관리자가 그런 환경에서 관심을 가져야 하는 핵심적인 문제에 초점을 맞추고 있다. 다른 직원들이 회사의 조직을 재편하기 위해서 노력하는 동안, 프로젝트 관리자들은 엄청난 변화를 이겨내야 한다. 그들은 프로젝트의 수행자이자 프로젝트를 기획하고 실행할 수 있는 선구자적 역할을 수행해야 한다. 이 책에서는 변화하는 환경에서 프로젝트 관리자들이 효과적으로 기능을 발휘할 수 있도록 고객만족, 비즈니스의 복잡성, 효율적인 일정계획, 권한 및 역할의 이행, 하청업체 관리, 인사관리 및 위험관리 등을 중점적으로 다룰 것이다. 전통적인 프로젝트 관리에 관한 지식을 얻고자 한다면《프로젝트 관리》를 살펴보면 좋을 것이다. 이 책은《프로젝트 관리》에서 제기했던 몇 가지 문제에 대해서 보다 구체적인 해답을 제공할 것이다.

이 책의 주요 내용은 필자의 경험을 바탕으로 하고 있다.《프로젝트 관리》가 출간된 후, 3가지 경험을 통해 프로젝트 관리에 거대한 영향을 미쳤다. 첫째,《프로젝트 관리》가 출간된 이후 컨설팅이나 교육 훈련의 기회가 증가했다. 1987년 이후, 프로젝트 관리를 주제로 전 세계의 3만여 관리자들을 대상으로 교육했다. 대기업을 대상으로 교육하기도 했는데, AT&T, 모건스탠리 *Morgan Stanley*, 스프린트 *Sprint*를 들 수 있다. 또한 프레디 맥*Freddie Mac*, 패니 메이*Fannie Mae*, 시타*SITA*, 큐나 뮤츄얼 *CUNA Mutual*과 같은 중간 규모의 기업들을 대상으로도 교육을 했다. 그리고 방위정보시스템국(Defense Information Systems Agency), 국세청 (Internal Revenue Service), 스미소니언 국립 미국사 박물관(Smithsonian′s National Museum of American History), 베이징 화공 관리청(Beijing Institute of Chemical Engineering Management), 중국선박공업집단공사 (China State Shipbuilding Corporation) 등 국가 기관들을 교육할 기회도 있었다.

이러한 여러 기관들을 교육하면서 나는 다양한 환경에서 프로젝트를 수행중인 프로젝트 책임자들을 만났고, 그들의 경험을 공유했다. 내가 만난 프로젝트 책임자들은 이제 막 성장하기 시작한 산업에 종사하기도 했고, 점점 쇠퇴하고 있는 분야에 종사하기도 했다. 고속도로의 건설 프로젝트를 수행하는 이들도 있었고, 소프트웨어 개발에 종사하는 이들도 있었다. 대다수의 책임자들은 조직축소, 기업합리화, 아웃소싱, 권한부여 등을 프로젝트 수행과정의 필수요소로 여기고 있었다. 이들을 통해서 총체적 품질관리, 자기 관리(Self-managed teams) 팀, 시간 제약적 일정계획법, 부가 경제가치(EVA), 재설계 등을 몸소 체험할 수 있었다. 다행히도 나는 유능한 프로젝트 관리자들을 만나면서 이 책을 쓰는 데 필요한 대부분의 아이디어를 얻었다.

둘째, 프로젝트관리연구소(Project Management Institute, PMI)에 근무하면서 많은 경험을 얻었다. PMI는 프로젝트 관리에 대한 나의 지식과 통찰력을 보다 풍부하게 만들었다. PMI는 세계에서 가장 큰 규모로 프로젝트 관리를 연구하는 곳이다. 나는 이곳에서 1990~1996년에는 PMI

의 자격증 담당으로, 그 후 2년 동안 교육서비스 담당으로 일했다. 그 과정에서 여러 사안들에 대해 프로젝트 관리의 적합성 문제를 다뤘다. 나는 그 과정에서 수십여 명의 PMI 직원들의 업무를 평가하는 기회를 가졌다. 그 직원들은 PMI의 《프로젝트 관리 지식체계 *A Guide to the Project Management Body of Knowledge*》를 집필하거나 개정에 참여한 사람들이다. 이 책은 프로젝트 관리에 관해서 세계적으로 표준이 되는 지침서이다. 이 책은 'PMBOK 지침서'라 불리는데, 프로젝트 관리자들의 핵심적인 능력을 규정하고 있다. 여기서는 프로젝트 관리 능력을 9가지로 정의한다. 우선 프로젝트 관리자는 4가지 영역에서 유능해야 한다. 즉, 범위관리, 일정관리, 비용관리, 인적자원관리 등에서 능력을 발휘해야 한다.

아울러 나머지 5가지 영역인 위험관리, 품질관리, 조달관리, 커뮤니케이션관리, 통합관리가 중요하다. 우리는 이 영역들에 더욱 관심을 기울여야 한다. 이 5가지 영역에 대한 관심은 전통적인 프로젝트 관리가 한 단계 진보했음을 의미한다. 왜냐하면 전통적인 프로젝트 관리는 일정, 예산, 명세서를 중심으로 파악했기 때문이다. 이제 프로젝트 스태프는 프로젝트를 효과적으로 수행하기 위해서 과거보다 더 많은 기술과 능력을 갖춰야 한다. 위험상황에 어떻게 대처할 것인지, 품질이 좋은 상품과 서비스를 어떻게 창출할 것인지, 제한된 환경 속에서 어떻게 업무를 수행해야 하는지, 그리고 상사와 동료, 고객, 하청업체 등과 어떻게 효과적으로 커뮤니케이션할 것인지 적절한 기준을 마련하고 판단해야 할 것이다.

셋째, 나는 지난 몇 년 동안 세계 곳곳에서 프로젝트 관리 업무를 맡았다. 즉, 오스트레일리아, 중국, 싱가포르, 타이완, 홍콩, 한국, 뉴질랜드, 남아프리카공화국, 인도, 아르헨티나, 브라질, 캐나다, 프랑스, 독일, 영국 등에서도 일했다. 그리고 러시아, 콜롬비아, 멕시코, 네덜란드, 일본, 덴마크, 뉴질랜드, 말레이시아, 가나, 나이지리아, 방글라데시, 인도, 이집트에서도 프로젝트 관리자들과 협조하며 업무를 수행했다. 여기서 깨달은 것도 전 세계의 프로젝트 관리자들 모두가 유사한 어려움을 겪고 있다는 점이다. 따라서 이 책에서는 프로젝트 관리자들이 직면하고 있는 문제를 중점적으로 다룰 것이다.

이 책은 누구을 위해 쓰였는가?

이 책은 많은 독자들에게 유용한 지침서가 될 것이다. 실무 과정에 대한 핵심적인 지식을 얻고자 하는 프로젝트 관리자들은 기존의 서적들에서 해결할 수 없었던 문제들을 이 책을 통해서 해결하리라 확신한다. 프로젝트 관리에 관한 기존의 책들이 주로 이론에 초점을 맞추었는데, 이 책은 프로젝트의 실무에 중심을 두고 있다. 따라서 프로젝트 관리자는 핵심 주제에 관해서 현실적으로 논의할 수 있을 것이다. 요컨대 복잡성 관리, 형상관리(configuration management), 위험사슬 일정계획법(critical chain scheduling), 통합비용 및 일정관리 기법, 계약의 원칙, 프로젝트의 평가, 위험관리 등과 같은 핵심 주제에 현실적으로 접근할 것이다.

이 책은 어떻게 구성되어 있는가?

프로젝트 관리에 대한 과거의 접근법은 새로운 비즈니스 환경에서는 더 이상 효과적으로 활용되기 힘들다. 새로운 비즈니스 환경은 복잡하고 무질서하며 불확실하다. 이 책은 이러한 환경에서 프로젝트 관리자들이 어떻게 대처해야 하는지 다룰 것이다.

복잡한 환경에서의 프로젝트 관리

이 책은 두 부분으로 구성되어 있다. 제1부는 총 5개의 장으로 이루어져 있으며, 프로젝트 관리의 복잡한 현실을 다룬다. 1장은 오늘날의 비즈니스에서 가장 중요한 특징이 복잡성에 있다는 사실에 중점을 두고 논의할 것이다. 우리는 매일 수많은 상황 앞에서 선택해야 하고, 심지어는 단순해 보이는 상황에서도 고려해야 할 것이 많다. 특정 업무에서 공적을 쌓은 사람도 빠르게 변화하는 환경 속에서 그간 쌓아온 지식이 무용지물에 지나지 않음을 뼈저리게 느끼곤 한다. 이에 1장은 오늘날의 복잡한 환경 속에서 프로젝트를 성공적으로 수행하기 위한 몇 가지 방법을 제시할 것이다.

2장은 변화관리를 다룰 것이다. 기술은 물론 사람도 변화하고 있다. 예산편성도 시간의 흐름에 따라 변하고 있으며, 자원고갈이 예산편성에 강력한 영향을 미치기도 한다. 또, 새로운 규제정책이 시행되어 과거의 방법들이 쓸모없게 되기도 한다. 로저베스 모스 칸터*Rosabeth Moss Kanter*는 "프로젝트 스태프는 변화의 지도자가 되어야 한다"라고 말했다. 프로젝트 스태프들은 변화에 대해서 적절하게 평가를 내려야 한다. 즉, 변화를 거부하고, 또 언제 변화를 수용할 것인지 알고 있어야 하는 것이다.

3장은 오늘날 프로젝트 관리에서 가장 쟁점이 되는 위험관리를 다룰 것이다. 그리고 프로젝트 수행에서 발생하는 위험의 역할을 설명하고, 위험에 대응할 위험관리 프로세스를 살펴볼 것이다. 그리고 몇 가지 위험관리 기법을 다룰 것이다. 예를 들어 몬테칼로 시뮬레이션(Monte Carlo simulation)법을 들 수 있는데, 이는 위험을 예측하고 불확실한 변수에 대한 모델을 세워서 작업을 수행하는 것이다.

4장은 프로젝트 관리에서 매우 중요한 역할을 수행하는 고객에 대해 다룰 것이다. 대상 고객층을 명확하게 정의하는 것은 매우 중요하다. 여기서는 고객과의 관계에서 발생할 수 있는 문제를 최소화하고 고객만족을 높일 수 있는 방안에 대해 살펴볼 것이다.

5장은 고객과 기술 팀 간의 차이를 완화시키는 문제에 초점을 맞출 것이다. 비즈니스에서 고객만족은 최대한 보장돼야 한다. 기술 팀은 고객의 요구에 부응하는 기술적인 해결책을 제시해야 하고, 고객은 기술 팀에게 요구사항을 정확하게 제시해야 한다. 즉, 양자 간의 차이를 최소화하는 것이 성공의 열쇠이다. 그러므로 고객과 기술 팀은 서로의 입장을 이해해야 한다.

제2부는 새로운 프로젝트 관리 기술에 대해 다룰 것이다. 우선 6장은 프로젝트 관리자들이 갖추어야 할 정치적인 기술을 논의할 것이다. 이는 프로젝트 관리자들이 복잡한 환경에서 생존하고 성공하기 위해서 필수적으로 요구되는 것이다. 이에 6장에서는 프로젝트에서 권위를 형성하고 책임자들을 관리하는 기술에 대해서 살펴볼 것이다.

7장은 매트릭스 환경에서 팀 정체성을 형성하기 위한 현실적인 방법을 제공할 것이다. 매트릭스 경영은 차출된 인력을 고용하는 것이다. 여기서는 프로젝트 관리자들이 차출된 인력에 대한 권한이 매우 미약하다는 문제를 제기한다. 7장은 팀 구성과 팀 정체성 형성을 위해서 수행해야 할 사항들에 대해 설명할 것이다.

8장은 프로젝트에서 의사결정의 중요성을 살펴볼 것이다. 의사결정에서 우선순위를 정하고, 수익-비용 비율분석법과 심사위원회(the murder board)등의 다양한 접근법들을 다룰 것이다. 각각의 의사결정 접근법들은 프로젝트에 따른 적합성에 따라서 선택된다. 이러한 접근법은 프로젝트 스태프 및 하청업체를 선택할 때도 활용될 수 있다.

9장은 비용, 일정관리, 명세서 등의 문제 개선에 초점을 맞출 것이다. 프로젝트는 일정지연과 비용초과 등에서 문제가 생긴다. 특히 개시 단계에서 시간과 비용을 과도하게 낙관적으로 평가하면서 예기치 않은 어려움에 직면한다. 9장은 보다 높은 수준의 프로젝트 평가 기술을 제시하면서 일정지연 및 비용초과 문제를 최소화하는 방법에 대해 다룰 것이다.

10장은 2가지의 일정관리 기법인 시간 제약적 일정계획법과 위험사슬 일정계획법에 대해서 살펴볼 것이다. 이 기법을 사용해서 프로젝트 결과물의 산출 기간을 줄일 수 있을 것이다.

11장은 비즈니스 환경에서 증가하는 '아웃소싱'에 대해서 다룰 것이다. 그리고 프로젝트와 관련된 계약의 원칙들을 설명하고, 외부인력과 효과적으로 업무를 수행하기 위한 몇 가지 방법을 제안할 것이다.

12장은 프로젝트 관리에서 일정과 비용을 동시에 고려하여 계획을 수립해야 함을 강조할 것이다. 통합비용 및 일정관리와 관련해서 그래프를 통한 접근법과 획득가치 접근법을 소개할 것이다. 획득가치 접근법은 현대의 프로젝트 관리에서 가장 발전된 방법론 중 하나이다.

13장은 프로젝트에서 책임감을 높이는 방안에 대해 논의할 것이다. 이는 아웃소싱에서 고용하는 외부 인력의 문제와 연결지을 수 있다. 외부 인력 관리에서 가장 어려운 점은 책임감이 분산된다는 것이다. 따라서 적절한 평가제도를 수립해서 외부 인력에게 책임감을 상기시켜야 할 것이다. 13장은 평가에 뒤따르는 몇 가지 함정에 대해 논의하고, IBM의 체계적인 구조적 검증(structured walk-through) 기법에 대해서 소개할 것이다. 기업은 효과적인 평가를 위해서 업무실적에 관해 실효성 있는 측정 기준을 세워야 한다. 13장은 이를 위한 방법을 논의할 것이다.

14장은 프로젝트 관리의 발전 방향에 대하여 제시하고, 프로젝트 관리자의 역할이 변화했음을 지적할 것이다. 그리고 15장은 프로젝트 지원실이 회사의 프로젝트 수행에 어떠한 영향을 미치는지 살펴볼 것이다. 프로젝트 지원실을 설치하면서 현장의 프로젝트 스태프들은 행정적인 짐을 덜 수 있다. 그리고 향후 다른 프로젝트를 수행하는 데 필요한 프로젝트 관리자를 발굴하고, 프로젝트의 성과를 높이는 데 도움을 얻을 수 있을 것이다.

캐서린과 렐리에게 이 책을 바친다.

CONTENTS

비즈니스 환경의 변화와 프로젝트 관리의 필요성

인류는 수천 년 동안 프로젝트를 수행해왔다. 이집트의 피라미드, 중국의 만리장성, 로마의 수로 등은 인류가 수행한 대표적인 프로젝트 결과물들이다. 이런 역사적 프로젝트의 대부분은 과학이기보다는 예술적인 노력의 결과였다. 역설적이게도 프로젝트 관리에 대해 보다 체계적인 접근법이 시도된 것은 최근의 일이다. 이제야 예술의 영역을 넘어서서 보다 과학적인 방식으로 프로젝트를 바라보게 된 것이다.

오늘날 수행되고 있는 프로젝트 관리는 제2차 세계대전 이후 서서히 모습을 드러냈다. 그것은 당시 수행되었던 수많은 노력들의 산물이었다. 프로젝트 수행에 관한 조사 연구가 진척됨에 따라, 인간은 최적의 방식으로 주어진 임무를 수행할 수 있는 의사결정 수단을 개발하게 되었다. 시스템 분석 방법의 발전은 각종 사건들의 상호연관성 및 시스템의 고유한 복잡성에 대한 적절한 평가를 가능케 했다. 시스템 분석은 흐름도에 중점을 두고, PERT/CPM의 일정계획법을 만들어내는 기초를 제공했다. 그런데 냉전시대 이후의 프로젝트들은 규모가 크고 매우 복잡해서 그것들이 효과적으로 수행되기 위해서는 새로운 관리를 필요로 했다. 결국 세계 경제는 광범위한 하부구조에서 프로젝트가 수행되었기 때문에 발전하게 되었다. 따라서 새로운 관리 기법의 개발을 위해 적절한 연구 조사가 필요하게 되었다.

이후 40여 년 동안 프로젝트 관리도 이러한 추세에 따라 발전해갔다. 이 시기의 프로젝트 관리는 인력을 가장 중요시했다. 주로 건설업이나 방위산업 같은 곳에 종사하던 인력들은 거대하고 복잡한 자본 집약적인 프로젝트에 참여하고 있었다. 그들은 공학적 사고방식을 견지했다. 따라서 공학적 원칙에 따른 시각과 감각으로 프로젝트 관리를 수행했다. 이러한 프로젝트 관리에 요구되는 지식도 주로 예산편성, 일정계획, 자원분배 등에 필요한 핵심적인 기술에 관한 것이다. 따라서 이러한 프로젝트들은 간트차트, 일정계획 네트워크, 자원투여 차트 등과 같은 핵심적인 기법들과 아주 밀접한 관계를 맺게 되었다.

○ 복잡한 비즈니스 환경

1980년대에 이르러 세계 경제 구조는 총체적인 재편을 경험하게 되었다. 태평양 주변 국가들의 경제력이 급격히 성장하면서 전통적인 서구 국가들은 헤게모니에 심각한 도전을 받게 된 것이다. 태평양 주변 국가들은 값싼 노동력에 따른 강점에 기반한 것이 아니라 품질이 우수한 제품으로 자신들의 고유한 경쟁력을 확보했다. 요컨대, 서구의 경쟁자들보다 더 저렴하고 품질이 뛰어난 생산품으로 경쟁에 뛰어든 것이다.

이 시기에 세계 시장의 개방이 활발해지고 전 세계적으로 생산력이 확장되면서 국가 경제의 개념은 사라졌다. 즉, 미국에서 만든 혼다 자동차가 크라이슬러의 생산량보다 더 많은 미국산 차량이 되었다. 또, 캐나다 노던 텔레콤*Northern Telecom*은 미국 루슨트 테크놀러지스*Lucent Technologies*보다 더 많은 상품을 미국 내에서 생산했다.

게다가 공산주의의 붕괴는 세계 경제의 글로벌화를 가중시켰다. 순식간에 소비자가 3억이 넘는 새로운 시장이 등장한 것이다. 이는 세계 경제에 큰 충격을 주었다. 글로벌 경쟁도 증가했는데, 이는 과거 공산권이었던 동유럽 국가들의 교육 수준이 높고, 값싸고 질 좋은 대규모 노동력을 보유하고 있었기 때문이다. 글로벌 경쟁이 가속화되면서 서유럽 국가들은 새로운 대책을 마련해야 했다. 즉, 서유럽 국가들은 유럽연합(EU)을 창설하고, 회원국들은 유로화(단일 화폐제도)를 수용하게 된 것이다.

세계 경제 환경의 급속한 변화는 기술의 발전을 불러왔다. 새로운 기술의 발전은 또한 경영방식의 변화에도 상당한 영향을 미쳤다. 무엇보다도 통신과 컴퓨터 기술은 엄청난 발전을 거듭하면서 '인터넷'이라는 새로운 영역을 폭발적으로 창출했다. 인터넷을 통해서 국가 간의 경계는 거의 무의미해졌다. 예를 들어 부에노스 아이레스에 위치한 소규모 컨설팅 회사의 경영자도, 액센추어*Accenture*와 부즈 앨런 해밀턴*Booz Allen Hamilton* 같은 대규모 컨설팅 회사와 동일한 정보 채널에 접근할 수 있게 된 것이다. 프로젝트 팀의 성격도 말 그대로 '가상'의 형태를 띠게 되었다. 즉, 프로젝트 관리자는 파리에 있고, 판매 분야는 애틀랜타에, 디자인 부서는 샌 디에고에, 생산 기술자는 싱가포르에 있더라도 팀 구성이 가능해진 것이다.

이처럼 새로운 비즈니스 환경이 조성됨에 따라, 경쟁은 기업의 슬로건이 되었다. 회사는 경쟁력을 갖추기 위해서 비용절감을 도모하고, 생산력 향상을 가속화시켰으며, 고객만족에 중점을 두었다. 그리고 고객만족을 위해서는 품질개선과 고객 서비스의 향상에 중점을 두었다.

오늘날 기업들은 경쟁력을 갖추기 위해 경영방식에 급격한 변화를 시도하고 제도화하고 있다. 이는 '경영 프로세스의 합리화'라는 이름으로 지금도 진행되고 있는데, 여기에는 인력감축, 관료주의 해소, 팀기반 솔루션 채택, 실무 직원들에 대한 권한부여, 전자상거래 채택, 아웃소싱 등의 조치들이 포함된다.

● 인력감축

기업이 경쟁력을 갖추기 위해서는 무엇보다 조직의 비대화를 경계해야 한다. 즉, 군살 없는 조직, 너무 크지도 작지도 않은 규모로 조직을 유지할 수 있어야 한다. 한때는 기업의 힘과 성공의 정도가 인건비 지출 규모와 정비례하여 평가되기도 했다. 그러나 오늘날 인건비 지출은 말그대로 기업의 부담을 가중시킬 뿐이다. 결국 1980년대와 1990년대를 거치면서 대기업들은 인력감축을 경험하였다. 신규 고용시장은 얼어붙었으며, 조기퇴직이 장려되었다. 기업이 전체적인 시스템을 통제하여 경영하던 방식이 사라지고, 선택적으로 해고가 이뤄졌다. 중간급 관리자들은 이런 상황에서 무방비 상태로 노출되어 있었다. 왜냐하면 중간 관리자층은 기업에 기여하는 바가 상대적으로 낮으면서 한편으로는 관료화를 조장한다고 인식되었기 때문이다.

● 관료주의 해소

　기업들은 신속한 업무처리를 위해서 인력구조를 재편했다. 이는 수많은 계층에 따른 관료주의를 해소하여 최고경영자와 구성원들 사이의 거리를 좁히기 위해서였다. 기업들은 이러한 노력을 기울이면서 의사결정 과정의 복잡한 절차를 없앴다. 그리고 구성원들은 상사나 부하직원에 신경을 쓰기보다, 상호간 통제력을 갖지 않는 동료들과의 관계에 더 많은 관심을 갖게 되었다. 자연히 기업내 구성원들이 업무에 열중하게 되었다. 그리고 업무상 중요한 결정들도 명령이나 인가가 아니라 합의를 통해서 이뤄졌다.

● 팀기반 솔루션 채택

　비즈니스 환경의 복잡성이 심화되고 신속한 업무처리에 대한 요구가 커지면서, 기업은 경영의 문제를 해결하기 위해 팀기반 접근법을 채택하게 되었다. 전통적인 팀과 비교해서 오늘날의 팀이 갖는 두드러진 차이점은 교차 기능(cross-functionality)에 있다. 한 예로, 기업은 더 이상 기술 관련 프로젝트를 전적으로 엔지니어들에게만 맡기지 않는다. 즉 프로젝트 팀을 구성할 때 다른 분야의 핵심적인 멤버들도 동참시킨다. 예를 들어 재무, 마케팅, 경영, 정보기술 등의 전문가들도 팀에 합류시키는 것이다. 과거에 프로젝트를 수행할 때는 기술적인 문제 한 가지만 초점을 맞추면 되었지만 이제 사업상 솔루션을 개발하기 위해서는 기술적인 측면뿐만 아니라 총체적 범위들을 모두 수용해야 한다.

● 실무 직원에 대한 권한부여

신속한 업무처리와 고객만족을 동시에 충족하기 위해서 실무 직원들에게 권한부여가 필요하게 되었다. 과거에는 실무 직원들이 고유한 권한을 갖는 경우가 거의 없었다. 실무 직원들에 대한 권한부여는 여러 가지 형태로 나타났다. 가장 대표적인 접근법은 고객 문제에 대한 결정권을 직원에게 부여하는 것이다. 예를 들어, 어떤 고객이 설비의 일부분을 변경해줄 것을 요구한다고 하자. 이에 실무 직원은 합리적이라고 판단되면 고객의 요구에 따라서 변경할 수 있는 권한을 갖는 것이다. 물론 그 실무 직원은 이전에 상사로부터 이러한 문제에 대해 권한을 갖도록 승인을 받아야 한다.

그런데 실무 직원들에 대해 권한을 부여하자 아주 흥미로운 결과가 나타났다. 과거에 관리자의 역할은 말 그대로 감독관이었다. 그러나 이제 관리자의 역할은 구성원들의 업무에 대한 지원자로 바뀌었다. 즉, 구성원들이 업무를 보다 효과적으로 수행할 수 있도록 필요한 사항들을 지원해주는 역할을 하게 된 것이다. 이는 역 피라미드 체계라 부를 수 있다. 결과적으로 구성원과 관리자들의 전통적인 관계가 180°로 뒤집혔다.

● 전자상거래 채택

　기업과 정부는 비즈니스상 거래 수행방식을 합리적으로 변화시켰다. 즉, 사내 전산망과 인터넷을 도입하면서 효율성을 높이고 업무 능력을 개선한 것이다. 이를 통해 주문처리, 고객 계정관리 및 사무처리의 통합 등 기본적인 업무환경도 지원하게 되었다. 또, 전자상거래에 대한 기본적인 장치를 제공하였고 인식의 변화도 이끌어냈다. 따라서 공급망관리(Supply Chain Management, SCM), 전사적 자원관리(Enterprise Resource Planning, ERP) 시스템, 고객관계 경영(Customer Relationship Management, CRM) 시스템 등이 도입되었다.

● 아웃소싱

　기업은 비용절감을 위해서 자체적으로 처리해오던 업무의 상당 부분을 외부에 맡겼다. 기업은 조직의 크기를 축소했지만 기업 활동의 범위는 오히려 확대되었다. 이는 서비스와 생산의 아웃소싱이 가능했기 때문이었다. 아웃소싱의 강점은 새로운 설비와 장치의 투자비용을 축소할 수 있다는 것이다. 그리고 연금이나 의료보험 비용의 짐을 덜 수 있고, 비즈니스 주기에 따라 고용 및 해고를 반복해야 하는 상황으로부터도 벗어날 수 있다. 기업은 아웃소싱을 통해 경영에 관련한 상당부분을 외부 업체에 넘기게 되었다.

　프로젝트 관리는 새로운 비즈니스 환경에 이상적으로 부합한다. 프로젝트 관리자는 《경영혁명 *Thriving on Chaos*》, 《격변기의 경영 *Managing in Turbulent Times*》,《White Water Rafting》,《Upside-Down Thinking》,《Influence without Authority》에 나오는 상황을 경험했다. 그들은 수평적인 조직에서 일하는 데 익숙하다. 이때, 상급자는 구성원이나 기타 자원에 대해 직접적인 통제권을 갖고 있지 않다. 다만 영향력을 행사할 뿐이다. 그들에게 아웃소싱은 새로운 것이 아니다. 수십 년 동안 그들은 프로젝트에서 생산과 서비스를 원활히 하기 위해서 일찍부터 아웃소싱을 사용해왔다.

프로젝트 관리를 통해서 기업은 변화하는 시대에 대처하는 방법을 배워왔지만, 여전히 예측할 수 없는 상황을 경험하고 있다. 따라서 기업은 이제 프로젝트를 어떻게 바라보고 수행해야 할지 고민하고, 프로젝트 관리를 유용하게 사용해야 할 것이다.

○ 전통적인 프로젝트 관리법의 문제점

전통적인 프로젝트 관리법을 통해 인간은 놀라운 일들을 해냈다. 예를 들어, 미국 항공우주국(NASA)은 달에 갈 수 있는 관리능력을 보여주었고, 여러 유전개발 업체들은 북극해에 원유 굴착기지를 건설했다. 또 항공기 제조사는 복잡한 상업용 항공기를 설계하고 생산했다. 전통적인 프로젝트 관리를 통해서 우리는 많은 것을 이루었다. 그런데 왜 우리는 변화를 이야기하는가?

문제는 전통적인 프로젝트 관리가 이제 '무너졌다(broken)'는 사실이다. 전통적인 접근법은 고객의 중요성에 귀를 기울이지 않는다는 약점을 갖고 있다. 전통적인 프로젝트 관리는 일정(Time), 예산(Budget), 명세서(Specifications)라는 '3중 제약'을 만족시키는 것에 유일한 관심을 두었다. 프로젝트의 성공과 실패는 일정, 예산, 명세서에 의해 판가름이 났다. 여기서 고객만족은 추후에 생각할 문제로 폄하되었다.

물론 3중 제약에 초점을 맞추는 것은 결국에는 고객만족으로 이어진다. 분명 명세서에는 고객이 원하는 것이 담겨 있기 때문이다. 그러나 이론상으로는 이러한 주장이 옳지만 현실은 이와 다르다. 명세서는 고객이 원하는 모든 것을 충분히 담아낼 수 없다. 왜냐하면 명세서는 고객과 함께하는 사업방식이나 기술에 대해 훈련받지 못한 전문기술자들에 의해 작성되기 때문이다. 그들은 고객의 요구를 이해하지 못한 채, 그들 자신에게 의미있는 생산품을 설계하고 만든다. 그들은 고객과 상관없이 동료 기술자들로부터 칭찬받는 것에만 집착하기도 한다. 이 같은 방식에서는 고객만족이 부차적인 문제로 치부될 뿐이다.

전통적인 프로젝트 관리법은 또 다른 문제점을 안고 있다. 일정관리, 예산관리, 자원관리 등을 처리할 때 고정된 틀을 적용하는 것이다. 전통적인 프로젝트 관리법은 일정계획을 세울 때 간트차트와 PERT/CPM 네트워크를 활용하고, 예산편성 시에는 S곡선을 이용한다. 그리고 자원배분을 할 때는 매트릭스, 적재차트, 자원간트 등을 주요 기준으로 삼는다. 수많은 부가적 보조기법들과 개념들은 이미 프로젝트 관리자의 머릿속에 가득 차 있다. 서론에서도 말했듯이, 프로젝트 관리는 이 같은 일련의 기법들과 밀접한 관련을 맺고 있다. 그렇기 때문에 사람들이 "당신은 프로젝트 관리를 알고 있습니까?"라고 질문한다면 그들이 실제로 묻는 것은 PERT/CPM 네트워크나 S곡선 등을 만들 수 있는지 여부이다.

모든 기법은 한 가지씩 강점을 갖고 있다. 그리고 우리는 그 기법을 활용하면서 강점을 더욱 확대할 수 있다. 그러나 기법에만 현혹되면 정작 중요한 문제인 고객관리 및 고객만족, 구성원들에 대한 동기부여, 정치적 기술의 습득 등을 놓칠 수 있다. 전통적인 접근법은 이러한 문제들을 등한시했다. 한편 PERT/CPM 체계가 무너졌다고 해서 프로젝트 자체가 실패하는 경우는 드물다. 그러나 기술과 상관없는 문제들, 즉, 프로젝트 수행자들의 책임감 부재, 정치적 관계의 실패, 상호 간 의사교환의 실패 등이 오히려 프로젝트의 성패를 좌우한다.

전통적인 프로젝트 관리법은 무엇을 고려할지에 대한 질문에 지나치게 협소한 해답을 내린다는 문제를 갖고 있다. 이는 다음 2가지로 설명할 수 있다.

첫째, 전통적인 프로젝트 관리는 프로젝트의 수명주기를 매우 간단하게 제한했다. 즉, 단순히 프로젝트를 개시부터 종료까지로 한정한 것이다. 프로젝트 분야의 표준 기구라 할 수 있는 프로젝트관리연구소(PMI)도 이 문제를 인식하고 있다. 이 연구소에서 2000년에 발간한 《프로젝트 관리 지식체계》에서는 모든 프로젝트가 공유하는 5가지 기본적인 과정을 명시하고 있다. 모든 프로젝트는 개시, 계획, 통제, 실행, 종료의 과정을 거친다. 이 주장은 겉보기에 적절해 보이나 경쟁적인 세계 경제 환경을 고려한다면 이야기가 달라진다. 오늘날 가장 큰 비중을 차지하는 것은 고객만족이다. 따라서 개시부터 종료까지가 프로젝트의 전체 과정이라고 단정 짓는 것은 문제가 있다. 이는 프로젝트 이후의 운용과 지속 과정을 간과하는 것이기 때문이다. 고객에게 프로젝트의 결과물을 넘겨주는 순간, 프로젝트 팀원들은 일을 마쳤다고 생각하는데, 이는 고객만족을 실현할 기회를 포기하고 마는 것이다. 프로젝트가 종결된 이후 문제가 생겼다면 어떻게 할 것인가? 만일 전통적인 방식에 충실하다면 "그것은 내가 해결해야 할 문제가 아닙니다. 유지보수 책임자에게 물어보세요"라고 말할 것이다. 고객만족의 실현을 위해서는 프로젝트 종료 후 유지보수 과정을 포함시켜야 한다. 그리고 프로젝트를 진행한 팀원들의 생각 또한 바뀌어야 한다. 즉, 제품을 만드는 것도 그들의 직무지만 그것이 고객에게 전달되었을 때, 제대로 작동하는가에 대해서도 고려해야 한다.

둘째, 전통적 접근법은 프로젝트 관리자가 무엇을 해야 하는지 제한하고 있다. 전통적 방식에 따르면 프로젝트 관리자는 프로젝트 스태프와 차이를 가진다. 그리고 지원해야 할 프로젝트를 결정하는 사람도 따로 있다. 업무의 성격이 규정된 이후에야 비로소 프로젝트는 실질적인 프로젝트 관리자의 손에 넘어간다. 그렇지만 프로젝트 관리자의 책무는 이미 정해진 영역 내에서 주어진 업무를 해내는 것에 불과하다. 113명의 프로젝트 관리자를 대상으로 했던 설문 조사에서 단지 29%만이 프로젝트 선정과정에서 결정권을 갖고 있었다. 그리고 설문조사 과정에서 프로젝트 관리자가 갖고 있는 권한의 약점도 확인할 수 있었다. 그것은 수익-비용에 대해 책임을 지고 있는 관리자는 1/3도 채 되지 않았다는 사실이다. 만약 수익-비용에 대해서 책임을 지려면 예산 관련 데이터에 대한 접근이 이뤄져야 하는데, 대부분 이런 권한을 갖고 있지 못했다. 그들은 프로젝트 수명주기 중 단지 일부분에만 종사하고 있었고, 개시부터 종료까지 전 과정에 책임을 지는 경우도 드물었다.

이처럼 프로젝트 관리자의 권한을 제한하면 그들은 고객의 요구에 효과적으로 대응할 수 없다. 프로젝트 관리의 궁극적인 목적은 고객만족에 있기 때문에 프로젝트 관리자의 역할도 그 목적에 부합하도록 재조정 돼야 한다.

수년 동안, 전통적인 프로젝트 관리를 통해 우리는 많은 일들을 할 수 있었다. 그러나 이제 시대는 변했다. 경쟁적인 세계 경제 환경에 대처하기 위해서는 새로운 방식을 개발하고 변화를 시도해야 한다. 특히 고객 만족, 인력감축, 관료주의 해소, 권한부여, 외주 등을 신중하게 고려해야 할 것이다.

○ 복잡한 환경에서의 프로젝트 관리

이 책은 복잡한 비즈니스 환경에서 어떻게 프로젝트 관리가 가장 효과적으로 적용될 수 있는지 해답을 찾고 있다. 그것은 전통적인 프로젝트 관리 방식을 거부하는 것이 아니다. 전통적인 접근법 중 상당 부분들이 오늘날에도 여전히 유효하기 때문이다. 따라서 이 책은 전통적인 접근법을 보다 확대하고, 복잡한 비즈니스 환경에 실효성을 갖도록 만드는 것에 주목할 것이다.

프로젝트 관리는 핵심적인 3가지 논점에 집중해야 한다. 첫째, 프로젝트 관리는 보다 고객중심적, 고객지향적 사고를 해야 한다. 둘째, 새로운 관리 기법을 사용하는 데 주저하지 말아야 한다. 셋째, 프로젝트 관리자의 역할을 재정립해야 한다. 이제 이 각각의 논점들에 대해서 차례차례 설명해보겠다.

개괄

● 고객중심

　프로젝트 관리자는 전통적으로 3중 제약에 의해서 프로젝트의 성패 여부를 판단해왔다. 계획한 일정이 지연되거나 비용이 초과되고 생산 결과가 명세서에 부합하지 않으면, 그 프로젝트는 실패한 것이었다. 그러나 이와 같은 생각들은 변화하고, 프로젝트 관리자들이 고객만족의 중요성을 인식하기 시작했다. 최악의 프로젝트는 고객만족에 실패한 것임을 알게 된 것이다.

　오스트레일리아 시드니의 오페라 하우스를 건설하는 프로젝트를 예로 들어보자. 만일 우리가 그 프로젝트의 책임자인데, 프로젝트의 일정에 차질이 생기고 비용도 증가했다면? 이는 3중 제약을 최고의 잣대로 여기는 과거의 프로젝트 관리에서 보면, 명백히 실패한 것임에 틀림없다. 그러나 오페라 하우스가 건설된 후, 이는 오스트레일리아 국민들의 자부심을 상징하는 최고의 건축물이 되었다. 오스트레일리아 관광포스터에는 오페라 하우스의 사진이 빠짐없이 실려 있다. 오페라 하우스가 완공된 직후, 오스트레일리아 국민들은 감동을 받았고 자부심을 갖게 되었다. 우리는 이 사례를 통해서 고객만족이 프로젝트의 성공을 결정하는 기준이 된다는 사실을 알 수 있다. 3중 제약의 충실한 이행만이 프로젝트의 성공을 의미하는 것이 아니다.

　따라서 고객만족이 프로젝트 관리의 핵심이다. 궁극적으로 고객만족은 실제로 고객이 프로젝트의 결과물을 사용하는 과정을 통해서 평가되는 것이다. 그러면 왜 우리는 고객만족에 대해 관심을 가져야 하는가? 이 질문에 대해서는 여러 가지 답변이 가능하다.

첫째, 오늘날의 고객은 질 좋은 제품과 훌륭한 서비스에 대해 기대가 크다. 이 기대감은 1980년대 후반부터 1990년대 초반을 거치면서 전사적품질관리(Total Quality Management, TQM) 운동의 결과로 나타났다. 고객들의 구매 행태가 체계화되고 정보가 풍부해지면서, TQM은 고객들이 1등급 생산품과 서비스를 기대한다는 점에 주목했다. 고객들은 구매한 물품이 1등급의 품질을 제공하지 못하면 다른 업체의 제품을 이용할 수 밖에 없다. 이에 기업과 정부는 TQM을 수행하면서 고객의 요구와 필요에 부응하기 위해서 지속적으로 노력하게 되었다.

둘째, 고객중심의 시각을 가지면 고객이 재주문할 가능성이 높아진다. 프로젝트를 진행하는 팀이 고객만족의 실현을 위해 노력한다면, 고객은 그 노력의 대가를 평가하여 대금을 지불할 것이다. 즉, 자신의 요구를 충족해준 프로젝트 팀에게 다른 프로젝트를 의뢰하는 것이다.

셋째, 고객만족에 따른 접근법은 프로젝트를 보다 신속하게 종료하도록 만든다. 프로젝트의 스태프들은 최종 인수란에 서명을 거부하는 고객을 만날 수 있다. 자신이 주문한 것과는 달리 해결되지 않은 것이 있다고 주장하면서 고객이 최종 서명을 하지 않는다면? 예를 들어, 처음 주문한 사항들이 모두 포함되어 있지 않다고 주장할 수 있고, 품질이 떨어진다고 여길 수도 있다. 이런 상황에 직면하면 프로젝트의 수행 기간은 연장된다. 당연히 최종 지불금의 결제가 미뤄지고, 추가 비용도 발생하게 된다. 그러나 사전에 고객의 요구에 민감하게 대응하고 반영한다면 이러한 상황을 줄일 수 있을 것이다.

● 전통적 관점에서 벗어난 새로운 기법

전통적인 프로젝트 관리는 일정계획, 예산편성, 인적·물적 자원할당 등 기본적인 기술의 습득에 중점을 둔다. 물론 이러한 기술들은 프로젝트 관리자가 갖춰야 할 중요한 수단임에 틀림없다. 그러나 그것도 프로젝트 관리자가 단순히 프로젝트 스태프일 때에만 그러하다. 다시 말해 이러한 기법들은 결국 기술자들의 몫이 돼야 한다.

이제 프로젝트 관리자는 과거와는 다른 기술을 습득해야 하는 상황에 놓여 있다. 프로젝트 관리자들은 계약·재무·통합비용·일정통제, 업무 수행도 측정, 품질관리, 위험분석 등 기술 지향적인 것(hard)을 능숙하게 사용할 수 있어야 한다. 그리고 협상, 변화관리, 정치적인 기술, 고객의 필요와 욕구에 대한 이해 등 프로세스 지향적인 것(soft)도 다룰 수 있어야 한다. 덧붙여 고객이나 타 사업체의 동급집단, 동료, 자신의 상급자의 요구도 고려해야 한다.

● 역할의 재정의

전통적인 프로젝트 관리에서 프로젝트 관리자의 역할은 단순한 '수행자'에 머문다. 그들의 업무는 생산품을 만들어내는 것이다. 프로젝트는 주어졌지만 프로젝트 관리자와 프로젝트 스태프의 의견은 반영되지 않는다. 프로젝트 관리자는 주어진 프로젝트를 계획에 맞춰 수행만 하면 되는 것이다. 여기에서 프로젝트 관리자는 마치 어떤 권한도 위임받지 못한 군대의 지휘관과 같다.

고정된 환경에서는 이러한 접근법도 효과적으로 사용될 수 있다. 즉, 추구해야 할 목표가 명확하게 정의되어 있고, 경쟁에 대한 압박이 적은 상황에서는 유용한 접근법일 수 있는 것이다. 그러나 오늘날의 비즈니스 환경은 고정되지 않았고, 경쟁으로 인한 압박에서 자유롭지 못하다. 새로운 패러다임이 출현하면서 프로젝트 관리자의 역할과 책임도 새로운 지침이 필요하게 되었다.

<u>프로젝트 관리자는 고객중심적 사고를 해야 한다</u>. 프로젝트 관리자가 수립된 계획에 따라 업무를 이행하기만 하는 상황이라면, 고객만족의 문제에 신경을 쓰지 않아도 될 것이다. 그러나 실제 프로젝트를 설계하고 수행하는 자들과 함께 업무를 하지만, 고객에 대한 고려는 판매자의 몫이다. 이런 상황에서 프로젝트 관리자는 유능한 병사의 역할만 수행하면 된다. 즉, "내게 올바른 방향을 지시해주시오. 그러면 그 방향대로 진군하겠소"라고 말하는 것이나 다름없다.

그러나 오늘날의 역동적이고 경쟁적인 비즈니스 세계에서 이런 식의 사고는 더 이상 바람직하지 않다. 예를 들어 고객과의 계약을 통해 투자가 이루어진 프로젝트가 있다고 가정해보자. 이 경우 판매 담당자, 책임 관리자, 기술팀 설계자가 실제 자신의 업무를 충실히 수행하고 있는지 확실하게 판단할 수 없다. 프로젝트 스태프들은 판매 담당자에게 불만을 토로하기도 한다. 즉, 판매 담당자들은 프로젝트 팀에서 만들 수 없는 제품을 제공하겠다고 고객에게 약속하기도 한다. 또는 프로젝트 팀의 능력으로는 불가능한 기간 내에 제품을 공급해주겠다고 약속하거나, 불합리한 조건으로 공급가를 내걸기도 한다. 대부분의 기업이 이러한 불

만을 듣고 있다. 판매 담당자들은 매출증대 및 실적향상을 위해서 이러한 위험을 조장하는 경우가 잦다. 그들은 이런 상황이 프로젝트 진행에 어떠한 영향을 미치는지 크게 관심을 두지 않는다.

결국 고객과는 몇 걸음 떨어진 위치에 있는 기술팀 설계자가 고객과의 약속을 지키기 위해 고군분투하는 상황이 되고 만다. 그래서 기술팀 설계자들은 고객의 요구사항을 기술적 여건에 부합하는 방식으로 해석해버리기도 한다. 이때 고객의 진정한 필요와 요구가 왜곡될 수 있다. 실제로 현장에서 이 같은 상황을 빈번하게 볼 수 있는데, 이런 경우 고객만족의 실현을 기대하기는 매우 어렵다. 요컨대 오늘날의 비즈니스 환경은 프로젝트 관리자가 고객중심적 사고방식을 갖출 것을 강력히 요구하고 있다.

<u>프로젝트 관리자에게는 업무수행을 위한 충분한 권한이 부여돼야 한다.</u> 최근 들어 실무 직원들에 대해 권한부여가 이루어져야 한다는 주장이 증가하고 있다. 그러나 불행히도 '권한부여'가 정확히 무엇을 의미하는지 명확히 정의되어 있지 않다. 그러나 다음과 같은 요소들이 충족되면 실무 직원들에 대한 '권한부여'가 이뤄졌다고 판단할 수 있다.

실무 직원들이 결정하는 정책의 상당수가 명령을 거치지 않고 독자적으로 이뤄져야 한다. 고객만족의 핵심적인 요소의 하나로 신속한 대응을 들 수 있다. 고객은 상품에 대해 문의를 하거나 변경하면서 프로젝트의 결과물을 신속히 보고 싶어 한다. 고객은 간단한 변경사항조차 다섯 단계가 넘는 명령을 통해 승인 받고 처리해야 한다는 상황을 받아들이기 힘들다. 고객의 요구에 신속하게 대응하기 위해서는 프로젝트 스태프에게 권한을

일임해야 한다. 그러면 즉각적으로 해답을 제시하고 만족할 만한 결론을
내릴 수 있을 것이다.

수익-비용에 대한 책임은 실무 직원들이 져야 한다. 현대 비즈니스 활동에
서 궁극적으로 효율성을 확보할 수 있는 위치는 하층부에 있다. 누구나
비즈니스에서 수익을 창출하기를 바란다. 그리고 자신의 업무에 재무적
인 권한을 갖고 있는 자가 보다 높은 업무성과를 올린다. 때문에 프로젝
트 스태프에게 수익-손실에 관한 책임과 더불어 권한을 부여하는 것은
당연한 일이다. 그러나 우리의 현실은 이와 다르다. 앞서 113명의 프로
젝트 관리자를 대상으로 한 설문조사를 기억할 것이다. 이미 말했듯이,
합리적인 정책을 위해 기초 비용 데이터를 갖고 있는 프로젝트 관리자는
1/3에도 못 미쳤다.

구성원은 스스로 비즈니스를 행하는 하나의 소기업이다. 가장 효과적인 프
로젝트의 하나로 IBM의 개인용 컴퓨터 제작을 들 수 있다. 이 프로젝트
는 1980~1981년에 걸쳐 독립적인 부서에서 수행되었다. 이 프로젝트의
책임자는 독립적인 사업가와 같은 자율적인 의사결정 권한을 갖고 있었
다. 그리고 구성원을 고용하고 해고할 수 있는 인사권 또한 갖고 있었다.
게다가 그가 내린 결정은 상부기관이나 관리자들의 감시와 감독을 받지
않아도 되었다. 당연히 그의 업무수행도에 대한 최종적인 평가는 결국
프로젝트 스태프들에 의해 이뤄졌다. 새로운 비즈니스 환경에서 프로젝
트 관리자에게는 기술팀의 작업수행자 이상의 역할이 요구된다. 프로젝
트 관리자는 다름 아닌 사업가이다. 따라서 그는 자신의 고객을 만족시

키고, 업무의 수익성을 창출해야 한다.

실무 직원들은 새로운 비즈니스 환경에서 업무수행에 필요한 기술과 지식을 갖고 있어야 한다. 권한부여는 구성원 개개인의 업무수행 능력과 분리될 수 없다. 프로젝트 관리자가 비즈니스에 필요한 기술적 기법들을 이해하고 있다고 해서 자신의 권한을 효과적으로 행사한다고 판단하기는 어렵다. 과거의 프로젝트 관리는 기술적인 측면을 강조했다. 프로젝트 팀원들은 단순히 결과물을 만드는 수행자였기에 비즈니스의 지식은 중요하지 않았다. 즉, 대인관계 기술을 고려할 필요가 없었다. 그러나 오늘날의 프로젝트 관리자는 이러한 기술을 개발하고 비즈니스의 해결책을 제시할 수 있어야 한다. 결국 프로젝트 관리자가 가져야 할 통찰력과 기술의 범위 또한 확대되었음을 의미한다.

○ 이상적인 프로젝트 관리자의 조건

수년간, 프로젝트 관리자들을 대상으로 '이상적인 프로젝트 관리자의 조건은 무엇인가?' 하는 질문을 던졌다. 이러한 비공식적인 조사를 통해서 얻은 일반적인 조건들을 아래에 열거해보겠다. 이상적인 프로젝트 관리자는 다음과 같은 조건을 갖고 있어야 한다.

○프로젝트의 목적을 철저하게 알아야 한다.
○함께 일하는 프로젝트 팀원들의 요구사항을 이해해야 한다.

○세부사항에 대한 이해가 필요하다.

○해당 프로젝트에 전념해야 한다. 즉, 긴 시간을 투자하는 것도 기꺼이 받아들일 수 있어야 한다.

○업무상 차질이나 난관에 능숙히 대처해야 한다.

○협상의 기법도 익혀야 한다. 프로젝트는 자원을 취득하는 데 시간이 많이 걸리기 때문이다.

○항상 결과에 중심을 두고 프로젝트를 진행해야 한다.

○비용지출에 대해 인식하고, 기본적 비즈니스 기법을 익혀야 한다.

○때로는 정치적 임기응변도 할 수 있어야 한다.

○대부분의 프로젝트는 명확한 것이 없으니 불확실한 것에 대해서 인내가 필요하다.

특히 마지막 내용에 주목할 필요가 있다. 프로젝트 관리자는 중국인이 말하는 '음과 양의 조화'라는 개념을 이해해야 한다. 즉, 인간의 삶과 자연 사이에 본질적으로 존재하는 양면성에 대한 이해가 필요하다. 여기에는 뜨거움과 차가움, 밝음과 어두움, 선과 악, 여성과 남성, 젊음과 늙음 등을 예로 들 수 있다. 프로젝트는 음양의 양면성으로 가득 차 있다. 이제부터 프로젝트 관리자들이 흔히 직면하게 되는 양면성에 대해서 이야기해보겠다.

전체를 보는 것과 부분을 보는 것 — 프로젝트 관리자는 전체와 부분을 보는 데 있어서 균형을 유지해야 한다. 그는 수행 중인 프로젝트의 전체적인 모습을 염두에 두어야 한다. 프로젝트를 수행하는 이유는 무엇인가?

프로젝트의 궁극적 목적은 무엇인가? 과연 그 목적을 실현시킬 수 있을 것인가? 이와 같은 질문들에 대한 해답을 지속적으로 고민해야 한다. 그래야만 프로젝트 관리자는 전체를 볼 수 있다. 동시에 부분에 대한 이해도 잊어서는 안 될 것이다. 마감 기한에 맞춰 업무가 끝나고, 세부 명세서 항목이 하나라도 누락돼서는 안 되며, 적절한 자원배분과 비용지출에 대한 검토도 이뤄져야 한다.

확고함과 유연성의 확보 – 프로젝트는 명확한 일정, 고정된 예산, 그리고 정교한 명세서에 따라서 실행된다. 이러한 요소들 중 하나라도 가볍게 생각해서는 안 된다. 프로젝트 관리자의 주요한 목표는 주어진 업무를 정해진 기한 내에, 책정된 예산으로, 명세서의 요구사항에 맞춰 완성하는 것이다. 프로젝트가 이러한 기준에서 벗어나면서 발생하는 내외부적 요인들도 적극적으로 대처해야 한다. 그러나 프로젝트 진행과정은 불확실성으로 가득 차 있다. 예를 들어, 새로운 제품이 개발되면 이는 곧 세상에 알려진다. 즉, 경쟁 업체가 새로운 제품을 따라 만들면 내 회사의 제품이 시장에서 생명력을 잃게 되는 것이다. 그리하여 핵심적인 고객이 사라지고, 결국 예산마저도 삭감된다. 이러한 변화가 필연적으로 도래한다면 프로젝트 관리자는 언제 어떻게 유연하게 대처해야 하는지 알고 있어야 한다.

사람을 다루는 데 있어서 강직함과 온화함 – 매우 유능한 프로젝트 관리자 중 한 사람이 내게 이런 말을 한 적이 있었다. 즉, 자신이 성공할 수 있었던 가장 큰 이유는 '벨벳으로 감싼 벽돌(Velvet-covered brick)'을 휘두를 수 있는 능력이었다는 것이다. 종종 프로젝트 환경은 적자(適者)만이 생존하는 다윈의 실험실로 비유된다. 이런 환경에서 프로젝트 관리자는 생존을 위해서 튼튼한 갑옷으로 무장할 수밖에 없다. 동시에 그들은 다른 사람들의 필요와 요구에 민첩하게 대응해야 한다. 상황의 변화와 요구를 민감하게 인지하고 반응해야 한다. 벨벳으로 감싼 벽돌은 매우 의미 있는 예가 될 것이다.

분석적 기술의 소유와 직관에 대한 믿음 – 프로젝트는 사업상 매우 복잡한 업무를 수행하는 것이다. 유능한 프로젝트 관리자라면 자신이 수행하고 있는 프로젝트가 어떻게 진행되고 있는지를 분석적으로 파악해야 한다. PERT/CPM나 간트차트와 같은 기법을 활용하여 효과적인 일정계획을 수립하고 가치를 창출해야 한다. 예산을 편성하고 지출을 통제할 수 있어야 하며, 현재가치, 내부보상률, 침몰비용 등과 같은 재무지식을 활용할 수 있어야 한다. 자원 부하표(Resource his-tograms), 책임감 차트(Responsibility charts), 자원 간트차트(Resource gantt charts) 등을 자원 배분에 활용할 수 있어야 한다. 그 밖에도 여러 가지 분석적 기법들을 동원하여 업무에 활용해야 할 것이다. 그러나 이론적인 분석 기법들이 모든 것을 해결할 수는 없을 것이다. 이러한 기법들로도 해결할 수 없는 상황이 있기 때문이다. 프로젝트 관리자는 직관에도 주의를 기울이는 편이 좋다. 이러한 직관은 수년간의 경험을 통해 나타난다. 위험의 순간에 나타나는 직관이란 수년간의 좋고 나쁜 여러 가지 경험을 통해 얻어지기 때문이다.

○ 점점 커지는 프로젝트 관리자의 가치

　이상적인 프로젝트 관리자의 조건을 검토하면서 프로젝트 관리자에게 요구되는 사항들을 설명했다. 사실 기업의 유능한 최고경영자라 하더라도 그 모든 사항들을 소화하기는 힘들다. 물론 이 모든 특성을 습득하고 실천하려는 프로젝트 관리자는 없을 것이다. 다만 '이상적인' 요소들을 열거한 이유는 대부분의 프로젝트 관리자들이 이러한 사항들 앞에서 취약하고, 이로 인해 문제점이 발생하기 때문이다. 프로젝트 관리자가 앞에서 언급한 특성들을 익히려고 노력하면 그는 더욱 효과적으로 프로젝트를 수행할 수 있을 것이다.

　1980년대에 한 가지 흥미로운 일이 발생했다. 현대 기업 활동을 관리하는 데 필요한 핵심적인 요소가 바로 프로젝트 관리자들이 수십 년 동안 활용해오던 것이라는 사실이다. 만약 이집트의 피라미드나 중국의 만리장성 혹은 하드리안의 벽을 우리의 프로젝트 범주에 포함시킨다면, 수천 년 동안 프로젝트 관리자들이 가져야 할 핵심적인 특성을 재확인할 수 있다. 드러커*Drucker*의 《격변기의 경영*Managing in Turbulent Times*》, 피터스*Peters*의 《경영혁명*Thriving on Chaos*》과 《*Liberation Management*》, 베일*Vail*의 《*Managing as a Performing Art*》, 핸디*Handy*의 《*Age of Unreason*》, 라이히*Reich*의 《*Work of Nations*》 등의 책에서 묘사한 경영자는 앞에서 언급한 유능한 프로젝트 관리자의 특성을 보여준다. 이러한 실력있는 프로젝트 관리자들은 경제학의 법칙에 따라 높은 금액의 급여를 받아야 한다. 이들은 기업의 가치를 창출하는 데 기여도가 높기 때문이다.

비즈니스 환경의 변화와 프로젝트 관리의 필요성

경제 원칙에 따라 유능한 프로젝트 관리자에게 보다 높은 보수를 지급해야 한다는 주장이 의심스럽다면 다음 시나리오를 고려해보자. 엘리스는 회사에서 개발한 신약이 정부의 승인을 받을 수 있도록 하는 프로젝트를 맡았다. 정부 승인이 하루가 지연되면 비용손실이 약 100,000달러에 이를 것으로 예상된다. 한 달이 지연된다면 그 손실액은 약 3,000,000달러에 달할 것이다. 이러한 상황이 된다면 높은 급료를 지불해서라도 유능한 프로젝트 관리자를 통해 정부 승인 시점을 앞당겨야 할 것이다. 유능한 프로젝트 관리자를 합당하게 대우하면서 정부의 승인이 지연되는 것을 막을 수 있다면 회사는 의미 있는 비용을 지출하는 것이다.

상급 프로젝트 관리자와 하위급 프로젝트 관리자 사이에는 차이가 존재한다. 그러나 일반적으로 프로젝트 관리자들의 평균 연봉은 기업 내 중책을 맡고 있는 중간급 관리자들의 연봉 수준과 비슷하게 상승했다. 심지어는 회사 내 부사장의 연봉과 비슷한 수준에 이르기도 한다. 이들 상급 프로젝트 관리자들은 10년 혹은 그 이상의 기간 동안 대규모의 복잡한 프로젝트들을 성공적으로 수행해왔기 때문에 그 위치에 오를 수 있었다. 즉, 그들이 고액 연봉을 받는 이유는 높은 가치를 창출할 수 있다는 신뢰를 회사에 심어주었기 때문이다.

프로젝트 관리자를 넘어서

1990년대에 들어서서 프로젝트는 보다 복잡한 양상을 드러냈다. 흥미로운 점은 기업이 한 사람의 관리자에게만 프로젝트를 맡기지 않는다는 사실이다. 기업들은 공동으로 프로젝트를 수행하고, 함께 책임지는 팀을 조직했다. 한 예로 1990년대 미 입법부의 행정 사무실 정보기술부는 두 사람에게 IT 프로젝트를 맡겼다. 프로젝트의 기술적인 측면을 담당하는 개발 관리자 한 명과 사업적인 측면을 담당하는 사업 관리자 한 명을 임명한 것이다. 여기서 '누가 진짜 프로젝트 관리자인가?'라는 질문은 무의미했다. 어떻게 두 사람이 '프로젝트 관리 기능을 수행하느냐' 하는 정도의 질문만이 가치 있을 뿐이다.

다른 기업들도 마찬가지였다. 대부분의 기업들이 두 명의 관리자로 구성된 프로젝트 팀 제도를 채택하고 있었다. 전자제품의 제조 및 판매 업체인 NCR은 5명으로 구성된 고객중심팀(Customer Focus Teams, CFTs)을 만들면서 기존의 프로젝트 팀 개념을 확대시켰다. 여기에는 프로젝트를 성공적으로 수행할 수 있도록 사업 및 기술 분야의 핵심적인 인력들이 포함되었다. 마케팅이나 판매영업 전문가, 생산 및 제조 전문가, 혹은 재무 담당자 등도 참여했다. 공동이 책임을 지는 팀의 이론적 근거는 단순하다. 어떤 프로젝트 관리자도 복잡한 프로젝트 환경에서 기술적 문제와 사업적 문제를 결합할 충분한 지식을 갖추기 힘들다는 판단에서였다.

그러나 이런 식의 접근법은 기존의 경영 이론과 정면으로 배치되는 문제를 야기했다. 왜냐하면, 기존의 경영방식은 어떤 업무에 대한 책임을 특정한 사람에게만 한정시키므로 공동이 책임을 지는 것과는 대비된다. 그러나 프로젝트 관리자들은 서로에 대한 신뢰를 기반으로 할 때 더 많은 것을 성취할 수 있다는 사실을 알아야 한다. 그러면 공동이 책임을 지는 팀이 성공적인 시도였다고 평가받을 수 있을 것이다.

비즈니스 환경의 변화와 프로젝트 관리의 필요성

이제는 한 개인이 프로젝트에 책임을 지는 것이 아니라 프로젝트에 참여한 모든 구성원이 공동으로 책임을 져야 한다. 책임의식을 함께 공유하면서 프로젝트를 더욱 신중하고 진행하고, 성공적으로 이끌 수 있다. 기업들은 교차-기능적 팀을 활용하면서 프로젝트의 강점을 확인했다. 그리고 그후 다수의 행위자들이 책임을 공유하는 기법을 개발하기 시작했다.

○ 결론

세계는 급속도로 변화하고 있다. 비즈니스에서도 과거에는 유용하게 사용됐던 도구들이 오늘날에는 제한적으로 사용되고 있다. 프로젝트 관리도 예외는 아니다. 2차 세계대전 이후 40여 년 동안 프로젝트 관리의 이론 및 기법들은 상대적으로 제자리에 머물러 있었다. 그러다가 1950년대 후반에는 프로젝트 관리 이론을 한 단계 진척시키는 개발의 움직임이 있었다. 그러나 다시 1980년대까지 변한 것은 거의 없었다. 1962년의 프로젝트 관리자가 1987년에 오더라도 별다른 심리적인 압박이나 긴장감 없이 업무를 진행시킬 수 있을 것이다.

그러나 오늘날 프로젝트 관리는 과거의 방식에서 벗어나 변화가 필요하게 되었다. 기업들은 혼란의 시대에 생존하기 위해서 기술 및 비즈니스 상의 기법을 개발하기 시작했다. 이 책은 프로젝트 관리에 대한 실질적인 방안을 제시하고, 프로젝트 관리자들에게 지침을 제공할 것이다.

복잡한 비즈니스 환경과 프로젝트 관리

PART_ 01

개괄에서 말했던 것처럼 오늘날의 비즈니스 환경은 '혼란'을 특징으로 한다. 이런 혼란은 유례없는 급속한 변화와 고도의 복잡성에서 비롯되었다. 즉, 급속한 변화와 고도의 복잡성이 정책결정자로 하여금 미래에 벌어질 일에 대해 어떤 확신도 없이 결정하도록 하는 상황을 만든 것이다.

세계화와 인터넷의 등장은 경쟁을 심화시키고, 복잡성도 증가시켰다. 이러한 경쟁적인 환경에서는 고객을 만족시키지 못하면 생존할 수가 없다. 즉, 오늘날 비즈니스 활동의 핵심은 고객만족을 실현하는 것이다.

제1부는 새로운 비즈니스 환경과 그것이 프로젝트 관리에서 갖는 의미를 중심으로 다룰 것이다. 1장은 복잡성 관리에 대해 설명하겠다. 구체적으로 복잡성의 원인을 살피고, 이것이 기업 활동에 미치는 영향을 짚어보고자 한다. 그리고 이 문제에 대처할 수 있는 메커니즘을 제시할 것이다.

변화는 비즈니스의 현실을 분명하게 드러내주는 중요한 특징이다. 그러나 아무런 견제가 없는 변화는 프로젝트의 실패를 초래할 뿐이다. 인력의 변화, 시장의 변화, 예산과 규제 및 기술의 변화 등은 프로젝트 요구사항의 변화로 이어진다. 때때로 프로젝트 스태프들은 프로젝트가 지연되는 상황에서 일하고 있음을 깨닫게 된다. 2장은 변화관리에 대해서 다룰 것이다. 구체적으로 변화의 성격과 변화의 확대에 대해서 설명하고, 그것과 관련하여 대처할 수 있는 접근법들을 제시할 것이다.

3장은 위험관리를 다룰 것이다. 프로젝트는 수많은 위험에 직면하고 있다. 3장은 프로젝트 수행에서 생기는 위험문제에 대해 살펴보고, 위험을 정확하게 인식하고 대처하기 위한 몇 가지 방법을 검토할 것이다.

4장은 고객만족에 관해서 설명할 것이다. 더불어 프로젝트 구성원이 고객을 다루는 기술을 개발하고 발전시켜야 한다는 것을 언급할 것이다. 이를 통해 고객과 효과적으로 프로젝트 업무를 수행할 수 있는 지침을 얻기 바란다.

마지막으로 5장은 고객의 요구사항들을 기술적인 조건으로 변환하는 방법에 대해 검토하고자 한다. 자신의 요구사항이 충족되기를 기대하는 고객과 그 요구를 충족시키기 위해 프로젝트 솔루션을 수행할 책임이 있는 기술팀, 이 둘 사이에 발생하는 필연적인 차이(gap)를 살펴보겠다. 고객은 기술적인 문제에 대한 지식을 가지고 있지 않다. 그 기술이 자신의 요구를 충족시켜줄 유일한 방법임에도 불구하고, 요구의 충족만을 염두에 둘 뿐 기술에 대해서 무지한 경우가 많다. 반면 기술 담당자들은 사용자의 요구를 이해하지 못한다. 기술 중심의 프로젝트가 성공하기 위해서는 고객과 개발자 간의 차이를 좁혀야 한다.

1

복잡성 관리 :
무질서에서 질서를
만드는 기술

오늘날 우리는 일상적인 삶에서조차 복잡성을 경험하고 있다. 나는 때때로 과거보다 지금의 삶이 더 복잡한 것은 아닌지, 혹은 복잡성도 일종의 환상은 아닌지 의심한다. 그러나 과거의 경험을 돌이켜보면 복잡하다고 생각하는 것은 결코 환상이 아니다. 분명히 오늘날 일상적으로 경험하는 세상이 십수 년 전과 비교했을 때보다 더욱 복잡하고 혼란스럽기 때문이다. 요컨대 나는 오늘날의 삶이 얼마나 복잡한지 다시 한번 깨닫게 된다.

예를 들어 1950년대 내가 아직 어린 아이였을 때, 나의 아버지는 제한적으로 투자의 기회를 가졌다. 중산층 가장으로서 아버지는 제약업에 종사하면서 가정을 꾸려나갔다. 아버지는 수입의 일부분을 이자가 보장되는 은행계좌에 저축하거나, 미국 정부의 수익성 채권을 구입하는 데 사용했다. 물론 다른 방식으로 주식시장에 투자할 수도 있었다. 그러나 주식투자는 적지 않은 시간과 관심을 쏟아야만 했기에 위험 부담이 컸다.

50년이 지난 지금, 위험부담을 싫어하는 중산층은 다양한 방법으로 투자를 할 수 있게 되었다. 비과세 지방채권(tax-free municipal bonds), 수수료 없는 뮤추얼 펀드(no-load mutual funds), 투자 위임성 상호신탁(commission-based mutuals), 재무부 단기채권(treasury bills), 저축채권(savings bonds), 환시장 투자채권(money market funds), 양도성 정기예금(certificates of deposit) 등 여러 방식의 투자가 가능해졌다. 오늘날 중산층들은 수익성이 좋은 상품, 여유 자금의 투자에 관해서 앞에서 열거한 것보다 훨씬 다양한 방법을 놓고 서로 의견을 교환하고 있다. 그리고 보다 현명한 투자방식을 결정하기 위해서 세법에 대해서도 더 많은 지식을 축적하고 있다. 또, 각종 금융회사들이 내놓은 여러 금융상품에 대해서도 상세한 지식을 갖고 있다. 그래서 보험은 종신보험으로 할 것인지 단기보험으로 할 것인지, 담보대출은 확정금리로 할 것인지 변동금리로 할 것인지, 연금은 고정수익형으로 할 것인지 물가연동형으로 할 것인지 등 충분히 검토해서 결정을 내리고 있다.

그러나 과거 내 아버지의 삶은 여러 측면에서 지금보다 단순했다. 예를 들어 아버지가 우리를 아이스크림 가게로 데려갔을 때, 우리가 선택할 수 있는 것은 초콜릿, 바닐라, 딸기 아이스크림이 전부였다. 그러나 이제 내가 딸을 데리고 베스킨라빈스에 가면 내 딸은 31가지의 아이스크림 중에서 선택을 할 수 있다. 또한 1950년대에 아버지가 문구점에 가서 필기구를 사려고 했을 때에도 볼펜, 만년필, 제도용 연필 혹은 일반

목제 연필 등에서 비교적 손쉬운 선택을 했다.

그러나 오늘날 문구점이나 사무용품 가게에는 다양한 종류의 필기구들을 진열되어 있다. 만년필의 종류만 해도 고급 만년필에서부터 1회용 만년필에 이르기까지 그 수가 매우 다양하다. 이뿐만이 아니다. 롤러 볼을 넣은 잉크 펜, 합성수지로 축을 만든 펜, 0.5mm 제도용 샤프펜슬, 0.7mm 샤프펜슬 등 디자인과 브랜드의 수도 다양하다. 이런 단순한 예를 통해서도 오늘날의 삶이 아버지와 할아버지 세대보다도 훨씬 더 복잡하다는 사실을 알 수 있다. 그리고 앞으로의 삶은 지금보다도 더 복잡해질 것이다.

복잡성은 우리가 피할 수 없는 삶의 일부가 되었다. 우리는 이미 일상생활에서 복잡성의 지배를 받고 있다. 일터에서도 마찬가지이다. 지식 근로자들은 과거에는 읽고 쓰기만 하면 되었지만 오늘날은 개인용 컴퓨터를 능숙하게 다룰 수 있어야 한다. 그래야만 회사의 재무문제를 이해할 수 있고, 마케팅 지식을 습득할 수 있다. 그리고 고객의 다양한 요구에도 대처할 수 있다.

1장에서는 프로젝트 관리에 있어서 중요한 복잡성에 대해 논의할 것이다. 우선 복잡성의 특징부터 살펴볼 것이다. 그리고 '왜 오늘날 복잡성이 그토록 큰 힘을 갖게 되었는가?', '기업과 개인이 대처해야 할 중요한 문제로서 복잡성은 어떻게 제기되었는가?' 하는 의문에 대해서 다룰 것이다. 더불어 복잡성에 적절히 대처하여 성과를 거둔 기업들의 경우를 이야기하고, 기업들이 행한 접근법에 대해서도 설명하겠다.

○ 무질서와 복잡성

몇 년 전만 해도 당신이 물리학을 전공하는 학생이라면 이 세상에 질서가 존재한다고 배웠을 것이다. 과학에서 가장 유명한 공식인 $e=mc^2$을 살펴보자. 이 공식에는 2가지 변수와 2가지 상수가 존재한다. 2가지 변수는 e와 m으로, e는 에너지이고 m은 질량이다. 한편 2가지 상수는 빛의 속도인 c와 제곱의 값이다. 이 단순한 공식은 자연에 존재하는 가장 근본적인 물리적 관계를 설명하고 있다.

물리학의 간결성과 정확성은 인문과학, 사회과학, 경영학, 비즈니스 종사자, 교양을 가진 일부 사람들의 부러움을 샀다. 물리학은 지식을 어떻게 다루어야 하는지 해답을 제시해주는 하나의 모델이기도 했다. 제2차 세계대전 이후 사회과학의 주요 목적은 물리학의 방식을 모방하는 것이었다. 이러한 모습은 경제학에서 가장 두드러지게 나타났는데, 경제학과 관련된 주요 논문들은 수학적 기호들과 공식들로 가득 차 있어서 경제학을 모르는 사람이 보았을 때 물리학 논문으로 착각할 정도였다.

그러나 물리학이 아닌 다른 학문 분야는 물리학의 정확성을 적용하기 위해서 노력을 기울였지만 그것이 힘들다는 것을 알게 되었다. 생물학자들과 의학자들은 살아 있는 유기체가 본질적으로 매우 복잡하다는 것을 발견한 것이다. 마찬가지로 사람을 주요 주제로 다루는 사회과학자들도 인간이란 항상 예측가능한 방향으로 행동하지 않는다는 사실을 깨달았다.

오늘날 우리는 생각했던 것보다 물리학이 훨씬 더 복잡하다는 사실을 알고 있다. '명확한(Clean)' 물리학은 뉴턴 시대의 산물이다. 그때는 톱

니바퀴에 따라 정확히 돌아가는 시계장치가 물리학적 체계의 모델이었다. 처음에는 물리적 현상을 설명하기 위한 간결한 접근법이 유용했다. 즉, 상대적으로 간결한 공식으로도 복잡한 물리적 현상들을 설명할 수 있었다. 예를 들어 중력, 빛의 파동, 운동, 힘, 열 등의 개념은 간결한 공식을 통해 설명이 가능했다. 그러나 쉬운 문제들이 해결되고 측정기술이 발전함에 따라, 우리는 기존에 알고 있던 물리학의 세계가 훨씬 더 복잡한 것임을 알게 되었다. 그리고 기존의 방식으로는 설명할 수 없는 복잡한 요소들이 무수히 존재한다는 사실을 깨달았다.

앨버트 아인슈타인은 $e=mc^2$이라는 위대한 공식으로 1906년 브라운 운동(액체 속 미립자의 급속한 진동)을 설명하면서 인정을 받았다. 이를 통해 아인슈타인은 물리학적 현상 중에서 특히 복잡한 현상의 경우, 수학적 공식보다는 통계학적 방식을 통해서 보다 잘 설명알 수 있다는 사실을 증명하였다. 마찬가지로 1927년 하이젠베르크*Heisenberg*는 불확실성의 원칙으로 물리학적 현상 중 어떤 것들은 본질적으로 혼란스럽고 복잡하다는 점을 증명했다.

최근에 물리학자들과 수학자들은 물리학의 복잡성을 다룰 수 있는 새로운 접근법을 고안하면서 복잡성을 재인식하고 있다. 1970년대에는 퍼지 이론(fuzzy theory)이 각광을 받았다. 퍼지 이론은 우리가 어떤 사물을 분류할 때 특정 사물을 어떤 집단으로 분류하는 것이 최선인지 주어진 시간 내에는 확신할 수 없다는 것이다. 단지 우리는 특정한 집단을 지정해 분류하는 것이 옳을 것이라고 기대할 뿐이다. 1970년대 르네 톰*Ren Thom*은 재앙이론을 발전시켰다. 재앙이론은 전통적인 물리학이 선호했던 연속성보다 비연속성의 개념을 도입하자는 것이다. 이를 테면 압력이 가해져 금속막대가 부러지는 것과 같은 단순한 현상에서부터 경제 불황과 같은 중대한 현상에 이르기까지, 수많은 현상들이 비연속성의 개념에서 더욱 설득력을 갖는다는 것이다.

카오스 이론은 복잡성을 가장 대중적으로 발전시켰다. 이 이론은 1980년대에 출현하기 시작했다. 1987년 제임스 글릭*James Gleick*이 《카오스*Chaos*》에서 제시한 법칙들은 대중적으로 인기를 끌었다. 심지어 그의 책은 수개월 동안 〈뉴욕타임즈〉의 베스트셀러에 오르기도 했다. 카오스 이론은 기본적인 사건들조차 예측하기 힘들다는 점을 강조한다. 잘 알려진 예로 나비효과가 있다. 지구의 어느 한 귀퉁이에서 날아다니는 나비 한 마리의 날갯짓이 다른 지역에 태풍을 일으킬 수도 있다는 것이다. 즉, 작은 사건 하나가 확장되면서 복잡하고도 거대한 결과를 낳을 수 있음을 뜻한다. 이런 상황에서 예측은 불가능할 뿐만 아니라 무의미하기까지 하다.

카오스는 복잡성에 대한 관심을 불러일으켰다. 카오스 이론에 따르면 날씨나 경제활동과 같은 수많은 일상적인 현상들은 본질적으로 복잡하다는 것을 알 수 있다. 물론 전통적인 사고방식은 이러한 현상들을 이해하는 데 도움이 되지 않는다.

결국 복잡성과 시스템의 운용이 밀접히 연관되어 있다는 사실에 대해서 합의가 이뤄지기 시작했다. 한 예로 먹이사슬에서 특정 곤충의 먹잇감이 되는 어떤 곤충이 있다고 하자. 이 곤충은 생존하기 위해서 외형이나 행동양식을 변화시킨다. 즉, 보호색을 갖거나 위장을 하거나 굴을 파는 등의 방식으로 위험을 피하려 한다. 시스템도 이러한 과정을 거치면서 유연하면서도 복잡한 성격을 갖게 된다. 이렇듯 경쟁적인 세계에서는 유연하고도 정교한 시스템이 우위를 점한다고 할 수 있다. 그 결과 물리적인 세계와 사회적인 세계 모두에서 시스템의 복잡성 증가는 일반적인 변화의 흐름이 되고 있다.

프로젝트 관리에서 복잡성은 업무를 수행하는 사람들에게는 새로운 개념이 아니다. 전통적인 프로젝트 관리가 수직적 명령계통, 권한 및 책임의 문제에 중심을 두었다면, 오늘날의 프로젝트 관리는 프로젝트를 완수하는 데 중점을 두고 있다. 이때 주어진 환경은 권위가 부재하고, 목적에 다양한 해석이 가능하며, 행위의 법칙이 정해지지 않은 '복잡한' 환경이다. 이렇게 복잡한 환경에서 프로젝트 관리를 하다보면 머피의 법칙이 만연함을 알게 된다. 즉, 어떤 일이 잘못될 것이라고 예상하면 반드시 그렇게 되고 마는 것이다.

○ 복잡성의 여러 측면

복잡성이라는 개념은 정의하기가 어렵다. 복잡성에 대한 정의가 어려운 이유는 몇 가지가 있다. 우선 복잡성은 크기의 문제와 관련있다. 여러 가지로 구성된 것이 소수로 구성된 것보다 더 복잡하다. 또한 복잡성은 다양성과도 연관있다. 여러 가지 대안이 존재하는 상황에서 결정을 내리는 것이 두세 가지의 대안 중에서 선택해야 하는 상황보다 더 복잡하다. 지금부터 복잡성의 여러 가지 측면들에 대해서 보다 자세히 검토해보자.

일반적으로 수많은 요소들로 이루어진 것이 소수의 요소들로 이루어진 것보다 더 복잡하다. 소프트웨어에서도 코드가 백만 개의 라인으로 구성된 것이 천 개의 라인으로 구성된 것보다 복잡한 것은 당연하다. 자동차보다는 전투기가, 석탄을 이용하는 설비보다는 핵연료를 사용하는 설비가 더 복잡하다.

이를 양적−복잡성(voume−related complexity)이라 이름 지어보자. 피터 센지*Peter Senge*는 《제5경영 *The Fifth Discipline*》에서 이것을 '세부 복잡성'이라 정의했다. 양적−복잡성에는 2가지 구성요소가 있다. 첫째, 여러 구성요소들을 가진 시스템은 그 구성요소들 사이에 수많은 조합을 가진다.

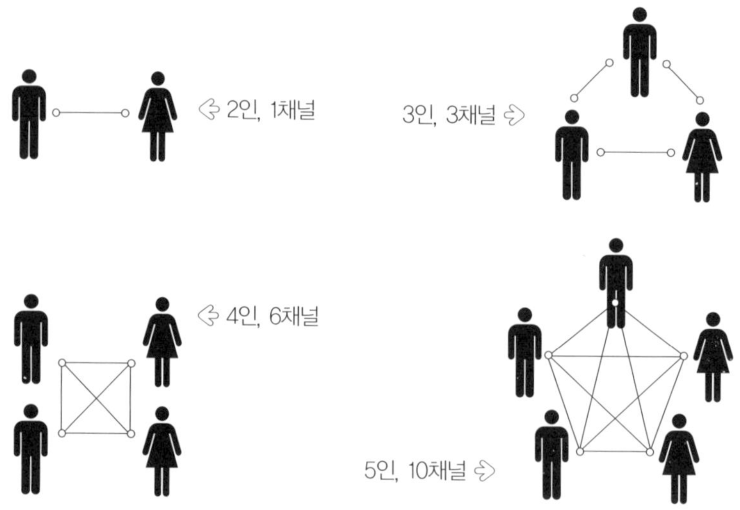

그림 2.1 팀의 크기와 커뮤니케이션 채널의 관계

시스템 내 구성요소들이 산술적으로 증가함에 따라 구성요소들 간의 조합은 폭발적으로 증가하게 된다. 이는 그림 2.1에서 확인해볼 수 있다. 이 그림은 팀 내 구성원의 수가 증가함에 따라 가능한 조합의 수가 어떻게 증가하는지 보여준다.

2명으로 구성된 팀은 1개의 조합만을 고려하면 된다. 3명으로 구성된 팀은 그 조합의 수가 3개로 증가한다. 4명으로 구성된 팀은 6개의 조합, 5명으로 구성된 팀은 10개의 조합이 가능하다. 일반적으로 어떤 조직 내에서 존재할 수 있는 최대의 조합 수는 $\dfrac{n(n-1)}{2}$ 혹은 $\dfrac{(n^2-n)}{2}$의 공식을 따른다.

둘째, 어떤 집단의 규모를 측정하고 이해하는 것은 어렵다. 일반적으로 인간의 두뇌는 보통 7~10가지의 정보를 동시에 처리할 수 있다. 따라서 정보의 양이 증가함에 따라 그것을 처리할 수 있는 두뇌의 능력은 현저하게 떨어질 수밖에 없다. 이 명제를 의심하는 자가 있다면 스스로 다음과 같은 시험을 해보면 쉽게 이해할 수 있을 것이다. 친구에게 임의의 숫자를 만들어보도록 하라. 첫 번째는 7개의 숫자로 이루어진 것, 다음은 8개의 숫자로 이루어진 것 그 다음은 9개의 숫자…. 이런 식으로 숫자를 하나씩 증가시켜보자. 그런 다음 친구에게 차례대로 숫자를 한 번에 하나씩 읽어보도록 하자. 이때 당신이 해야 할 일은 친구가 말한 숫자를 모두 들은 뒤에 들은 숫자들을 받아적는 것이다. 대부분의 사람들은 9개 숫자를 적는 데서부터 오류를 범하기 시작한다.

오늘날 우리가 수행해야 할 프로젝트는 과거에 비해 훨씬 많은 정보를 처리하도록 요구한다. 1980년대 이후 개인용 컴퓨터로 일을 해본 사람이라면 이 사실을 실감할 것이다. 단지 문서 편집기에 지나지 않았던 초창기의 워드 프로세스 소프트웨어는 360KB 플로피 디스크에 모든 것을 담을 수 있었다. 그러나 10년이 지난 후, 일반적으로 사용하는 워드프로세스 소프트웨어는 9메가바이트를 차지하게 되었다.

오늘날 우리가 처리해야 할 정보와 지식의 양이 급격히 늘어난 것은 크게 2가지 이유때문이다. 첫 번째 요인은, 세월에 따라 누적을 거듭하는 지식이다. 1963년 데릭 프라이스 *Derek Price*는 《Little Science, Big Science》에서는 지식의 누적 문제를 중점적으로 다루고 있다. 이 책에서는 과학지식의 성장이 급속도로 이루어지고 있음을 경험적으로 보여주고 있다. 그 결과, 오늘날의 1년은 과거의 몇 년을 합한 것보다도 많은 양의 지식을 쏟아내고 있다.

두 번째 요인은, 현재 우리가 엄청난 양의 정보를 저장하고 또 용이하게 접근할 수 있는 저렴한 장치를 가지고 있다는 사실이다. 개인용 컴퓨터로 인터넷에 접속할 수 있는 사람이라면 누구든지 무한한 정보채널에 쉽게 접근할 수 있을 것이다.

● 복잡성과 다양성

우리가 일상생활에서 선택할 수 있는 대안의 숫자도 증가했다. 나는 이 문제를 최근 내가 일하고 있는 대학에서 경험할 수 있었다. 어느 날 한 대학원생이 자신의 최근 연구에 대해 이야기하면서 수행연구에 적용되는 의사결정 지원시스템의 수가 지나치게 많다고 불만을 털어놓았다. 그래서 그는 '메타-DSS'라는 것을 만들어 사용했고, 그것을 사용자에게 제공했다. 즉, 그 학생은 효율적인 의사결정을 위한 지원시스템을 만들어낸 것이다. 이 사례가 특별히 드문 경우는 아니다. 우리는 이미 어떤 단체의 단체, 인덱스의 인덱스, 다른 검색엔진을 이용하는 검색엔진을 경험하고 있지 않은가?

선택 가능한 대안들이 증가한 것은 프로젝트 관리에서도 마찬가지이다. 예를 들어, 소프트웨어 제공업체들은 수많은 일정계획 소프트웨어 패키지를 만들고 있다.

오늘날 프로젝트의 복잡성은 모든 프로젝트 행위자들이 겪는 다양한 종류의 선택적 대안들에서 비롯되었다. 프로젝트 관리자뿐만 아니라, 일선 프로젝트 스태프와 고객들까지도 수많은 선택적 대안들에 노출되어 있다. 프로젝트 수행의 모든 측면에서 이와 같은 현상이 나타난다. 한 예로, 선택 가능한 대안들이 다수 존재하지만 어떤 생산품이나 부품 혹은 서비스를 한 가지만 구매해야 하는 경우를 생각해보자. 실제로 해당 프로젝트에 필요한 어떠한 생산품이나 부품, 서비스라 하더라도 다수의 공급자가 있을 것이고, 그 각각은 나름의 고유한 특징이 있을 것이다. 랩탑 컴퓨터 한 대를 구매해야 한다고 하자. 아주 가벼운 무게를 자랑하는 A가 있고, 대용량의 RAM을 지원하는 B가 있고, 10시간 이상 사용 가능한 배터리를 갖춘 C가 있다고 하자. 과연 무엇을 구매할 것인가? 구매결정을 내리는 것도 과거가 훨씬 쉬웠다. 과거에는 선택 가능한 대안의 범위가 제한적이었기 때문이다.

프로젝트 관리자 및 스태프가 겪게 되는 선택적 대안의 딜레마는 명백하다. 수많은 공급업체, 피고용인, 설계도, 제안된 솔루션, 약속기한 등이 넘쳐나는 가운데 효율적으로 선택을 해야만 한다. 자신이 맡은 프로젝트들이 일정한 방향성을 갖고, 나름의 특징을 갖도록 기대하는 것은 오히려 상황을 더 악화시킬 수 있다. 왜냐하면 과거의 프로젝트에서 경험했던 취사선택의 교훈이 지금 이 순간에는 적합하지 않기 때문이다.

고객들도 마찬가지로 수많은 선택적 대안들에 압도당하고 있다. 생산물이나 서비스를 선택함에 있어 고객들은 근본적으로 어떠한 특징을 원하는지 결론을 내려야 한다. 즉, 어떤 벨소리나 신호음이 추가되어야 하는지, 또 가격은 얼마로 지불해야 하는지, 어떤 공급업체와 함께 일할 것인지 등을 결정해야 한다. 만일 수많은 선택적 상황에 압도당해버린다면, 그들은 어떤 결정도 내릴 수 없는 상황이 될 것이다. 이러한 상황을 '분석으로 인한 마비 사태(paralysis through analysis)'라 부를 수 있다. 한편, 한번 결정을 내리고도 이내 마음을 바꿔버리는 식으로 결정 그 자체에 확신을 갖지 못할 수도 있다. 프로젝트 스태프는 이 딜레마를 염두에 둬야 한다. 그렇기 때문에 프로젝트 스태프에게는 고객을 정책결정의 장으로 이끌어내는 것도 중요한 직무 중 하나이다. 그리고 프로젝트 스태프는 고객이 감당해야 할 복잡한 결정상황을 단순화하는 능력도 가져야 한다.

● 복잡성과 난해성

복잡성은 종종 난해성과 연관돼 있다. 실행하기 쉬운 것보다 어려운 것이 더 복잡한 것으로 인식된다. 적분이 단순한 덧셈보다 더 복잡하지 않은가?

난해성과 관련된 복잡성은 통제(mastery)함으로 극복할 수 있다. 자전거를 배우려는 사람이 있다고 하자. 처음에는 자전거 타는 법이 매우 복잡하게 느껴질 수 있다. 마찬가지로 타이핑 하는 일도 처음에는 그저 복잡하고 어렵기만 하다. 이처럼 처음 배우기 시작할 때에는 섣불리 페달을 밟지도 못하고 자판을 두드리기도 힘들다. 배우고 익혀야 할 것이 너무 많기 때문이다. 그러나 연습을 반복하면 어렵고 복잡했던 것이 매우 간단하게 느껴진다.

마찬가지로 처음 프로젝트를 수행하는 사람은 프로젝트의 전체를 이해하기가 힘들 것이다. 그렇다면 그들이 꼭 알아야 하는 것은 무엇일까? 프로젝트관리연구소(PMI)의 《프로젝트 관리 지식체계》에서는 유능한 프로젝트 관리자가 통제해야 할 몇 가지 사항에 대해 지적하고 있다. 시간관리, 비용관리, 범위관리, 인적 자원관리, 위험관리, 품질관리, 조달관리, 커뮤니케이션 관리, 통합관리가 그것이다. 이 외에도 프로젝트 스태프는 해당 프로젝트의 특수한 사항을 이해할 수 있어야 한다. 표 2.1은 프로젝트 전문가가 사용할 수 있는 기본적인 프로젝트 관리 기법을 정리한 것이다.

통제의 문제는 경험과 교육을 통해 해결할 수 있다. 프로젝트 스태프는 면밀한 사전 학습과 실전경험을 통해 복잡한 환경에서 수월하게 업무를 수행할 수 있다. 물론 프로젝트를 수행하는 것은 쉽지 않다. 그러나 프로젝트 관리자는 복잡성의 문제를 해결하고 문제의 핵심을 중점적으로 다룰 수 있어야 한다.

기법	가지고 있는가?	필요한가?
범위관리		
작업분류체계(Work Breakdown Structure, WBS)		
수익-비용 비율분석		
형상관리		
시간관리		
간트차트		
이정표(milestone)차트		
PERT/CPM 네트워크		
획득가치 접근법		
비용관리		
매개변수 비용추정 방법		
상향식(Bottom-up) 비용추정 방법		
누적비용 곡선(S곡선)		
수명주기 비용		
자본비용 평가 방법(NPV, IRR, 회수기간)		
획득가치 접근법		
인적 자원관리		
동기부여 및 팀 빌딩 방법		
목표관리(MBO)		
책임 매트릭스		
자원 간트차트		
자원 부하표(로딩 차트)		
위험관리		
위험관리 프로세스		
시나리오 구성		

몬테칼로 시뮬레이션

기초 통계방법(예를 들면 수학적 확률math expectation)

의사결정 나무 분석

품질관리

표준 품질 통제방법

파레토 다이어그램

계약관리

서로 다른 계약 양식에 대한 확실한 이해
(CPIF, CPAF, CPFF, 일괄 도급, 시간 및 재료)

커뮤니케이션 관리

커뮤니케이션 기본 원칙에 대한 확실한 이해

표 2.1 기본적인 프로젝트 관리기법

● 복잡성과 변화

급속하게 변화하는 오늘날의 세계는 복잡성이 심화되고 있다. 변화는 지속적으로 움직이는 목표를 만들어내면서 복잡성을 가중시킨다. 고객의 필요와 요구를 정의할 때, 우리는 이와 같은 문제를 확실하게 느낄 수 있다. 고객의 필요를 최종적으로 이해했다고 생각하는 바로 그때에도, 고객의 필요와 요구는 변화하고 있다. 변화의 근본원인에는 변화하는 기술, 변화하는 경쟁자들의 위치, 변화하는 경제적 힘(예를 들어 인플레이션 증가), 변화하는 행위자, 변화하는 예산 등이 포함된다.

앞서 말한 2가지 측면이 복잡성과 관련이 있다. 첫째, 변화는 습득해야 하는 지식의 양적 증가를 불러온다. 지식은 시간이 지남에 따라 증가하고, 오늘날도 유례없이 빠른 속도로 축적되고 있다. 둘째, 변화는 우리가 당면한 선택적 대안들을 증가시킨다. 어떤 장비의 생산 수명주기가 5년이라고 하자. 그러나 만약 생산 수명주기가 1년으로 줄어든다고 하자. 그랬을 때, 5년 뒤 우리는 5개의 장비를 가지게 될 것이다. 즉, 우리가 당면하는 선택적 대안들도 증가하게 된다. 이러한 변화는 어느 정도 통제되어야 한다.

프로젝트의 복잡성

많은 기업들이 고도의 복잡성을 가진 환경 속에서 활동을 하고 있다. 오늘날 이러한 복잡성을 가장 유능하게 관리하고 있는 곳으로 미 국방성(Department of Defense, DOD)을 들 수 있다. DOD의 '비즈니스' 활동은 일반 기업들이 하는 것보다 훨씬 더 복잡하다. 이를 테면 자동화된 재료 관리, 인적 자원의 배치, 계약과정 등은 DOD와 유사한 규모와 복잡성을 가진 기업에서는 처리하기 힘들다. 스텔스 폭격기(B-2), 크루즈 미사일, 전투기 등과 같은 주요 방위 프로그램들도 복잡한 프로젝트를 수행한 결과들이다.

소프트웨어 산업 분야에서 복잡한 프로젝트 사례를 보다 명확하게 확인해볼 수 있다. 백만여 라인의 코드로 구성된 소프트웨어 프로그램은 더 이상 보기 드문 것이 아니다. 시스템이 복잡하기 때문에 코드 한 줄에서 작은 실수만 있어도 전체 프로그램의 작동에 오류를 일으킬 수 있다.

그렇다면 DOD와 소프트웨어 산업의 유능한 전문가들은 어떻게 복잡성을 통제할까?

간략히 말하면, DOD의 관리자들은 훈련을 통해 복잡성을 통제한다. DOD는 시스템의 수립, 개발, 가동, 통제 등의 과정을 통해 방법을 마련했다. 이러한 방법은 '군사 표준(Military Standards, Mil Standards)', '군사 명세(Military Specifications, Mil Specs)', 'DOD 지침(DOD Instructions, DODI)' 등의 문건에 나타나 있다. 여기에는 시스템의 구매, 수립 및 운용 등에 대한 상세한 방식들이 명기되어 있다. 복잡성에 대한 관리방법을 개발하는 과정에서 DOD는 프로젝트 관리의 표준기법들을 창조해냈다. PERT, 획득가치 접근법, 구성관리 등의 개념들이 바로 DOD가 개발한 관리혁신의 예이다.

이와 같은 방법들을 개발하기 위해서 엄청난 문서작업과 관료화를 대가로 지불해야 했다. 록히드(항공기·우주기기 제조업체)에서 개발팀 스컹크웍스*Skunkworks*를 조직한 켈리 존슨*Kelly Johnson*은 주요 정부조직이 수명주기 비용의 절반 이상을 문서작업에 사용한다는 것을 입증했다. 또, 미 해군 패트릭 오코넬*Patrick O'Connell* 장군은 주요 무기 시스템의 70%가 생산적인 활동보다 행정적인 활동과 관련되어 있다는 연구 결과를 발표했다. 심지어 경찰관의 호루라기 소리만큼 간단한 것을 설명하기 위해서도 60페이지가 넘는 명세서를 작성해야 했다!

미 국방성은 미로처럼 얽힌 조직 내 복잡한 절차 및 과정으로 인해 웃음거리가 된 적이 있었다. 이러한 절차상의 문제로 인해서 10달러짜리 부품을 400달러씩이나 지불하고 구매하는 우를 범하게 되었다. 그러나 최종적으로 DOD는 지구상 가장 복잡한 시스템을 개발했다. 그리고 정교하게 만들어진 문건과 각종 교육을 통해서 이 시스템을 매우 성공적으로 운영하고 있다. 복잡하고 거대한 프로젝트를 수행 중인 자에게 이 사실은 유용한 교훈이 될 수 있다. 나는 예전에 1억 달러의 프로젝트에 참여한 일본인 프로젝트 팀을 만난 적이 있다. 그들은 해당 프로젝트의 시스템을 구축하기 위해서 미 국방성의 규제 지침을 참고로 활용하고 있다고 이야기했다.

미 국방성은 상세한 교본을 통해 복잡성을 관리하고, 민간 소프트웨어 개발업체보다 정교하게 프로젝트를 진행하고 있다. 물론 민간 소프트웨어 업체도 교본이 필요하다고 여기지만, 현재는 문서작업의 자동화 과정을 통해서 복잡성 문제를 처리하고 있다. 이러한 절차는 컴퓨터 기반의 시스템 공학(CASE) 기법으로 정착되었다. 자동화된 문서작업 활용법은 프로젝트 스태프들이 져야 할 짐을 상당 부분 덜어주었다.

소프트웨어 판매점도 소프트웨어를 모듈화하면서 복잡성의 문제를 해결하려고 한다. 이 전술은 재사용가능한 서브루틴을 채택하는 방식으로 십여 년 전에 이미 채택되었다. 이는 구조화된 프로그래밍 방법론으로 보충되었다. 그리고 프로그램 각각의 구성요소들 간에 불필요한 교차를 최소화하고자 했다. 예를 들어 'goto' 명령어 사용의 금지를 들 수 있다. 'goto'는 프로그램이 실행되는 위치를 강제적으로 변경시킬 때 사용된다. 최근에 목적지향적인 프로그래밍과 재사용 가능한 코드를 개발하려는 노력에서 이러한 모듈화를 찾아볼 수 있다.

'보다 현명하게 작업하고자(work smart)' 하는 노력에도 불구하고, 소프트웨어 판매점은 복잡성 관리를 위해 수많은 단조로운 업무들을 수행해야 한다. 이를 테면 시스템 통합의 핵심 구성요소로 '점검'을 들 수 있다. 통합 시스템 내에서 서로 다른 구성요소들이 상호 유기적으로 작동하고 있는지 확인하기 위해서는 과정을 지속적으로 점검해야 한다. 또한 시스템의 진행과정과 결과에 대해서도 세심하고도 면밀하게 기록해야 한다. 한편 자동화된 문서작업을 통해 소프트웨어 코드의 변화를 추적할 수가 있다. 그러나 변화에 대한 요구는 우선적으로 인간의 직접적인 노동에 의해서 다뤄져야 한다. 그리고 그것은 변화관리위원회를 통해 검토되어야 하며, 승인된 변경사항은 기준선의 수정으로 이어져야 할 것이다. 또 모든 요구사항의 과정을 문서화하기 위해 형상관리의 문서도 잘 보관해야 한다.

미 국방성과 소프트웨어 개발업체들이 복잡성의 문제에 어떻게 대처해나가고 있는지 살펴보았지만 만족스러운 결론을 내리지 못했다. 지금 우리의 복잡성 대처능력으로는 반복적이고도 단순한 업무를 해야만 복잡성 관리가 가능할 것이기 때문이다. 복잡한 프로젝트를 수행하는 팀이 있다면 우선 엄청난 시간과 노력을 투자하여 행정적인 기반을 구축하고 유지해야 할 것이다. 그래야 복잡성을 효과적으로 관리할 수 있다.

피터 센지는《제5경영》에서 복잡성에 대한 이런 식의 접근법을 비판한다. 물론 그도 '수많은 재료를 넣어 스튜를 끓이는 것'이나 '기계 조립을 위해 복잡한 설명서를 따르는 것'과 같은 경우에는 이러한 방법이 유용하다고 인정한다. 그는 예측가능하고 1차적인 모습을 보이는 '세부 복잡성'보다는, '역동적 복잡성(dynamic complexity)'에 중점을 두어야 한다고 주장한다. 역동적 복잡성은 1차적인 모습을 띠거나, 예측이 가능하지도 않기에 프로젝트 관리자는 보다 많은 관심을 두어야 한다. 피터 센지는 '시스템의 역동성'을 통해 복잡성을 처리할 수 있다고 말한다.

복잡성 관리

○ 복잡성 관리 방법

기업들은 복잡성 관리를 위해 다양한 조치들을 취하고 있다. 그럼 우선 일반적으로 사용된 접근법들을 살펴보도록 하자.

● 방법과 절차

앞에서 살펴본 것처럼, 미 국방성은 방법과 절차를 확고하게 수행하면서 복잡성을 관리했다. 이러한 방법들은 시간이 경과하고, 경험이 누적됨에 따라 변경된다. 따라서 이런 종류의 방법론에는 언제나 시행착오가 생긴다. 예를 들어, 제트 전투기가 불시착하는 사건이 일어났다고 하자. 조사를 통해서 핵심 회로의 잠금 와이어가 느슨해진 것이 사건의 원인으로 밝혀졌다. 따라서 새로운 군사 지침서를 통해 새로운 지시사항으로 기존의 오류를 수정하게 된다. 이와 같이 DOD를 포함한 군사기관에서는 경험, 학습, 개정 및 공표의 과정이 끊임없이 반복되고 있는데, 이는 복잡한 시스템의 수립 및 운용에 대한 지식의 확장으로 이어진다.

방법과 절차의 효과적인 수행은 경험, 학습, 개정 및 공표 과정을 되풀이하면서 이뤄진다. 복잡성 관리 능력을 향상시키고자 한다면 일련의 과정들을 각각 신중하게 처리해야 할 것이다.

경험 기업의 직원들은 업무수행에 중대한 영향을 미칠 수 있는 경험들을 삭제하지 말고 보고하라고 지시받는다. 예를 들어, 데이터처리를 담당하는 직원이 있다고 하자. 그는 하나의 데이터 양식에 동일한 부품

번호를 2개의 칸에 나눠 기입하는 편이 편리하다는 사실을 알게 되었다. 재차 기입하는 것은 불필요한 일을 반복하는 것이고 데이터 기입에서 오류를 범할 가능성도 높다는 것을 깨달았다.

데이터처리 담당직원은 자신이 경험한 것이 변칙이 아니라 변경이 필요한 사항이라는 점을 알 것이다. 따라서 문제 실행에 권한을 가진 자에게 절차를 개선하도록 해야 한다. 그리고 생산성 향상에 개선책을 내놓는 직원에 대해서는 그에 합당한 보상을 해야 할 것이다. 여기서 제품의 품질을 관리하는 조직을 두거나 제안함을 설치하는 일은 실무 직원들이 변경사항을 확인할 수 있는 일반적인 접근법이 될 것이다.

<u>학습</u> 문제를 발견하면 그 문제점이 가진 1차적인 의미와 심층적인 의미를 모두 이해해야 한다. 데이터처리 담당직원에 관한 예를 통해서 우리는 몇 가지 질문들을 던져봐야 한다. 하나는 '데이터 기입 양식에서 발견된 문제를 해결하기 위해서 무엇을 해야 하는가?'로, 이는 1차적인 문제제기이다. 나머지는 '불필요하고 반복적인 데이터의 처리로 초래되는 비용은 얼마인가?' 하는 것이다. 이는 광범위한 문제제기이다. 그리고 '회사에서 사용되는 다른 기입 양식들에서도 불필요한 업무가 일어나고 있는가?'라는 질문도 광범위한 문제제기에 포함된다.

<u>개선</u> 문제가 갖는 의미를 완전히 이해하면, 문제해결을 위한 단기적·장기적 조치들을 수립해야 한다. 이를 통해 비즈니스 수행의 문제가 개선될 것이다. 이때 새롭게 도입된 절차와 방식을 명확하게 하고, 이해하기 쉽도록 문서화하는 것이 중요하다. 또한 실효성 없는 과거의 절차와

방식을 제거해야 할 것이다.

공표 프로젝트 스태프가 새로운 아이디어와 방식에 접근하기 어려운 상황이라면 그것은 쓸모없는 것이나 다름없다. 과거의 문제를 개선한 부분은 여러 직원들이 활용할 수 있도록 공개되어야 한다. 우선, 프로젝트 수행할 때 필요한 기업의 업무처리 규칙 및 절차가 규범에도 포함되어야 한다. 그리고 변화된 규칙에 직접적으로 영향을 받는 직원들에게 개별적으로 이 사실을 통보해야 할 것이다. 문서전달, 전자우편, 웹페이지 공시, 회의 등을 통해서 변경된 절차와 규칙을 알려야 할 것이다.

복잡성 관리를 위한 효율적인 방법과 절차를 마련하는 것이 중요하다. 그것은 기업이 복잡성을 효과적으로 처리할 능력을 가졌다고 판가름할 수 있는 하나의 기준이 되기도 한다. 그러나 새로운 방식과 절차에도 약점이 있다. 그것은 관료화를 확대하고 창의성을 억누르는 것이다.

이러한 방법과 절차가 관료주의와 관련성을 갖는 것은 명백한 사실이다. 규칙은 서류에 명시되어야 하며, 각종 파일도 지속적으로 관리되어야 한다. 이는 프로젝트 수행과정에서 지속으로 검토하고 감독되어야 한다. 그리고 회사에서 제시한 규칙에 위배되지 않는지 확인해야 할 것이다. 세부적인 규칙들을 추가하거나 실효성 없는 과거의 규칙을 없애지 않는다면, 일련의 방법과 절차에 관한 목록들이 비대해진다. 궁극적으로 이는 복잡하게 얽혀서 발전을 방해할 것이다.

복잡하게 정의된 방법과 절차는 창의적인 솔루션의 개발을 방해한다. 이는 2가지로 설명할 수 있다. 첫째, 창의적인 아이디어의 흐름을 방해한다. 새로운 아이디어를 창조하기보다 주어진 규칙에 따라 수행하는 데 더 많은 시간과 열정이 필요하기 때문이다. 둘째, 방법과 절차는 결국 경험에서 축적된 산물이다. 즉, 과거의 경험이 오늘날에는 쓸모없는 것이 될 수도 있다. 과거의 실행방식에 집착하면, 미래의 실행방식에 대한 상상력이 제한될 수밖에 없다.

● 단순화의 중요성

아무리 복잡한 방법일지라도 최대한 단순화시키면 접근이 가능해진다. 과학자들은 마찰이 없는 세계를 가정할 때, 이 접근법을 사용한다. 예를 들어 모든 물체가 땅에 떨어지는 현상을 규정하는 공식을 만들어냈다면, 그 공식은 얼마나 복잡하고 난해하겠는가? 이상적인 공식은 다음과 같은 요소들을 모두 포함해야 한다. 즉, 지구나 혹은 다른 우주적 요인에 의한 중력의 효과, 공기가 통과할 때 생기는 마찰력, 공기 흐름이 미치는 영향, 습도, 그 밖에 영향을 미칠 수 있는 각종 요소들이 모두 포함되는 것이다. 그러나 현실에서는 물체가 낙하하는 현상을 간단한 공식으로도 충분히 설명할 수 있다. 즉 $s=\dfrac{gt^2}{2}$ 라는 간단한 공식으로 표현할 수 있다. 여기에 s 는 물체가 낙하하는 거리이며, g 는 중력 가속도, t 는 경과시간이다.

프로젝트에서 복잡성을 단순화하는 가장 방법으로는 '휴리스틱 방법론(heuristics)'을 들 수 있다. 휴리스틱 방법론은 행위와 결과에 대한 대략적인 지침을 제공한 최고의 법칙이다. 파레토*Pareto*의 '80/20 법칙'이 휴리스틱 지도법의 한 예라 하겠다. 품질관리를 예로 들어 '80/20 법칙'이 적용되는 방식을 살펴보자. 경험적으로 볼 때, 품질관리에서 우리가 겪는 문제의 80%는 20%의 원인때문에 발생한다. 자, 그 특정 생산과정에서 문제의 20가지 원인을 발견했다고 하자. 여기에서 '80/20 법칙'을 적용하면, 4가지의 핵심적인 원인에 주목할 필요가 있다(20가지 원인의 20%는 4가지이기 때문에). 그러면 우리가 찾은 문제의 80%는 해결될 것이다.

프로젝트를 수행할 때 복잡성을 단순화하는 또 다른 방법은 간단한 테스트 사례들을 사용하는 것이다. 이는 문제의 세부사항에 압도당하는 것을 피하고, 한번에 한 가지씩 해결하는 데 초점을 맞춰야 한다. 이것은 소프트웨어를 개발할 때 일반적으로 적용되는 기법이다. 예를 들어, 하향식(top-down) 비용추정 방법으로 설계한 회계시스템을 고려해보자. 테스트를 위한 초기 버전에 데이터를 입력하는 것은, 입력한 데이터 값이 목적에 맞게 처리되는지 확인하기 위한 것이다. 시스템이 개발됨에 따라, 단순한 수단이었던 처음의 데이터들은 점차 복잡한 기능을 갖게된다. 결국 완벽하게 작동할 수 있는 모듈로 탈바꿈되는 것이다.

● 사용자 편의성

우리는 어떤 것을 단순하게 하려다가 오히려 복잡하게 만들기도 한다. 이것은 일반적으로 소프트웨어 어플리케이션에서 나타난다. 단지 몇 줄의 코드로 소프트웨어 루틴을 작성할 수 있고, 당연히 변수 y의 서로 다른 값들에 대한 $2y+6$을 계산할 수 있다. 나는 루틴을 작성했기 때문에, 쉽게 사용할 수 있었다. 그러나 만일 내가 그 루틴을 사용자 어플리케이션의 모든 컴퓨터 사용자가 사용할 수 있는 것으로 바꾸려 한다면 상황은 달라질 것이다. 수많은 코드를 작성하고, 풀 다운 메뉴도 삽입해야 한다. 또한 데이터입력 방법이나 도움말 기능도 추가하고, 마우스를 사용할 수 있도록 프로그램을 꾸며야 할 것이다. 인쇄했을 때 보기 좋은 하드카피본을 가지고 싶다면, 그에 맞는 수많은 코드를 추가적으로 적용해야 할 것이다. 여기에서 주목할 것은, 이렇듯 추가로 만들어진 복잡성이 당초의 핵심인 2y+6이라는 컴퓨터 작업에 조금의 영향도 미치지 않는다는 사실이다. 추가된 복잡성의 유일한 역할은 어플리케이션 사용에 있어서 단순성을 증가시키는 것이다.

사용자 편의성을 확보함으로써 사용자는 복잡한 개념이나 과정을 쉽게 사용할 수 있다. 내가 개발한 소프트웨어 루틴을 사용하려고 하는 사람은 펄(pearl) 언어로 프로그래밍의 기본 원리를 학습해야 한다. 그래야 내가 만들어낸 루틴이 어떻게 작용하는지 이해할 수 있을 것이다. 그러나 사용자 편의성이 확보된 루틴을 사용한다면, 사용자는 펄 언어를 학습할 필요가 없다.

우리는 일상에서 볼 수 있는 복잡성을 통해서 단순성의 예를 볼 수 있다. 자동차 공학이 자동차 엔진 작동에 대한 완전한 지식을 갖게 된 것도 오래된 일이 아니다. 최근에서야 고장이 발생했을 때 엔진에 대한 지식을 참고하여 문제를 진단하고 수리할 수가 있게 된 것이다. 당연히 통합 전자회로를 자동차 엔진에 적용하고, 자동차 엔진을 공학적으로 완벽하게 이해하는 것은 더욱 어렵다. 그러나 고장이 발생했을 때 문제를 진단하는 것도 정교하게 컴퓨터화된 엔진 분석기를 통해서 가능하게 되었다. 이른바 특수 전문시스템(expert system)이 개발된 것이다. 공학적 관점에서 본다면 진단은 오히려 단순하다. 즉, 컴퓨터화된 엔진 분석기를 엔진에 놓고 그 결과물을 읽기만 하면 되는 것이다.

복잡성 관리

● 특수 전문시스템과 인공지능

앞서 설명한 복잡성을 통한 단순성의 사례들은 특수 전문시스템을 통해 얻을 수 있는 것이다. 인공지능 기술을 사용함으로써, 이 특수 전문시스템은 전문가들이 행하는 사고와 의사결정 과정을 모방하여 적용한다. 이론적으로 컴퓨터는 전문가가 처리해야 할 일을 대신 처리해준다. 초기의 특수 전문시스템은 의료분야에서 많이 사용되었다. 즉, 의사는 환자의 중세를 진단하고, 컴퓨터에 그 정보를 입력한다. 모니터에 나타난 진단 결과를 읽기만 하면 되는 것이다. 물론 컴퓨터에는 방대한 질병 관련 데이터베이스가 구축되어 있어야 한다.

그러나 특수 전문시스템의 개발의 결과는 매우 실망스러웠다(데블린 Devlin, 1997). 2가지 측면에서 문제점를 드러냈다. 첫째, 오늘날의 특수 전문시스템은 복잡하고 다양한 인간들의 의사결정의 차이까지 처리하지 못한다. 우리는 살아가면서 가정이나 직장에서 중요한 의사결정을 수도 없이 내린다. 그리고 각각의 결정을 내릴 때마다 무수한 부차적인 요소들을 고려하는데, 오늘날의 특수 전문시스템은 이런 부차적 요소들을 고려하지 못한다. 둘째, 특수 전문시스템이 활용할 수 있는 지식 기반이 제한적이다. 지식이란 엄청난 역동성과 함께 시시각각으로 변화한다. 자원의 희소성을 고려할 때, 과연 우리가 현실 세계에 적용할 수 있도록 시스템의 지식 기반을 지속적으로 업그레이드 해야 하는가? 우리에게 무한한 자원이 있더라도, 그 많은 지식들 중 어떤 것을 시스템의 지식기반에 포함해 작업할 것인가?

고도로 구조화된 규칙이 있는 환경에서 특수 전문시스템은 상당한 생명력을 가진다. 이 점은 명백하다. 대규모의 복잡한 프로젝트 관리를 위해 방법과 절차에 의존하는 이들에게 특수 전문시스템은 환영받을 만한 소식이 될 것이다. 이러한 방법과 절차들은 특수 전문시스템이 가장 적절하게 적용될 수 있는 대상이기 때문이다.

규칙을 중시하는 DOD의 관점에서 보면, 복잡한 프로젝트 관리를 위해 특수 전문시스템을 적용하는 것은 당연할 뿐 아니라 적극 권장되기까지 한다. 이 분야에서 특수 전문시스템은 이미 여러 가지 업무에 적용되고 있다. 예를 들어, 프로젝트 스태프들의 출장명령 처리, 군사 명세(Mil Specs)의 준수 여부, 금속 조형물 조립 시 각 부품의 설계 및 절단 작업 등에서 이용되고 있다. 구성과 비용 및 일정관리 등과 같은 규칙이 잘 적용되는 프로젝트 관리기술이라면, 특수 전문시스템이 업무량의 상당 부분을 처리해줄 수 있다. 프로젝트 진행에서 나타날 수 있는 단순하고 지루한 일상적인 업무들이 자동화된 시스템에 기반해서 신속하게 처리될 수 있는 것이다. 그러면 복잡한 대용량의 프로그램을 다루는 데 드는 엄청난 행정적인 비용도 현재보다 50~60% 가량 절감할 수 있을 것이다.

● 모듈화와 재사용 가능한 요소

산업혁명은 상호교환이 가능한 부품들을 사용함으로써 매우 빨리 진행되었다. 상호교환 가능성은 대량 생산을 가능케 했다. 초기에 대량 생산은 미국의 웨스트 버지니아 하퍼스 페리(웨스트 버지니아)의 군비 공장이 주도했다. 군수 공장은 소총의 총구, 권총의 개머리판, 방아쇠, 격철(擊鐵) 등의 부품을 표준화하면서 전례 없는 대량 생산을 통해 정부에 군수품을 제공하게 되었다. 표준화와 상호교환 가능성이 중요시되기 이전에, 소총의 각 부분은 총기 하나하나마다 따로 제작되고 조립되었다. 그래서 어떤 총은 다른 총의 같은 부분에 조립하려고 해도 들어맞지가 않아 재가공이 필요했다. 1800년대 중반 하퍼스 페리가 이룩한 부품의 표준화는 이후 미국의 다른 산업에도 큰 영향을 끼쳤다. 즉, 생산방식에서 대량 생산을 가능케 하는 시발점이 된 것이다.

오늘날의 모듈화는 과거의 상호교환 가능성을 현대적으로 변형한 것이다. 모듈화를 통해서 각 구성 부분은 독립적 개체방식으로 시스템화되었다. 예를 들어, 집이라는 시스템은 모듈화가 이루어진 수많은 개별 구성요소들에 의해 건축된다. 보다 쉬운 예를 들면, 욕실이나 샤워시설 등은 집 짓기 이전에 공장에서 완성되어 해당 공간에 넣으면 되는 것이다. 소프트웨어도 마찬가지이다. 코드도 모듈화를 거쳐서 독립적인 개별 부분으로 쪼개진다. 예를 들어, 어떤 코드는 분류를 수행하고, 다른 코드는 결과의 포맷을 담당하는 것이다.

모듈화는 2가지 방식으로 복잡성을 감소시킨다. 첫째, 모듈화는 서로 다른 구성요소들 간의 조합의 수를 줄인다. 각각의 모듈은 상대적으로 독립성을 갖고 있다. 모듈 내부에는 그 모듈을 하나로 통합하는 수많은 조합들이 존재한다. 이러한 특징은 문제를 해결하고 시스템을 확장하는 데 중요한 의미를 가진다. 시스템의 한 부분이 고장을 일으킨다면, 고장의 원인을 일으킨 해당 모듈만 교체하면 되는 것이다. 또, 수리과정이 시스템에 영향을 미칠 것이라는 걱정은 하지 않아도 된다. 수리과정에서 나타나는 문제 또한 해당 모듈에 한정되기 때문이다. 그리고 시스템은 모듈화를 통해서 한 번에 한 모듈씩 업그레이드 할 수 있다.

둘째, 모듈화는 복잡한 시스템 전반에 대한 통제의 필요성을 줄여 복잡성을 최소화한다. 모듈 상호간의 조립 및 교체가 용이하도록 설계되었다면, 시스템에서 일하는 사람들은 모듈 그 자체의 기능을 알지 않아도 된다. 다만 모듈이 가지는 전반적인 기능을 이해해야 한다. 예를 들어, 예전에는 라디오를 수리하는 기술자는 수리를 위해 전자회로의 배선을 바꿔야 했다. 무엇보다 그들은 전자회로에 대해 잘 알고 있어야 했다. 그러나 오늘날의 전자 제품은 과거와 달리, 문제가 생긴 부품을 교체하는 것만으로도 수리가 가능해졌다. 각 부품들의 역할이나 기능에 대한 지식이 필요치 않은 것이다.

● 모델링

PERT/CPM 네트워크는 프로젝트 관리에서 가장 잘 알려진 모델링 기법이다. 이는 업무들이 상호연관이 있는지 보여줌으로써, 프로젝트 관리자가 일정계획 시나리오를 검토하여 대안을 모색할 수 있도록 도와준다. 여기에서 다음과 같은 질문들이 제기될 수 있다. '몇 가지 주요 업무의 프로젝트 수행기간을 단축할 수 있는가?', 'A업무가 진척되지 못하면, 이것이 B업무에 어떤 영향을 끼칠 것인가?' 오늘날은 PERT/CPM 네트워크를 통해서 통합 모델링 업무가 수월하게 되었다. 즉, 소프트웨어를 활용함으로써 일정계획, 예산편성, 자원배분 등의 상호연관성을 쉽게 점검할 수 있게 된 것이다.

모델을 갖게되면서 복잡한 업무의 상당 부분에서 부담을 덜 수 있었다. 과거에는 업무 결과의 평가를 위해서 세부적인 부분을 검토해야 했지만,

이제는 모델이 이 부분을 대신하게 된 것이다. 예를 들어, 폭풍이 비행기에 미치는 영향을 알기 위해서 복잡한 수학적 계산을 하지 않아도 되는 것이다. 비행기 모형을 만들어 다양한 공기 흐름에 대한 반응을 시뮬레이션을 통해 실험하면 된다.

요컨대 모델은 업무 수행과정의 세부사항을 이해하거나 검토하지 않아도 복잡성을 보다 용이하게 관리하도록 돕는다. 즉, 문제의 세밀한 부분을 이해하지 않고서도 어떤 행동의 결과를 예측할 수 있는 것이다.

● 시스템 분석과 사이버네틱스

시스템 분석은 1950년대에 등장하였고, 이는 복잡성을 다루기 위한 방편으로 개발되었다. 시스템은 상호연관성을 가진 부분들의 총합으로 정의된다. 즉, 구성요소들 간의 상호연관성으로 인해, 소규모 시스템의 내부에도 엄청난 수의 조합이 존재한다. 예를 들어, 10개의 구성요소를 가진 시스템은 최대 45개의 조합을 갖고, 20개의 구성요소를 가진 시스템은 최대 190개의 조합을 갖는 식이다. 그리고 100개의 구성요소를 가진 시스템은 최대 4,950개의 조합을 이룬다. 이 같은 복잡성은 아주 작은 시스템에서도 나타난다.

초기의 시스템 분석은 현대 시스템 이론의 기반이 되는 수많은 개념을 만들어냈다. 시스템 분석의 핵심 모델은 시스템 그 자체에 있다. 하드웨어 시스템이 될 수도 있고, 소프트웨어 시스템이 될 수도 있다. 여기에는 정치 시스템, 경제 시스템, 인간의 신체 모두가 포함된다. 시스템 분석은 포괄적인 인식에 기반을 두고 있다. 따라서 특정 시스템의 고유한 성격은 중요하지 않다. 시스템 분석에서 중요한 문제는 시스템과 그것을 둘러싸고 있는 환경을 구분하는 경계를 설정하는 일이다. 환경으로부터 문제가 '투입(input)'되면, 시스템은 특정한 방식으로 문제를 처리해간다. 그리고 시스템은 내부 작업을 거쳐 '산출(output)'을 한다. 말하자면 산출은 투입에 대한 시스템의 반응이다. 시스템의 반응이 적절했는지 여부의 판단은 '피드백' 분석을 통해 이뤄진다. 피드백은 새로운 투입과 산출을 만들어낸다. 즉, 피드백의 목적은 시스템이 특정한 균형을 달성할 수 있도록 돕는 데 있다. 그림 2.2는 시스템의 원리를 도식화한 것이다.

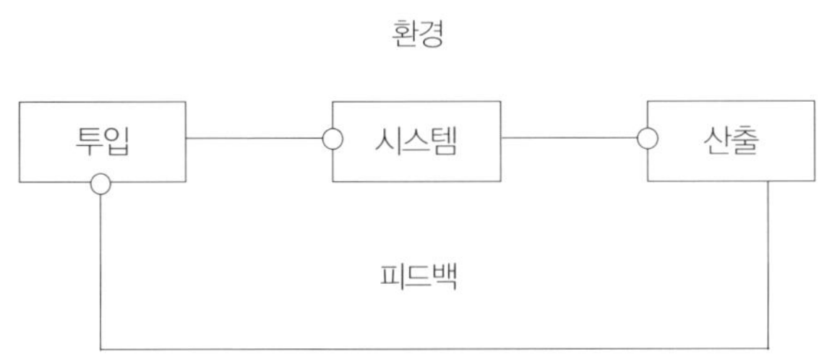

그림 2.2 시스템의 원리

지금까지 말한 시스템에 대한 추상적인 설명은 구체적인 사례를 통해 이야기할 수 있다. 인간의 신체를 하나의 시스템으로 생각해보자. 만약 인간의 신체가 지금 뜨거운 방에 들어가 있다고 하자(뜨거운 방은 환경의 역할을 한다). 그러면 인간의 감각기관은 평상시와 달리 뜨거운 온도를 감지한다(온도가 투입되는 것이다). 이때 신체는 땀을 흘리도록 명령하면서 발한작용을 한다(발한작용은 산출이다). 땀을 흘리면서 신체의 열을 식히는 것이다. 여전히 신체 온도가 높다고 느끼면(이것이 피드백이다), 계속해서 발한작용을 할 것이다. 보다 많은 양의 땀을 분비하면서 피부의 열이 떨어지면(이 과정도 피드백에 속한다) 발한작용도 멈출 것이다.

시스템 분석가는 다이어그램을 통해서 시스템의 요소들 간 상호작용을 다룬다. 가장 기본이 되는 다이어그램으로는 '흐름도'가 있다. 흐름도는 일련의 작업이 이루어지는 단계가 세부적으로 포함하는데, 흐름도 상에 시스템을 그려보는 것이 초기 시스템 개발의 필수단계이다. 그림 2.3은 간단한 흐름도의 예를 보여준다. 흐름도는 시스템의 세부사항을 이해할 수 있도록 돕는다. 그래서 피터 센지가 세부 복잡성(detail complexity)이라 말했던 것을 처리하도록 도와준다. 즉, 용량의 증가로부터 발생하는 복잡성을 처리할 수 있는 것이다.

시스템 다이어그램 *systems diagrams*은 보다 세련된 것이다. 이는 부정적인 피드백이건 긍정적인 피드백이건 그것이 시스템의 기능에 미치는 영향을 보여준다. 그림 2.4는 단순한 순환시스템 다이어그램이다. 복잡한 시스템의 상호작용은 이들 순환 다이어그램의 덩어리를 결합시킴으로써 효과적으로 설명할 수 있다. 이런 방식의 다이어그램을 통해 우리는 피터 센지가 역동적 복잡성이라 불렀던 것을 이해할 수 있다. 말하자면 세부적인 사항이 아닌 일정한 수준의 패턴들을 볼 수 있도록 하는 것이다. 이 같은 시스템 다이어그램에 기반한 다양하고 역동적인 시뮬레이션 기법은 복잡한 상황을 정교하게 모델링 할 수 있게 해준다.

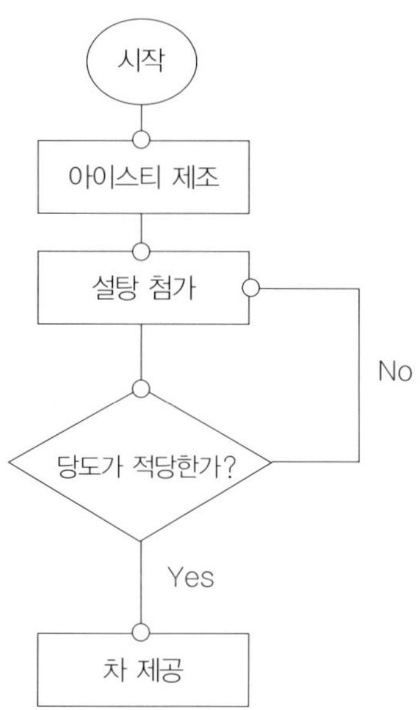

그림 2.3 단순한 흐름도

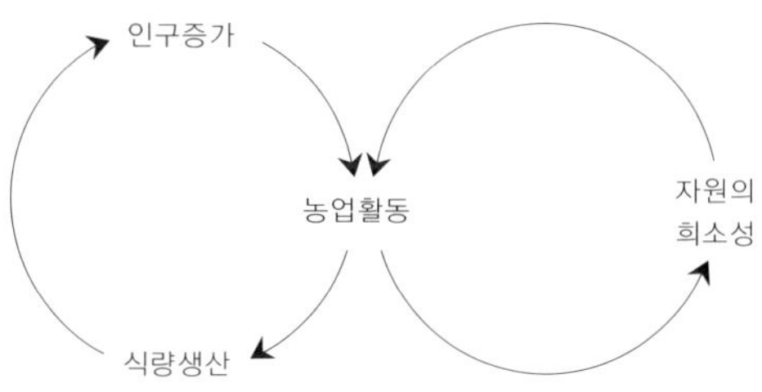

그림 2.4 단순한 순환 시스템 다이어그램

○ 결론

　복잡성은 우리 삶의 일부분이나 다름없다. 오늘날 우리는 과거보다 복잡한 삶을 살고 있다. 그리고 미래는 지금보다 더 복잡해질 것이다. 개인이나 집단이 직면하게 될 수많은 문제 중 하나는 복잡성의 문제를 어떻게 다룰 것인가에 관한 것이다. 프로젝트 관리자는 복잡성에 적절하게 대응하면서 해당 프로젝트를 성공으로 이끌어야 한다. 오늘날의 기업들은 복잡성으로 인해 상당한 어려움을 겪고 있다. 게다가 복잡성을 관리했던 과거의 경험에도 불구하고, 프로젝트 관리 비용을 효율적으로 처리하는 데 한계에 부딪히곤 한다. 세부사항들에 대한 방법과 절차를 개발하고 운용함으로써 프로젝트 수행 지침을 만들어야 한다. 여기에는 프로젝트의 모델링 개발과 검토, 예산 및 비용 데이터에 대한 면밀한 분석과 변화관리 절차의 수행 등이 포함된다. 사실 이 모든 접근법들은 상당히 어려운 업무다. 왜냐하면 오늘날의 프로젝트 수행과정의 50~60%가 문서작업에 달려 있기 때문이다.

　여기서 우리는 '과연 문제해결에 직접적으로 관련 없는 업무에 노력과 열정을 쏟아야만 하는가?' 하고 의문을 제기할 수 있다. 다행히도 보다 정교한 특수 전문시스템이 개발됨에 따라 우리가 갖고 있던 몇 가지 문제를 해결하게 되었다. 우리는 특수 전문시스템을 통해서 단순 반복적인 업무들을 수월하게 처리했는데, 이는 곧 행정처리 관련 비용을 급격하게 감소시켰다. 따라서 이제는 새로운 아이디어를 내는 데 많은 시간과 열정을 쏟아서 복잡성을 관리할 새로운 접근법을 지속적으로 개발해야 할 것이다.

변화관리 :
변화에 따른 대응 전략

○ 구조조정이 진행 중이던 한 제조회사에 여사장이 새로 부임했다. 그녀는 모든 직원들에게 미래의 비전을 제시하는 문건을 나눠줬다. 그녀는 과거의 낡은 틀을 깨고 새로운 양식을 도입하는 것이 가장 흥미로웠다고 이야기했다.

○ 한 엔지니어 회사가 새로운 통제시스템을 개발했다. 이 시스템을 미리 검토한 고객들은 매우 기뻐했다. 왜냐하면 시스템 설계 완료 전, 추가적으로 요구했던 기능과 특징들이 완벽하게 반영되었기 때문이다.

○ 한때 정부기관의 부서들은 각각 다른 워드프로세서 소프트웨어를 사용했다. 이러한 불일치는 정부 사업을 진행할 때 불편함을 드러냈다. 결국 정보통신

분야의 담당자는 모든 직원이 공통인 워드프로세스 소프트웨어를 사용하도록 지시했다. 이는 상당수 직원들이 새로운 소프트웨어의 사용법을 교육받아야 한다는 것을 의미했다.

○ 프로젝트가 절반가량 진행된 시점에서, 고객관리 담당자가 다른 곳으로 발령을 받았다. 그후 새로운 담당자가 왔는데, 그는 현재 진행중인 프로젝트의 중요성을 파악하지 못했다. 결국 진행 중인 프로젝트는 유보되었고, 사실상 그 존립 자체도 불투명하게 되었다.

○ 신제품을 발매 3개월 전, 주요 경쟁사에서 경쟁상품의 마케팅을 시작했다. 그것은 재개발 중인 우리의 상품을 무용지물로 만들 만한 것이었다. 회사의 개발 부서는 긴급회의를 소집해서 신제품에 대한 몇 가지 설계 변경을 논의했다. 그리고 신제품에 대한 광고 및 홍보계획도 연기했다.

이런 일들은 오늘날 기업에서 프로젝트 수행자들이 전형적으로 겪게 되는 상황들이다. 위 사례들은 모두 '변화'를 설명하는 것이다. 나는 현재 비즈니스 현장에서 발생하는 변화의 규모를 보면서 놀라움을 금치 못한다. 나는 개발관리직을 대상으로 한 강연회에서 참가자들에게 설문조사를 한 적이 있다. 그들에게 업무수행 현장에서 직접 경험한 변화에 대해 몇 가지 질문을 던졌다. '지난 12년 동안 당신 부서에서 구조조정을 경험한 적이 있습니까?'라는 질문에, 대략 절반에서 2/3정도 사이의 참가자들이 '그렇다'고 했다. '당신의 직무와 관련해서 변화를 경험했던 적이 있습니까?'라는 질문에는 60~80%의 참가자가 '그렇다'고 답했다. 그리고 절반이 넘는 참가자가 고객사 측의 인력 혹은 업무 절차의 변화가 프로젝트 수행에 상당한 영향을 미친다고 답했고 일반적으로 부정적인 영향을 미친다는 응답이 많았다.

이 설문 결과는 무엇을 의미하는 걸까? 그들의 응답이 전형적인 프로젝트 스태프의 경험을 대변하는 것이라면, 오늘날의 프로젝트가 혼란과 변화의 환경 속에서 수행된다는 것을 알 수 있다. 이 같은 혼란은 우선순위에서 잦은 변경을 초래하고, 목표에 대한 전망도 흐릿하게 한다. 결국에는 일정에 차질이 생기고, 비용도 초과된다. 또한 정확히 명시되지 않은 고객의 요구사항으로 인해서 고객만족도 감소된다.

프로젝트 관리자에게 중요한 문제는 '변화를 어떻게 관리하느냐'이다. 안정적인 세계에서 변화관리는 문제가 되지 않는다. 우리는 신중하게 계획을 수립하고 그것을 충실히 이행만 하면 되기 때문이다. 그러나 혼란스럽고 무질서한 세계에서는 변화의 필연성을 염두에 둬야 한다. 이런 혼란 속에서 단순히 계획을 수립하고, 그것을 따르기만 하면 된다는 식의 사고방식은 불필요하다. 변화는 일어나기 마련이다. 그래서 우리는 변화에 어떻게 대처할 것인지 준비해야 한다.

○ 변화의 원인

프로젝트에서 변화를 일으키는 원인은 광범위하다. 여기서는 몇 가지 핵심적인 원인을 살펴볼 것이다.

● 행위자의 변화

오늘날은 기업 내부에서 인적 변화가 지속적으로 발생하고 있다. 인적 변화는 1980년대부터 시작된 구조조정이 가장 큰 이유일 것이다. 일반 기업과 정부조직은 무질서한 환경에서 효과적으로 기능하도록 효율적인 지침을 세우고, 조직 구성을 지속적으로 변경한다. 사실 기업은 조직 구성의 변경을 넘어서, 기본적인 업무 프로세스를 변경하거나, 그 외 업무 프로세스를 추가하기도 한다.

그런데 구성원의 잦은 변화로, 변화관리자는 새로운 직위를 받을 때마다, 기존의 규칙을 변경하는 것을 특권처럼 여긴다. 그들은 자신들이 수행하는 일에 대해서만 평가받고자 하며, 과거의 다른 사람이 발생시킨 문제는 떠맡기 싫어한다. 즉, 아무런 문제가 없는 상태에서 일을 시작하고 싶은 것이다. 물론 이러한 논리가 이해는 가지만 이런 식의 대응은 심각한 문제를 낳는다. 즉, 관리자가 바뀔 때마다 전임자의 성과가 모두 폐기된다는 것이다.

● 예산의 불안정

1989년 미국 회계감사원(General Accounting Office)의 연구 보고서에 따르면, '예산의 불안정'이 프로젝트 비용 및 일정 초과와 관련해서 가장 빈번히 발생하는 문제점이다. 이번의 프로젝트 수행을 위해 지원된 예산이 다음에도 똑같이 지원되리라 기대할 수 없다. 나중에 펀드의 일정부분이 예산으로 편성될 수도 있고, 다른 프로젝트 수행을 위해 예산

편성이 보류될 수도 있다. 이러한 상황에서 계획을 수립하기란 쉬운 일이 아니다. 예를 들어 연방정부의 프로젝트 수행에 필요한 예산편성은 의회가 담당한다. 의회는 연간을 주기로 하여 특정 프로젝트에 대한 예산편성을 늘리거나 줄인다. 이는 제도적인 변화에 따른 것으로 의원 선출 주기가 2년이기 때문이다.

예산의 불안정은 비단 정부기관만의 문제가 아니다. 기업은 세계적인 경쟁의 증가로 비용지출에 매우 민감해졌다. 그리고 민간기업의 프로젝트 수행자들은 약속받은 예산이 보류되거나 취소되는 경우를 종종 겪고 있다.

● 기술의 변화

기술은 급속하게 변화를 거듭하고 있다. 새로운 기술에 따른 기대수명이 짧기 때문에 6개월 이상 진행되는 프로젝트는 항상 기술변화를 주시하고 민감하게 대처해야 한다. 여기에서 프로젝트 스태프들은 다음과 같은 질문에 직면한다. 기술이 변화하는 상황에서 우리가 제시한 특정 솔루션이 1년 후에도 여전히 유효할까? 프로젝트에서 기술발전은 내부적으로 어떤 영향을 미칠까? 지금의 업무처리를 모두 웹 기반으로 변경시키면 어떨까?

● 경쟁적 환경

세계에서 경쟁 기업들의 행동이 미치는 영향력은 매우 크다. 어떤 경쟁 업체가 매력적인 생산품이나 서비스를 내놓으면 우리는 곧 그 만큼 경쟁력 있는 제품과 서비스 개발을 위해 할 수 있는 모든 일을 행한다. 이런 전략에 따라 업무의 우선순위가 급격히 변한다면 프로젝트 수행에도 걸림돌이 된다. 이는 장기적인 프로젝트를 위해 투입된 자원들이 단기간의 대응을 위해서 빠져나가는 오류를 낳는다.

● 요구사항의 변화

프로젝트 변화 원인으로 사람들의 요구사항의 변화를 들 수 있다. 프로젝트가 진행됨에 따라 고객과 관리자, 기술스태프들의 요구사항 (need and want)은 계속해서 변한다. 프로젝트 초기 단계에서 사람들이 기대하는 요구사항이 추상적이기 때문이다. 사람들은 구체적인 결과물을 보면서, 당초 설계나 기능에 대한 변경을 요구하기도 한다. 그들은 모델로 본 것이 마음에 들더라도, 결과물이 완성되기도 전에 기능의 추가를 요구한다.

● 거시경제적인 힘

거시경제적인 힘은 우리가 수행 중인 프로젝트에 막강한 압력을 행사하여 변화를 유도한다. 예를 들어, 갑작스러운 인플레이션으로 프로젝트에 대한 비용평가가 무효가 되는 경우가 있다. 1970년대 후반 미국에서 인플레이션이 매년 17%씩 증가했다. 불경기로 인해 프로젝트 관련 예산 및 인력에 대대적인 삭감이 진행되었고, 고급 인력들이 일시적으로 해고를 당했다. 이것은 매우 심각한 문제였다. 일시적인 해고를 겪으면서 수년간 현장 경험을 포기해야 했다. 그것은 향후 보충한다는 것이 매우 힘들었기 때문이다. 또 한 가지 거시경제적 상황의 변화가 내포하는 절망적인 특징이 있다. 즉, 이 문제는 완전히 프로젝트 조직의 통제권 밖에 있다는 사실이다. 프로젝트 스태프들은 응급 대책을 수립해 통제할 수 없는 힘에 대처해야 한다.

○ 변화관리 전략

이 장에서는 변화에 대응하는 3가지 전략을 제시할 것이다. 첫째, 기업과 개인은 모두 순변화적 사고방식(pro-change mind-set)을 개발해야 한다. 변화의 필연성을 인식하고, 긍정적으로 받아들여 성장을 위한 기회로 삼아야 한다. 물론 이것은 쉬운 일이 아니다. 왜냐하면 조직이나 인간은 모두 변화를 두려워하기 때문이다.

둘째, 기업과 개인은 언제, 어떻게 '흐름에 편승할 것인가'에 대한 충분한 지식을 갖고 있어야 한다. 변화에 대한 저항이 결국 기업과 개인을 망쳐버릴 수 있기 때문이다. 때로는 변화 그 자체의 힘을 이용하여 바람직한 방향으로 가도록 하는 것이 옳을 수 있다. 이때 가장 합리적인 접근법은 신속하게 프로토타이핑을 개발하는 일이다. 이 방법을 채택한다면, 고객들을 요구사항의 결정과정에 참여시켜 구체화된 프로토타입을 평가해야 할 것이다. 프로토타이핑의 개발과정과 이 방법론의 강점과 약점은 이후에 설명할 것이다.

셋째, 변화에 저항하는 것이 바람직할 때도 있다. 모든 변화가 똑같이 중요하고 필요한 것은 아니다. 어떤 경우에는 필수적일 수도 있고, 어떤 경우에는 불필요해서 소모적일 때도 있다. 기술조직에서 사용되는 변화관리 방법으로 형상관리(configuration management)가 있다. 형상관리는 변화에 제동을 거는 방법론이다. 형상관리는 불필요한 변화를 걸러내고, 중요하고 의미 있는 변화를 채택하도록 해준다. 형상관리의 기본 원칙에 대해서도 이 장에서 설명할 것이다.

● 순변화적 사고방식의 개발

역사를 바라보는 여러 시각 중에서, 역사를 변화(change)와 대응(reaction)의 투쟁으로 보는 관점이 상당한 설득력과 보편성을 얻고 있다. 이 투쟁의 핵심은 신으로부터 불을 훔쳐서 그것을 인간에게 준 프로메테우스 이야기로 설명할 수 있다. 프로메테우스의 행동은 신을 노하게 했지만 인간은 프로메테우스로 인해 혁신을 도모하게 되었다.

인류의 역사를 볼 때, 보수주의자들은 혁신자를 벌하는 것을 가장 큰 유희로 여겼다. 갈릴레오는 교회의 압력에 굴복하여 자신의 과학적인 견해를 거둬들였다. 그의 이론은 당시 현실에 대한 도전이었다. 또, 1925년 테네시 주는 고교 교사들에게 수업시간에 다윈의 진화론을 교육하지 못하도록 조치했다. 진화론이 성경의 가르침에 위배된다는 이유에서였다.

요컨대 변화의 힘은 지속적으로 대응의 힘과 부딪친다. 그런데 오늘 혁명적인 것이 내일은 보수적인 것으로 탈바꿈하기도 한다. 때문에 투쟁을 통해 획득한 것은 수명이 짧다. 결국 변화가 대응을 낳고, 그것이 또 변화를 낳고, 그것이 또 대응을 낳는 식으로 주기가 반복되는 것이다.

대부분의 사람들은 변화를 환영하지 않는다. 본능적으로 변화에 저항하는 하는데, 이는 개인과 집단의 공통적인 속성이다. 이러한 본능적인 속성은 심리학에서 찾아볼 수 있다. 마이어스 브리그스*Myers-Briggs*의 심리학적 분류 결과를 보면 인간의 16%만이 프로메테우스처럼 능동적으로 솔루션을 찾는다. 그리고 나머지는 모두 보수적인 성향으로 분류된다.

심리학적인 요소를 제외하고도 인간이 현상유지에 집착하도록 만드는 외부적 힘도 존재한다. 그 힘 중 하나는 다음과 같은 표현에서 찾아볼 수 있다. '고장 나지 않았다면, 고칠 필요도 없다'라는 생각이다. 이는 '현재 일하는 방식이 원활하다면, 그것을 변경하거나 수정해서는 안 된다'고 주장하는 것이나 마찬가지이다. 가장 좋게 보면 '수리가 불필요'하다는 것이고, 가장 나쁘게 보면 '괜히 손을 댔다가는 문제를 해결하기보다 더 많은 문제를 만들어낼 수 있다'는 식이다.

변화에 저항하는 또 다른 힘은 우리가 현상유지를 위해 자산을 보유하고 있다는 사실이다. 이 자산이 충분하다면 우리는 변화하지 않을 것이다. 애버네시*Abernathy*, 클라크*Clark*, 캔트로우*Kantrow*는 《Industrial Renaissance》에서 다음과 같이 확신에 찬 주장을 펼쳤다. 즉, 기업은 성공을 위해 점점 더 비용절감에 매달린다는 것이다. 그래서 기업은 특정 설비와 절차에 대한 비용 투자를 줄이고, 궁극적으로 혁신과 변화를 뒷받침하는 각종 대안과 능력 발휘의 기회를 제한한다.

변화에 저항하는 또 다른 힘이 있다. 그것은 기존에 사용하던 양식의 폐기를 망설이면서 생긴다. IBM은 컴퓨터 본체 판매를 통해 많은 수익을 올렸다. 그러나 고성능 데스크탑 시대에 컴퓨터 본체에 대한 인기가 계속 유지될지 의문을 품게 되었다. IBM은 기술 집약적 소형컴퓨터와 함께 디지털 장비에서 엄청난 성공을 거두었다. 이러한 성공 탓으로 IBM은 마이크로컴퓨터를 혁신하지 않고 그대로 유지했다. 결국 이것은 부정적인 영향을 미쳤다. 현재의 시스템에 안주하며 변화에 저항하는 이야기는 스펜서 존슨Spencer Johnson의 《누가 내 치즈를 옮겼는가? Who Moved My Cheese》에도 잘 나타나 있다.

혼란의 시대에 조직의 생존과 성공을 위해서는 순변화적 사고방식을 개발해야 한다. 기존의 문화를 바꿔 변화가 바람직하게 인식되도록 해야 하며, 변화를 기회로 받아들이는 긍정적인 태도를 가져야 한다. 인간은 본능적으로 변화에 저항하려고 한다. 그러나 순변화적 사고방식의 개발이 어려운 일은 아니다. 기업과 조직은 순변화적 사고방식의 개발을 위해서 기업이나 조직이 다음과 같은 단계를 거쳐야 한다.

교육과 훈련을 통해 변화에 대한 이해를 도모하라. 많은 사람들이 변화의 중요성에 대해서 이야기를 하지만, 변화의 긍정성을 이해하는 사람은 많지 않다. 변화를 보다 잘 이해하기 위한 방법으로 교육을 들 수 있다. 예를 들어, 인간이 변화를 거듭하지 않았다면, 지금도 사바나 초원이나 밀림에서 과일을 따 먹거나 사냥을 하면서 살고 있을 것이다. 즉, 수천 년 동안 변화를 통한 배움의 과정이 없었다면 지금의 삶도 원시시대의 그것과 다르지 않을 것이다. 오늘날의 편리한 삶도 결국 변화의 과정이 있었기에 가능한 것이다.

그러나 한편으로 우리의 조상들이 그 변화에 저항하고 맞섰다는 사실도 간과해서는 안 된다. 이런 변화에 저항하는 자는 결국 변화에 의해 망하고야 만다는 사실을 알 수 있다. 예를 들어 갈릴레오의 이론은 나중에 그 타당성이 밝혀졌고, 그의 이론에 반대한 인물들은 역사책 속에서 비난의 대상이 되었다. 진화론 교육을 금지한 테네시 주의 정책도 법원의 판결에 따라 결국 실패로 돌아갔다.

변화의 시대에 교육이 중요한 역할을 하려면, 관리자들은 현재 프로젝트 관리의 흐름을 민첩하게 받아들여야 한다. 그리고 전통적인 접근법과는 완전히 다른 관리자의 역할에 대해 인식해야 할 것이다. 실무 직원에게 권한부여는 기업의 경쟁력 확보와 생존을 위해서 필수적이다. 관리자들은 자신의 역할이 명령을 내리는 것이 아니라 현장 직원들이 능력을 최대한으로 발휘할 수 있도록 지원하는 데 있다는 것을 깨달아야 한다.

교육은 사람들에게 변화의 중요성을 인식시킬 수 있다. 한편 훈련은 변화의 수행 기술을 제공할 수 있다. 농업의 기계화에 강하게 저항하는 농민에게는 트랙터나 콤바인의 사용법을 직접 교육하고 훈련해야 한다. 즉, 기계 작동법을 알고 사용한다면, 그들의 태도는 바뀔 것이다. 변화에 저항했던 사람이 결국 변화를 받아들이는 것이다.

마찬가지로 프로젝트 관리자가 능력을 키우기 위해서는 재무, 마케팅, 인력관리 등과 같은 분야의 비즈니스 원리에 대해 교육과 훈련을 받아야 한다.

교육과 훈련에서 가장 큰 문제는 비용이다. 교재개발, 물품구매, 출장경비, 교육담당자의 급여 등에 자원을 투여해야만 한다. 그리고 현장 직원을 교육하기 위해서 교육장에 막대한 비용이 지출된다. 현장 직원이 작업장을 비우면 누가 그 사람의 일을 대신할 것인가? 그럼에도 지속적인 교육과 훈련을 위해 많은 비용을 투자해야 한다. 교육 없이는 기업 도 성장할 수 없기 때문이다.

<u>역발상을 장려하라</u>. 찰스 핸디 *Charles Handy*는 《The Age of Unreason》에서 역발상을 하는 개인이나 조직이 혼란의 시대에 성공적으로 생존할 수 있다고 주장한다. 그들은 완벽한 해결책을 바라지 않으며, 다른 사람들이 위험이라고 여기는 것을 기회로 받아들인다. 그들은 '고장이 나지 않았다면 고칠 필요도 없다'라든가 '과거에도 잘 작동했으니까, 앞으로도 계속해서 잘 작동할 것이다'라는 식의 말을 싫어한다.

역발상의 핵심적인 성격은 다음 이야기에서 확인할 수 있다. 옛날에 두 소년이 지저분한 창고에 가게 되었다. 첫 번째 소년이 말했다(첫 번째 소년은 보수주의자를 대변한다). "헉! 지저분하군! 이 창고는 거름더미가 잔뜩 쌓여 있어!" 반대로 두 번째 소년은 다른 행동을 보였다(두 번째 소년은 역발상을 하는 인물이다). 그는 창고로 들어가서는 거름 더미를 파내기 시작했다. 그리고 소리쳤다. "거름더미가 잔뜩 쌓여 있네. 여기 어딘가에 말이 있을 것 같아!"

아농 *Hanon*, 크리빈 *Cribbin*, 하이저 *Heiser*가 쓴 《Consultative Selling》에는 역발상의 좋은 사례가 실려 있다. 이 책은 기업이 하드웨어가 아니라 솔루션을 판매한다고 설명한다. 여러 산업에서 하드웨어는 하나의 생산 물자가 되었고, 그것을 포장한 상자들은 서로 구분하기 어렵다. 생산 물자라는 관점에서, 제품은 단지 가격에 의해서만 구분되는 것이다. 그 결과 경쟁에서 이윤은 점차 감소하는 경향을 보인다.

그러나 판매원이 자신들의 직무가 고객의 문제해결을 돕는 것이라 여긴다면, 고객은 그들을 보다 높은 가치를 제공하는 사람으로 존중할 것이다. 이와 같은 접근법은 고객이 공급업체와 장기간 파트너로 일하도록 만들어 이윤까지도 증가시킨다. 이는 역발상의 성공적인 사례이다.

기존의 판매원들이 배웠던 것과는 반대되는 것이 역발상 사례이다. 오늘날에도 판매원들은 목표량을 설정하고 판매에 따른 수수료를 받는다. 그들의 성공은 하드웨어의 양에 따라 좌우된다. 그러나 오늘날 기업들이 직면한 문제는 '어떻게 하면 판매원들로 하여금 하드웨어가 아닌 솔루션을 판매하도록 보상책을 마련할 것인가?'이다. 이는 매우 어려운 문제인데, 우선 솔루션 자체가 추상적인 개념이기 때문이다. 그와 달리 하드웨어는 구체적인 개념이다. 솔루션을 판매하기 위해서는 판매원이 전문가적인 지식과 교양을 가져야 한다.

프로젝트 관리에서도 역발상이 절실히 요구된다. 그러면 지금부터 역발상의 예를 살펴보도록 하겠다.

작동과 유지보수도 프로젝트 수명주기의 한 부분이 돼야 한다. 전통적인 프로젝트 관리는 결과물을 고객에게 제공하는 동시에 프로젝트의 수명주기가 종료된다는 입장이었다. 이러한 관점은 프로젝트관리연구소(PMI)의 기본 입장에서도 살펴볼 수 있다. PMI는 모든 프로젝트가 5개의 단계로 구성된다고 이야기한다. 즉, 개시, 계획, 실행, 통제, 종료의 5단계가 프로젝트의 수명주기를 이룬다는 것이다. 요컨대 PMI의 입장을 따르면, 프로젝트의 종료가 프로젝트의 완료를 의미한다.

이러한 입장은 프로젝트 팀을 당장의 편의만 쫓도록 이끈다는 데 문제가 있다. '우리는 결과물을 고객에게 전달하는 것으로 일이 끝난다. 그 이후에 일어나는 일은 우리가 관여할 바가 아니다'라는 식의 생각을 조장하는 것이다.

프로젝트 팀은 사후 문제에 대해서도 관심을 가져야 한다. 결과물을 고객에게 제공하고 난 뒤에도 그것이 제대로 작동하고 있는지 주의를 기울여야 할 것이다. 고객이 프로젝트의 결과물을 사용하지 않거나 사용 빈도가 낮거나 잘못 사용하고 있다면, 그것은 곧 프로젝트의 실패나 다름없다. 왜냐하면 최종적인 프로젝트의 성패는 고객만족에 달려 있기 때문이다. 고객만족의 실현을 위해서는 프로젝트 유지보수 기간이 필요하다. 바로 그 기간에 고객은 프로젝트 팀이 만들어낸 결과물을 사용하기 때문이다.

기술 인력도 문제에 대한 비즈니스 솔루션을 이해하고 제공해야 한다. 대규모 투자회사의 정보시스템 전문가 30명을 세미나에 초청한 적이 있다. 그들에게 '프로젝트 현장에서 겪는 가장 큰 문제점이 무엇인가?' 하고 질문을 던졌다. 가장 큰 문제로 지적된 것은 고객의 요구에 대한 것이다. "고객은 우리가 비즈니스 상의 문제까지도 해결해주기를 기대합니다. 그러나 그건 우리가 할 수 있는 일이 아니지요. 우리는 기술적인 솔루션을 개발해서 제공할 따름입니다"

이들은 전통적인 관점에서 자신의 역할을 이야기하고 있는 것이다. 그들은 스스로를 기술 전문가로만 제한하고 있다. 물론 이런 사고가 과거에는 통했다. 그러나 오늘날에는 그렇지 않다. 왜 비즈니스 상의 솔루션을 제공하는 조언자의 역할을 포기하는가? 프로젝트 스태프들은 고객이 문제해결을 위해 기술적인 솔루션 이상의 것을 원한다면, 확장된 서비스를 제공하기 위해서 능력을 개발해야 한다. 사업적 솔루션을 제공하는 길잡이로서, 기술 전문가들은 자신의 권한과 역할을 확대해야 하는 것이다.

고객의 범위를 제한해서는 안 된다. 언제나 다양한 고객이 존재한다. 고객만족은 프로젝트 수행의 핵심이다. 고객만족은 중요한 역할을 하고 대단한 영향력을 행사하기 때문이다. 프로젝트 수행을 성공적으로 이끈 기업이 있다면, 이는 고객의 필요와 요구사항을 프로젝트 수행에서 염두에 두었다는 것을 의미한다. 반면 고객의 필요와 요구사항을 사후 문제로 치부한 기업은 심각한 문제를 겪게 된다. 그 기업이 수행한 프로젝트는 혼란과 오해, 커뮤니케이션의 오류로 점철될 것이다. 그리고 프로젝트의 마지막 단계에서도 고객이 결과물을 쉽게 수용하지 않을 것이다. 결국 사용되지 않거나 사용되더라도 일부만 작동하고, 제대로 기능을 발휘하지 못하는 결과물만 만들었다는 불평을 들을 것이다.

프로젝트 스태프와 관리자가 하는 말 한마디에서 고객을 중심에 두고 있는지 여부를 알 수 있다. 그들이 고객중심의 시각을 갖고 있다면, 공개적으로 프로젝트의 핵심 목표가 '고객만족'에 있다고 말해야 한다. 이것은 충분히 가치 있는 일이다. 그러나 말하는 방식에도 주의를 기울여야 할 것이다. 잘못하면 고객만족을 추구한다는 의미가 왜곡될 수 있기 때문이다. 바로 '정해진' 고객을 가정하는 것은 현실적으로 불가능하다. 이 말은 고객을 제한하는 개념이다. 그러나 '정해진' 고객의 개념은 쓸모가 없다. 왜냐하면 모든 프로젝트는 다양한 고객들을 대상으로 하기 때문이다. 프로젝트 스태프가 개인이나 하나의 집단만을 고객으로 정하면, 그것은 곧 문제의 발단이 된다. 다음의 사례를 살펴보자. 이것은 전형적인 국가의 군수품 조달에 관한 예이다.

우리는 정부의 군비와 관련한 군수품 업체 계약자이다. 우리에게 주어진 임무는 기존 전투기의 성능을 향상시키는 것이다. 이때 우리는 이 프로젝트의 바로 '정해진' 고객으로 장군을 설정할 것이다. 장군은 전투기 문제에 대해 강력한 정책결정권을 가지고 있다. 우리는 프로젝트 계약자로서, 그 장군이 가진 예산편성 권한에 대해 관심을 갖는다.

그러나 여기서 우리는 다른 중요한 역할의 행위자가 있고, 그들 또한 우리의 '고객'이 될 수 있음을 기억해야 한다. 즉, 파일럿들이 이 범주에 포함된다. 그들의 주요 관심사는 전투기의 성능이다. 정비 담당관도 또한 고객의 범주에 포함시켜야 한다. 그들은 정비의 용이함에 주된 관심을 둔다. 구매 담당자도 역시 고객인데, 그들은 구매와 서비스의 문제를 최소화할 수 있는 전투기를 원한다. 의회도 고객의 범주에 포함된다. 의회는 세금의 지출에 대해 충분한 명분이 있음을 보여줘야 한다. 그 외 다른 행위자들도 이 프로젝트의 고객이 될 수 있다. 다시 말해 프로젝트를 수행하는 데 고려해야 할 고객은 '정해진' 고객 하나가 아니라 다수의 다양한 고객이라는 사실이다. 그들은 모두 다른 목적을 갖고 있고, 그 목적이 때로는 상충되기도 있다.

만일 계약자가 장군을 유일한 고객으로 정하면, 우리가 최종적으로 제공한 결과물에 여타 다른 고객들은 불만족을 느낄 수 있다. 실제로 제네럴 다이내믹스*General Dynamics*는 거대한 핵 잠수함을 구축할 때, 하이먼 리쿠버*Hyman Rickover* 제독을 '정해진' 고객으로 정하는 엄청난 실수를 저질렀다. 제네럴 다이내믹스는 오로지 리쿠버 제독을 만족시키려고만 했다. 그 결과, 역사상 유례없는 엄청난 비용이 초과되었고, 회사는 어려움을 겪게 되었다.

관리자의 핵심적인 역할은 직원들에게 명령하는 것이 아니라 지원하는 것이다. 상사가 한 번에 10개의 업무를 지시하는 시대는 지나갔다. 관리자의 핵심적인 역할은 자신의 팀 구성원들이 최고의 성과를 이뤄낼 수 있도록 환경을 조성하는 것이다.

<u>위험을 활용하여 정체된 행동양식을 흔들어라.</u> 나는 종종 학생들을 통해 새로운 경험과 통찰력을 얻는다. 몇 년 전, 4명의 일본인 대학원생들이 강의 후에 연구실을 방문했다. 그때 우리는 '어떻게 하면 프로젝트 관리자가 프로젝트에 대한 통제력을 가질까?' 하는 문제를 이야기했다. 학생들은 이러한 대화가 일본 기업에서 일하는 자신들에게 큰 도움이 되었다고 했다. 그렇지만 그들은 통제력에 관한 중요한 접근법 하나를 논의하지 못했다고 했다.

"일본 기업에서는 종종 위험을 역설하면서 통제력을 강조합니다." 한 학생이 내게 이렇게 말했다. "위험이 오면 우리는 그 위험에 대응하여 최선을 다합니다."

"일본 노동자는 보통 주당 60시간 일을 합니다." 다른 학생이 말했다.

"위험에 대처하기 위해 많은 시간을 회사 일에 전념합니다. 우리가 과연 가족을 두고 회사에만 매달리는 것을 즐기고 있을까요? 그렇지 않다는 것을 교수님도 잘 아실 겁니다."

30분간 대화를 나누면서, 나는 일본인 관리자가 지속되는 위험상황에 놓여 있다는 것을 알게 되었다. 위험상황으로 인해 일본기업의 직원들은 하루 일과 중 많은 시간을 회사에서 보내고 있다. 그러나 회사 일에 몰두할수록 그들은 점점 지쳐간다. 이야기를 나눴던 학생들 모두가 이 같은 생활에 염증을 느끼고 있었다.

몇 년 뒤, 나는 일본인 학생들과 나눴던 이야기들을 다시 생각해볼 기회가 생겼다. 그들이 내게 말했던 사항을 다른 일본인 학생들, 세미나에 참석한 수백 명의 학생들에게 알려주고 의견을 나눴다. 그들은 모두 이런 현상이 일본기업에서 전형적이라는 데 동의했다. 일본에서의 생활은 지진, 해일, 기근, 정치적 혼란, 천연자원의 부재 등으로 불안하다. 때문에 일본인들은 삶을 끝없는 위험의 연속으로 보고, 언제나 이 위험에 대처하기 위해 바쁘게 살아가고 있다.

일본 비즈니스의 위험을 생각하며 재미있는 질문들을 던져보았다. '일본의 경우가 미국이나 다른 서구사회에서도 적용될 수 있을까?' 나는 이 질문에 '조건부 긍정'이라는 답을 내렸다. 오늘날의 경쟁 환경에서 전 세계 기업들은 위험에 직면해 있다. 서구 기업들도 비용의 압박으로 인해 유례없이 인건비를 절감하고 있고, 적게 자금을 투입하여 많은 것을 얻고자 애쓰고 있다. 노동자들도 산업 전반에서 이뤄지는 일시적 해고 문제에 매우 민감해졌다. 기업은 비용상승의 문제가 일어나지 않도록 주의를 기울여야 한다. 결과적으로 서구의 노동자들도 점점 일본 노동자들과 같은 모습을 보이게 되었다. 그들도 위험한 상황을 인식하게 된 것이다. 그리고 회사의 경쟁력 확보와 발전을 위해서 과거보다 더 많은 시간을 사무실과 작업장에서 보내야 한다는 사실을 받아들이기 시작했다. 즉, 자신에게 주어진 요구사항에 대해 더 이상 불평하지 않는 것이다. 요구사항을 수용하지 않으면 회사의 발전을 보장할 수 없고 직업을 잃을 수도 있기 때문이다.

프로젝트 관리자들은 위험을 활용해 프로젝트 수행자나 상급 관리자들이 핵심 문제에 주목하도록 해야 한다. 그리고 위험을 통해 전통적인 방식을 변화시키고, 사람들에게 새로운 행동방식에 집중하도록 해야 할 것이다. 예를 들어 프로젝트 수행에 있어서 조직이 잘못된 판매방식을 갖고 있다고 하자. 이를 테면 판매자들은 프로젝트 수행비용에 대해 신중히 고려하지 않고 낮은 가격에 서비스를 제공하겠다고 말한다. 또, 프로젝트 스태프들이 만들 수 없는 기능을 제품이나 서비스에 포함시키려 한다. 판매원들의 이 같은 행태는 잘못된 것이다. 이에 프로젝트 관리자는 지금의 위기를 활용하여 판매 종업원들의 비즈니스 판매전략을 수정해야 할 것이다. "과거의 판매방식은 혼란스러운 현실을 만들었어요. 우리는 접근 방식을 수정해야 합니다. 회사의 생존을 위해서 기존의 방식을 바꾸어야만 합니다"라고 주장해야 한다.

다른 예를 한 가지 더 들어보자. 이것은 내가 직접 겪은 일이다. 나는 〈포춘〉지의 50대 기업에 선정된, 사우스웨스트*South West*의 대규모 생산 공장에서 프로젝트 관리 관련 세미나를 한 적이 있다. 그곳의 교육담당자는 "교수님, 한 가지 부탁이 있습니다. 점심시간 없이 아침 7시부터 오후 1시까지 계속해서 강의를 해줄 수 있나요?"라고 요청했다. 나는 강의를 그렇게 하는 데 아무런 문제가 없다고 대답했다.

나는 그가 왜 그런 요구를 하는지 궁금했다. 그는 본부에서 공장을 폐쇄할지 여부를 놓고 고민 중이라고 말했다. 그래서 지난 2년 동안 공장

종업원들의 절반이 해고되었고, 지금의 종업원들도 언제 직장을 잃을지 모른다는 고민에 빠져 있다고 했다. 그는 생산성 향상을 위해서는 프로젝트 관리 교육이 필요하다고 느끼고 있었다. 그런데 교육에 많은 시간을 할애하기는 힘들었다. 교육을 받으려면 작업장에서 자리를 비워야 하기 때문이었다. 그래서 2가지 일을 동시에 진행하기로 한 것이다. 즉, 아침 7시부터 오후 1시까지는 프로젝트 관리 교육을 받고, 오후 1시부터 6시까지는 다시 공장에서 작업을 하는 것이다. 그러면 종업원들의 작업 일과는 길어질 수밖에 없다. 이러한 작업시간의 연장은 노동조합의 규칙에 벗어나는 것이다. 따라서 종업원들은 작업시간에 관한 규칙을 조율하기로 했다. 10년 전만 하더라도 이 같은 현상은 상상조차 할 수 없었는데, 이는 위험이 급속한 변화를 만드는 데 사용될 수 있다는 것을 의미했다.

나는 수년 간 전 세계 프로젝트 책임자 및 관련 스태프들과 함께 일하면서 위험관리의 도입이 점차 늘어나고 있다는 사실을 깨달았다. 실제로 노동자들은 더 많은 시간을 일하기를 요구받고 있으며, 심지어는 주말에도 일을 하고 있다. 이는 모두 당면한 위험과 앞으로 다가올 위험에 대처하기 위한 행동이다. 1970년대의 꿈이었던 주당 30시간 노동과 두 달간의 휴가는 이제 물거품이 되어버렸다.

위험관리를 도입하는 것은 여러 위험성을 갖고 있는데, 가장 두드러진 위험은 '번아웃 *burn out*'이다. 번아웃은 오로지 한 가지 일에 몰두하던 사람이 신체적·정서적 피로로 무기력증이나 자기혐오, 직무거부 등에 빠지는 것이다. 주당 60시간 이상을 일하고 휴가도 없는 직원들에게 어떻게 에너지와 창의성을 기대할 수 있겠는가? 그리고 이러한 상황이 그들 가족의 삶에 어떤 영향을 끼치겠는가?

또 다른 위험은 지속적으로 위험을 역설하다보면 더 이상 설득력을 가질 수 없다는 점이다. 서구 기업에서 위험관리는 전통적으로 통제력을 상실했다. 더군다나 위험에 대응하는 관리자는 창조적인 인물보다는 어떤 사건에 대해 그저 대응하는 인물로 여겨질 뿐이다. 즉, 서양의 노동자들은 계속되는 위험을 긍정적으로 받아들이지 않는 것이다.

○ 신속한 프로토타이핑

변화의 힘을 이용해 프로젝트를 바람직한 방향으로 이끄는 것도 변화를 관리하는 방법이다. 이것은 마치 카누 조정자가 자신의 카누를 잘 조정해서 급류타기를 시도하는 것과 매우 흡사하다. 카누의 95%는 급류타기에서 낙하하는 물의 힘에 의해 좌우된다. 그리고 5%는 카누 조정자에게 달려 있다. 조정자는 노를 저어서 카누의 방향을 인도하고, 바위에 부딪히지 않도록 주의해야 한다. 급류에 역행하는 시도는 결국 좌절을 불러오고 실패로 이어진다. 물살의 흐름에 따라서 일정한 통제력을 발휘해야만 성공적인 급류타기가 가능한 것이다.

신속한 프로토타이핑 *prototyping*은 1980년대에 개발되었는데, 이는 변화에 순응하면서 변화를 관리하는 방법이다. 이 방법론은 소프트웨어 개발에서 출발했지만 오늘날 여러 분야에 도입되고 있다. 프로토타이핑은 변화하는 환경에서는, 필요사항을 사전에 정확하게 파악하는 것이 불가능하다는 가정에서 출발한다. 비록 필요사항을 정확하게 파악하더라도 그것이 바람직하지 않다고 여긴다.

신속한 프로토타이핑의 추종자들은 고객 스스로 무엇을 원하는지 모른다고 말한다. 더구나 프로젝트 시행 초기에 스태프들이 요구사항을 고객에게 미리 제시해도, 고객은 그것이 자신에게 필요한지 판단하지 못한다. 왜냐하면 초기 단계에서 예측한 고객의 필요사항이나 프로젝트 요구사항은 추상적이기 때문이다. 프로젝트의 결과물을 구체적으로 만들고, 고객도 결과물을 눈으로 볼 수 있는 상황이 되어서야 비로소 고객은 변경을 요구할 수 있는 것이다. 고객은 결과물이 마음에 들어도 기능의 추가를 요구할 수 있다. 이를 테면 "이번 프로젝트는 정말 대단하군요! 혹시 신호음이나 경보음 같은 것을 추가하면 어떨까요? 그러면 이 시스템이 더 완벽해질 것 같군요"라는 식으로 말이다. 개발의 중간 단계가 만족스럽지 않으면 고객은 수정과 변경을 요구할 것이다.

신속한 프로토타이핑에서 보면 이러한 현상은 문제가 아니라 기회가 된다. 고객의 참여는 자신에게 제시된 프로토타입을 평가해 프로젝트 스태프들에게 적절한 피드백을 주게 된다. 프로토타입이 구체적인 결과물을 보여주기 때문에 고객은 구체적이고 현실적인 답변을 통해서 자신의 요구사항을 추가할 수 있는 것이다. 신속한 프로토타이핑은 고객과 협력하는 방법론이다.

● 신속한 프로토타이핑의 절차

그림 3.1은 신속한 프로토타이핑을 요약한 것이다. 첫 번째 단계는 고전적인 시스템과 비슷하다. 프로젝트 스태프는 고객과의 인터뷰를 통해

서 그들의 필요와 요구를 파악한다. 그후 예산, 일정, 기술적 제약 등이 고객의 필요와 요구에 적합한지 판단한다. 그리고 현재의 프로젝트 절차를 고려해서 고객의 필요와 요구를 수용할 수 있는지 여부를 살펴본다. 이러한 정보를 통해서 고객의 요구사항이 무엇인지 구체적으로 작성하는 것이다.

고객의 요구사항을 확인하는 것은 새로운 시스템을 개발하기 위한 기본절차에 해당된다. 이러한 요구사항은 설계도를 짜기 위해 사용된다. 그리고 그 설계도에 따라 최종 결과물이 완성되는 것이다. 이 접근법을 통해 고객의 필요와 요구에 부합하는 결과물을 만들기 위해서는 최초의 요구사항들이 최종 목표가 돼야 한다. 그러나 실제로는 그렇지 않은 경우가 많아 문제가 발생한다.

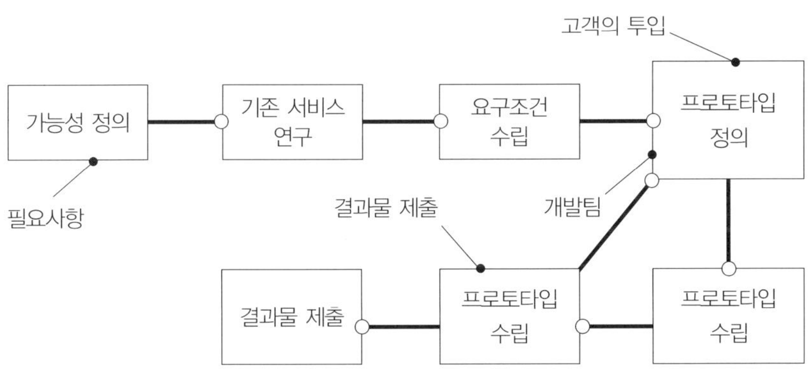

그림 3.1 신속한 프로토타이핑의 수명주기

신속한 프로토타이핑을 통해 볼 때, 시스템 분석을 통해서 얻은 요구사항들은 고객중심에서 프로젝트를 진행하기 위한 첫 단계이다. 첫 번째 단계에서 만든 요구사항은 고객이 실제로 볼 수 있는 프로토타입의 수립을 위해 사용된다. 그리고 고객은 프로젝트를 통해 얻을 수 있는 것이 무엇인지 프로토타입을 통해 볼 수 있다. 소프트웨어 개발에서 프로토타입의 활용방식은 컴퓨터 모니터 상에 나타나는 이미지라 할 수 있다. 예를 들어, 간단한 경영정보 시스템 개발(Management Information System, MIS)을 위한 프로젝트를 살펴보자. 여기에는 3가지 유형의 프로토타입이 있다. 하나는 데이터 입력에 나타나는 모니터 이미지이며, 다른 하나는 데이터 검색 양식에 나타나는 모니터 이미지이다. 그리고 마지막은 도움말 메뉴이다.

첫 번째 프로토타입이 준비되면, 개발팀은 고객 심사위원단과 회의를 연다. 고객 심사위원단은 프로젝트 성패에 중요한 역할을 한다. 고객 심사위원단은 고객의 입장에서 고객의 관심을 반영해야 한다. MIS 개발에서, 데이터 입력을 수행하는 고객 심사위원단의 입장을 반영하고, 데이터 검색 업무 담당자의 시각을 대변할 수도 있어야 한다. 그리고 의사결정을 할 때 데이터를 사용하는 직원들의 입장도 표현해야 할 것이다. 만약 심사위원단의 인적 구성이 적합하지 않으면 프로젝트의 요구사항들도 고객의 필요와 요구를 반영하지 못하는 것이 되고 만다.

고객과 개발자들의 첫 만남을 시작회의(kick-off meeting)라고 한다. 시작회의에서 개발자들은 자신에 대해 소개를 하고, 프로토타이핑 형성과정을 설명한다. 그들은 고객 심사위원단에게 그들이 개발한 프로토타입을 보여준다. 이 시점에서 프로토타입은 단지 모니터 상의 이미지에 불과하다. 그러나 프로토타입 이미지는 매우 중요하다. 그 이유는 고객들이 프로젝트를 통해 얻게 될 결과물을 직접 눈으로 볼 수 있기 때문이다. 이런 식으로 시작회의가 진행되면 고객들은 만족을 느낄 것이다. 프로젝트의 결과물을 미리 볼 수 있기 때문이다. 프로젝트 팀이 제시한 프로토타입을 갖고 업무를 진행하면 고객은 만족을 느낄 가능성이 높다. 그리고 고객은 프로토타입의 개선을 위해서 즉각적인 의견을 제시할 것이다.

시작회의를 성공적으로 마친 후, 개발팀은 몇 주간의 업무에 착수한다. 프로토타입을 기본으로 부족한 부분을 채운다. 그러나 세부적인 내용을 너무 많이 추가하지 않도록 주의해야 한다.

여기에서 개발팀의 목표는 고객과 함께 작업할 수 있는 또 다른 프로토타입을 가능한 한 빨리 만들어내는 것이다. 그리고 프로토타입의 주 목적은 고객이 중간 단계에서 프로젝트가 어떻게 진행되고 있는지 정확하게 파악하도록 하는 것이다. 새롭게 프로토타입이 마련되면 개발팀은 그것을 고객 심사위원단에게 보내서 검토를 요청한다. 그러면 고객 심사위원단에서는 프로토타입을 실행해 본다. 새로운 프로토타입이 성공적이라면 심사위원단들은 데이터 입력양식에 샘플데이터를 입력시킬 수 있다. 그러나 이 단계에서 프로토타입은 단지 껍데기에 불과하기 때문에, 데이터를 입력한다 하더라도 어떤 의미 있는 결과가 나오지는 않을 것이다. 그렇지만 데이터를 직접 입력해보는 작업은 중요하다. 왜냐하면 자칫 간과할 수 있는 문제들이 드러날 수 있기 때문이다. "이것 봐! 직원 식별번호 입력란이 너무 좁아. 숫자를 입력하려면 두 칸이나 더 필요하겠군." 이런 식으로 문제가 발생할 수 있다.

소규모 시스템에서는 프로토타입 수행과정이 보다 신속하게 진행될 수 있다. 단지 몇 시간 내에 진행되는 경우도 있다. 그러나 대규모 시스템 개발을 위해서는 훨씬 더 많은 시간이 소요된다.

개발과정에 있는 결과물을 직접 만져봄으로, 고객 심사위원단은 프로젝트 개발팀에게 유용한 지침을 제공할 수 있다. 프로토타입 모의 시행과정이 완료되면, 고객 심사위원단은 개발팀과 회의를 해서 결과를 전달한다. MIS개발의 예를 보면, 고객 심사위원단에서 데이터 검색 양식에 대해 디자인의 불편함을 이야기할 수 있다. 또는 불필요한 데이터 영역과 추가할 데이터 영역에 대해서 의견을 내놓을 수 있다. 그리고 도움말 메뉴를 설명하는 용어가 어렵다고 불만을 토로할 수도 있다. 개발팀은 고객 심사위원단의 의견을 검토한 뒤, 수용할 부분과 수용이 불가능 부분을 판단해야 한다. 그후 추가적인 작업으로 세부 내용을 보완하여 다음 단계의 프로토타입을 만들어야 할 것이다. 물론 이 단계에서 프로토타입이 완성된 것은 아니다. 만족스런 결과물이 나올 때까지 이 모든 과정은 반복이 계속된다.

프로토타이핑 초기에는 프로토타입을 세련되게 만드는 데 관심이 집중되었다. 그러나 프로토타이핑을 통한 업무를 진행하면서 이것이 중요한 문제는 아니라고 깨닫게 한다. 문제는 고객의 속성인데, 고객은 결과물을 빨리 보고 싶어 한다. 또 고객들은 프로토타입도 빨리 보고 싶어 한다. 개발팀이 프로토타이핑 형성과정을 마치기도 전에 고객은 하루 빨리 프로토타입을 제출하라고 독촉하는 것이다.

여기에 하나의 과정을 완성하는 3가지 규칙이 있다. 첫째, 하나의 과정은 목표에 도달했을 때 종료된다. 둘째, 책정된 예산을 사용하면 하나의 과정이 끝난다. 셋째, 고객 심사위원단과 개발팀 간에 작업이 충분히 진행되었다는 합의가 이뤄지면 하나의 과정이 종결된다. 실제로 프로토타이핑을 실행함으로써, 당신은 언제든지 원하는 때에 하나의 과정을 매듭지을 수 있다. 그리고 실행 가능한 프로젝트 요구사항들도 획득할 수 있다.

프로토타입의 수명주기에서 이 단계에 이르면, 신속한 프로토타이핑은 2가지 경로 중 하나를 채택하게 된다. 소규모의 프로젝트에서 프로토타입은 점차 사용할 수 있는 제품으로 변해갈 것이다. 이런 경우 개발팀이 프로토타입을 고객 심사위원단에게 제출하면 모든 과정은 종료된다. 그러나 신속한 프로토타이핑은 이런 식의 접근법을 선호하지 않는다. 즉, 프로토타이핑을 통해서 만든 결과물은 설계상 완전하지 않다는 것이다. 왜냐하면 그것은 여러 가지 이해의 조각들을 하나로 모은 것에 불과하기 때문이다. 이처럼 불완전한 시스템에서 만든 설계는 다음과 같은 중요한 문제를 안고 있다. 우선 사용하기 힘들다는 점이다. 그리고 한번 고장나면 수리하기도 어렵다. 만일 기능의 확대가 필요하더라도, 주어진 시스템을 갖고는 개발이 더 이상 불가능해진다.

신속한 프로토타이핑을 채택할 수 있는 두 번째 경로는 이른바 전단지처럼 쉽게 버리는 식으로 접근하는 것이다. 각 과정을 통해 만든 프로토타입은 회사에서 고객의 요구를 담당하는 사람에게 전해진다. 그들은 고객이 가치 있다고 여길 만한 요소가 무엇인지 검토한다. 담당자 검토를 마치면 보다 상세하게 요구사항에 대한 명세서를 작성할 것이다. 요구사항에 따른 명세서는 궁극적으로 개발과정의 핵심적인 지침이 될 수 있다. 상세한 필요조건을 토대로 프로토타입을 만들면 이전에 사용한 것은 버려도 된다.

● 신속한 프로토타이핑의 강점

신속한 프로토타이핑의 가장 큰 강점은 결과물에 대한 고객의 승인율을 크게 높인다는 사실이다. 고객의 승인율이 높은 이유는 고객이 자신들의 요구사항을 결정하는 데 참여하기 때문이다. 실제로 프로젝트 관리는 적절하지 않은 고객을 정하고, 그에 따른 요구사항을 규정했기 때문에 문제가 발생한다. 그러나 프로토타이핑에 따르면 이 문제를 피할 수 있다. 왜냐하면 고객들이 결과물을 정확하게 볼 수 있기 때문이다. 또 개발자들도 고객의 요구를 고려해볼 수 있어서 심적인 부담도 사라진다. 즉, 이 방법론은 기술 개발자들로 하여금 고객이 하는 말에 귀를 기울이도록 만드는 것이다.

또한 신속한 프로토타이핑은 고객이 프로토타입을 직접 시험한다는 점에 주목할 수 있다. 고객은 시험을 통해 여러 가지 유용한 효과를 볼 수 있다. 우선 결과물의 개발과정을 지속적으로 검토하면서 프로그램 실행에서 생기는 버그를 초기에 대처할 수 있다. 즉, 프로젝트 초기에 오류를 수정하는 것이 프로젝트 말기에 하는 것보다 손쉽다.

둘째, 요구사항을 정리하는 과정에 고객은 능동적으로 참여한다. 고객도 개발 팀의 한 부분을 담당하는 셈이다. 앞에서 말했던 것처럼, 신속한 프로토타이핑은 고객과의 공동작업을 전제로 한다. 최종적인 요구사항이 고객의 제안을 반영한다면, 이는 개발자와 고객이 한 팀이 되어서 프로젝트를 수행한 것이나 다름없다. 따라서 고객만족의 상승도 기대할 수 있다.

셋째, 고객이 프로토타입을 직접 실행하는 것은 일종의 훈련이 되기도 한다. 프로토타입을 실행하기 위해서는 고객이 시스템 작동법에 대해서 알아야 한다. 즉, 학습이 필요한 것이다. 고객이 프로토타입을 여러 차례 실행할수록 보다 편리하고 품질 좋은 결과물을 사용하게 될 것이다.

● 신속한 프로토타이핑의 함정

신속한 프로토타이핑은 고객만족도를 극대화할 수 있다. 그렇지만 모든 곳에 유용하게 적용되지는 않는다. 수년간, 나는 프로토타입 프로젝트와 관련 있는 고객들, 개발자들을 인터뷰했다. 이는 그들의 경험담을 듣기 위해서였다. 내가 인터뷰했던 사람들 모두가 프로토타이핑에 대해 상당한 호감을 보였다. 그러나 그들은 프로토타이핑에 함정이 있다고 말하면서 실제로 현장에서 그것을 경험했다고 했다. 아래는 프로토타이핑의 함정을 설명하는 것이다.

개발팀이 고객의 요구에 효율적으로 대응하도록 정비되지 못했다. 신속한 프로토타이핑에 있어서 가장 심각한 불만은 개발팀이 너무나 많은 희생을 감수해야 한다는 것이다. "그것은 우리 기술진을 엄청나게 괴롭히는 일이오"라고 국제기구에서 일하는 데이터처리 부서의 책임자가 불평을 했다. 그의 불평은 기술진들이 고객을 효과적으로 대하는 방법을 모르고, 교육도 제대로 받지 못했다는 것이다. 그들이 사람 다루는 법을 좋아했다면 프로그래머나 시스템 분석가가 되지 않았을 것이다. 때문에 그들은 고객과 대면해야 하는 자리에서 여러 차례 당황하고 좌절을 겪는다. 예를 들어, 고객이 프로토타입과 실제 결과물이 구분할 수 없다고 불평을 했다고 하자. 프로토타입이 점점 더 정교해짐에 따라, 고객은 왜 프로토타입이 최종 결과물로 전환되는 과정이 단순하지 않은지 개발진에게 불만을 늘어놓을 것이다. 고객은 실제로는 겉모습뿐인 프로토타입을 왜 자신이 직접 실행하고 검토해야 하는지 그 중요성을 이해하지 못할 수도 있다.

이 문제를 해결하기 위해 수많은 접근법이 시도되었다. 첫째, 사교적이고 기술에 대한 지식도 풍부한 인물을 개발팀에 넣었다. 그는 고객 심사위원단과 개발팀 사이에 완충적 역할을 하면서 핵심적인 연결 고리를 구축한다. 그러나 이로인해 양자 간 커뮤니케이션에 오류가 발생할 수도 있다. 그러나 경험에 의하면 이 문제는 크게 고려하지 않아도 된다. 왜냐하면 기술팀이 받는 스트레스를 줄인다는 더 큰 강점이 있기 때문이다.

둘째, 고객 측의 사람을 1~2명 정도 개발팀에 합류시키는 것이다. 그들이 개발과정에서 발생하는 기술적인 문제를 이해하면 개발팀 직원들과 효과적인 상호작용도 가능할 것이다. 그러나 이 접근법도 2가지 문제를 갖고 있다. 일단, 개발팀에 참여한 고객이 요구사항의 변경을 빈번히 요구한다면 프로젝트의 수행은 늦춰질 수밖에 없다. 그리고 개발팀 내 고객이 기술적인 문제에 지나치게 빠져서 고객 심사위원단과의 단절이 일어날 수 있다. 이렇게 되면 그 고객은 전 고객의 이해를 대변한다고 볼 수 없다.

셋째, 교육과 훈련을 통해 개발팀 직원들이 고객과 원활히 소통할 수 있도록 대인관계 기술을 향상시키는 것이다.

프로토타입의 플랫폼은 실제로 시스템에서 운용되는 것과 다르다. 인터뷰 과정에서 시스템 개발자들로부터 자주 들은 충고는, 어떤 플랫폼 상의 시스템은 프로토타입으로 하면 안 된다는 것이다. 왜냐하면 실제 시스템이 운용되는 플랫폼과는 전적으로 다르기 때문이다. 예를 들어 개인용 컴퓨터나 대용량 다기능컴퓨터(workstation)의 본체에 프로토타입을 개발했다고 하자. 이는 끔찍한 이야기이다. 고객들은 점차 유연하고, 다양한 프로토타입을 사용하는 데 익숙해질 것이다. 하지만 모든 프로젝트 과정이 끝나고 고객이 실제의 결과물을 받았을 때, 고객은 최종 결과물이 복잡해서 조작하기 어렵다는 것을 알고서 무척 당황하게 된다. 물론 프로토타입에는 다양한 색상이 사용되었지만, 지급받은 시스템은 단색의 모니터를 사용한다. 또 프로토타입을 실행할 때 사용했던 것과는 다른 키보드가 장착되어 있다면? 결국 고객은 개발팀에게 이 당황스러움과 불만을 쏟아놓는다.

프로토타이핑 형성과정에는 규칙이 결여되어 있다. 프로토타이핑의 핵심 목적은 고객의 참여이다. 즉 역동적인 환경에서 프로젝트의 요구사항에 고객이 직접 참여하는 것이다. 이를 효과적으로 수행하기 위해서는 프로토타입이 최대한 신속하게 만들어져야 한다. 즉, 창조적 사고가 요구되는 것이다. 적극적이고 능동적으로 프로토타이핑에 임해도, 신속함이 요구된다는 것은 다른 문제를 불러오기도 한다. 왜냐하면 신속한 프로토타이핑에서는 각종 지침이나 명령의 문서화 과정이 생략되기 쉽기 때문이다. 따라서 효과적인 변화관리가 힘들게 된다. 말하자면, 신속한 프로토타이핑은 규칙을 외면할 수 있다는 것이다.

프로토타이핑 형성과정에도 규칙과 지침이 필요하다. 프로토타이핑 형성의 각 과정에 적용되는 각종 규칙들이 문서화되어야 한다. 핵심적인 결정사항들과 이때 취해진 조치들이 기록으로 남겨져야 한다. 그리고 특별한 지침이나 근거 없이 변경되거나 임의로 조작되어서는 안 된다. 프로젝트 관련 주요 담당자들로 변화관리 위원회를 통해서 변화가 필요한지 면밀히 검토해야 한다. 그리고 변화 수용 시 일정, 예산, 명세서 등에 미칠 수 있는 영향을 검토하고 변화에 대해 논의해야 할 것이다.

● 일반 프로젝트에서의 신속한 프로토타이핑

신속한 프로토타이핑의 유용성이 소프트웨어 프로젝트에 한정된 것으로 보일 수도 있다. 그러나 이 방법은 실제로 여러 프로젝트에서 효과적으로 적용된다. 일반 프로젝트에서 프로토타이핑이 사용된 2가지 예를 살펴보도록 하자.

스미스소니언 협회의 자연사박물관

어느 날 저녁이었다. 나는 프로젝트 관리과정에서 신속한 프로토타이핑에 대한 강의를 막 끝낸 뒤였다. 그때, 한 사람이 내게 다가왔다. 그녀는 스미스소니언 협회의 자연사박물관에서 큐레이터로 근무하고 있었다.

"강의에서 교수님이 말씀하신 프로토타이핑은 제게 참 유용합니다. 앞으로 자연사박물관에서 새로운 전시물을 기획할 때 이 방법론을 사용한다면 과거보다 훨씬 효율적으로 일할 수 있을 겁니다"라고 그녀가 말했다. 그러고 나서 박물관에서 전시가 이뤄지는 방식에 대해서 상세하게 말해주었다. 전시는 차기 전시회에 관한 후보 밑그림들을 완성하고, 일반 대중을 대표할 수 있는 사람들을 소집해서 그들에게 밑그림들을 보여준다. 그리고 그들에게 밑그림들에 관한 의견을 묻고, 어떤 것이 가장 인상적인 작품인지 선택하도록 한다. 이 과정을 통해, 몇몇 그림들을 선택해 전시에 사용할 작품의 밑그림으로 분류해놓는다. 이들 밑그림이 나타내는 아이디어들은 전시의 3차원적 모델에서 구체화된다.

한편 일반인 대표자들을 다시 모이게 한다. 그들에게 실제 모델을 보여준 뒤, 의견을 구한다. 그들이 제시한 의견을 검토한 뒤 실제 전시할 것으로 1가지 모델을 선정한다. 이 모델은 정교하게 재구성된다. 이제 일반인 대표자들을 마지막으로 소집한다. 그리고 최종 모델에 대한 검토를 요청하고 의견을 구한다. 최종 모델에 대한 의견을 취합하여 검토한 뒤, 이를 토대로 실제로 전시할 물품을 만든다.

시애틀의 삼림공원 동물원

동물원의 재개발을 담당했던 설계자들은 컴퓨터를 활용하여 디자인 소프트웨어를 사용했다. 이를 통해 그들은 건설하고자 하는 동물원의 조감도와 각종 동물들의 배치 등을 3차원적으로 구현했다. 이 3차원적 설계도는 다양한 각도에서 동물원의 모습을 살펴보게 하였고, 보는 이로 하여금 실제로 동물원 주변을 '걸어다니는' 듯한 느낌을 주었다. 설계자들은 3차원적 설계도를 동물원 관계자에 보여주면서 동물의 배치나 각종 설비에 대해 조언을 구했다. 이렇게 의견을 모아서 최초의 제안서는 수정과정을 거쳤다. 이는 동물원 재개발 작업에 매우 소중한 지침이 되었다. 예를 들어, 한 동물원 관계자는 장애물이 너무 많다고 지적했다. 즉, 나뭇가지나 관목들이 시야를 가려서 동물을 구경하고 관찰하는 것이 불편하다는 것이다.

○ 형상관리(CM)

앞에서 살펴본 것처럼 신속한 프로토타이핑은 규칙이 마련되지 않았다. 이와는 반대로 형상관리(Configuration Management, CM)는 엄격한 규칙과 규율을 갖고 있다. 형상관리는 계약과 같은 세부사항을 다루는 속성을 갖고 있다. 여기에서 고객은 특정한 요구사항이나 사양에 맞는 결과물을 얻을 수 있을 뿐 그 외 기존의 사양에서 벗어난 것은 기대할 수 없다. 엄격한 검토과정을 거쳐 사양에 대한 변경이 이루어져야만 변화를 기대할 수 있다. 그리고 수정 및 변경도 권한자의 면밀한 검토와 승인을 통해 가능하다. 이 같은 접근법에 따르면 당초 시스템 개발자나 프로젝트 스태프가 마련한 요구사항이나 사양들로부터 고객들이 벗어나는 것을 막을 수 있다. 또한 고객의 잦은 변경 요구로부터 프로젝트 스태프를 방어할 수도 있다.

여기에서 주목해야 할 사항이 있다. 이런 식의 방법은 고객만족을 위한 것이 아니라 계약을 통한 명세서를 만족시키기 위한 것이다. 이렇게 볼 때, 오늘날 강조하는 고객만족에 대한 요구와 접근과는 상당한 괴리감이 있어 보인다. 그러나 실제로는 그렇지 않다. 형상관리가 고객중심적인 접근법이 되려면 계약에 따른 명세서에 고객의 필요와 요구사항이 진실로 반영되어야 한다.

형상관리의 등장은 1950년대 미 국방성의 사례로 거슬러 올라간다. 그 당시, 방위 시스템을 수립하는 업무는 너무나 복잡해서 전통적인 방식이나 그때 사용되고 있던 접근법으로는 수행이 불가능했다. 특히 복잡한 시스템의 변경 및 수정은 모두 문서로 완벽하게 기록돼야 하며 정교한 추적 시스템을 통해 재검토돼야 한다는 합의가 이뤄졌다. 변경사항에 대해 문서작업을 하지 않으면 복잡한 시스템의 수리나 확장도 불가능했다. 형상관리는 이러한 문제점을 해결하기 위한 방법론이다.

1950년대 중반부터 복잡한 방위 시스템의 개발자들은 형상관리를 도입하고 모든 과정과 변경사항을 문서화했다. 오늘날 형상관리는 하드웨어 개발을 넘어서서 소프트웨어 개발에도 적용되고 있다. 우리가 익히 잘 알고 있는 '버전관리(version control)'도 형상관리의 변형된 방법 중 하나이다.

○ 형상관리를 통한 시스템 개발의 기본 단계

형상관리를 통해서 시스템을 개발하고 수정하기 위해서는 일시적인 변화에 저항해야 할 것이다. 고객의 최종적인 승인은 자신이 제공받는 결과물에 달려 있다. 그 외 다른 것은 중요하지 않다. 다음의 개발과정을 살펴보자. 여기에서 형상관리가 중요한 변화를 최소화하는 방법임을 확인할 수 있다.

● 1단계 : 상세한 명세서 개발

형상관리를 통한 개발과정은 상세한 세부내역을 만들어내는 것으로 시작된다. 전통적으로 이러한 명세서는 고전적인 시스템 분석을 통해 만들어진다. 말하자면 시스템 분석가들은 클립보드 *clipboard*를 한 손에 들고 밖에 나가는 것이다. 그래서 현재의 기술 및 과정 검토, 핵심 고객과의 만남, 향후 필요사항의 확인 등을 거쳐 시스템 명세서를 만든다. 이러한 방법의 문제는 실제 고객의 필요와 요구사항을 충분히 담지 못한 명세서를 만들 수 있다는 것이다. 오늘날 고객중심으로 명세서를 작성하는 것은 신속한 프로토타이핑을 통해서 이뤄지는 경우가 많다.

상세한 명세서를 만든 다음에는 고객 측의 책임자와 개발팀의 책임 관리자 모두의 승인이 필요하다. 이에 따라 양측이 모두 승인한 명세서가 만들어지면 이것이 바로 기준선이 되는 것이다.

● 2단계 : 일반설계 수립

일반설계도의 작성 기준은 합의에 의해 수립된 기준선(명세서)이다. 일반설계도가 기본적인 모습을 갖추면 '추적가능성(traceability)'을 확인하기 위해 기준선에 따른 평가가 수행된다. 즉, 일반설계도의 모든 요소들은 제시된 기준선에 부합해야 한다. 명세서를 확인하는 것에서 '전진 추적(forward trace)'이 시작된다. 그리고 전진 추적은 그에 부합하는 일반설계 구성요소를 찾는다. 부합하는 요소가 발견되지 않으면 추가돼야 한다. 그와는 반대로 '후진 추적(backward trace)'은 일반설계 구성요소에 대한 검토로부터 시작된다. 그리고 그에 부합하는 명세서를 찾는다. 발견되는 것이 없으면 일반설계 구성요소도 폐기된다. 왜냐하면 이 경우 설계에 대한 특정 요소를 추가해야 하는데, 이것은 곧 명세서와는 동떨어질 가능성이 높기 때문이다.

만족할 만한 일반설계가 완성되면 역시 고객 측과 개발팀 책임자의 승인이 필요하다. 승인이 완료되면 일반설계는 새로운 기준선이 된다. 기존에 수립된 명세서는 당분간 보류된다. 그러나 이것은 문제가 아니다. 왜냐하면 일반설계 요소 속에 명세서가 들어 있기 때문이다.

● 3단계 : 세부설계 수립

세부설계는 새로운 기준선(일반설계)에 따라 수립된다. 그리고 역시 이때에도 일반설계가 유일한 기준선이다. 2단계에서 본 것처럼 추적가능성을 확보하는 것이 중요하다. 세부설계가 거의 끝나는 시점에, 기능적 형상 감사(functional configuration audit)를 받을 수 있다. 외부 기술 전문가에게 개발 중인 시스템에 대한 자문을 구하는 것이다. 그는 설계도를 통해 적합하게 기능할 수 있는지 여부를 판단한다. 고객 측과 개발팀 책임자의 승인이 이뤄지면, 3단계에서 수립된 세부설계는 새로운 기준선이 된다.

● 4단계 : 시스템의 수립 및 테스트

최종적으로 수립된 기준선(세부설계)에 따라서 시스템이 만들어진다. 시스템이 형태를 갖춰가면 주기적인 테스트도 이뤄져야 한다. 이때 최종적으로 승인된 사양이 판단 기준이 된다. 시스템이 완전히 수립되면 물리적 형상 감사(physical configuration audit)를 받는다. 즉, 이는 명세서에 적합하게 시스템이 정확하게 작동하는지 여부를 확인하기 위한 전면적인 테스트이다. 이 단계가 끝나면 개발을 위한 작업도 종료된다.

○ 변화관리

프로젝트에서 변화는 필연적이다. 엄격한 규칙에 따라서 개발과정과 절차가 이뤄진다고 하더라도 변화는 일어나기 마련이다. 이에 대한 대응방법으로 형상관리(CM)가 이용된다. 예를 들어 일반설계 초기단계에서 정한 명세서가 적합하지 않다고 판단되면 종종 수정이 요구된다. 또는 최종 결과물을 만드는 데 필요한 중요한 부품이나 구성요소가 더 이상 생산되지 않아서 대체물을 만들어야 하는 경우가 생기기도 한다.

형상관리는 변화를 다루는 방법론이다. 변화에 대한 요구의 면밀한 검토, 세밀한 기록과 문서작업, 변경 및 수정에 포함할 주요 내용의 업데이트 등을 관리한다. 앞으로는 형상관리에서 변화를 관리하는 주요 요소들에 대해서 이야기해보겠다.

● 변화의 요구에 대한 심사

변화의 요구에 대한 심사는 다양한 변화에 따른 요구가 적절한지 추려내는 것이다. 고객, 관리자, 혹은 기술 스태프 중 한 사람이 프로젝트 내용의 변경 및 변화를 요구할 수 있다. 이것은 특정 양식에 따라 나눠지는데, 심사도 함께 이뤄진다. 조직은 각각 변화에 대해 개별적인 요구 양식을 갖고 여기에는 변경요청서, 변경요청(modification requests, mods), 기술변화제안서(방위 프로젝트에서 주로 사용되는 용어)가 있다.

변화의 요구를 받으면 프로젝트 관리자는 중요한 범주를 결정해야 한다. 예를 들어, A범주(일정, 예산, 품질에 주요한 영향을 미치는 변화)의 것인지, B범주(상대적으로 영향을 덜 미치는 변화)의 것인지 결정해야 한다. 만약 B범주에 속하면 프로젝트 관리자는 변화에 대한 요구를 수용해야 할 것인지 즉각적으로 판단할 수 있다. 만약 A범주에 속하면 심사 과정은 보다 신중하게 이뤄져야 할 것이다. 그리고 변화에 대한 요구서는 변화관리위원회(Change Control Board, CCB)에서 세밀하게 검토돼야 한다.

실제로 대규모의 프로젝트에서는 변화의 범주가 추가될 수도 있다. 즉, 변화의 요구가 미치는 영향의 단계를 세분화하는 것이다. 예를 들어, F-16 전투기 개발 프로그램이 있다고 하자. 여기에서 A범주는 실로 주요한 변화를 포함하는 범주로, 검토와 심사 및 수행 기간이 5년 이상 걸린다. 그러나 사소한 것들을 변경하느라 많은 시간과 노력을 쏟는다는 것은 합리적인 방법이 아니다. 따라서 추가적인 변화 요구에 대해서 보다 유연하게 대처하는 것이 필요하다. 이를 테면 보다 세밀하게 단계를 나눠 변화의 요구에 대응하는 것이다.

변화관리위원회의 주된 역할은 변화의 영향을 관리하는 것이다. 변화의 요구를 검토하면서 변화관리위원회의 위원들은 프로젝트의 예산, 일정, 명세서에 미치는 변화의 영향에 대해 설명해야 한다. 이에 대한 관리자 검토는 변화관리위원회가 변화에 의한 강점보다 변화로 인한 비용에 비중을 두고 검토 및 심사를 한다는 것을 의미한다.

변화관리위원회는 한 조직 내에서 서로 다른 이해관계를 대표하는 소수의 사람들로 구성되어 있다. 기술, 재무, 마케팅, 그리고 생산 부문의 담당자들이 참여하는 것이 이상적이다. 이처럼 다양한 부문 간의 교류를 전제로 위원회가 구성되기 때문에, 위원회는 넓은 시각에서 변화의 요구를 이해하고 검토할 수 있다.

많은 기업에서 변화의 요구를 기술적인 문제로 판단하여 관리자 검토는 하지 않는 경우가 많다. 즉, 기술 검토만 이뤄지는 것이다. 이를 위해서 기술검토위원회(Engineering Review Board, ERB)를 만든다. 기술검토위원회는 변화관리위원회와 대등한 위치에서 변화에 대한 심사를 수행한다. 기술검토위원회의 주요 목적은 변화 요구가 기술적인 강점을 갖는지 판단하는 데 있다. 일반적으로 기업에서 변화관리위원회와 기술검토위원회 모두 변화를 승인하면, 변화의 요구는 수용되고 실행에 옮겨진다. 만일 두 위원회가 모두 변화를 승인하지 않으면, 변화 요구는 취소된다. 그러나 두 위원회의 의견이 다르면, 변화관리위원회와 기술검토위원회는 향후 어떤 결정을 내릴지 합의해야 한다.

이 같은 엄격한 심사는 사소한 변화를 통제할 수 있다는 강점을 갖고 있다. '범위침투(scope creep)'가 발생할 가능성은 적다. 모든 개별적인 변화의 요구에는 엄격한 심사과정이 필요하기 때문이다. 또한 변화관리위원회는 막강한 권한을 가진 사람들로 구성되기 때문에, 유해한 변화를 막을 수 있다는 강점도 있다. 그러므로 변화관리위원회의 인적 구성이 중요하다. 즉, 각 분야의 핵심 인물들이 대표성을 갖고 위원회를 구성해야 한다. 그래서 집단적인 힘을 발휘할 수 있어야 한다. 이때 아무리 강력한 변화의 요구가 있더라도, 위원회는 심사를 거쳐 결정에 대해 승인하지 않을 수 있다. 마찬가지로 변화관리위원회는 프로젝트 관리자에게 우호적인 역할을 할 수 있다. 즉, 간적접인 수단으로 프로젝트 관리자가 변화 요구에 순응하지 않도록 힘을 실어주는 것이다.

그러나 변화관리위원회 또한 잠재적인 문제를 안고 있다. 변화관리위원회가 변화의 요구를 살펴보는 데 지나치게 많은 시간을 보내면 프로젝트의 진행에 차질이 생긴다. 변화관리위원회의 효과적인 활용을 위해서는 적절한 균형이 필요하다. 즉, 변화의 요구에 대한 검토는 엄격히 이뤄져야 하고, 심사과정은 신속히 처리돼야 하는 것이다.

● 변화의 문서작업

소규모의 프로젝트에서는 정교한 문서작업이 필요하지 않다. 세탁기 수도꼭지에서 물이 새는 것을 고칠 때, 그 모든 과정을 꼼꼼히 기록할 것인가? 물론 아니다. 그러나 프로젝트의 규모가 크고 복잡할수록 문서작업의 중요성도 커진다. 다음은 문서작업에 따른 몇 가지 강점들을 정리한 것이다.

○ 프로젝트팀은 문서작업을 통해서 프로젝트 과정에 관한 감사에 대응할 수 있다. 이를 테면 고객이 프로젝트가 중요한 단계를 밟지 않고 진행된다고 불평을 하는 경우가 있다. 이때 프로젝트팀은 진행과정을 기록한 문서를 제시하면서 대응할 수 있다.

○ 인간은 문서작업을 통해서 많은 양의 정보를 저장할 수 있다.

○ 문서작업은 팀 내 구성원들의 업무 파악 및 착수를 위한 주요한 방법이 될 수 있다. 예를 들어 새로운 구성원은 기록된 문서를 검토하면서 현재까지 진행된 프로젝트 과정을 알게 된다. 문서는 프로젝트의 모든 과정을 담고 있기 때문이다.

○ 문서작업은 시스템 디버깅*debugging*이나 시스템 확장(enhancing systems)에 유용하다. 예를 들어 어떤 빌딩이 전기시설에 문제를 갖고 있다고 하자. 우선 해야 할 일은 배선 설계도(wiring diagram)를 검토하는 것이다. 배선 설계도가 없다면 수리작업은 수많은 시행착오를 겪을 수밖에 없다.

형상관리에서 변화와 관련된 문서작업은 특히 중요하다. 효과적인 형상관리 시스템은 형상관리 데이터베이스, 문서보관소, 그리고 문서보관의 관리자를 기본으로 한다. 물론 이것은 형상관리에 엄청난 양의 문서작업이 필요하다는 것을 의미한다.

형상관리의 과정은 관료적 특징이 강하다. 오늘날 관료주의(bureaucracy)는 부정적인 의미로 간주된다. 그러나 항상 그런 것은 아니다. 막스 베버*Max Weber*가 1964년에 말했던 것처럼, 관료주의는 목적을 갖고 나타난다. 즉, 복잡성을 관리하기 위한 자연스럽고도 조직적인 방법이 관료주의이다. 요컨대, 복잡성을 관리하기 위해 우리가 지불해야만 하는 대가가 바로 관료주의인 것이다. 이것이 형상관리의 기본 가정이다.

● 변화의 업데이트

프로젝트는 변화를 반영하도록 변경돼야 한다. 이때 기준선의 수정이 필요하다. 일선 현장에서 일하는 사람들은 '변화가 진행 중이다!' 라고 외칠 것이다. 형상관리의 핵심 구성요소는 질서정연하게 변화를 업데이트하는 것이다. 업데이트 과정은 문서작업과 밀접한 관련성을 가지는데, 업데이트의 주요 구성요소가 기존 문서의 변경에 있기 때문이다.

○ 결론

프로젝트 스태프들이 현장에서 당면하는 가장 큰 혼란은 끊임없이 변화가 일어난다는 사실이다. 그들이 만나는 사람들도 계속해서 변화한다. 새로운 상사가 오기도 하고, 새로운 고객을 맞이하기도 한다. 또 협력업체도 수시로 바뀌고, 기술 스태프도 잘 다뤄야 한다. 프로젝트에 새롭게 등장하는 사람들은 전임자와는 다른 우선사항을 제시할 수 있다. 즉, 우선사항도 계속 변화하는 것이다. 그 밖에 기술, 예산, 규제, 자원 등도 변화하는 것을 볼 수 있다.

프로젝트 수행에서 생기는 변화를 단순히 장애물로 치부하기 쉽다. 그러나 변화가 발생했는데도 변화를 인식하지 못하는 것이 문제이다. 변화는 필연적으로 발생한다. 변화가 싫다고 소리쳐도 아무 소용이 없다. 프로젝트 수행자들이 변화에 건설적으로 대처하기 위해서는 변화의 필연성을 받아들여야 한다. 그런 다음 이에 대응하는 전략을 개발해야 한다. 그 첫 단계로, 변화가 모두 나쁜 것이라는 생각을 고쳐야 한다. 실제로 변화는 기회를 만들어내기 때문이다.

변화에 따른 대응 전략으로 2가지를 살펴볼 수 있다. 우선 첫째, 변화의 물결과 함께 가는 것이다. 이 접근법은 변화를 긍정적으로 바라본다. 이것은 급변하는 상황에서 매우 효과적이어서, 고객의 필요와 요구사항 등을 다루는 데 유용하다.

둘째, 변화에 저항하는 것이다. 이 접근법은 변화를 부정적으로 바라본다. 변화는 비용초과, 일정지연, 최종 결과물의 품질 저하를 가져올 수 있다. 이런 상황에서 변화를 수용하면서 얻을 수 있는 것은 아무 것도 없다.

프로젝트 스태프들이 효과적으로 프로젝트를 관리하려면 긍정적인 변화와 부정적인 변화를 구별해야 한다. 그리고 변화에 대응할 수 있도록 항상 준비해야 할 것이다.

위험관리 :

위험의 파악, 분석 및

대응하기

인간이 존재한 이래로 삶은 언제나 불안의 연속이었다. 수렵시대에도 인간은 사냥의 성공 여부를 확신할 수 없었다. 그래서 사냥의 성공을 기원하면서 동굴에서 사냥의 성공을 비는 벽화를 그리기도 했다.

그후 인간은 정착생활을 하면서 사냥보다 경작을 많이 했다. 자연히 안정적으로 식량을 생산하게 되었다. 그러나 여기에도 변수는 있었다. 어떤 해는 수확량이 많았지만 가뭄, 홍수, 역병 등으로 수확량이 부족한 때도 많았다. 일부 사람들은 이를 두고 신이 분노한 결과라고 믿었다. 그래서 신을 달래기 위해 각종 제물을 바쳤는데, 인간을 제물로 삼기도 했다. 그러나 고대 이집트인들은 자연의 변화를 관리하기 위해 보다 효과적인 접근법을 채택했다. 즉, 성경의 요셉 이야기를 보면 고대 이집트인들이 저장고를 활용했다는 것을 알 수 있다. 풍년인 해에 곡식을 저장해서 흉년의 식량부족 문제를 해결했다.

이러한 사실들을 통해서 우리는 인간이 수천 년 동안 위험관리를 위해서 노력해왔다는 사실을 알 수 있다. 그들이 취했던 몇 가지 방법들은 오늘날에도 여전히 유용하다. 고대 이집트인들의 사례는 우발적인 사건에 대비하여 계획을 수립하는 것으로, 위험관리의 기본적인 토대가 되었다.

최근에 프로젝트와 관련된 위험에 대해 관심이 증가했다. 이에 따라 위험을 의식적으로 관리할 필요성이 제기되었다. 위험의 존재는 프로젝트 관리에서 자주 겪게 되는 머피의 법칙에 잘 나타나 있다. 나쁜 일이 생길 것 같으면 반드시 생기고야 마는 것이다.

프로젝트는 특별히 위험에 약하다. 왜냐하면 각각의 프로젝트는 독자성과 고유성을 갖고 있기 때문이다. 즉, 최첨단 기술을 사용하는 프로젝트는 작은 전화기의 스위치보다 높은 독자성과 고유성을 갖는다. 이런 고유성이 의미하는 바는 과거의 사례는 미래를 위한 불완전한 지침일 뿐이라는 것이다. 미래에 어떤 일이 일어날지 우리는 확신할 수 없다. 즉, 어떤 일이든 계획된 대로 진행되지는 않는다는 위험이 존재하기 때문이다.

프로젝트 관리에서 위험를 공식적으로 받아들인 때는 1980년대 후반이다. 이때, 프로젝트관리연구소(PMI)는《프로젝트 관리 지식체계》에서 핵심 요소로 위험관리를 다루었다.

○ 위험에 대한 인식

오늘날 모든 사람들이 위험에 관심을 쏟고 있다. 경영대학의 학생들은 주식 자산 구성(stock portfolio)에서 위험요소의 평가방법을 배운다. 위험률이 낮은 자산은 실제 투자자가 확신을 갖고 투자할 수 있다. 그러나 위험률이 높은 자산은 수익이 불규칙해서 투자하는 데 어려움이 따른다.

또 토목기술자들은 시스템의 실패에서 위험이 초래된다고 생각한다. 토목 관련 프로젝트의 상당수가 시스템의 문제로 인해 실패한다는 것이다. 예를 들어 다리의 붕괴, 원자력 발전소 원자로의 노심(원자로에서 연료가 되는 핵분열성 물질과 감속재가 들어 있는 부분) 용해, 7.5리히터*Richter* 규모 지진을 견디지 못하는 건물 등은 시스템의 문제로 인해서 실패가 발생한다. 이는 경제적인 문제일 뿐만 아니라 안전과 직결된 위험을 말해준다.

보험회사들은 수세기 동안 위험분석의 중심에 있었다. 보험회사는 고객이 입은 손실에 대해 보상한다. 고객에게 미치는 손실에 책임을 지면서 고객이 손실을 피할 수 있도록 하는 것이 보험회사의 존재이유이다. 보험회사의 사업방식은 간단하다. 그들은 고객의 손실 가능성과 보험료를 통해 회사의 수익을 계산한다.

이렇듯 위험에 대한 정의는 관점에 따라 다르다. 왜냐하면 주주, 토목기술자, 보험회사 모두 결과에 대한 수용기준이 다르기 때문이다. 예를 들어 일반적인 비즈니스에서는 10%의 하향 손실을 허용하지만, 원자력 발전소 건설에 있어서는 용인하지 못한다. 왜냐하면 10%의 하향 손실만으로도 방사선 누출 사고가 일어날 수 있기 때문이다. 그리고 이러한 대형사고는 수천 명의 생명을 앗아간다.

○ 위험과 변동성

　위험에 대한 각각의 시각을 하나로 묶는 것이 변동성(variability)이다. 위험은 기본적으로 예상 결과에서 실제 결과가 얼마나 달라졌는지에 대해 측정 및 평가하는 것이다. 예를 들어 두 회사를 비교해서 각각 1년간의 주식실적을 살펴보자. A사의 주가는 주당 20달러이다. 주식의 최저가는 19.50달러, 최고가는 20.50달러이다. 한편 B사의 주가도 주당 20달러이다. 그렇지만 B사 주식은 최저가가 10달러로 내려가기도 하고, 최고가가 30달러에 육박하기도 한다. 즉, B사 주가 변동폭은 A사 주가에 비해서 상당히 크다. 투자자의 입장에서 보면 B사 주식이 A사 주식보다 투자의 위험성이 훨씬 높은 것이다.

　변동성은 여러 경우에서 정확하게 측정할 수 있다. 신체의 몸무게, 신장, 자동화된 기계가 담아내는 소다의 양, IQ 등 많은 현상들이 일반적인 통계학의 분포를 보인다. 즉, 종형 곡선을 드러내는 것이다. 드물게 발생하는 현상은 푸아송 분포[1]로 설명하기도 한다. 통계학자들은 균등 분포(uniform), 베타(beta), 감마(gamma), 초기하학(hypergeometric), 이항 분포(binomial distributions) 등을 포함해서 통계학적으로 과도한 분산에 대해서 잘 알고 있다. 우리가 어떤 현상의 통계학적 분포를 알면 특정 현상이 발생하는 것에 대해서도 확률적으로 추론할 수 있다.

　통계학적 분포는 프로젝트 관리에서도 유용하게 적용되어왔다. PERT 기법이 바로 통계학적 수용의 대표적인 예이다. PERT는 프로그램 평가

---

1) 푸아송 분포　x = 0, 1, 2, …의 각 수치가 발생하는 확률로 주어지는 분포. 평균치 m에 의해 정해지는데, 일정한 크기의 시료(시험, 분석에 쓰는 물질) 중 결점 수가 안정되게 분포해 있으면 푸아송 분포를 따른다. 그리고 고장 건수 또는 단위 시간 중의 전화의 호수는 푸아송 분포를 한다고 알려져 있다. 푸아송 분포의 누적 합계를 그래프화한 것은 누적 확률 곡선(손다이크 곡선)이라 하는데, 이것을 이용하면 누적 확률을 쉽게 계산할 수 있다.

및 검토 기술(Program Evaluation and Review Technique)로, 1957년 미 해군에서 개발되었다. PERT 기법을 처음으로 만든 사람들은 특정 업무의 지속을 예상하는 것이 불확실하다는 것을 깨달았다. 이는 다음의 예에서 잘 알 수 있다.

상황을 가정해보자. 의자에 페인트칠을 하고, 그것이 마르기까지 얼마나 시간이 걸리는지 예측하려고 한다. 경험에 따르면, 따뜻하고 건조한 날은 페인트가 3시간 정도면 마른다. 그러나 온도가 낮고 습한 날은 마르는 데 7시간이 걸린다. 일반적으로는 4시간 정도면 페인트가 마른다. 이 3가지 데이터를 통해서 PERT에서 말하는 베타 분포(beta distribution)를 찾을 수 있다. 즉, 3시간은 낙관적 기대치이고, 7시간은 비관적 기대치이다. 그리고 4시간은 가장 일어날 가능성이 높은 값이다. 이러한 PERT의 베타 분포 사례는 그림 4.1에 잘 나타나 있다.

이렇게 얻은 결과를 볼 때, 평균적으로 의자의 페인트 건조에 필요한 시간은 얼마나 걸리는가? PERT 베타 분포를 통해서 우리는 다수의 의자에 있어서 페인트 건조에 필요한 예상시간 값(평균 지속시간)을 추정할 수 있다. 이 기대값의 계산공식은 다음과 같다.

$$\circ\,\text{예상 지속시간} = \frac{\text{낙관적 지속시간} + (4 \times \text{가능성 높은 지속시간}) + \text{비관적 지속시간}}{6}$$

우리가 들었던 예를 대입해보면 다음과 같은 값을 갖는다.

$$\text{예상 지속시간} = \frac{3 + (4 \times 4) + 7}{6} = \frac{26}{6} = 4.33$$

요컨대, 페인트 건조는 최소 3시간, 최대 7시간, 가장 많은 경우에 4시간 내에 이뤄진다. 여기서 평균 건조시간은 4.33시간이라 할 수 있다. 이 값이 '추정치(point estimate)'이다. 즉, 이는 변동성을 고려하고 발생할 것으로 기대되는 값을 요약한 것이다.

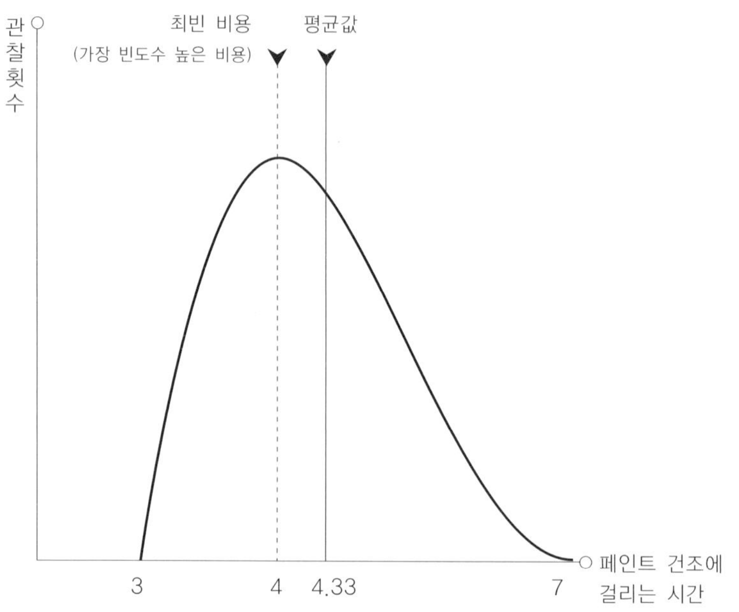

그림 4.1 PERT 베타 분포 사용의 예 : 예상 작업 지속시간 추정

그러나 현실은 이와 다른데, 현실에서 나타나는 결과의 범위는 매우 넓기 때문이다. 이런 현상은 우리가 일상에서 흔히 접할 수 있다. "네가 부산까지 가는 데 3시간 정도면 충분할거야. 더 걸린다 해도 30분 정도

면 돼." 우리는 이런 식으로 쉽게 추정하지만, 대략적으로 시간을 계산하는 방법을 알 필요가 있다.

통계학에서 이러한 '대략적 추정 시간(give or take)'은 '표준편차(standard deviation)'를 갖고 계산하는 경우가 많다. 수년 동안 나는 수많은 MBA학생들에게 비즈니스 통계학을 가르쳤다. 상당수의 학생들이 표준편차의 개념을 어려워했다. 심지어 열역학의 제2법칙을 설명하는 공식만큼 이해하기 힘들다고 말하기도 했다. 표준편차란 기본적으로 우리가 추정하는 값의 변동성이다. 의자의 페인트 건조시간의 예에서 본 것처럼, 우리가 이미 설명했던 PERT 베타 분산의 표준편차에 대한 대략적인 추정치는 다음 공식으로 구할 수 있다.

$$\circ\ \text{표준편차} = \frac{\text{낙관적 지속시간} - \text{비관적 지속시간}}{6}$$

페인트 건조시간의 각 값을 이 공식에 대입해보면 다음과 같다.

$$\text{표준편차} = \frac{7-3}{6} = \frac{4}{6} = 0.67$$

이를 토대로 우리는 다음과 같이 결론을 내릴 수 있다. 즉, 의자에 페인트를 칠한 뒤 건조시간은 평균 4시간 20분 정도가 걸리고, 상황에 따라 40분이 이상 혹은 이하의 시간이 걸린다.

표준편차는 위험분석에서 중요한 개념이다. 표준편차는 추정값의 변동성을 측정한다. 위험은 변동성과 관련된 개념이다. 따라서 표준편차는 위험을 측정하는 데 사용하는 개념이다. 측정값의 표준편차가 커질수록 변동성도 커지고, 동시에 위험 가능성도 높아진다. 예를 들어, A직무에 따른 수행비용은 10,000달러이고, 이의 표준편차는 1,000천 달러이다. 한편, B직무에 따른 수행비용은 일반적으로 10,000달러이고, B직무의 표준편차는 3,000달러이다. 이때 B직무의 표준편차가 크기 때문에 B직무의 수행비용을 계산하는 것은 A직무의 수행비용을 계산하는 것보다 어렵다. 마찬가지로 위험에 있어서도, A직무보다는 B직무를 수행 할 때 겪을 수 있는 위험이 더 크다.

여기에서 PERT 베타 분포가 기본적으로 통계임을 인식해야 한다. 비록 우리가 직무 시간의 측정에 관한 분포를 예로 들었지만, 다른 경우에도 충분히 적용될 수 있다. 예를 들어, 이 방법은 비용을 추정하는 데도 사용될 수 있다. 만약 어떤 직무를 수행하는 데 드는 최소 비용이 3,000달러이고, 최대 비용이 7,000달러라고 하자. 그리고 대표적인 비용은 4,000달러이다. 여기에서 우리는 PERT 베타 공식을 이용하여 추정값이 4,333달러임을 알 수 있다. 또 다른 예는 인사 채용에서도 들 수 있다. 지금까지의 경험으로 직무수행에 필요한 최소 인원은 3명이고, 최대 인원은 7명이었으며, 대표인원은 4명이었다. 이때 PERT 베타 공식을 이용하여 얻는 인력의 기대값은 4.33명이라는 것을 알 수 있다.

○ 위험의 범위

위험은 정보와 밀접하게 연관되어 있다. 정보가 부족하면 위험 상황도 증가한다. 정보가 적절하면 위험의 상황도 감소한다. 위험관리를 위한 핵심 전략은 의사결정 과정에서 활용할 수 있는 정보의 양을 늘리는 것이다. 이는 간단하면서도 명백한 방법이다. 이 점에 대해서는 이후에 자세히 이야기하도록 하겠다.

프로젝트 수행에서 당면하는 위험의 범위를 평가하기 위한 방법으로는 총체적 불확실성과 총체적 확실성 간의 연속적 범위를 도식화하는 것을 들 수 있다. 총체적 불확실성의 경우에서는 그 무엇도 알 수 없다. 마찬가지로 우리가 얻을 수 있는 정보도 없다. 이는 우리가 정보를 얻기 어렵고, 정보를 수집하지 않았기 때문이다. 이때 다양한 결과가 가능하기 때문에 높은 수준의 위험이 예상된다. 즉, 우리는 어떤 결과에 대한 확신이 없고, 확신을 가질 수도 없는 것이다.

총체적 확실성은 우리가 모든 상황을 알고 있는 것이다. 우리는 100%의 정확성을 갖고서 어떤 행위의 결과를 예측할 수 있다. 이때 위험은 '0'이며, 결과의 변동성도 없다.

물론 대부분의 정책결정에서 우리가 직면하는 불확실성은 이 2가지 극단 중 어딘가에 위치하고 있다. 지금까지 여러 번 수행해온 업무는 경험을 통해 어떤 결과가 나올지 그 범위를 짐작할 수 있다. 의자의 예를 통해서 페인트가 마르는 데 최대 7시간, 최소 3시간이 걸린다는 것을 알 수 있었다. 그리고 보통은 4시간이면 건조된다는 것을 알았다. 즉, 의자의 페인트가 건조될 때까지의 시간을 100% 정확하게 알 수는 없지만 예측할 수 있는 정보를 갖고 있는 것이다.

반대로 우리는 예측할 수 없는(unknown unknowns) 상황에 직면해 있다. 예를 들어, 경쟁사가 통합회로 설계 부분에서 우리보다 앞선 기술을 개발했다고 하자. 경쟁사의 이러한 성과는 현재 우리 회사가 가진 기술을 무용지물로 만들고 말 것이다. 또한 중동 지역에 전쟁이 발발했다고 하자. 그러면 원유 부족 사태가 일어나 프로젝트에 필요한 원자재의 가격도 상승하게 된다. 결국 프로젝트에 드는 비용이 초과되는 것이다. 이러한 경우들의 특징은 예측할 수 없다는 것이다. 결론적으로 위험관리 능력을 향상시키기 위해서는 이러한 돌발 상황에 대비해야 한다.

○ 프로젝트 위험의 원인

프로젝트 관리에서 의심하는 습관은 많은 도움이 된다. 우리 주변의 모든 나무, 기둥, 문 뒤에 위험이 숨어 있기 때문이다. 위험은 도처에 존재한다. 그러나 우리가 총체적으로 확신을 갖고, 의사결정을 하면 위험을 피할 수 있다.

우리는 위험을 분류하는 다양한 방법들에 관심을 갖고 있다. 대표적인 분류법은 외부의 위험과 내부의 위험을 구분하는 것이다. 외부의 위험은 정부의 정책이나 규제 제도의 변화, 새로운 경쟁상품의 출현, 대학연구소가 이룬 기술적 발전의 쾌거 등을 들 수 있다. 내부의 위험은 조직 내부의 변화에서 비롯된다. 예를 들면 우리 부서를 포함하여 책임을 갖고 있는 새로운 부사장의 선임, 회사의 수익 감소와 관련된 예산 삭감, 다른 부서로부터의 자원편입 등이 모두 포함된다. 그러나 내부의 위험과 외부의 위험 모두 통제 불가능하다는 공통점을 갖고 있다. 최선의 방법은 우리가 위험에 미리 대비하고 그에 대응하는 것이다.

한편 내부적 위험의 원인은 직원의 역량 부족, 구성원 간의 정치적 관계, 예상치 못한 비용지출 등을 들 수 있다. 우리는 이러한 위험을 어느 정도 통제할 수 있는데, 인사관리를 적절하게 수행하면서 직원의 역량 부족 문제를 줄일 수 있다. 또한 구성원들 간의 정치적 관계에 문제가 있다고 인식하면 그로 인한 부정적 영향을 줄이고, 비용지출을 감독하면서 비용초과의 가능성도 막을 수 있다.

물론 위험을 다른 방식으로 분류할 수 있다. 일반적으로 기능에 따라 분류할 수 있는데, '기술적 위험(technical risk)'은 결과물의 개발이나 작동과 관련된 위험 요소들로 구성된다. 여기에서 우리의 관심은 버그나 작은 기술상 문제 등에 맞춰질 것이다. 독자적으로는 잘 작동하던 소프트웨어 모듈도 다른 부품과 조립되면 문제가 생기기도 한다. 또 모터의 진동으로 인해 납땜한 부위가 떨어질 수 있다. 그리고 막대한 연구개발비를 들여서 개발한 화학 합성물이 35℃에 이르면 불안정한 상태를 보이기도 한다.

기술적 위험은 프로젝트 팀이 새로운 영역에서 업무수행을 하거나, 고도로 복잡한 시스템에서 작업할 때 발생할 확률이 높아진다. 기본 연구나 시스템 통합 프로젝트와 같은 새로운 환경에서는 기술적 위험의 가능성이 매우 높다고 알려져 있다. 반대로 우리가 익숙한 환경에서 업무를 수행하면 위험이 발생할 가능성도 낮다.

다음으로 '시장의 위험(market risk)'을 들 수 있다. 이것은 우리가 개발한 제품이나 서비스가 시장에서 실패하는 경우를 말한다. 막대한 기술적 장애를 극복한 제품임에도 불구하고 시장에서는 실패한 이야기를 수없이 접하곤 한다. 이런 이야기들 중 가장 잘 알려진 것은 듀퐁*Du Pont*사의 코르팜 *Corfam*이다. 이것은 합성 피혁으로, 개발하는 데 엄청난 비용이 들었지만 소비자의 외면으로 시장에서 사라졌다.

'재무적 위험(financial risk)'도 고려할 수 있다. 이것은 현금의 흐름 및 수익성과 관련이 있다. 훌륭한 제품을 많이 만든 기업들일지라도 재무적인 현실을 겪곤 한다. 이는 기업들이 현금이 부족해서 생기는 비극이다. 현금부족은 여러 가지 이유로 생긴다. 미수금, 핵심 고객의 이탈, 시설투자에 묶인 돈, 보유자금의 부족 등을 들 수 있다. 기업은 이윤창출을 못하면 더 이상 사업을 진행할 수 없다. 이외에도 기업이 이윤 창출의 목표를 달성하지 못하는 이유는 수없이 많다.

한편 '인적 위험(human risk)'이 있다. 인간의 행동을 예견한다는 것은 힘든 일이다. 인적 위험은 프로젝트에 관련된 프로젝트 스태프, 관리자, 고객, 납품업자들의 행동을 예측할 수 없는 경우에 발생한다. 프로젝트는 인적 자원의 신뢰가능성, 업무수행 능력, 책임감 등의 문제를 안고 있다. 구성원 간의 정치적인 역학관계, 핵심 구성원의 갑작스런 이직, 고객의 변덕 등이 프로젝트 수행의 장애물이다. 만약 프로젝트에 영향을 미치는 위험 요소들을 상세하게 리스트로 정리한다면 인적 위험의 리스트가 가장 많은 양을 차지할 것이다.

위험-보상 교환(Risk-Reward Trade-offs)

우리는 위험의 존재를 인정해야 한다. 왜냐하면 위험을 통해 잃는 것보다는 위험에 적절히 대처했을 때 얻는 것이 더 많기 때문이다. 잠재적인 위험에 대한 보상이 클수록, 우리가 초래할 위험의 수준도 더 커진다. 바로 이것이 비즈니스의 가장 기본적인 원칙이다. 그리고 그 증거는 여러 군데에서 찾을 수 있다. 주식 시장의 신규 기업에 대한 투자는 연간 80%의 수익을 기대할 수 있다. 그렇지만 투자한 기업의 실적이 좋지 않을 경우 엄청난 손실 위험이 존재한다. 반대로 안정적인 블루칩 주식에 투자한다면 손실은 그다지 크지 않을 것이다. 마찬가지로 이들 주식에 대한 투자로 단기간 막대한 이익을 기대할 수는 없다.

위험-보상 교환은 우리가 수행하는 프로젝트에서도 찾아볼 수 있다. 기업들은 위험 가능성이 낮은 프로젝트보다 위험 가능성이 높은 프로젝트에 대해 높은 수준의 장애율(hurdle rate)을 설정하기 마련이다. 여기서 장애율은 할인현금흐름 분석과정에서 요구수익률에 필요한 만큼의 예산을 편성하는 것이다. 만일 어떤 투자안의 기대수익률이 이 비율보다 낮다면 그 투자안은 기각된다. 그리고 이 비율은 증분자본비용과 정확히 같아야 한다.

한편 위험을 회피하기 좋아하는 기업은 위험 수준이 높은 프로젝트 또한 회피하기 마련이다. 이런 기업은 평이하면서도 예측 가능한 프로젝트만 진행시킬 뿐이다. 그들이 직면하게 되는 가장 큰 위험은 자신의 분야에서 1인자가 될 수 없다는 데 있다. 혁신의 위험을 감수하지 않으면 성장도 기대할 수 없다. 이와는 달리 위험을 수용하는 기업들은 위험 수준이 높으면서도 기대 수익도 높은 프로젝트 포트폴리오에 훨씬 더 큰 비중을 둔다. 이런 기업들이 당면하는 가장 큰 위협은 파산이다.

비즈니스상의 과학은 상대적으로 단순한 기법을 발전시켰다. 즉, 성공을 통한 기회보다는 실패를 통한 위험에 더 비중을 두었다. 이것은

‘기대통화가치(expected monetary value)’라 불린다. 나는 여기에서 간단한 예를 하나 들어서 이 접근법을 설명해보도록 하겠다. 그리고 여기서 변형된 정교한 방법들이 위험–보상 교환에 얼마나 유용한지 살펴보겠다.

한 기업의 마케팅 전문가는 ‘X’라는 상품 개발의 프로젝트에서 순수익이 1,000,000달러를 넘을 수 있다고 평가했다. 기술적 위험, 마케팅 위험, 재무적 위험 등을 고려한 뒤, 회사는 성공적인 상품 개발을 통해 얻을 수 있는 이윤을 70% 정도로 보았다. 그러던 중 그 회사의 비용 담당 전문가는 프로젝트 비용, 설비지출 비용, 생산 비용, 마케팅 비용 등을 모두 합쳐 총 300,000달러가 들 것이라고 예상했다.

우리가 이 프로젝트를 수만 번에 걸쳐서 계획했다면, 우리는 다음과 같이 말할 것이다. 이 프로젝트의 수행으로 회사가 벌어들일 수 있는 것은 10,000달러(잠재적 수익)당 확률 0.7(수익을 벌어들일 확률)을 곱하면 알 수 있다. 즉, 현 시점에서 예상할 수 있는 수익은 700,000달러가 되는 것이다. 이에 예상 손실은 300,000달러(투자 지출)에 확률 0.3(수익을 얻지 못할 확률)을 곱하면 90,000달러이다.

순수익은 예상 수익 700,000달러에서 예상 손실 90,000달러를 뺀 610,000달러이다. 이것은 수익과 손실의 가능성을 갖고, 예상되는 수익과 손실의 금액 가치를 곱한 것이다. 이러한 결과에 따르면 수익은 약속된 것처럼 보인다.

○ 위험과 시간

일반적으로 위험의 수준과 계획된 시간 사이에는 정비례 관계가 성립한다. 즉, 계획의 시작 시점이 멀수록 그 정확한 결과를 확신할 수 없고, 예기치 못한 사건들이 일어날 확률도 더 커진다. 우리는 일상생활에서 이 같은 일들을 자주 겪는다. 한 시간 뒤에 우리가 무슨 일을 하고 있을지 예상할 수 있지만 일주일 뒤에는 무슨 일을 하고 있을지 알기 힘들다. 당연히 일년 뒤의 일을 예상하기는 더더욱 힘들다.

우리는 프로젝트를 수행하면서도 높은 수준의 위험을 맞이한다. 왜냐하면 프로젝트 개시부터 불확실한 미래가 주어지기 때문이다. 프로젝트가 점점 진행됨에 따라, 우리는 이정표를 갖게 되고 경험을 쌓아간다. 따라서 프로젝트의 성공적 수행과 관련된 위험은 점점 줄어든다. 프로젝트의 마지막 단계에서 최종 결과물을 완성하고 테스트도 완벽하게 마치면, 프로젝트에 위험이 발생할 가능성도 낮아질 것이다.

위험 발생 가능성이 점점 줄어들고 있다고 할지라도, 작업 결과를 망칠 수 있는 위험은 남아 있다. 시간이 지나면서 인적·물적 자원을 프로젝트에 투여하는데, 이에 따라서 프로젝트 스태프 간에 놓인 이해관계(stake)도 점점 증가한다. 초기 단계에서 우리가 프로젝트에 투여한 자원은 많지 않다. 그래서 프로젝트가 잘못된다 하더라도 크게 잃을 것이 없다. 그러나 프로젝트가 완성 단계에 가서 오류가 생기면 우리가 잃게 되는 것도 엄청나다.

위험과 이해(stake) 간의 상호작용은 아래의 그림 4.2에 잘 나타나 있다.

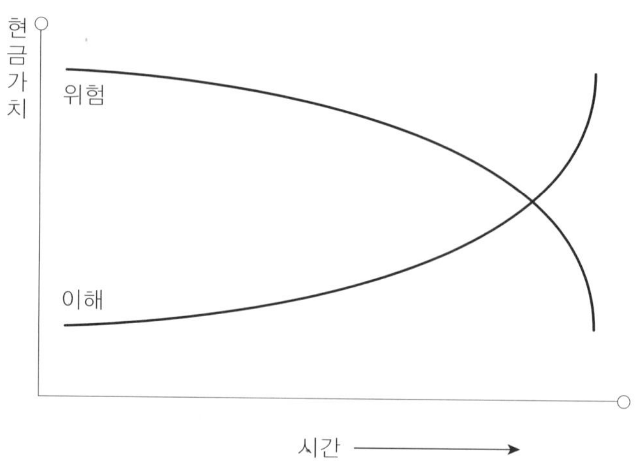

그림 4.2 위험 vs 이해

○ 위험 노출

프로젝트의 위험에서는 '우리가 해당 프로젝트에 얼마나 큰 이해관계를 가지는가'를 고려해야 한다. 여기에서 이해관계의 크기를 위험 노출(risk exposure)이라 하자.

표 4.1은 우리가 프로젝트 진행 시 의사결정과정에서 겪는 위험 노출의 딜레마를 보여준다. 사례를 단순화시키기 위해 다음과 같이 가정해보자. 제시된 달러화의 가치는 실제 가치를 나타낸다. 말하자면 자본 비용이 '0'이면, 투여된 시간의 금전적 가치도 없는 것이다. B프로젝트는 A프로젝트에 비해 확실히 수익성이 좋다. A프로젝트의 수익성은 8,000,000달러인데, B프로젝트의 수익성은 1,000달러이다.

프로젝트 시행 초기에는 A프로젝트가 B프로젝트보다 훨씬 더 위험하다. 첫 해에 A프로젝트는 700달러의 지출이 필요하지만 B프로젝트는 300달러의 지출만 있으면 된다. 제2년, 제3년, 제4년의 경우, B프로젝트의 총 비용은 A프로젝트보다 더 큰 규모로 늘어난다. 여기서 프로젝트의 수행 초기에 실패 가능성이 크다는 것이 인정되면 B프로젝트가 더 낮은 위험 노출 정도를 갖는 것이다. 제4년에 위험의 균형이 바뀐다. A프로젝트의 총 비용지출이 1,000달러인데, B프로젝트는 1,200달러이다. 그러나 현금의 흐름은 A프로젝트보다 B프로젝트에서 보다 용이하다. 5년 간, 프로젝트의 개시와 종료 결과를 보면 A프로젝트가 전반적으로 B프로젝트보다 위험 노출이 낮다는 것을 알 수 있다.

A프로젝트

	지출	수입	수익	누적 수익
제1년	700	0	−700	−700
제2년	200	0	−200	−900
제3년	100	700	600	−300
제4년	0	600	600	300
제5년	0	500	500	800
총계	**$1,000**	**$1,800**	**$800**	**$800**

B프로젝트

	지출	수입	수익	누적 수익
제1년	300	0	−300	−300
제2년	300	0	−300	−600
제3년	300	600	300	−300
제4년	300	800	500	200
제5년	0	900	900	1,100
총계	**$1,200**	**$2,300**	**$1,100**	**$100**

표 4.1 시간 경과에 따른 위험 변동성 비교

○ 프로젝트의 위험관리

프로젝트 전문가가 프로젝트 수행 중에 위험에 당면하면 어떻게 대처할 것인가? 프로젝트 전문가는 위험을 관리할 수 있어야 한다. 프로젝트에서 위험관리는 매우 광범위한 개념이다. 프로젝트 팀이 위험관리를 할 수 있는 유용한 2가지 지침이 있다. 첫째는 '오스트레일리아/뉴질랜드 기준 4360 : 1999(A/NZ 4360 : 1999, 1999)'이며, 둘째는 프로젝트관리 연구소(PMI)의 《프로젝트 관리 지식체계, PMBOK》에서 발전시킨 기준이다. 이 2가지는 공통적인 인식을 갖고 있다. 일단 모든 위험관리는 다음과 같은 단계를 거친다.

위험에 대한 인식과 이해 ⋯▸ 위험의 영향 분석 ⋯▸ 위험에 대한 전략 개발 ⋯▸ 위험 발생 감시 ⋯▸ 실제 위험 발생

여기서는 PMBOK 지침에서 위험관리를 위해 제시한 접근법을 살펴보겠다.

● 위험관리 계획

프로젝트 수행시 위험을 효과적으로 관리하려면 계획을 수립하고 의식적으로 노력해야 한다. 프로젝트 수행에서 전반적인 계획을 수립할 때는 위험관리를 계획할 시간을 마련해야 한다. 이때 위험관리 계획은 어떻게 하면 프로젝트 팀이 위험에 접근할 수 있는지에 대한 내용을 담

아야 한다. 예를 들어, 잠재적인 위험요소를 부각시키면서 표면으로 이끌어내야 할 것이다. 또한 정기적으로 관리자급 회의에서 검토돼야 한다. 회사는 위험관리 방법과 절차에 따라서 위험관리가 이뤄지도록 해야 한다. 즉, 해당 프로젝트 특유의 맥락 속에서 회사의 공식적인 방법과 절차를 적용해야 할 것이다.

● 위험 파악

위험 파악(risk identification)은 원치 않은 상황을 피하기 위해서 잠재적으로 발생할 위험을 표면에 드러내는 것이다. 이것은 내적·외적 위험, 예측 가능하거나 예측 불가능한 위험, 통제수단이 있거나 없는 위험, 기술적이거나 비(非)기술적인 위험 등 양면적 성격을 가진 위험들에 중점을 두고 살펴야 한다.

어떤 기업이 위험 파악에 대한 경험을 갖고 있다면, 그 경험을 통해 얻은 사실을 문서로 기록해야 한다. 최소한 프로젝트 수행과정에서 처리해야 하는 위험요소들의 체크리스트를 만들어놓아야 한다. 그리고 각각의 위험요소를 중요도에 따라 순서를 매기는 것도 좋다. 표 4.1은 위험요소들과 그것들이 데이터처리 프로젝트에서 갖는 중요도를 예시로 나타낸 것이다. 위험요소에 관한 실제 문서에는 총 75개의 위험요소를 담았지만 아래 예시에서 표현된 것은 일부에 불과하다.

프로젝트 팀의 교육 계획은 어떠한가? (비중＝2)

a. 교육 계획 필요치 않음	없음＝0
b. 완전한 계획 진행 중	낮음＝1
c. 계획 개발 중	중간＝2
d. 계획이 마련되어 있지 않음	높음＝3

현재 시스템의 문서 접근법은 어떠한가? (비중＝3)

a. 시스템과 프로그램 개발이 통합적 부분으로 수행되고 또 이와 밀접한 관련이 있는 확실한 기준이 있음	낮음＝1
b. 충분히 실행은 되었지만 균등하게 적용되지는 못했음	중간＝2
c. 특별한 기준이 없고, 기준이 있다고 해도 잘 지켜지지 않음	높음＝3

외부 시스템이 개발에 미치는 영향은 어떠한가? (비중＝5)

a. 모든 중요한 간의 커뮤니케이션은 통제되고 있음. 인터페이스 관리 문서가 근거가 되어 표준 프로토콜이 사용되고, 인터페이스의 안정성이 확보됨	낮음＝1
b. 모든 시스템 간의 커뮤니케이션은 통제되고 있음. 인터페이스 관리 문서가 근거가 됨. 그러나 몇몇 프로토콜은 표준을 따르지 못하고, 인터페이스도 비규칙적으로 변경됨	중간＝2
c. 모든 시스템 간의 커뮤니케이션에 대한 통제가 제대로 실행되지는 못함. 인터페이스 관리 문서가 있지만, 어떤 프로토콜은 표준을 따르지 못하고, 인터페이스도 비규칙적으로 변경됨	높음＝3

모두 몇 건의 결과 보고서가 제출되었는가? (비중＝1)

a. 10건 미만	낮음＝1
b. 10 ～ 20건	중음＝2
c. 20건 이상	높음＝3

표 4.1 데이터 프로세싱 프로젝트에서 전형적으로 나타나는 위험 요소들의 목록

● 정성적 위험분석

 위험을 파악하는 과정이 끝나면, 위험분석가는 해당 프로젝트에서 어떤 위험현상이 나타날 것인지 알 수 있다. 이제 위험분석가는 다음과 같은 질문에 대답할 준비를 해야 한다. '위험이 나타나면 어떤 결과가 초래될 것인가?' 이에 위험분석가는 2가지 방법으로 대답할 수 있어야 한다. 하나는 정성적 위험분석(qualitative risk analysis)이고, 다른 하나는 정량적 위험분석(quantitative risk analysis)이다.

 정성적 위험분석은 검토 중인 위험의 발생 가능성 및 영향을 규정하는 방법이다. 위험의 영향은 정성적 기준에 따라 설명할 수 있다. 예를 들어 영향 없음(none), 미미한 영향(minor), 중간(midium) 영향, 심각한(serious) 영향, 재앙수준의(catastrophic) 영향 등이다. 마찬가지로 위험의 발생 가능성도 이런 식으로 설명할 수 있다. 예를 들어, 매우 희박(highly unlikely), 희박(unlikely), 다소 가능성(somewhat likely), 가능성(likely), 매우 높은 가능성(highly likely) 등이다. 여기서 나타난 가능성들은 모두 숫자로 붙여서 이야기할 수 있다. 매우 희박은 1, 희박은 3, 다소 가능성은 5, 가능성은 7, 매우 높은 가능성에는 9를 부여하는 것이다. 그림 4.3은 위험의 발생가능성과 영향의 조합을 도식화한 영향 관계 표(The Probabilit-Impact Matrix)이다.

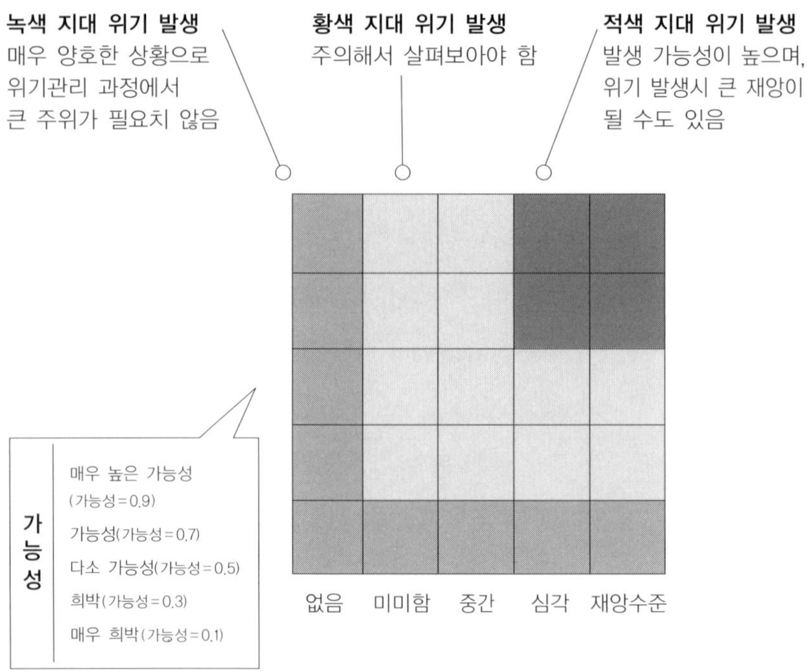

표 4.3 가능성-영향 매트릭스

● 정량적 위험분석

정성적 위험분석을 수행하면 프로젝트 수행과정에서 어떤 위험을 겪을지 알 수 있다. 이와 더불어 정량적 위험분석을 수행하면 위험에 대해 예리한 통찰력을 갖게 될 것이다. 위험의 시나리오를 정량적으로 모델링하면서 분석가는 '만약(what if)'이라고 가정할 수 있다. 그래서 프로젝트 수행과정 중에 발생하는 위험이 비용, 일정, 자원조달 등에 어떠한 영향을 미칠 수 있을지 예측하는 것이다. 위험의 모델링에 대해서 간단히 살펴보자.

● 위험 대응계획

위험 평가단계에서, 위험분석가는 '위험을 확인하면서 어떤 위험이 일어날 것인가?', '정성적 및 정량적 분석을 통해서 그 결과는 어떻게 될 것인가?' 에 대해서 잘 알아야 한다. 여기에서 분석가들은 '이 문제를 해결하기 위해 우리가 무엇을 할 수 있는가?' 하고 자문하게 된다. 즉, 위험 대응계획은 전략을 짜는 것과 관련이 있다. 위험의 확인과 분석을 통해서 우리는 프로젝트 수행과정 중에 어떤 위험에 직면하게 될지 알 수 있다. 또한 위험 대응계획을 통해 우리는 위험을 피하거나 혹은 위험의 영향을 잠재울 수 있는 행동을 취할 수 있다. 일반적인 위험관리 전략에는 위험 전가(risk transfer), 위험 완화(risk mitigation), 위험 회피(risk avoidance), 위험 수용(risk acceptance) 등이 있다.

위험 전가(risk transfer)는 위험 발생의 결과를 다른 행위자에게 떠넘기는 것이다. 이는 다른 말로 위험 굴절(risk deflection)이라 부르기도 한다. 우리는 일상생활에서 위험을 전가한다. 우리가 보험 상품을 구매하는 것도 위험 전가의 일종이다. 예를 들어 우리가 가벼운 교통사고를 당했다고 하자. 우리는 보험에 들어 있기 때문에 보험회사가 자동차 수리 비용을 책임진다. 그 외 보증제도나 계약도 위험 전가의 예로 들 수 있다. 전자제품 판매 회사는 자신의 회사에서 구매한 제품에 대해서 보상

정책을 실시한다. 또 우리는 계약할 때 우리가 서명한 사람들 간에 위험의 배분을 합의하기도 한다.

위험 완화(risk mitigation)는 위험을 높이는 문제를 해결하면서 위험을 줄이는 데 중점을 둔다. 예를 들어, 분쇄기 검사를 하던 중 벨트 하나가 느슨하다는 사실을 알게 되었다고 하자. 이로 인해 불완전한 부품이 생산될 수 있다. 따라서 벨트를 조임으로써 실수의 확률을 줄일 수 있다.

위험 회피(risk avoidance)는 우리를 곤경에 빠뜨릴 일은 행하지 않는 것이다. 예를 들어, 프로그램에 새로운 모듈 루틴을 추가하면 데이터베이스 시스템이 오류를 일으킬 확률이 1,000% 증가한다는 사실을 알게 되었다고 하자. 이때 해결책은 모듈을 추가하지 않는 것이다. 즉, 문제가 일어날 가능성은 행하지 않는 것이다.

끝으로 위험 수용(risk acceptance)은 세상에 위험이 존재한다는 사실을 인정하고 위험과 함께 살아가는 방법을 배우는 것이다. 즉, 어떤 일을 시작할 때 항상 위험이 있다고 인정하고, 골치 아픈 결과에 대처할 수 있는 대비책을 수립하는 것이다. 예를 들어, 상당히 위험 가능성이 큰 연구개발 프로젝트를 수행해야 한다고 하자. 이때 비용초과나 일정지연 등의 위험 가능성에 대처하기 위해 대비책을 마련해놓는 것이다.

● 위험 감시 및 통제

지금까지 우리는 위험관리에 대해 수동적인 방식으로 접근했다. 여러 가지 사전 훈련을 통해서 예기치 않은 부정적인 위험 상황을 예측하기 위해서 노력해왔다. 이것은 '위험 평가(risk assessment)'의 근본적인 성격이다. 우리는 프로젝트 수행 시 위험이 생기면 이에 공격적으로 대응해야 한다. 위험의 감시 및 통제는 즉각적이고 실제적인 접근법을 채택하는 것이다. 즉, 당면한 문제들을 해결하기 위해 노력해야 하며, 취한 조치들이 바람직한지 지속적으로 감시해야 한다.

○ 문서작업의 중요성

　문서작업은 아무리 강조해도 지나치지 않다. 대부분의 기업들은 수많은 데이터를 갖고 있다. 데이터는 각종 업무처리에 대한 값진 통찰력을 제공한다. 한 기업의 근무시간표에는 각종 일정과 예산 등에 대한 데이터가 표현되어 있다. 월례 예산 보고서에는 보다 상세한 예산 데이터가 있다. 여기에는 지출금에 대한 상세 내역이 기록되어 있다. 그리고 기존의 프로젝트 제안서에서는 여러 가지 참고할 만한 내용들을 발견할 수 있다. 프로젝트 시행 이전에 회사가 가능하다고 말했던 내용이나 프로젝트 계약 의무에 관한 상세한 업무 내용, 그리고 실제로 어떤 일이 발생했는지에 대한 사후 설명 등을 알 수 있는 것이다. 기술 관련 문서는 기술 평가 결과를 포함하여 상당히 많은 분량이 문서보관소에 있을 것이다. 물론 프로젝트 참여자 중 책임자급 인사들은 가장 중요하고도 상당히 많은 양의 정보를 관리하고 있다.

　관리자들은 이와 같은 정보들을 처리하는 데 있어 2가지 문제에 봉착한다. 첫째, 그들은 정보의 고유한 가치를 보지 못한다. 그들은 데이터를 여러 사안들을 기록한 문서 뭉치로 취급한다. 따라서 회사의 파일함에

넣고 보관만 하는 것이다. 관리자들은 데이터 분석에 대한 충분한 배경
지식을 가지고 있지 못하다. 따라서 주어진 데이터들을 가치 있는 것으
로 만들 방법에 대해 고민하지 않는다.

둘째, 모든 데이터를 유용한 정보로 변화시키기 위해서는 다음과 같은
문제를 해결해야 한다. 과연 누가 그 일을 할 것인가? 어떤 절차와 단계
를 밟을 것인가? 그리고 어떻게 보고하며, 어떻게 프로젝트 관리에 포함
시킬 것인가? 보기에는 상당히 어려운 문제인 것 같지만 그다지 어려운
것은 아니다. 심지어 예산이 삭감되는 시기에도 이런 문제를 해결할 수
있다. 한 가지 방법으로 지방대학을 활용하면 된다. 이 방법은 비용을 적
게 들이면서도 숙련된 기술을 사용할 수 있다. 근처 기업들은 시간제 아
르바이트로 경제학, 공학, 통계학 및 여타 관련 학과의 대학원생들을 활
용하면 된다. 이 학생들은 이와 같은 업무가 주어졌을 때, 매우 열정적이
고도 능숙하게 처리할 수 있을 것이다.

궁극적으로 문서작업의 최종 목적은 기준선 데이터를 만드는 것이다.
이를 근거로 기업은 각종 업무들을 행할 수 있다. 한 소프트웨어 개발자
가 있다고 하자. 만일 그 개발자가 3주 내에 소프트웨어 모듈을 완성할
수 있다고 약속하면, 우리는 개발자에게 어느 누구도 8주 내에 그 같은
모듈을 완성한 적이 없다는 사실을 보여줄 수 있다. 만일 상급관리 부서
에서 우리 부서의 비용지출을 20% 감축하라는 압력을 가하면, 과거의
모델을 이용해서 그러한 조치가 예산과 일정에 어떠한 결과를 초래하는
지 보여줄 수도 있다. 중요한 것은 과거의 데이터를 수집하고 활용함으
로써 우리가 새로운 환경을 만들 수 있다는 것이다. 즉, 직관에 의한 짐
작이나 근거 없는 추측이 아니라, 충분한 정보를 통한 판단에 근거하여

미래를 예측할 수 있는 환경을 만드는 것이다.

○ 모델링

프로젝트 관리자는 PC의 출현으로 최근까지도 생각할 수 없었던 위험 분석을 수행하게 됐다. 앞에서 이미 말했던 것처럼 컴퓨터화된 PERT/CPM 소프트웨어 패키지의 개발 덕분에, 현재 수행 중인 프로젝트의 통합 스케줄, 예산, 자원관리 요소 등의 산술적 모델을 만들 수 있었다. 모델이 만들어지면, 프로젝트 스태프들은 그 성능을 시험해볼 수 있다. 만약 우리 예산이 10% 삭감된다면 어떻게 되겠는가? 평가 담당자가 일주일 늦게 도착한다면 어떻게 되겠는가? 소프트웨어 개발에 3명의 추가 인원이 허락된다면 어떻게 되겠는가? 이와 같은 질문들은 프로젝트 일정 소프트웨어를 통해서 이미 답을 구할 수 있다.

소프트웨어는 프로젝트 분석가로 하여금 예산, 일정계획, 자원배분 시나리오를 통계학적으로 시뮬레이션할 수 있도록 해주기 때문에 위험관리에 유용하다. 이와 같은 방법으로 몬테칼로 시뮬레이션(Monte Carlo simulation : 불확실한 상황에서 의사결정을 목적으로 만들어진 확률적 시스템) 접근법이 있다. 이 접근법은 도식으로 설명할 수 있다.

	조지		마르타	
	추정 지속시간	표준편차	추정 지속시간	표준편차
샌드위치만들기	10분	3분	10분	1분
짐싸기	6분	2분	6분	0.5분
차에 싣기	4분	2분	4분	0.5분
총 지속시간	20분		20분	
최대 지속시간 (시뮬레이션적용)	31.6분		23.1분	
최소 지속시간 (시뮬레이션적용)	9.4분		16.8분	
총 지속시간의 표준편차	4.3분		1.3분	
상위 25% 지속시간	22.6분		20.7분	

표 4.2 스케줄 시뮬레이션

표 4.2는 조지와 마르타가 피크닉을 준비하는 데 걸리는 시간을 비교한 것이다. 평균적으로 그들의 결과는 같다고 가정한다. 두 사람 모두 샌드위치를 준비하는 데 10분이 걸리고, 준비물을 챙기는 데 6분, 이것들을 차에 싣는 데 4분이 걸렸다. 평균적으로 두 사람은 피크닉을 준비하는 데 20분이 걸린다. 그러나 경험을 통해서 보면, 마르타에 비해 조지가 이런 일들을 준비하는 빈도가 낮다는 것을 알 수 있다. 각각의 작업을 하

는 데 조지의 경우에 표준편차 값이 더 높다.

조지와 마르타의 피크닉 준비작업의 변동성을 종형 곡선으로 그릴 수 있다고 가정해보자. 두 곡선 사이의 유일한 차이점은 표준편차이다. 몬테칼로 시뮬레이션을 적용하면, 두 사람의 행동에 대한 값들은 각자의 종형 곡선에 따라 무작위로 변동할 수 있다. 조지의 경우 표준편차의 값이 마르타에 비해 크기 때문에, 조지의 지속시간은 마르타보다 더 크게 변동할 것이다.

종형 곡선을 통해 알 수 있는 지속시간의 무작위 변동 값들을 가정하면서, 우리는 수많은 가능성의 시나리오들을 만들어낼 수 있다. 이러한 '실험값(experiment)'들의 결과는 표 4.2에 잘 나타나 있다.

조지는 높은 수준의 변동성을 보인다. 즉, 조지가 피크닉 준비를 하는 데 최대 31.6분, 최소 9.4분의 시간이 걸린다는 것을 짐작할 수 있다. 평균적으로는 20분이 걸린다. 이와는 반대로 마르타는 조지에 비해서 상대적으로 변동성이 낮다. 따라서 예측가능성이 높다. 마르타가 피크닉을 준비하는 데는 최대 23.1분, 최소 16.8분이 걸린다. 마찬가지로 평균 소요시간은 20분이다. 결론적으로 마르타보다 조지가 피크닉 준비에 있어서 더 많은 위험성에 노출되어 있는 것이다.

표 4.3은 프로젝트 비용지출에 대해서 몬테칼로 시뮬레이션을 적용한 예이다.

	추정비용 ('최빈 비용'을 기초로 추정)	최적비용	최빈 비용	최악의 비용
설계	$3,500	$3,200	$3,500	$4,500
개발	$36,000	$33,000	$36,000	$42,000
검사	$3,000	$2,800	$3,000	$3,200
생산 (제품수×단위제품 생산비용)	$312,000			
생산제품 수	1,200	1,200	1,200	1,200
단위제품 생산비용	$260	$220	$260	$330
총 비용	$354,500			

시뮬레이션 결과(삼각 분포를 사용하여 임의로 만들어진 숫자를 가정)			
	최적비용	중간비용	최악의 비용
총 비용	$308,114	$367,736	$439,298

총 비용이 375,000달러를 초과할 가능성은 2.6%

표 4.3 비용추정 시뮬레이션

기업의 비용 측정 전문가는 각각의 업무에 대한 비용값을 이용해서 소요비용을 추산한다. 비용 전문가들은 과거의 프로젝트 경험을 검토함으로써 이들 데이터를 수집한다. 이 데이터를 활용하여 그들은 어떤 프로젝트를 수행할 때 필요한 비용이 354,500달러임을 계산하게 된다.

표에서 알 수 있듯이, 실제로 각각의 추정값에는 상당한 변동성이 존재한다. 예를 들어, 설계에 드는 비용은 최소 3,200달러에서 최대 4,500

달러에 이른다. 가장 빈번하게 소요되는 비용은 3,500달러이다. 이 문제에 대해서 우리가 낙관적, 비관적, 현실적인 추정값을 갖고 있다면, 우리는 몬테칼로 시뮬레이션을 활용하여 삼각 분포에 따라 무작위의 추정 데이터들을 만들 수 있다. 표 4.3은 이 작업을 정밀히 수행한 결과이다. 시뮬레이션의 결과는 수천 번의 반복을 거쳐서 우리가 당초에 예상했던 것보다 비용 값이 더 높을 것이라는 사실을 보여준다. 즉 354,500달러였던 것이 367,736달러로 나타난 것이다. 여기서 시뮬레이션 결과를 통해 우리가 기대할 수 있는 비용의 범위가 최소 308,114달러에서 최대 439,298달러에 이른다는 사실을 확인할 수 있다. 또한 시뮬레이션 결과는 총 비용이 375,000달러를 초과할 가능성(21.6%의 가능성)도 충분히 있음을 우리에게 경고하고 있다. 이 시뮬레이션과 관련된 빈도 분포(frequency distribution)는 그림 4.4에 잘 나타나 있다.

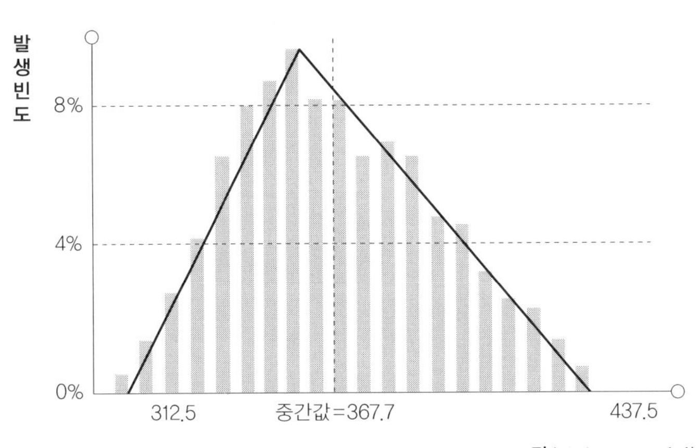

그림 4.4 몬테칼로 시뮬레이션에서 추정한 프로젝트 비용의 빈도 분포

○ 결론

　위험은 도처에 존재하며, 그것은 자연스러운 현상이다. 모든 프로젝트의 수행에 위험이 있었고, 역사적으로도 수천 년 동안 위험을 겪어왔다. 최근에 들어서 정부와 기업들이 위험관리에 광범위한 관심을 보이고 있다. 이처럼 위험에 대해 새롭게 관심을 갖게 된 것은 무질서하고 복잡한 비즈니스 환경 때문이다. 전 세계적인 경쟁이 첨예한 양상을 보이고, 생산품의 수명주기는 점점 짧아지고 있다. 고객들도 그만큼 선택에 있어서 까다로워졌다. 게다가 대기업들은 대대적으로 규모를 축소하고 있다. 어떤 것도 확신을 가질 수 없는 시대가 온 것이다. 이러한 환경에서 사람들이 무질서로부터 질서를 만들어내고자 하는 것은 자연스러운 일이다.

　나는 정보기술의 발달로 인해 위험관리에 대한 관심이 최고조에 달했다고 믿는다. 역사적으로 'Y2K' 문제만큼 위험관리에 대해 관심을 자극했던 사건은 없었다. 1980년대가 시작될 즈음, 전 세계의 정부기관과 기업들은 1999년 달력의 날짜가 바뀌면 컴퓨터에 엄청난 장애가 도래할 것이라고 예견했다. 크고 작은 조직과 단체들은 2000년이 되어 발생될 수 있는 잠재적 문제를 확인하고, 수정할 수 있도록 Y2K 사무용 프로그램을 설치했다.

　소프트웨어의 개발 또한 위험관리에 대한 관심을 불러일으켰다. 프로젝트 관리자들은 일정관리 소프트웨어를 통해 PC상에서 해당 프로젝트의 정교한 모델을 만들고 있다. 과거에는 프로그래머들과 대형컴퓨터의 힘을 활용해야만 했었다. 이제는 프로젝트 모델을 만들면 다양한 작업

조치에 따라 결과의 모든 가능성과 범위를 확인할 수 있다.

우리가 지금까지 살펴본 것처럼, 통계학적 시뮬레이션 소프트웨어는 보통의 프로젝트 스태프의 능력 범위 내에서 몬테칼로 위험분석을 활용할 수 있도록 해준다. 이 장에서 설명한 몬테칼로 시뮬레이션을 실행하기 위해 사용되는 소프트웨어는 적게는 200~500달러면 구입할 수 있다. 그리고 소프트웨어 사용법을 익히는 데 1~2시간이면 충분하다.

오늘날의 위험관리에 대한 관심은 위험분석이 확고한 자리를 차지하고 있다는 사실을 증명한다. 위험의 의미에 대해 이해하고 위험관리를 위해서 지식을 습득하는 것은 오늘날 프로젝트 관리자가 반드시 구비해야 할 필수 아이템이 된 것이다.

4

고객만족 :

고객 정의,
요구사항 파악 및 대응하기

경쟁 시대에서 성공하기 위해서는 고객을 확보해야 한다. 오늘날의 비즈니스에서는 고객만족에 중점을 두고 있다. 고객만족은 전사적 품질관리(TQM), 시장 출시기간의 단축, 기업의 조직 재무비 등 여러 가지 기업 활동에서 요구되고 있다.

이렇듯 고객만족에 대한 관심은 삶의 질을 향상시켰다. 즉, 저렴한 가격에 품질 좋은 생산품을 이용하게 되었고, 서비스도 개선됐다. 그러나 고객만족을 달성하기 위해서 많은 비용이 필요하다. 그렇기 때문에 기업들은 어떻게 사업을 해야 할지 고민해야 한다. 기업이 고객만족에 중점을 두면서 과거의 비즈니스 방식은 점점 무용지물이 되고 있다. 당연히 프로젝트 스태프들도 새로운 방식에 적응하는 데 어려움을 겪고 있다.

고객만족은 새로운 프로젝트 관리에서 수행해야 할 핵심 과제이다. 예 컨대 우리는 고객과 개발자가 한 팀을 이뤄 프로젝트를 수행하는 방식이 증가하는 것을 볼 수 있다. 이런 경향은 1970년 하논 *Hanon*, 크리빈 *Cribbin*, 하이저 *Heiser*가 지은 《Consultative Selling》에서도 확인할 수 있다. 이 책은 기업이 가치를 창출하려면 하드웨어가 아닌 솔루션을 판매해야 한다고 주장한다. 그리고 고객만족을 위해서는 구매자와 판매자가 상호보완적인 파트너십을 형성해야 한다고 덧붙인다. 그러나 기업들은 1980년대가 되어서야 이러한 생각들을 수용하기 시작했다.

고객만족은 우연히 성취되는 것이 아니다. 고객만족은 기존의 업무수행 방식을 개선하려는 노력에 의해서만 달성될 수 있다. 따라서 이 장에서는 프로젝트 수행에서 고객만족을 향상시키는 방법과 절차에 대해서 알아보도록 하겠다.

○ 우리의 고객은 누구인가?

고객만족을 달성하기 위해서는 고객을 명확히 정의해야 한다. 이것은 단순히 '우리의 실질적인 고객은 누구인가?'라는 질문과는 상당한 차이가 있다. 우리는 다양한 고객들을 만나고 그들을 잘 대처해야 한다.

30개의 재고창고에 원활히 드나들 수 있는 시설을 설비한다고 하자. 이 프로젝트에는 다양한 내부 고객들이 존재한다. 우선 프로젝트 팀은 하드웨어 및 소프트웨어 판매사원들의 다양한 요구에 직면하게 된다. 그 밖에 정보시스템 부서, 재무부서, 회계부서, 구매부서, 인사부서, 설비부서, 본사 관리부서 등 다양한 고객들을 만나야 한다.

이러한 내부 고객들은 모두가 서로 다른 이해관계를 갖고 있다. 판매 사원들은 사용법이 간편한 것을 원하고, 회계부서 담당자는 판매 데이터의 통합 및 정리방식에 관심을 가질 것이다. 그리고 인사 담당자는 새로운 시스템의 사용방법에 대한 사내 교육을 가장 우선으로 생각할 것이다. 그 외 다른 부서의 담당자들도 자신이 맡은 직무에서 프로젝트를 바라볼 것이다. 이처럼 고객들은 서로 다른 이해관계를 갖는다. 각자의 입장이 다르기 때문에 견해에도 많은 차이가 생긴다. 예를 들어, 정보시스템 부서는 기능성에 가장 큰 관심을 가질 것이다. 그들은 프로젝트에 최첨단 기술을 적용할 것을 주문할 수밖에 없다. 반면, 판매사원들은 시스템을 편리하게 사용하기를 바랄 것이다.

서로 다른 이해관계를 가진 고객들의 요구가 충돌하기 때문에 문제가 발생한다. 이런 상황에서 고객의 필요와 요구사항을 정의하기는 어렵다. 한 고객의 필요만을 충족시키면, 다른 고객들의 적대감을 불러오기 쉽다. 고객의 요구사항을 성공적으로 정의하기 위해서는 타협과 균형이 필요하다. 그리고 프로젝트 스태프는 특별한 기술과 지식을 갖춰야 하는데, 무엇보다 인적 관리 능력을 발휘해야 한다. 또한 고객단체의 사업에 대한 전체적인 이해력도 필요하다. 그러나 이 기술들은 최근까지도 프로젝트 관리에서 중요하게 다뤄지지 않았다.

고객의 존재를 정의하는 것은 쉽지 않다. 이는 매우 복잡한 문제이다. 왜냐하면 우리는 외부고객 뿐만 아니라 내부고객도 고려해야 하기 때문이다. 예를 들어, 회사에서 사용할 새로운 재무시스템을 개발 중이라고 하자. 이때, 최우선으로 고려해야 할 고객은 회사 내 재무부서이다.

즉 내부고객인 것이다. 내부고객에는 상급자, 팀 내 업무상 관리자들이 있는데, 이들을 신중하게 고려해야 한다.

○ 고객의 기대

'무엇이 고객만족을 가져올 수 있는가?' 내부고객과 외부고객의 만족을 위해서는 이러한 질문을 던져봐야 할 것이다. 여기서 고객만족은 고객의 기대(customer expectation)와 밀접한 연관을 가진다는 사실을 기억해야 한다. 우리가 고객의 기대에 미치지 못하면 고객은 만족을 느끼지 못할 것이다. 그렇다면 고객의 기대란 무엇일까?

첫째, 고객은 구매한 제품이 편리하고 서비스가 친절하기를 바란다. 예를 들어 새롭게 컴퓨터를 구입한 사용자가 있다고 하자. 이 사용자는 사용설명서에 따라서 프로그램을 설치하면 컴퓨터가 원활히 작동되기를 기대한다. 그러나 사용자가 컴퓨터를 켰을 때, 메인보드의 칩셋 *chipset*이 잘못되어 오류메시지가 뜨면 사용자는 당황하게 된다. 이러한 상황은 고객의 불만족을 불러온다.

마찬가지로 새로운 하드웨어 제품에 대한 문서작성 프로젝트가 있다고 하자. 이때 편집자(내부고객)는 문서의 내용이 누락되거나 문장의 오류가 없는 완성된 문서를 바란다. 그런데 문서에 중요한 정보가 누락되어서 재작업을 해야 하거나, 거의 편집이 완료된 문서를 처음부터 다시 재구성해야 하는 상황이라고 하자. 과연 어떤 편집자가 이런 상황을 바라겠는가?

둘째, 고객은 약속시간을 엄수하길 바란다. 정해진 날짜에 프로젝트를 완성하지 못하면 고객은 실망하게 된다. 약속한 날짜보다 하루만 늦어져도 고객의 신뢰를 잃기 쉽다. 비용에 있어서도 추가비용이 발생하면 고객은 실망하게 된다. 그리고 우리가 고객에게 어떤 제품이나 서비스에 따른 수행기준을 세우면 고객은 이 기준이 충실하게 이행되기를 바란다. 아무리 사소한 것이라도 기준에 미달하면 고객은 낙담한다.

셋째, 고객은 상냥하게 대접받기를 원한다. 고객은 프로젝트 스태프가 일의 진행상황을 명확히 알 수 있을 것이라고 기대한다. 그러나 항상 이런 방식으로 일이 진행되지는 않는다. 예를 들어 경험이 풍부한 보일러 설비기술자가 제품을 수리하기 위해서 고객을 찾아갔다고 하자. 그는 부품을 교체하고 제품의 작동을 위해서 애를 썼다. 그런데 제품의 문제는 전원 플러그를 꽂지 않았기 때문이었다. 이런 경우 고객은 설비기술자가 우호적으로 행동해주기를 기대한다. 물론 프로젝트 스태프들의 태도는 프로젝트의 성과 향상과 아무런 관련이 없다. 그러나 고객에게 친절한 태도를 보이지 못하면 그 결과는 고객의 불만족으로 이어진다.

마지막으로 고객은 프로젝트 스태프들이 고객의 필요와 요구사항을 이해하고 이를 효과적으로 처리하기를 기대한다. 프로젝트 스태프들은 고객들이 처한 환경, 제약 요소, 그들이 추구하는 해결책을 이해해야 한다.

정리하면 고객은 우리가 그들의 문제를 줄이기를 기대한다. 그들은 모든 일이 계획에 따라 진행되기를 원한다. 고객만족은 목적을 성취하기 위해서 중요하지만 혼란이나 사고를 피하기 위해서도 중요하다. 고객은 프로젝트 스태프들의 장황한 설명을 원하지 않고, 결과물이 얼마나 만족스러운가에 초점을 맞춘다.

고객의 필요와 요구사항에 대한 이해

고객의 필요와 요구사항을 정확하게 이해하고 세심하게 파악해야 한다. 모든 일은 고객의 필요를 파악하면서 출발한다. 프로젝트의 첫 단계에서 고객의 필요를 정확히 파악하면 프로젝트의 결과물도 고객을 만족시킬 수 있다. 필요는 프로젝트를 수행하는 힘의 원천이다. 한편, 요구사항은 필요를 정확히 이해하는 데서 시작된다. 요구사항은 프로젝트를 계획하는 데 기초가 된다. 물론 요구사항은 고객의 필요에 근거하여 작성된다. 우리는 계획을 세우면서 요구사항을 충족시키기 위해 무슨 일을 해야 할지 단계적으로 고민한다. 이것이 계획의 가장 중요한 기능이다.

프로젝트 수명주기 초기에 문제가 생기면 이는 전체 프로젝트에 영향을 미친다. 고객의 필요와 요구사항을 모르고 세우는 계획은 실패할 가능성이 크다. 즉, 고객의 필요와 요구사항을 정확하게 파악하지 못하면 프로젝트 관리의 노력도 허사가 된다. 결국 고객의 필요와 요구사항에 대해 정확하게 분석하면 프로젝트를 성공적으로 이끌 수 있다.

고객의 필요를 파악하기 위해서는 고객만족 분야의 전문가를 고용해야 한다. 고객의 필요를 정의하는 데는 수많은 함정이 있다. 프로젝트 담당자가 경험이 부족하다면 이런 함정들로 인해 어려움에 빠질 것이다. 결국 이는 고객의 불만족을 초래하고 프로젝트도 실패하고 만다. 그렇다면 유능한 분석가는 어떤 조건을 충족해야 할까? 앞으로는 유능한 필요분석가(needs analyst)의 조건에 대해서 살펴보겠다.

○ 유능한 필요분석가의 조건

필요분석가(needs analyst)로 적합한 몇 명의 후보가 있다. 어떤 인물을 고용할 것인가? 아래의 조건을 살펴보고, 유능한 필요분석가를 뽑아보자.

첫째, 분석가는 고객을 잘 다뤄야 한다. 프로젝트는 고객의 필요에 부응해야 하기 때문이다. 또한 프로젝트 과정에서 고객이 필요로 하는 것을 알아야 한다. 분석가는 말하자면 어느 정도 심리학자가 돼야 한다. 그리고 고객이 가진 불만을 이해해야 한다. 그리고 사회학자일 필요도 있다. 즉, 고객이 처해 있는 사회적 환경을 이해해야 한다.

둘째, 분석가는 정치적인 술수를 겸비해야 한다. 프로젝트의 정치적 관점에서 보면 모든 분석가는 고객들이 동등한 것은 아니라는 사실을 알고 있어야 한다. 어떤 고객이 다른 고객들보다 프로젝트에서 더 큰 중요성을 가지기도 한다. 따라서 분석가는 핵심 고객들의 필요와 요구사항을 파악해야 한다. 물론 다른 고객의 필요에 대한 이해도 중요하다. 그러나 그것은 정치적인 이유로 보류할 수도 있다. 예를 들어, 알파 컴퓨터 사가 컴퓨터 생산 공정을 개선하고자 한다. 이때 필요분석가는 알파 컴퓨터 사의 필요와 요구사항을 정치적인 측면에서 고려해 판단해야 한다. 경쟁사인 베타 컴퓨터 사의 업무 공정을 도입하자고 주장한다면 어떻게 되겠는가? 비록 베타 컴퓨터 사의 방식이 충분한 가치가 있다고 하더라도, 알파 컴퓨터 사의 환경은 경쟁사의 제도를 받아들이지 못할 것이다.

셋째, 분석가는 기술적인 지식도 겸비해야 한다. 고객의 필요를 파악하여 가능한 솔루션을 제시해야 한다. 이를 위해서는 기술적인 문제에 대해 지식이 풍부해야 한다. 즉, 고객의 필요와 요구사항을 정확하고 상세하게 파악하기 위해서는 기술적 지식이 필수적이다.

넷째, 분석가는 사고방식이 개방적이고, 상상력이 풍부해야 한다. 분석가는 좁은 시야 때문에 문제에 대한 솔루션을 외면해서는 안 된다. 풍부한 상상력 또한 중요한 덕목이다. 예를 들어, 상상력이 풍부하면 향후 발생할 수 있는 여러 가지 문제들을 예측하고 추론할 수 있다. 그리고 분석가는 풍부한 상상력을 통해서 문제해결을 위한 창조적인 솔루션을 개발할 수 있다.

다섯째, 모호한 상황에서 관대함을 베풀어야 한다. 일반적으로 고객은 자신이 진정으로 원하는 것이 무엇인지 정확하게 알지 못한다. 따라서 분석가에게 여러 가지 복잡한 신호를 보낸다. 분석가는 고객의 필요와 요구사항을 정확히 파악해야 하기 때문에 복잡한 신호들로 인해 힘겨워한다. 때문에 고객은 분석가를 혼란스럽게 만든다. 그러나 분석가는 고객이 자신의 필요를 정확하게 표현하지 못한다는 사실을 이해해야 할 것이다.

마지막으로 분석가는 논리적이어야 한다. 고객들이 하는 말은 두서가 없는 경우가 많다. 그렇지만 분석가는 그들의 말과 행동을 정확히 이해할 수 있어야 한다. 그리고 고객의 필요가 무엇인지 명확하게 이끌어내야 할 것이다. 곧 고객의 요구사항을 명확하고도 상세하게 정리하는 능력이 필요하다.

이러한 사항들은 프로젝트 스태프들에게는 희망사항일 것이다. 사실 프로젝트 스태프들에게 이 모든 덕목들을 기대하기는 힘들다. 프로젝트 스태프들은 기술중심적 관점으로 고객의 필요와 요구사항을 재해석해 바라보기 때문이다. 그들은 프로젝트 관련 교육과 훈련을 통해 고객의 필요를 기술 중심적으로 다뤄왔다. 항공분야의 전자공학 프로젝트 분석은 전기공학자에 의해 수행되기도 한다. 재무적인 데이터베이스 프로젝트의 경우는 회계사가, 사무자동화 프로젝트는 컴퓨터 과학자가 분석을 하기도 한다.

그러나 이런 사람들은 앞에서 설명한 중요한 조건들을 충족하지 못한 경우가 많다. 지적인 역량뿐만 아니라 기본적인 인적 소양도 부족하다. 따라서기술적인 지식 뿐만 아니라 대인관계, 정치적인 문제, 커뮤니케이션 기술 등도 갖춰야 한다.

<u>황금으로 과대포장된 '필요'</u> (Gold-plating of needs) 이는 고객이 실제로 원하는 것이 600만화소의 디지털 카메라임에도 불구하고 전문가가 1000만화소 이상의 디지털 카메라를 제시하는 경우이다. 기술을 최고로 추구하는 기술자는 오히려 고객의 필요에 대해 간단하고 직접적인 솔루션을 제안하는 것이 어려울 수 있다.

과대포장(gold-plating)을 하는 이유는 전문가적인 자존심과 연관이 있다. 고객의 필요를 잘 아는 시스템 분석가는 솔루션으로 고민하면서 자신의 시간과 능력을 낭비하지 않는다. 하지만 기술력이 좋은 필요 전문가는 종종 자신이 받아왔던 교육과 훈련의 결과를 과대포장하길 원한다. 교육과 훈련과정에서 그들은 항상 최첨단 기술 개발을 접해왔고, 문제해결을 위해 수준 낮은 솔루션을 제시하는 것을 수치로 여기기 때문이다. 따라서 그들은 최첨단 기술에 대한 자부심이 강하다.

<u>필요의 선택적 여과</u>(Selective filtering of needs) 필요의 선택적 여과는 사람들이 자신만의 특정 경험이나 가치 혹은 기술에 따라 사물을 바라보기

때문에 생긴다. 우리는 일상생활에서 이런 일을 자주 겪는다. 심리학자들에 따르면 세계의 정치 지도자들은 자신이 생각한 대로 한다면 세상의 모든 문제가 해결될 것이라고 믿는다고 한다. 예를 들어 공산주의 지도자는 프롤레타리아 계급에게 생산 수단을 양도함으로써 세계의 모든 문제를 해결할 수 있다고 믿는다. 이외에도 수없이 많은 예들이 있다.

필요분석가는 자신의 기준에 따라 고객의 필요를 정의하기 쉽다. 즉, 자신이 갖고 있는 데이터베이스로 모든 문제를 해결하려 한다. 따라서 잘못된 결과를 낳을 수 있다. 이 경우 분석가들은 기술과 지식을 이용하여 고객의 진정한 필요를 자신들의 기준에서 단정짓는다.

<u>오만한 태도</u>(Operating in a patronizing fashion) 프로젝트 스태프들이 고객과 업무를 수행하기란 매우 힘든 일이다. 고객들은 자신이 원하는 것에 대해서 구체적으로 설명하지 못한다. 고객들은 변덕스럽고 비논리적인 경우가 많기 때문에 대인관계에 서툰 프로젝트 스태프는 이 같은 고객에 대해 답답해하면서 고객의 동의 없이 자기 방식대로 일을 처리하기 쉽다. 그러나 이 같은 접근 방식은 고객이 프로젝트의 결과물을 거부하는 결과를 초래할 수 있다. 왜냐하면 고객의 입장은 전문가의 입장과 다르기 때문이다.

○ 필요의 정의 단계

고객의 필요를 정의한다는 것은 어렵다. 이제 프로젝트 스태프가 채택할 수 있는 몇 가지 단계들을 살펴보자. 이 단계들을 차례로 밟아나가면 고객의 필요를 파악하고 정의하는 데 효과적일 것이다. 그럼 고객의 진정한 필요를 정의할 수 있는 단계를 살펴보도록 하자.

● 1단계 : 총체적 맥락에서 현재의 시스템을 이해하라

하드웨어와 소프트웨어의 설계 및 생산 지침들은 첫 번째 단계에서 공통된 입장을 갖고 있다. 즉, 시스템 분석의 1단계는 기존의 시스템에 대한 연구에서 시작돼야 한다는 것이다. 이를 위해서는 현재 시스템의 기능을 정밀하게 이해하고, 시스템 내부의 정보를 확인해야 한다. 그리고 시스템의 투입 요소 및 시스템으로부터의 산출결과들을 정리해야 한다. 즉, 현재의 시스템을 보다 효과적으로 사용하려면 현재 시스템이 어떻게 작동하고 있는지 정확히 알아야 하는 것이다. 따라서 프로젝트 스태프들은 문제의 기술적인 측면에 관심을 갖게 된다.

그러나 1단계는 전통적인 시스템 분석을 넘어서야 한다. 물론 현재 시스템의 기술적 측면을 이해하는 것은 매우 중요한 일이다. 이를 통해서 왜 시스템을 개선해야 하는지 고객을 이해시킬 수 있기 때문이다. 그러나 필요분석 전문가는 문제에 대해서 단순한 기술적인 검토를 넘어서 그 이상을 완수해야 한다. 즉, 모든 맥락을 고려해서 현재 시스템을 이해할 수 있어야 한다. 시스템이 작동하는 환경은 어떠한가? 이 문제에 이해관계를 가진 사람은 누구인가? 정치적 환경은 어떠한가? 혹시 드러나지 않은 문제는 없는가? 이런 식의 문제에 대한 이해가 부족하면, 필요분석가는 근시안적으로 고객만족의 문제를 바라보게 될 것이다.

● 2단계 : 다양한 고객을 파악하고 우선순위를 매겨라

1단계를 통해서 필요분석가는 고객이 프로젝트의 영향을 받고, 프로젝트 결과물에 대해 이해관계를 갖는다는 것을 알았다. 프로젝트 팀에 여러 명의 개인이 있는 것처럼 고객도 다양한 행위자들이 있다. 따라서 필요분석가는 1단계를 수행하고 몇몇 주요 인물들의 목록을 만들어야 한다.

2단계에서 분석가는 이해관계를 가진 집단의 목록을 세밀하게 작성하고, 그들이 가진 이해관계의 특성을 정의해야 한다. 분석가는 프로젝트 과정 및 결과에 중요한 영향력을 행사할 수 있는 인물들을 특별히 관리해야 한다. 물론 아무런 행동도 하지 않는 사람이 프로젝트에 영향력을 행사한다면 그 인물도 목록에 포함시켜 관리해야 할 것이다. 그리고 추려낸 개별 행위자들도 각기 다른 이해관계를 가지고 있음을 알아야 한다. 때로는 이들의 이해관계가 서로 교차하기도 한다. 이때 필요분석가는 다양한 이해관계들을 분류해야 하며, 상충하는 이해관계 사이에서 우선순위를 정해야 한다.

그리고 프로젝트의 결과물은 정해진 고객에게만 제공되는 것이 아니라, 공개된 시장에서의 판매를 위한 것이므로 2단계에서 시장 조사를 해야 한다. 그러므로 고객의 선호를 상세하게 검토해야 할 것이다.

● 3단계 : 고객의 필요 정의를 위한 태스크포스 팀(Task Force Team, TFT)를 소집하라

필요분석가는 1단계와 2단계를 거치면서 고객과 고객의 이해관계, 문제의 기술적 측면에 대해 대략적으로 알게 된다. 이 정보는 인터뷰, 관찰, 조직의 절차 및 과정에 대한 검토를 통해서 얻을 수 있다. 분석가들은 고객의 필요를 신중하게 정의하면서 기능적인 요구사항을 활용할 준비를 한다.

그러나 이 시점에서 고객의 필요에 대해 정의하기는 어렵다. 왜냐하면 프로젝트 관리의 가장 큰 목적은 고객을 만족시키는 결과물을 만드는 데 있기 때문이다. 고객이 결과물에 대해서 만족하기 위해서는 고객의 참여가 필요하다. 고객이 직접 자신의 필요를 정의하는 과정에 참여해야 한다. 서로 다른 이해관계를 가진 고객들을 모아서 TFT를 소집하면 가장 효과적인 방법이 될 것이다. 예를 들어, 사무자동화 프로젝트를 수행한다고 하자. 이때 TFT를 만들면 비서, 관리자, 현장 전문가, 정보기술 전문가 등을 소집하여 각 분야의 대표성을 확보할 수 있다.

TFT는 3가지 방법에서 필요분석을 강화할 수 있다. 첫째, TFT는 각각 다른 분야의 대표성을 가진 사람들로 구성되기 때문에, 아이디어의 상호 교류가 가능하다. 따라서 한두 사람이 검토해서 결정하는 것보다는 여러 사람의 아이디어가 모인 결과가 더 큰 설득력을 갖는다.

둘째, TFT를 통해 각각의 다른 이해관계를 가진 고객들이 의견을 주고받고 합의에 도달한다. 즉, 고객 스스로 자신의 필요에 대해 합의를 하는 것이다. 이것은 필요분석가의 짐을 덜어준다. 즉, 분석가가 고객의 필요를 결정하는 것이 아니라 고객 스스로 필요에 대해 결정권을 갖기 때문이다. 게다가 여러 명이 합의를 통해서 결정하는 것이 보다 객관적이다.

셋째, TFT에 참여한 고객들은 필요를 정의하는 과정에 참여하기 때문에, 실제로 해당 프로젝트 업무에 참여하는 것이나 다름없다. 고객은 프로젝트 스태프와 협력관계를 형성할 것이며, 최종적인 결과물에 대해서도 더 큰 만족을 얻을 것이다.

● 4단계 : 고객을 교육하라

일반적으로 고객은 자신이 무엇을 원하는지 정확하게 알지 못한다. 필요분석가는 고객이 자신의 필요사항을 정확하게 인식하도록 돕는다. 이를 위해서 필요분석가는 고객을 교육해야 한다. 고객을 교육하면 필요분석과정을 효율적으로 진행할 수 있다. 교육에는 고객이 알아야 할 기술적인 문제에 관해서도 포함시켜야 한다. 그렇다면 고객에게 교육해야 할 주제는 무엇이 있는가? 그리고 어떤 종류의 결과물을 개발해야 하는가? 이에 대한 제약은 없는가?

프로젝트 관리의 기본원칙을 고객들에게 교육한다면 매우 유용할 것이다. 그렇다면 고객들은 자신의 만족을 위해서 어떤 일들이 추진되는지 잘 이해할 수 있다. 여기서 필요분석가가 고객에게 설명해야 할 사항이 있다. 즉, 고객의 필요는 필연적으로 변화하는데, 이 변화를 수용하기 위해서는 노력과 인내가 필요하다. 고객이 자신들의 변화된 요구가 프로젝트에 미치는 영향을 이해하면 신중하게 자신의 필요를 정의할 것이다. 또한 프로젝트 수행과정에서 혼란을 초래하지 않도록 최선을 다해야 한다.

요구사항에 대한 고객의 반응

고객의 요구사항을 파악하는 것은 단지 필요분석가의 몫이 아니다. 그것은 필요분석가와 고객의 상호보완적인 관계를 통해 달성할 수 있다. 양자간 협력이 없다면 고객의 요구사항을 파악하고 정의하기 어렵다. 고객은 자신의 필요를 반영할 수 있도록 최선을 다해야 한다. 고객은 요구를 정의하는 과정에서 상당한 기여를 할 수 있다. 예를 들어, 고객은 요구사항에 대한 의견과 고객 자신의 업무수행 방식을 문서로 작성할 수 있다.

고객의 구체적인 기여방식이 상황에 따라 다르지만 고객은 2가지를 염두에 두어야 한다. 첫째, 고객은 그들의 한계를 알고, 그 한계가 자연스러운 것이며 결코 약점을 반영하는 것이 아님을 알아야 한다. 그런데 이런 사실을 모르는 경우가 많다. 일반적으로 고객은 자신이 원하는 것이 무엇인지 알지 못한다. 그리고 자신의 필요를 알아내는 방법이나 기술에 대해서도 알지 못한다. 그리고 대안적인 솔루션들이나 그에 따른 예상 결과도 알지 못하고, 결과물을 어떻게 설계하고 운용해야 하는지도 알지 못한다. 그러나 고객은 필요의 정의과정을 통해 나타난 결과가 자신의 필요를 반영한 것인지 궁금해한다. 이때 필요분석가가 고객의 필요를 적절한 용어로 정리하면 고객의 필요 및 요구사항과 관련된 사항들이 프로젝트에서 나타난다.

둘째, 고객은 프로젝트 관리과정이 거대한 타협의 과정이라는 점을 알아야 한다. 최초에 고객의 필요를 파악하는 단계부터 최종 결과에 대한 보고서를 작성하기까지 모든 과정에서 타협이 일어난다. 어떤 고객의 요구사항이 프로젝트를 통해 완벽하게 충족되지는 못할 것이다. 왜냐하면 프로젝트에 관련된 고객들은 다수이기 때문이다. 더군다나 서로 다른 고객들 간에는 이해관계가 대립하기 때문에 그에 따른 타협이 이뤄져야 한다. 모든 프로젝트는 자원과 시간의 한계를 갖는다. 따라서 고객의 필요를 정밀하게 파악하려면 예산과 일정을 잘 계획해야 한다. 따라서 고객은 유용한 결과를 얻고자 한다면 타협이 필연적인 현실을 수용하고 이해해야 할 것이다.

○ 고객만족 달성을 위한 노력

고객만족을 달성하기 위해서는 지속적이고 의식적으로 노력해야 한다. 고객만족은 우연히 이룰 수 있는 것이 아니다. 조직 전체가 이 문제에 관심을 갖고 노력해야 한다. 고객만족이 중심이 되는 환경을 만들려면 프로젝트 스태프가 특별히 노력해야 할 것이다. 즉, 고객의 관심사항에 대해 즉각적이고도 신속하게 대응해야 한다. 최고 관리자도 일선 프로젝트 직원들과 의사결정 권한을 공유해야 할 것이다. 그리고 회계시스템도 일선의 의사결정자들의 노력을 지원해야 할 것이다. 그 밖에도 여러 가지 방식들이 변화해야 한다.

고객만족을 실현하기 위해서는 5가지 접근이 시도되어야 한다. 첫째, 기업의 문화가 바뀌어야 한다. 즉, 기업 내 고객중심적인 접근을 지원할 수 있는 문화가 정착돼야 한다. 구시대의 방식을 버리고 새로운 방식을 도입해야 한다. 기업의 문화를 변화시키는 과정에서 변화는 단순히 태도를 바꾸는 것 이상임을 기억해야 한다. 기업은 비즈니스 방식을 바꾸고 재구성하면서 고객지원 시스템이 효과적으로 개발되고 운영되도록 해야 한다. 한편 프로젝트 관리자나 프로젝트 스태프들에게 실제적인 권한이 부여돼야 한다. 즉, 일선에서 고객과 직접 대면하도록 재량권을 주어야 할 것이다. 그러면 고객만족에 필요한 조치를 보다 신속하게 취할 수 있다.

둘째, 프로젝트에 모든 노력을 아끼지 말아야 한다. 오늘날의 삶은 변화의 위험으로 가득 차 있다. 제품의 수명주기는 겨우 몇 달 밖에 되지 않고, 환율도 시시때때로 변동한다. 인력의 이동도 그 어느 때보다 빈번해졌다. 그 밖에도 변화의 모습을 곳곳에서 발견할 수 있다. 변화를 통제하지 못하면 프로젝트의 성공은 불가능하다. 프로젝트에서 발생하는 변화의 원인에는 고객의 심적 변화도 포함된다. 즉, 그들이 원하는 바가 변하는 것이다. 또는 기존의 우선순위가 바뀌기도 하고, 경쟁사가 새로운 상품을 개발함으로써 지금까지의 노력이 수포로 돌아갈 수도 있다. 그리고 마케팅, 설계, 프로토타이핑, 생산, 고객에게 인도, 사후 관리 등의 과정에서 프로젝트 결과물에 대한 요구사항이 재해석되는 경우도 발생한다.

셋째, 회사는 프로젝트를 '총체적 수명주기'의 관점에서 봐야 한다. 말하자면 프로젝트의 개시부터 종료 이후의 유지보수단계까지 고려하는 것이다. 프로젝트는 고객이 필요로 하는 것을 파악하는 것에서 시작된다. 프로젝트의 가장 큰 목적은 고객의 필요를 충족시키는 데 있다. 프로젝트의 결과물을 고객에게 전달하는 것이 프로젝트 상황의 종료가 아니라는 것을 인식해야 한다. 고객은 결과물의 사용법을 알아야 하며, 이후에도 결과물이 제대로 작동하는지 살펴야 한다. 프로젝트 스태프는 고객에게 제공한 최종 결과물이 유지보수에는 문제가 없는지 지켜봐야 한다. 고객에게 결과물을 인도하는 것으로 모든 과정이 끝나지 않는다. 프로젝트의 수명주기는 연장되는 것이다.

넷째, 메커니즘이 고객만족을 확보할 수 있도록 수립돼야 한다. 이것은 방법과 절차를 개발하는 일이다. 그래서 부주의나 절차상의 문제로 인해 고객의 감정이 상하지 않도록 해야 한다.

다섯째, 프로젝트 스태프의 역량을 향상시키기 위해서는 가능한 모든 조치가 이뤄져야 한다. 이를 위해서 스태프의 역할에 대한 새로운 시각이 필요하다. 과거에는 프로젝트 스태프를 단순한 작업수행자로 바라보았다. 프로젝트 스태프는 실제 계획 수립에서 어떤 역할이나 영향력을 갖지 못했다. 즉, 프로젝트 스태프는 자신의 역할을 수행하기 위해서 정교한 기술이나 광범위한 지식을 갖고 있지 않아도 되었다. 기본적인 일정에 대해 알고, 계획을 진행시킬 기술적인 능력만 가지고 있어도 되었다. 때문에 전통적인 프로젝트 관리는 일정계획 기법에 치우친 경향이 강했다. 즉, 갠트차트나 PERT/CPM 네트워크에 대한 교육이 주를 이루었다.

그러나 고객중심적인 시각을 갖게 되면서 프로젝트 스태프의 역할은 급격한 변화를 겪었다. 이제 프로젝트 스태프들은 단순한 업무의 수행자가 아니다. 다른 사람이 만들어놓은 계획을 충실히 이행하기만 하는 역할에서 벗어나서 고객의 요구사항에 대해서 신속하고 효과적으로 대응해야 한다. 이를 위해서 프로젝트 스태프의 역할은 독립적인 소기업처럼 되어야 한다. 자신의 고객을 만족시키고 자신의 수익성을 확보하는 것이다. 따라서 프로젝트 스태프는 기본적인 비즈니스의 개념을 숙지해야 한다. 예를 들면, 기회비용, 시간의 화폐적 가치, 수익 비용의 원칙 등이 있다.

이제 5가지 논점에 대해서 보다 심도 깊은 논의를 해보자.

● 논점1 : 기업 문화의 혁신

기업 문화는 매우 중요한 개념이다. 기업 문화는 그 기업이 할 수 있는 일의 범위를 한정시킨다. 만약 기업 문화의 저변에 '과거 영광으로의 회귀'라든가 '새로운 것에 대한 적개심'이 깔려 있다면, 기업 문화를 변화시키고자 하는 노력은 수포로 돌아갈 가능성이 높다. 또한 기업 문화에 특권 의식을 수호하고자 한다면, 수평적인 분위기를 이루는 것은 매우 어렵다. 그리고 기술 중심적인 문화가 형성되어 있다면 고객의 필요와 요구사항은 간과되기 쉽다.

최근 들어 기업 문화에 대한 이해와 변화에 대한 관심이 증폭됐다. 기업의 문화를 바꾸어서 경쟁적인 환경에서 생존하고 발전할 수 있도록 해야 한다는 목소리가 높아진 것이다. 그리고 기업 문화의 변화에 관한 행동지침이 생겨났다. 이런 지침들은 새로운 방향을 원하는 사람들이 제시한 것이다. 대부분의 경우 이런 지침들은 유용하다. 행동 지침에 대한 세부사항이 사람에 따라 다소 차이는 있지만, 기본적인 원칙은 동일하다. 즉, 기업 문화의 방향이 수평적 구조를 지향하고 민주적인 활동을 지원하는 방향으로 가야 한다는 것이다. 그러기 위해선 일선 직원들에게 권한을 부여하고, 고객만족을 최우선으로 여기도록 해야 한다. 그리고 제품과 서비스를 신속하게 제공하고, 외부에 대해 개방적인 태도를 취하며 아웃소싱이나 전략적 제휴관계 형성에 효과적으로 대응해야 한다.

실로 수많은 경영 관련 책자들에서 기업 문화의 혁신을 강조한다. 실제 기업의 이사회에서도 기업 문화의 변화에 대해서 빈번히 논의하곤 한다. 그러나 프로젝트 관리에서는 이 문제에 대한 논의가 제대로 이뤄지지 않고 있다. 기업 문화가 프로젝트의 수행과정에 미치는 영향은 과연 어떠한가? 문화적인 측면이 프로젝트 수행을 어떻게 지원하는가? 이 같은 질문은 기업 문화의 속성을 이해하면 답을 얻을 수 있다. 다음에서는 기업 문화가 갖는 특징에 대해서 살펴보자.

가치를 중심에 두어라. '가치(value)'는 프로젝트 수행자들이 자주 사용하는 단어이다. 프로젝트의 목적을 달성하기 위한 여러 대안들 중에서 어떤 것을 선택할지 결정해야 하는 상황이라면 이는 프로젝트의 대안이 회사에 도움이 되는지, 구체적인 강점은 무엇인지 고려하는 것이다. 예를 들어 프로젝트 수행에 필요한 부품을 선정한다고 하자. 이때 프로젝트 스태프들이 주로 고려하는 것은 가격이 아니라 품질과 기능성이다. 이는 고객만족을 고려한 것이다. 마찬가지로 결과물을 위한 설계, 재료, 기능 등을 선정할 때에도 그 기준은 고객만족에 있어야 한다. 여러 가지 선택 가능한 대안들 중에서 무엇이 결과물의 가치를 높이고 고객만족을 높일지가 핵심적인 판단 기준이 된다. 결국 가치를 높일 수 있는 것이 채택되는 것이다.

기업의 의사결정자는 판단을 내릴 때 여러 가지 요소들을 고려해야 한다. 가격만을 고려하거나 기능성만을 고려해서는 안 된다. 이 2가지 요소를 모두 고려해야 한다. 그리고 결과물의 외형 및 기대수명, 전체적인 성능도 고려해야 할 것이다. 요컨대, 기업이 의사결정 시 가치를 중심에 두면 그것은 곧 품질을 중요시하는 것이나 다름없다. 다행히도 오늘날 많은 기업에서 가치와 품질을 동일한 개념으로 인식하고 있다.

역발상을 장려하라. 2장에서 다루었던 것처럼, 찰스 핸디 *Charles Handy* 는 오늘날의 기업과 정부 및 다른 조직에서 역발상이 필요하다고 주장했다. 과거는 미래를 위한 매우 훌륭한 지침이 된다. 경험을 통해서 문제에 대해 해결책을 찾을 수 있다. 그러나 오늘날의 혼란에서 기존의 관습을 따르거나 과거의 방식을 고수하는 것은 위험하다. 역발상을 통해 우리는 서로 다른 생각을 갖고 경쟁한다. 이제는 기업들이 역발상을 장려하고, 종업원들이 새로운 문제에 대해 자극받고 도전할 수 있도록 환경을 조성해야 할 것이다.

전 조직이 권력을 공유하라. 모든 직원들이 의사결정의 권한을 갖고 있어야 한다. 전통적인 위계질서를 유지하면 오늘날의 변화된 환경에서 생존할 수 없다. 수평적인 구조를 지향하는 시대에 과거의 수직적인 구조를 유지하는 것은 위험하다. 최고 경영자들이 모든 권한을 가지면 그들은 모든 문제에 대해서도 해결책을 제시해야 한다. 과거에는 최고 관리자가 대부분의 문제에 대해 답을 제시했다. 그러나 현재는 어느 누구도 완벽한 답을 낼 수 없다. 다만 특정 문제에 대해서 해답의 일부분만을 알고 있을 뿐이다. 흥미로운 사실은 오늘날은 일선 현장에서 일하는 직원들이 최고 경영자들보다 정보에 더 밝다는 것이다. 그들은 급속히 변화하는 상황에서 가장 먼저 정보를 접하기 때문이다.

프로젝트 관리자에게 권한을 부여하는 것도 중요하다. 지금까지도 프로젝트 관리자들에게는 책임만 강요되어 있을 뿐, 그에 상응하는 권한은 부여되지 않고 있다. 그들은 자신의 업무에 필요한 자원을 갖고 있지 않다. 업무에 필요한 자원은 다른 부서를 통해서 얻을 뿐이다. 즉, 정보시스템 담당자는 데이터처리 부서, 설계 기술자는 설계 담당부서, 편집자는 미디어 부서에서 수급해야만 하는 상황이다. 무엇보다 프로젝트를 선정하고 계획할 때 프로젝트 관리자에게 주어지는 권한이 없다는 것이 가장 큰 문제이다. 구체적으로 수익-비용에 대한 권한도 없고, 성공적인 업무수행을 위한 기술이나 정보도 차단되어 있다. 여기에는 잦은 인사이동으로 인한 업무의 공백도 꼽을 수 있다.

장기적인 안목을 가져라. 변화가 급속하게 일어나면 단기적인 시각으로 사태를 인식하고 판단하는 경우가 많다. 변화는 불확실성을 초래한다. 변화는 단기적으로 불확실성이 줄어드는 것처럼 보이게 한다. 그러나 이런 태도는 옳지 못하다. 지금까지 훌륭한 성공 사례들은 오랜 기간의 준비와 실행을 거쳐서 가능했던 것이다. 즉, 장기적인 안목이 기초가 된 것이다. 아주 간단한 도시계획 프로젝트를 수행하는 데도 5~10년의 시간이 소요된다. 이는 나무나 관목이 하루아침에 자라지 않는 것과 같은 이치이다. 도시 재개발 계획은 10년에서 20년을 준비해야 한다. 1961년 케네디 대통령은 인간을 달에 보내는 계획을 발표했을 때, 그 프로젝트의 목표 시점을 1960년대 말로 잡았다.

프로젝트 관리에서도 마찬가지이다. 도처에 단기적인 안목을 장려하는 요소들이 존재한다. 예를 들어 기업의 회계담당자들은 판매영업에 관심을 갖고 있다. 프로젝트 계약이 이뤄지면 그는 다른 계약의 성사를 위한 기회를 찾는다. 프로젝트 스태프가 고객에게 실행할 수 없는 사항을 약속했다 하더라도 그들은 이 문제에 책임지지 않는다. 한편 미국 기업들에서는 잦은 인사이동 때문에 단기적인 안목을 은연중에 강요한다. 대부분의 프로젝트에서 적어도 한 사람의 핵심 인물은 6개월이나 9개월 동안 자리를 지켜야 한다. 그 사람은 프로젝트 관리자일 수도 있고, 프로젝트 후원자일 수도 있다. 그리고 CEO나 조달부문 책임자 혹은 고객단체의 핵심인물일 수도 있다. 인사이동은 진행 중인 프로젝트에 시간 및 비용의 초과를 야기할 수 있다. 때문에 장기적인 안목으로 상황을 고려해야 한다.

결국 기업 문화는 장기적인 안목으로 접근해야 한다. 단기적인 결과만을 쫓는 태도를 지양해야 한다. 그리고 기업은 장기적인 이익의 실현을 위해서 사람들에게 포상금을 지급하면 좋을 것이다.

고객중심적 관점에서 바라보라. 고객만족을 최우선으로 여기는 기업 문화를 만들어야 한다. 고객만족이 최상의 목표이고, 모든 의사결정은 고객에게 미치는 효과 및 영향 등을 고려하여 이뤄져야 한다.

이 같은 고객중심적 사고방식을 수용하면 프로젝트 관리도 새로운 의미를 가진다. 전통적인 방식에서 프로젝트의 성공은 정해진 일정과 예산 내에서 요구조건을 충족시키는 것으로 좌우됐다. 그러나 이제는 프로젝트의 성공은 고객만족에 있다. 즉, 고객이 만족할 수 있는 결과물을 생산하는 것이 프로젝트의 성공을 좌우한다. 전통적인 관점에서는 제외했던 프로젝트 수명주기 단계가 포함돼야 한다. 즉, 개념(concept)과 종료(closeout)의 수명주기 단계는 오늘날에 무엇보다도 중요하게 평가된다. 그런데 고객의 필요에 대한 정의가 이뤄지는 것이 바로 개념 단계이다. 프로젝트의 진행에서 취해지는 일련의 조치나 업무는 모두 고객의 필요에 부합하도록 이뤄져야 한다. 여기서 종료도 중요한 단계이다. 종료 단계에서 프로젝트 팀은 결과물을 고객에게 전달한다. 결과물이 고객을 만족시키는지 여부를 판단할 수 있는 단계가 바로 이때이다. 즉, 프로젝트의 진실성이 판가름나는 것이다.

고객중심의 문화는 고객에 대한 새로운 태도를 요구한다. 업무수행을 재촉하는 고객을 귀찮게 여기면 안 된다. 기술적인 문제에 대한 고객의 요구사항들이 이치에 맞지 않더라도 이해해야 한다. 자신의 필요나 요구사항을 명확하게 한정하지 못한다고 해서, 고객이 변덕스럽다고 불만을 가져서는 안 된다. 고객을 대응하는 대상이 아니라 프로젝트를 행하는 파트너로 봐야 한다. 사실 고객이야말로 자신의 필요와 요구사항에 대한 전문가이다. 프로젝트 팀과 고객이 함께 노력하여 필요와 요구사항을 찾고 파악해야 한다. 그리고 궁극적으로는 고객을 만족시킬 결과물을 만들어야 할 것이다.

● 논점2 : 불안정성

미국 연방정부의 프로젝트는 비용초과나 일정지연 등으로 예산의 불안정성을 겪는다. 주요한 프로젝트는 수년에 걸쳐 진행되지만, 의회에서 예산심의가 매년 이뤄지고, 그때마다 예산이 지급된다. 그러나 해가 지나면 의회의 우선순위도 바뀌는데, 무엇보다 예산이 불안정하다는 문제가 생긴다.

여기에서 변화의 가장 큰 원인은 정기적인 선거 및 선출에 있다. 미국에서 하원의원은 2년, 상원의원은 6년, 대통령은 4년마다 새로 선출된다. 매번 선거가 치러질 때마다 해당 프로젝트의 예산에 대해 의회의 입장이 바뀔 수 있다. 왜냐하면 예산에 책임을 지는 의원들의 구성이 변하지는 않더라도 정치적인 분위기가 변해서 의원들의 태도가 달라질 수 있기 때문이다. 만약 이번 해에 국방 문제가 주요 정치 문제로 부각되면 의회의 의원들은 앞 다투어 국방 관련 프로젝트에 예산투자를 요구할 것이다. 한편 다음 해에 정부의 예산 부족이 주요 문제로 부각되면 국방 프로젝트에 투여되는 예산은 대폭 삭감될 것이다. 그렇게 되면 정부 프로젝트를 수행 중이던 기관은 주요 인력을 해고하고, 설비의 가동도 중지시킬 것이다. 또, 다음 해에 국제 분쟁이 발생하여 국방 문제가 제기되면 예산의 상당 부분이 기존 국방 프로젝트 계약자에게로 할당될 것이다. 인력을 재고용하고 설비를 재가동하는 데 드는 비용도 상당할 것이다. 당초에 계획했던 프로젝트 일정은 당연히 맞출 수 없다. 즉, 비용초과와 일정지연이 생긴 것이다.

프로젝트에 혼란을 초래할 수 있는 예산 불안정성에 대해 이해하기 위해서는 연방정부가 향후 5년간을 일어날 일들을 고려해야 한다. 5년이면 세 차례의 의원 선거와 두 차례의 대통령 선거가 행해진다.

민간 부문에서도 불안정성이 발생할 가능성이 존재한다. CEO와 COO, 부사장, CFO 및 여타 다른 관리직 임원들 등의 고위급 수준에서도 중요한 변동이 발생한다. 현장의 프로젝트에서도 핵심 행위자가 책임을 회피할 때가 많다. 프로젝트 관리자가 인사이동으로 인해 다른 곳으로 발령이 나거나, 기술 전문가가 더 나은 회사로 이직하기도 한다. 또

구조조정으로 인해 수행 중인 프로젝트를 다른 부서로 옮기거나, 인수 및 합병으로 새로운 부문이나 조직이 생겨나기도 한다. 이러한 현상은 프로젝트를 수행하는 개발 회사나 고객집단 모두에서 발생한다. 이와 같은 불안정성은 비용의 초과를 초래할 뿐만 아니라 프로젝트 결과물도 불완전하게 만든다.

프로젝트의 불안정성을 일으키는 원인으로 행위자의 변화만 있는 것이 아니다. 다른 요인들도 다수 존재한다. 예를 들어, 최저입찰제를 선택하는 회사의 구매정책으로 인해서 물품 공급자가 계속해서 변한다. 이번 해에 최저입찰로 물품을 공급하던 협력업체가 있더라도 내년에 다른 업체가 최저가를 제시하면 업체를 바꿀 수밖에 없다. 또, 대금 지급이 프로젝트 계획에 따른 일정과는 상관없이 회계 담당자의 편의에 맞게 조정되기도 한다. 프로젝트의 수명주기 동안에 수행 주체가 빈번하게 바뀌면 프로젝트의 요구조건을 재해석해야 하는 오류가 생긴다. 인플레이션, 기존 시장에서 새로운 경쟁사의 등장, 새로운 기술의 출현 등 환경의 변화도 프로젝트의 재해석을 필요로 한다. 그 외에도 여러 가지 요인들이 있다. 효과적인 프로젝트 관리를 위해서 프로젝트 팀은 이 같은 불안정성의 요인들에 적극적으로 대응할 수 있는 능력을 키워야 한다.

● 논점3 : 수명주기에 대한 인식

많은 프로젝트들은 단편적인 접근법으로 인해 혼란을 겪는다. 프로젝트 스태프는 실제 프로젝트 설계자가 아니다. 프로젝트를 계획하는 사람은 프로젝트 수행에 책임을 지지 않는다. 또 프로젝트 이후 결과물의 사용 및 유지보수에 책임을 지고 있는 사람은 프로젝트의 수행과정에 참여하지 않는다. 이러한 현실은 113명의 프로젝트 전문가를 대상으로 한 조사 연구에서 드러났다. 나는 그들에게 프로젝트 수명주기의 5단계에 실제로 그들이 어느 정도 참여를 했는지 질문했다. 그들 중 32%는 두 단계에 참여했다고 답했다. 전체 단계 모두에 참여해서 작업했다고 응답한 사람은 20%였다. 그리고 29%만이 개시 단계에 참여했다고 응답했다. 이것은 프로젝트 초기에는 어떠한 영향력도 행사하지 못했지만 프로젝트 수행에는 책임을 지고 있다는 것을 의미한다.

이 같은 상황에서 프로젝트 수행과정에 불연속성이 나타나는 것은 어쩌면 자연스러운 일일 것이다. 프로젝트가 한 가지 목적을 향해 일관성 있게 진행되도록 하는 힘은 존재하지 않는다. 실제로 많은 분열이 일어난다. 프로젝트의 수명주기가 진행되는 과정에서 서로 다른 행위자들이 각각 중요하다고 생각하는 문제를 추구하는 것이 분열의 전형적인 모습니다. 이러한 분열은 변화와 불안을 낳는다. 이때 우리는 투입된 것과는 상관없는 것이 결과로 나온다는 사실을 알 수 있다. 여기에 위험성이 있다. 즉, 프로젝트의 결과물이 고객의 필요와 요구사항을 만족시키지 못한다는 것이다. 그리고 다른 행위자가 등장하여 자신의 요구사항에 부합하도록 기존의 설계를 변경하면 프로젝트 최초의 설계는 짜깁기식이 된다. 즉, 프로젝트의 기준선이 변하기 때문에 비용이 초과되고 일정이 지연되기 쉽다.

효과적인 프로젝트 관리를 위해서는 수명주기 전체를 조망해야 한다. 프로젝트는 한 부분만을 보지 말고 전 과정을 바라봐야 한다는 것이다. 이런 시각을 유지하는 것은 상당히 중요하다. 설계에 따라 만든 결과물은 작동에 문제가 없을 것이며 향후 유지보수에도 용이할 것이다. 또 프로젝트 수명주기의 어떤 단계에서도 당초의 요구조건은 변동 없이 일관되게 유지될 것이다. 그리고 프로젝트 전반에 걸쳐서 핵심적 역할을 수행하는 행위자는 부분뿐만 아니라 전체를 보고 업무에 임하게 될 것이다.

수명주기에 접근하고 실행에 옮기는 것은 쉽지 않다. 앞서 이 장에서 살펴보았듯이 업무과정에는 여러 가지 분열이 존재할 수밖에 없다. 여기에는 인사이동 및 교체, 최저가격입찰 조달 시스템, 환경의 역동성 등이 포함된다.

● 논점4 : 고객만족의 방법 및 절차 수립

프로젝트는 복잡한 작업수행 과정이다. 프로젝트는 서로 다른 구성요소들이 상호 관련되어 있다. 그래서 어느 한 부분이 실패하면 다른 부분에도 영향을 미친다. 한편 프로젝트에 필요한 자원은 자체 조달하는 것이 아니라 빌리는 경우가 많다. 따라서 필요할 때 조달할 수 없는 경우가 자주 발생한다. 즉, 책임 소재가 모호하며 각자 자신의 이해관계를 가진 주요 행위자들이 서로의 목적만을 추구하기 위해서 분열이 생긴다.

이런 상황은 오류와 결점이 많다. 또한 위험 요소가 도처에 있기 때문에 프로젝트의 의도도 어긋나고, 당초 약속한 사항들도 지키지 못할 수 있다. 이에 고객은 시간이 지날수록 실망하고 낙담하게 된다.

프로젝트 수행과정에서 무질서를 경계해야 한다. 방법과 절차를 신중하게 도입하면 무질서를 극복할 수 있다. 이는 'M&P(Methods and Procedures) 문서'라고 하는 문건에 방법과 절차가 잘 나타나 있다. 또 절차에 따른 이용 규칙도 기술되어 있다. 모든 행위자는 조직 내 지위나 전문 기술 분야에 관계없이 규칙을 따라야 한다. 따라서 이 규칙은 프로젝트를 수행할 때 연속성과 일관성을 확보할 수 있는 중요한 수단이 된다.

방법과 절차의 중요성은 2가지 주요한 품질 보증 규정에 잘 나타나 있다. 하나는 ISO 9000이며, 다른 하나는 역량 성숙도 모델(The Capability Maturity Model, CMM)이다. CMM은 정보시스템 개발, 구축, 활용능력의 성숙도를 측정하는 국제적인 기준이다. 그리고 ISO 9000은 국제표준화기구(Just International Organization for Standardization)가 제정한 것으로 제조업 및 서비스업 부문에서 세계적인 표준을 제시한다. ISO의 규정에서 제품이나 서비스의 품질은 그것을 생산하는 기업이 ISO의 절차들을 충분히 준수하고 있는지에 따라 평가된다. CMM은 정보시스템 개발, 구축, 활용능력의 성숙도를 측정하는 국제기준이다. CMM은 카네기 멜론 대학의 소프트웨어공학연구소에서 제시한 품질기준이다. 이것은 정보기술의 활용을 통해서 품질을 평가한다. ISO 9000과 마찬가지로 CMM 품질평가법은 기업의 절차가 기준에 맞는지 판단한다.

방법과 절차에 있어서는 약점을 노출하면 안 된다. 예를 들어, 프로젝트를 수행할 때 고객의 검토가 정기적으로 이뤄져야 한다는 규정이 있다고 하자. 즉, 규정은 검토과정을 통해서 고객의 의견을 제시해야 한다는 내용을 담고 있다. 여기서 고객의 검토 업무는 2가지 중요한 기능을 한다. 첫째, 프로젝트 팀은 업무에 있어서 고객을 고려해야 함을 일깨워준다. 둘째, 프로젝트 팀이 고객을 엉뚱한 곳으로 현혹할 수 있는 위험을 막아준다.

프로젝트 스태프는 방법과 절차를 충실히 이행하면서 변화의 요구와 압력에 어떻게 대처할지 알 수 있다. M&P 문서는 변화의 요구를 제안하고 평가하며 수용 및 처리 문제에 대한 기준을 명확하게 제시해야 한다. 그리고 오직 절차를 통해서 기준선이 변경되는 문제를 관리해야 할 것이다.

방법과 절차의 효과적인 실행을 위해서는 문서작업에 특별히 관심을 가져야 한다. 프로젝트는 각종 문서작업으로 진행된다. 일반적인 문서로는 프로젝트 선언서, 작업문서(The Statement Of Work, SOW), 프로젝트 계약서, 설계초안검토(Preliminary Design Review, PDR), 핵심설계검토(Critical Design Review, CDR), 월례 경과보고서, 명세서, 업무성과 평가서, 펀치리스트 *punch lists*, 사용자 설명서, 기술변경 제안서 등이 있다.

프로젝트를 여러 번 수행한 사람은 문서작업이 양면성을 갖고 있다는 것을 알고 있다. 일단 긍정적인 측면을 살펴보자. 문서가 이정표 역할을 하면 프로젝트 스태프는 수명주기와 함께 순조롭게 업무를 진행할 수 있다. 또, 고객에게도 그동안의 프로젝트 진행과정을 제공하면서 이전 업무에 대해 수월하게 검토할 수 있다. 그리고 문서작업은 프로젝트 수행의 지침 및 기준이 된다. 따라서 프로젝트 스태프는 중요한 문제들을 신중하게 처리하고 일관성 있게 업무를 수행할 수 있다.

반면 부정적인 측면도 있다. 문서작업을 강조하다보면 지나친 관료화를 초래한다. 그리고 실제 업무수행보다 각종 양식에 맞춰 문서를 작성하는데 시간이 더 많이 든다. 결국 방법과 절차만이 난무하게 된다. 관료화는 일선 스태프들의 주도권을 빼앗고, '문서에 따라서 행하라' 하는 식의 명령만을 강요하게 된다. 관료화는 프로젝트 수행과정에서 발생하는 여러 사태에 대해 스태프들이 즉각적으로 대처하지 못하게 한다. 더욱이 고객의 요구에 대한 신속한 대응도 어려워진다. 결론적으로 과도

한 관료화는 생산성을 떨어뜨리며, 기업의 경쟁력도 약화시킨다.

성공적인 프로젝트 관리를 위해서는 균형감각을 유지해야 한다. 즉, 기존에 수립된 방법 및 절차를 따르고, 고객의 요구에도 신속하게 대응해야 할 것이다.

● 논점5 : 프로젝트 스태프의 역량 강화

얼마 전 나는 대형 쇼핑센터에서 전기 기구를 살펴보고 있었다. 그때 고객 한 명이 판매사원에게 몇 가지 질문을 했다.

○ 고객 : (전동드릴 박스를 잡으며) 이 전동드릴이 오늘 신문에서 세일한다고 광고한 것인가요?

판매사원 : 네, 맞습니다.

고객 : (박스를 의심스럽게 살피며) 박스에는 모델5062라고 써 있네요. 광고했던 모델은 번호가 5060 아닌가요?

판매사원 : (박스를 보면서) 그렇군요. 모델5062라고 써 있네요. 박스에 라벨을 잘못 붙였나봐요.

고객 : (다시 박스를 가르키며) 그러면 이것이 세일상품 맞죠?

판매사원 : 네.

고객 : 이 드릴이 2배속으로 작동하는 거 맞죠?

판매사원 : 네, 맞습니다.

고객 : (박스를 보더니 놀라며) 어! 그런데 박스에는 2배속이 아니라 보통 속도라고 써있네요.

둘 사이의 대화는 계속되었고, 대화가 진행될수록 판매사원이 잘못 알고 있다는 사실이 밝혀졌다. 판매사원은 제품에 대해서 제대로 알지 못했다. 그러다보니 자신이 말하는 것이 무엇인지도 몰랐고, 잘못된 정보를 끊임없이 늘어놓았다. 고객이 판매사원의 말만 듣고 물건을 구입했다면 집에 가서 실망했을 것이다. 그러면 고객은 불만을 품고 판매사원을 고용한 쇼핑센터에 대해 분노를 느낄 것이다.

여기서 고객만족의 확보를 위해서는 상품 혹은 서비스 판매자의 역량이 중요하다는 것을 알 수 있다. 판매사원 뿐만 아니라 프로젝트 관리자, 기술 전문가, 현장에서 일하는 사람들 모두가 자신의 분야에 충분한 지식과 경험을 갖고 있어야 한다. 직원들의 능력에 의심을 품으면 고객은 구매하지 않는다. 이는 곧 사업의 실패로 이어진다.

최근까지 프로젝트 관리에서 프로젝트 스태프의 역량은 매우 협소하게 다뤄졌다. 즉, 프로젝트 스태프들은 기술적인 지식과 역량 및 주어진 예산과 일정대로 업무를 진행할 수 있는 관리 기술만 알면 되었다. 그러나 오늘날의 고객은 프로젝트 스태프들이 더 많은 능력을 갖도록 요구한다. 특히 고객들은 프로젝트 스태프를 사업상 파트너로 인식한다. 고객은 프로젝트 스태프가 비즈니스 지식을 가지고 있다고 생각하고 자신의 사업에 대해 이해하기를 기대한다.

오늘날 프로젝트 스태프는 비즈니스의 기본 지식에 대해 점점 더 많은 교육을 받고 있다. 실제로 자본 예산 기법, 계약의 기초, 의사결정 방법론, 재무제표의 이해 등 기본적인 사항들을 공부해야 한다.

○ 비협조적 고객에 대한 대응

나는 세계 곳곳을 여행했다. 내가 세계를 여행하기 시작했을 때, 처음에는 놀랍고 흥분했다. 부에노스아이레스에서 버밍햄, 시드니, 토론토, 싱가폴 등 세계 곳곳에서 만난 프로젝트 스태프들은 공통적으로 프로젝트 관리에 대한 새로운 시각이 필요하다는 생각을 갖고 있었다. 그들은 고객중심적인 시각을 갖고 있었다. 그리고 고객이 자신들에게서 기술적인 해결책뿐만 아니라 사업적인 솔루션까지 제공받기를 기대한다고 말했다. 고객은 자신이 소속된 회사의 변화를 매우 민감하게 받아들이고 있었다. 조직 축소라든가 외주, 관료주의 해소 등이 그들의 주요 관심거리였다.

프로젝트 스태프들은 공통적인 불만을 갖고 있었다. 즉, 고객이 자신의 프로젝트에 대해 무책임하게 행동한다는 점이다. 프로젝트 관리자들은 프로젝트 수행과정 중에 발생하는 비용초과나 일정지연 등의 가장 큰 원인이 바로 고객에게 있다고 지적한다. 고객이 자신의 책무를 충실히 이행하지 않는다는 것이다. 그런데 도리어 고객은 프로젝트 스태프들이 지침을 이행하도록 요구한다.

또, 프로젝트 스태프들은 고객이 신속하게 응답하지 않는다고 지적한다. 프로젝트 팀에서 고객에게 질문 및 검토를 요청하면 고객은 뒤늦게 답을 해준다. 결국 고객의 답변이 늦으면 전체 프로젝트의 일정에도 차질이 생긴다. 그러면 프로젝트 팀도 이에 책임을 져야 한다.

대다수의 프로젝트 관리자들은 고객단체의 태도에 문제가 있다고 했다. 그러나 이러한 진단은 피상적이다. 고객단체에서 발생하는 일정지연은 대부분 고객집단 내에 있는 정치적인 관계와 밀접히 관련되어 있다. 고객은 하나가 아니라 다수로 존재한다. 그리고 그들은 서로가 각각의 이해관계를 갖고 있다. 따라서 힘이 균형도 변한다. 예를 들어, 프로젝트 정의 단계에서는 재무부서 소속 담당자의 의도가 대부분 반영되는데, 재무부서 소속 담당자가 인사이동으로 다른 부서로 전출되면 힘의 공백이 생긴다. 이 공백은 정보기술부 소속 담당자가 채운다. 그의 이해관계와 입장은 전임자와 180° 다를 수밖에 없다. 새로운 힘의 균형으로 인해서 고객집단 내에서 프로젝트의 우선순위도 바뀐다.

따라서 고객은 시스템의 검토 결과에 대해 적극적으로 답변하지 못한다. 왜냐하면 고객은 새로운 힘의 균형 관계를 고려해야 하기 때문이다. 때문에 고객은 섣불리 결론을 내리지 못하는 것이다.

이러한 상황에서 프로젝트 팀이 할 수 있는 것은 무엇일까? 이 질문에 대해 3가지 답변이 가능하다.

첫째, 고객집단에 계약상 의무를 상기시키자. 고객단체가 의무를 이행하지 않아서 벌어지는 예산초과 및 일정차질의 문제를 고객단체의 책임자에게 각인시키는 것이다. 그리고 고객집단이 계약을 준수하지 않으면 회사의 계약서 상의 책임도 모두 무효가 된다는 것을 확인시켜야 한다.

많은 프로젝트 관리자들이 이 같은 조치에 소극적이다. 왜냐하면 계약의 내용을 강조하면 고객과 거리가 멀어지고 사업의 방향도 불투명해진다고 걱정하기 때문이다. 이에 나는 한 가지 기준이 될 만한 질문을 던져본다. 고객이 일방적인 책임과 의무만을 강조하는 계약서에 서명할 정도로 어리석은가? 고객의 무책임으로 손실이 생기면 그 고객과 향후 사업을 이야기하겠는가? 왜 재무적 손실을 초래하는 고객단체를 대우하려하는가? 그들의 이런 행태가 바뀔 것이라고 장담하는가?

둘째, 프로젝트의 성공을 위해서는 몇 가지 핵심 지침을 준수하자. 여기에는 고객에 대한 요구사항도 포함된다. 프로젝트 팀은 고객집단이 자신의 책무를 성실하게 수행하고 있다는 확신을 주어야 한다. 마찬가지로 고객집단도 똑같이 책임을 준수할 것을 요구해야 할 것이다.

셋째, 프로젝트 진행을 감독할 수 있는 위원회를 설치하자. 위원회는 회사의 주요 인사들뿐 아니라 고객단체의 담당자들도 포함돼야 한다. 위원회의 구성원들은 충분한 권한을 가진 인물들로, 위원회에서 결정된 사항들을 엄격히 준수하는 데 앞장서야 한다. 만일 고객단체가 의무사항을 이행하지 않으면, 이 사실을 위원회에 보고하여 조치를 취하게 해야 한다. 이런 식으로 진행되면 위원회는 프로젝트 팀의 굳건한 동맹이 되는 것이다. 위원회는 프로젝트의 참여자들이 각자의 책임을 준수하도록 압력을 행사할 것이다.

○ 결론

프로젝트의 성공은 고객만족에 있다. 고객만족은 쉽게 달성하기 어렵다. 프로젝트 수행기업은 과거의 기술 중심적 패러다임을 버리고, 고객 중심의 새로운 패러다임을 채택해야 한다. 그런데 고객의 요구사항은 단일화하기 어렵고, 제한된 고객의 필요만을 반영해서도 안 된다. 실제로 모든 프로젝트에서 고객의 요구사항을 정확히 파악하고 서로 다른 이해관계를 고려해야 할 것이다.

고객과
개발자 간의 차이

프로젝트 관리에서 고객과 개발자 간에는 파트너십이 형성돼야 한다. 즉, 프로젝트의 성공을 위해서는 고객과 개발자가 공동업무를 잘 수행해야 하는 것이다. 과거에는 개발팀이 고객의 요구사항을 평가하고, 그에 맞는 기술적인 솔루션을 개발했다. 그러나 이러한 접근은 고객이 진정으로 원하는 것을 개발팀이 정확하게 파악하지 못한다는 약점을 갖고 있다. 따라서 고객은 개발팀이 제시한 솔루션에 만족하지 못한다.

여기에는 몇 가지 이유가 있다. 한 가지 원인은 개발팀이 기술적 관점에만 치우쳐 문제를 해결하려 하기 때문이다. 고객이 관심을 갖는 비즈니스 문제에 대해서는 고민하지 않는다. 고객이 비즈니스 문제를 제기하더라도 개발팀은 고객이 무엇을 원하는지 이해하지 못한다. 그리고 개발 업무를 맡은 기술자는 고객을 다루는 데 필요한 심리적 기술이나 감정이입의 방식에 대해서 서투르다. 더욱이 고객이 기술적인 문제를 이해하지 못하는 것을 받아들이지 못한다. 일반적으로 기술자들은 고객이 원하는 것을 알려주면 최적의 기술 솔루션을 개발하기만 하면 된다고 생각한다. 그러나 이런 경우는 고객과 의사소통이 원활하지 못했기 때문에 최종 솔루션이 고객만족을 달성하지 못하는 것이다.

기술자들의 관점에서 고객은 자신이 필요와 요구사항이 무엇인지 잘 모르는 경우가 많다. 더욱이 고객은 자신의 필요와 요구사항을 알기 위해서 무엇을 해야 할지 모른다. 또한 그들 자신이 요구하는 것이 기술적으로 어떤 의미를 갖는지도 모른다. 따라서 기술팀을 만나면 자신이 원하는 바를 모호하게 이야기할 수밖에 없다. 예를 들어, 그들은 이런 식으로 말한다. "우리에게 필요한 것은 '역동적인(dynamic)' 데이터를 입력하는 양식입니다." 겉으로는 고객이 원하는 바가 직설적으로 잘 표현돼 있다. 그러나 이것은 요구사항을 모호하게 표현한 것이다. 여기에서 '역동적' 이라는 말이 의미하는 바가 무엇인가? 소프트웨어 프로그래머는 '역동적'이라는 말의 뜻을 어떻게 받아들일 것인가? 역동적인 프로그래밍일 수도 역동적인 HTML일 수도 있는데, 구체적으로 어떤 의미인가? 고객은 '역동적인'이라는 말을 사용했다. 이런 질문을 던지면서 프로젝트 팀은 고객의 요구사항을 구체적으로 해석하는 것이다. 그 결과는 의도하지 않은 방향으로 나아갈 여지가 많다.

그리고 고객은 자신이 원하는 바를 정확하게 전달하지 못한다. 고객이 원하는 것이 상호작용적인 데이터 입력 양식인가? 즉, 고객이 데이터를 입력하면 즉각적으로 그에 대한 반응을 볼 수 있는 시스템 양식 같은 것

말이다. 그렇다면 어느 영역에서 상호작용적 요소를 구현할 것인가? 그리고 남겨둬야 할 부분은 또 무엇인가? 그 외 그들이 원하는 것은 없는가?

이 장의 핵심은 고객과 개발자들 사이에는 문화, 지식, 커뮤니케이션의 차이가 항상 존재한다는 사실이다. 때문에 프로젝트 팀은 고객의 필요와 요구사항을 정확히 파악하기 힘들고, 이에 따른 프로젝트의 결과물을 만드는 것도 쉽지 않다. 물론 프로젝트의 최종 목적인 고객만족의 달성 또한 어렵다. 결국 고객과 개발자 사이에는 갈등이 생긴다. 고객은 프로젝트 팀이 지나치게 기술 중심적인 시각을 갖고 있고, 실질적인 문제에 대해 이해가 부족하다고 불평한다. 반면 기술팀은 고객이 불확실한 표현을 하고, 자신이 원하는 것을 제대로 알지 못한다고 불만을 토로한다.

이 두 입장의 불만은 모두 타당성이 있다. 개발팀은 기술 중심적인 사고에 집착하고, 고객은 자신의 필요와 요구사항을 정확히 알지 못한다. 이에 우리는 '과연 이 상황을 어떻게 처리할 것인가?', '고객들의 요구를 어떻게 하면 기술적인 요구조건으로 바꿀 수 있는가?' 하는 질문을 던져봐야 한다. 우리가 이 문제를 해결한다면 보다 나은 프로젝트 솔루션을 얻게 될 것이다. 그리고 고객들과 기술팀 구성원들도 모두 만족할 수 있을 것이다.

○ 필요와 요구사항

모든 프로젝트는 누군가의 필요에 의해 시작된다. 이 '필요(needs)'는 이윤의 증가와 같이 이기적인 것일 수도 있고, 인류의 고통을 줄이는 것

같이 이타적인 것일 수도 있다. 여기서 필요가 도덕적이냐 여부는 중요하지 않다. 문제의 핵심은 프로젝트가 고객의 필요를 충족시키기 위해서 시작된다는 것이다. 따라서 프로젝트의 성공을 위해서는 프로젝트의 수행과정에서 항상 고객의 '필요'에 대해 관심을 가져야 한다.

프로젝트 관리에서 필요와 요구사항은 아래와 같이 화살표로 도식화할 수 있다.

필요(needs) ➞ 요구사항(requirements) ➞ 설계(design) ➞ 프로젝트 실행

위의 도식을 통해서 프로젝트가 필요, 요구사항, 설계, 실행 단계를 거치는 것을 알 수 있다. 이 연결고리의 각 요소들에 대해서 간략히 살펴보자.

● **필요**(Needs)

필요는 인간을 만족시키고, 인간이 만든 물품이 원활하게 쓰이는 것을 의미한다. 예를 들어, 며칠동안 아무것도 먹지 못했다면 필요한 것은 음식이다. 사람이 업무를 수행하기 위해 필요한 지식을 갖지 못했다면 필요한 것은 교육이다. 또한 고객의 질문에 데이터베이스 시스템의 응답이 느리면 시스템이 보다 신속하게 작동할 수 있도록 장치의 변경 및 개선이 필요하다. 필요는 요구사항과 밀접하게 관련이 있다.

한편 필요는 그 자체적으로 3가지 단계의 발전과정을 거친다. 첫 단계는 필요의 발생이다. 초기 단계에서 필요는 구체적인 형태도 없고, 제대

로 인식하기도 어렵다. 따라서 필요에 대한 인식이 없으면 필요를 충족시키기 위해 행동할 사람도 없다. 두 번째 단계는 필요에 대한 인식이다. 이 단계에서는 필요가 존재한다는 사실이 명백하고, 그 필요를 충족해야 한다는 것이 분명해진다. 기업의 마케팅부서는 필요를 개발한다는 시각에서 새로운 기회를 위한 사업 환경을 조사해야 한다. 즉, 기업 내 마케팅부서는 기업의 필요를 인식하는 것이 주된 업무이다. 마지막 단계는 필요를 구체화하는 것이다. 필요는 인식하는 것에서 나아가 구체적인 행동을 이끌어낼 수 있어야 한다. 필요를 구체화하고 이를 충족하기 위한 방법으로는 프로젝트 제안서의 작성을 들 수 있다.

● **요구사항**(requirements)

요구사항은 필요를 구체적으로 명시한 것이다. 필요를 제대로 파악하지 못하면 요구사항도 목적에 맞게 작성할 수 없다. 일정한 양식에 따라 요구사항을 작성했다고 하더라도 그것이 정확한 것이라 평가할 수 없다. 요구사항은 일반적으로 2가지 범주로 구분할 수 있다. 하나는 비즈니스적 범주이고, 다른 하나는 기술적 범주이다.

우선 비즈니스의 범주에서 요구사항은 비즈니스 사용자들의 관점에서 나타낸 것이다. 이때 요구사항은 2가지 질문을 던질 수 있다. 첫째, '해결해야 할 문제점에는 어떤 것들이 있는가?' 예를 들어, 회사는 고객의 문의에 대한 응답 방식을 개선해야 한다고 결정할 수 있다. 또는 회사의 재무 보고서에 요구사항을 보고하는 SEC 재무 데이터를 변경할 수 있다. 둘째, '우리가 성취해야 할 비즈니스의 목표는 무엇이 있는가?' 예를 들

고객과 개발자 간의 차이

어, '한 프로젝트는 10%의 수익성을 달성해야 한다', '프로젝트의 결과가 2년 내에 나타나야 한다', '프로젝트의 시장 점유율은 5% 상승시킬 수 있어야 한다'라는 식의 목표를 설정할 수 있을 것이다.

한편 기술적 범주에서 요구사항은 결과물이 어떤 기능을 가져야 하는지에 대한 지침을 제공한다. 이것은 2가지 유형으로 나뉜다. 첫째, 기능적 요구사항이다. 이것은 일반적인 언어로 기술된 요구사항이다. 필요를 명확하게 구체화하면 기능적 요구사항을 만들 수 있다. 이것은 보다 세밀한 명세서를 만들기 위한 하나의 단계이다. 사람은 처음에는 바닥을 기다가 차츰 땅 위를 걷고 그 다음에는 달릴 수 있다. 이와 마찬가지로 기능적 요구사항을 정리한 뒤에 정밀한 명세서를 작성할 수 있다.

기능적 요구사항을 수립하는 것은 중요하다. 왜냐하면 이를 통해서 고객의 기대를 구체적으로 작성할 수 있기 때문이다. 고객이 프로젝트의 개시를 승인할 때, 고객은 기능적 요구사항을 보면서 향후 프로젝트의 결과물에 대한 이미지를 예측할 수 있다. 그런데 결과물이 기능적 요구사항을 통해서 예측했던 것과 다르면 고객은 실망할 것이다.

기술적 요구사항의 두 번째는 세부명세서이다. 세부명세서는 최종 결과물의 외형 및 기능에 대해서 보다 자세한 지침을 제공한다. 이는 최종 결과물의 개발에 궁극적인 책임을 갖고 있는 기술 전문가를 위해 작성된 것이다. 세부명세서를 정확하게 작성하면 기술 전문가들은 무엇을 만들어야 하는지 정확하게 알 수 있다.

성공적인 프로젝트 관리를 위해서는 비즈니스적 범주에서 필요를 파악하고, 그것을 구체적인 기술적 요구사항으로 변경해야 한다.

● 설계(Design)

궁극적으로 세부명세서는 결과물을 설계하기 위한 기초가 된다. 예를 들어, 기술적 요구사항에 따라 우리가 카메라를 담을 수 있는 박스를 만들어야 한다고 하자. 그런데 이 박스는 자연풍경 촬영을 위한 것이라서 방수처리가 돼야 한다. 또한 나무 모양을 본떠서 위장도 할 수 있어야 한다. 그리고 우리는 세부명세서의 요건을 충족하도록 박스를 설계해야 한다. 구체적으로 볼 수 없더라도 개발과정 이전에 설계가 이뤄져야 할 것이다. 또 다른 예로, 텔레비전 드라마 제작을 위해 스크립트를 작성할 때, 우리에게 주어지는 요구사항으로는 다음과 같은 것들이 있다. 프로그램에 주어진 시간은 43분이며, 주된 테마는 남녀간의 사랑이다. 그리고 시청자는 40대 이상이고, 배경은 1890년대 식민지 인도의 생활상을 나타내야 한다. 그밖에 여러 가지 주문이 가능하다. 이러한 요구사항에 부합하려면 등장인물, 촬영시간, 배경, 시청자 등을 분석해야 할 것이다.

● 프로젝트의 실행

프로젝트는 결과물에 대한 설계를 마치면 실행 단계에 접어든다. 프로젝트의 시행을 위해서는 전통적인 프로젝트의 수명주기를 살펴볼 필요가 있다. 프로젝트는 개시(initiation) 단계에서 출발한다. 그리고 일정, 예산, 자원배분 및 기술적인 세부사항을 계획(plan)하고, 그 계획을 실행(execute)한다. 프로젝트가 실행 중일 때에도 프로젝트가 기준선의 목표를 잘 수행하고 있는지 통제(control)해야 한다. 마지막으로 프로젝트의

고객과 개발자 간의 차이

종료(close out) 작업을 통해서 프로젝트가 올바른 결과를 낳았는지 확인해야 할 것이다.

'필요→요구사항→설계→실행'의 과정은 프로젝트의 성공을 위해서 차근차근 밟아 나가야 하는 것이다. 종종 프로젝트 팀이 실행 단계에만 전력을 쏟는 경우가 있다. 이는 고객의 필요와 요구사항을 간과하고 형식에만 치우치는 것이다. 이런 경우는 설계 업무도 그냥 지나칠 가능성이 높다. 그러나 위의 연결고리 중 한 가지만 소홀히 해도 최종 결과물은 약점을 노출한다. 즉, 프로젝트 팀은 4가지 과정 중 어느 하나도 소홀히 해서는 안 된다. 프로젝트의 실행만큼이나 필요와 요구사항의 정의, 설계의 수립도 마찬가지로 중요한 것이다.

○ 요구사항의 파악

요구사항은 네 단계를 거쳐 발전해나간다. 첫째, 요구사항을 도출하기 위해서 담당자가 고객과 함께 작업한다. 그러나 기술팀과 고객이 공동 업무를 수행하도록 만드는 일은 어렵다. 왜냐하면 고객은 자신의 요구사항을 정확하게 표현하는 데 서투르기 때문이다. 또한 기술팀은 비즈니스 사안에 대해서는 아는 것이 부족하다. 따라서 고객과 기술팀 사이에는 상당한 문화, 지식, 커뮤니케이션의 차이가 있다. 이 단계에서는 요구사항이 개인적인 생각이나 잘못된 의사소통에 근거하여 만들어질 소지가 크다. 따라서 이러한 위험을 최소화하기 위한 노력이 필요하다.

둘째, 프로젝트 팀은 고객의 요구사항을 분석한다. 분석을 통해 비용,

일정, 시스템의 전반적인 효과 등에 대한 검토 작업을 행한다. 여기에서 프로젝트 팀은 요구사항들의 우선순위를 정해야 한다. 그리하여 '반드시 필요한 것(must-haves)'과 '있으면 좋은 것(nice-to haves)'을 구별해야 한다. 그런데 이 시점에서의 요구사항은 비공식적인 요구사항(informal requirements)이다.

셋째, 프로젝트 팀은 요구사항을 공식화한다. 처음에 도출된 요구사항은 대체로 추상적이고 모호하다. 그러나 공식화 단계는 이런 요구사항들을 구체적으로 만드는 작업이다. 처음에 요구사항을 도출하면 그것은 일정한 형식이 없는 일반적인 요구사항에 불과하다. 그러나 분석과정을 통해서 일반적인 요구사항과 비공식적인 요구사항을 공식화하는 것이다. 요구사항들을 세부적으로 정리하면 그것이 바로 세부명세서가 된다.

마지막으로 공식적인 요구사항은 검증 절차를 거친다. 여기에서 최종적인 검토를 통해서 목표로 삼을지 여부를 판단하는데, 여기서 추적(traceability)을 살펴본다. 이력 추적은 공식적 요구사항을 추적하여 이것이 고객의 필요에 부합하는지 실험하는 것이다. 그리고 이해관계자 모두가 공식적으로 요구사항을 검토하도록 하여 그들의 필요와 요구사항을 충족시키는지 확인해야 한다. 요구사항이 적절하게 수립된 것이 확인되면 이를 통해서 설계 업무를 진행한다. 이로써 프로젝트 관리가 실행 단계로 넘어가는 것이다.

고객과 개발자 간의 차이

○ 요구사항 정의와 핵심 행위자들

프로젝트에서는 요구사항에 대한 정의와 여러 행위자들의 상호작용이 필요하다. 회의 준비와 같은 소규모 프로젝트에서는 핵심 행위자의 수가 적다. 그러나 차세대 전투기 개발과 같은 대규모 프로젝트에서는 핵심 행위자들의 수가 많다. 따라서 요구사항을 수립할 때, 이들 모두의 이해관계와 시각이 고려돼야 한다.

요구사항을 수립할 때, 가장 우선적으로 해야 할 일은 핵심 행위자를 파악하는 것이다. 즉, 다수의 핵심 행위자들이 프로젝트에서 갖는 다양한 이해관계를 파악해야 한다. 이 업무는 까다롭다. 핵심 행위자들이 생각하는 중요 부분과 중요치 않은 부분을 모두 고려하고 수용해야 하기 때문이다. 이것은 인내와 기술을 필요로 한다. 여기서는 누구의 의견을 가장 많이 고려할 것인가, 언제 특정 사안에 따른 견해 차가 발생하는가, 어떻게 교착상태를 극복할 것인가 등을 고려해야 한다.

여기서는 2가지 사례를 통해서 핵심적 행위자들을 파악하고 그들의 입장을 살펴보겠다. 우선 교외 지역에 사무실용 건물을 짓는 프로젝트가 있다고 하자. 우리는 구체적인 모습의 결과물을 조감도나 건축물의 모델링 등으로 나타낼 수 있다. 한편 한 기업에서 새로운 공급망관리(SCM)를 위한 소프트웨어 개발에 관한 프로젝트가 있다고 하자. 여기서는 역동적이면서도 추상적인 결과물을 다룬다. 왜냐하면 프로젝트는 매일 빠르게 발전하는 기술을 다루는 것이고, 눈에 보이지 않는 지식을 기반으로 발전하기 때문이다.

핵심 행위자와 그들의 요구사항을 설명하기 위한 첫 번째 예로는, 전형적인 건설 프로젝트를 들 수 있다. 건설 부문에서 특정 행위자와 그들의 견해는 프로젝트에 따라 다양하게 나타난다. 그러나 여기서 제시하는 예는 대부분의 건설 프로젝트에서 접하는 주요 문제들에 관한 것이다.

글로버스 사는 볼티모어 주변의 순환도로를 따라 세계본부의 건설을 계획 중이다. 대규모의 다용도 복합빌딩 가운데 지휘본부를 세우고, 그 외에도 호텔, 영화관, 쇼핑몰 등이 입점하도록 계획 중이다. 글로버스 사는 전체 복합빌딩의 35%를 소유할 것이고, 나머지 65%는 외부 투자자들이 갖게 될 것이다.

이 프로젝트의 핵심 행위자는 소유주, 건축가, 기술자, 건설계약자, 규제기관 등을 들 수 있다. 이들은 각각 다른 견해를 갖고 있으며, 요구사항에 대한 입장도 다르다. 그림 6.1은 행위자들의 상호 관계를 표현한 것이다. 각 행위자들의 개별적인 역할과 견해를 간단히 살펴보자.

소유주(owners) – 글로버스의 소유주는 이 프로젝트의 투자자들이다. 이들은 글로버스 관리이사회와 외부투자가의 집행이사회로 나눌 수 있다. 이 두 집단은 각각 서로 다른 이해관계를 갖는 하부 집단들을 갖고 있다.

소유주의 요구사항에는 다음과 같은 입장이 포함된다.

○ 우리는 매력적이며 훌륭한 설계, 기능적으로도 우수한 복합빌딩을 원한다.

◦복합빌딩의 완공일은 반드시 지켜져야 하고, 주어진 예산으로 세부명세서에 따라 건축되어야 한다.

◦향후 복합빌딩의 유지보수 비용이 최소화되도록 설계해야 한다.

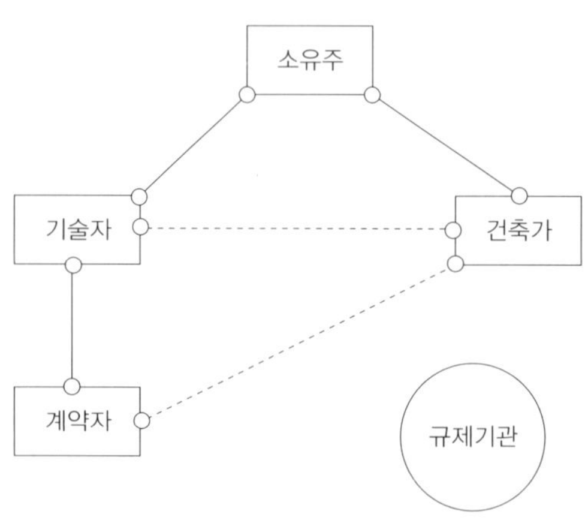

그림 6.1 전형적인 건설 프로젝트 팀의 구조

소유주들은 복합빌딩 건설비용을 지불하기 때문에, 그들의 요구사항은 중요하게 다뤄져야 한다. 그러나 소유주들도 요구사항에 대해서 서로 다른 의견으로 갈등이 생긴다. 예를 들어 글로버스 관리팀은 프로젝트의 재무적인 부담을 서로 다르게 분담해야 한다고 주장할 수 있다. 이유인 즉, 글로버스의 관리급 인사 및 직원들은 복합빌딩에서 가장 좋은 위치에 사무실을 차리려 할 것이다. 그러나 외부 투자자들은 쇼핑몰, 영화관, 호텔 등에 더 많은 예산을 지원하도록 주장할 것이다. 왜냐하면 그들은 건축물을 통해 수익을 창출하고 자신들이 투자성과를 극대화하고자 하기 때문이다.

물론 프로젝트에서 소유주의 요구사항을 파악하고 소유주들 간의 분쟁에 대해 대비하여 의사결정의 규칙을 세워야 할 것이다. 한편 요구사항에서 우선순위를 정하는 방법에 대해서는 뒷 부분에서 다시 이야기해보자.

건축가 – 건축가는 소유주의 필요와 요구사항에 맞춰 복합빌딩의 설계에 책임을 진다. 비록 건축가들이 형태와 기능 모두를 중요시한다고 생각하지만, 사실은 기능에 더 큰 비중을 두는 경우가 많다. 때로는 기능을 포기하고 형태를 취하기도 한다. 그러나 일반적으로 건축가는 자신의 업무에서 탁월한 예술가적 면모를 보인다. 그리고 최종적인 복합빌딩의 모습은 이러한 예술가적 역량을 반영한다. 건설을 마치면, 그것은 전 세계가 주목할 것이다. 따라서 건축가는 자신의 기호와 설계 기술을 한껏 뽐낼 수 있는 구조물을 설계하고 싶어 한다.

그러나 건축가는 설계의 영역을 확장시키면서 때때로 건축이 불가능한 구조를 설계하기도 한다. 즉, 현재의 기술이 건축가의 비전을 실현할 수 없는 경우도 발생한다. 따라서 비용초과 및 일정지연 등이 초래된다. 결국 프로젝트 건축가와 기술자들 사이에도 긴장관계가 형성된다.

기술자 – 기술자들의 직무는 건축가의 비전을 현실로 만드는 것이다. 아치는 어떻게 건설할 것이며, 명세서에서 벗어난 창문은 어떻게 설치하고, 건축가가 원하는 배관은 어디에 매설할 것인지 등을 고민해야 한다. 건축가는 복도를 아름답게 꾸미는 일에 관심을 갖지만 기술자들은 복도에서 효율적으로 짐을 옮기는 방법에 관심을 갖는다. 물론 기술자들의 요구사항은 기술적인 견해에서 나왔다. 그들은 건축가가 갖고 있는 예술가적 열정에 대해서는 공감하지 못한다. 특히 건축가가 제시한 비전이 실제 실행에 옮기는 데 문제가 있을 때 더욱 그러하다.

건설계약자 – 건설계약자의 주된 관심은 일정, 예산, 명세서(품질 준수사항)에 맞게 글로버스의 복합빌딩을 건설하는 것이다. 그들은 건축가와 기술자들이 정의한 요구사항을 실행해야 한다.

규제기관 – 빌딩을 건설할 때, 건설담당자는 여러 가지 규제에 부딪힌다. 물론 정부 규제를 준수해야 한다. 즉, 정부에서 제시한 건축법에 따라서 건축 허가를 받고 국가안전기준에 부합해야 한다. 그리고 환경의 규제를 따르고, 노동법이 정한 바에 따라서 업무를 수행해야 할 것이다. 건축가가 법률과 규제를 준수하여 건축물을 건설하는 것도 요구사항과 부합하는 것이다.

● 글로버스 공급망관리(SCM) 정보시스템 프로젝트 : 핵심 행위자들

두 번째 사례에서는 전형적인 정보기술 프로젝트의 핵심 행위자들을 살펴보겠다. 이 프로젝트는 회사의 내부 정보시스템의 필요에 의해서 시작된다. 여기에서는 정보기술 기업에서 표준이 될 만한 행위자들을 설명하고자 한다. 건설 프로젝트와 정보기술 프로젝트는 주요 행위자와 그들의 요구사항에 관해서 상당히 다른 면모를 보인다.

글로버스는 회사의 공급망관리 과정을 통합할 수 있는 프로젝트를 시작하려고 한다. 새로운 시스템이 도입되면 업무지시 과정, 계약업체 관리, 재고관리 등 모든 측면이 사용자의 편의성을 가진 통합 시스템으로 처리할 수 있을 것이다. 물론 이 시스템의 도입은 글로버스 전체에 영향을 줄 것이다. 그러나 주요 행위자는 소수이기 때문에 그들의 견해를 파악해서 요구사항을 만들어야 할 것이다. 핵심 행위자에는 스폰서, 솔루션 소유주, 프로젝트 관리자, 직무책임자(Subject Matter Experts, SMES), 사업분석가, 기술분석가, 기술감독자, 검사관, 하청업자 등이 포함된다.

건설 프로젝트의 사례에서처럼 이들 행위자들은 요구사항에 대해 고유의 견해 및 시각을 갖고 있다. 그림 6.2는 이들 행위자간의 관계를 표현한 것이다. 각자의 역할과 견해를 간략히 살펴보도록 하자.

프로젝트 스폰서 — 정보기술 프로젝트를 수행할 때, 스폰서는 프로젝트의 궁극적인 '소유주'로서 고급관리자이다. 그들은 프로젝트의 목표를 설정하고, 프로젝트가 목적을 달성할 수 있도록 정치적 행동으로 인한 분열로부터 프로젝트를 보호해야 한다. 스폰서는 프로젝트 수행에 필요한 자원을 확보하여 도움을 줄 수 있다. 이들의 역할은 1990년대에 중요하게 부각되었다. 오늘날 유능한 스폰서를 갖지 못하면 정보기술 프로젝트를 성공적으로 수행하기 어렵다.

프로젝트 스폰서가 주장하는 요구사항은 중요하다. 그리고 향후에 추가될 요구사항이나 세부명세서 등도 그들의 요구사항을 반영할 수 있어야 한다. 스폰서의 요구사항은 비즈니스적 요구사항이며 회사의 목적과 밀접한 연관이 있다.

고객과 개발자 간의 차이

솔루션 소유자 – 솔루션 소유자는 부사장급처럼 상위 중간급 관리자인 경우가 많다. 이들은 프로젝트와 관련된 일련의 과정에 적극적으로 개입하여 프로젝트가 성공적으로 수행되고 있는지, 스폰서의 목적에 부합하고 있는지 살핀다. 또한 프로젝트 관리자 및 핵심 프로젝트 스태프들과 함께 프로젝트의 진행 및 과정을 감독한다.

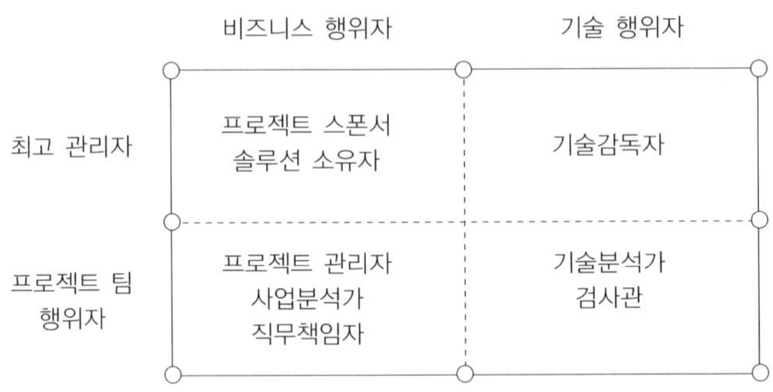

그림 6.2 전형적인 정보기술 프로젝트 팀의 구조

프로젝트 관리자 – 프로젝트 관리자는 프로젝트를 성공적으로 수행해야 할 책임이 있다. 프로젝트 관리자는 매일같이 프로젝트의 수행을 지켜본다. 프로젝트 관리자는 비즈니스적 요구사항들이 정확하게 표현되는지, 그것이 실제 기술적인 세부명세서로 적절하게 전환되었는지 확인해야 한다. 프로젝트 관리자는 비즈니스적 요구사항과 기술적 요구사항 사이의 차이를 줄이고 적절하게 조율하는 역할을 한다. 또, 때로는 프로젝트 팀 내부의 비즈니스 부문 직원과 기술 부문 직원들 사이에 분쟁을 해결하기도 한다.

직무책임자 – 직무책임자(SMEs)는 회사 내 비즈니스 절차에 대해 구체적인 지식을 갖고 있다. 왜냐하면 글로버스의 공급망관리 프로젝트에 고용된 직무책임자들은 재고관리 전문가, 업무명령처리 전문가, 구매전문가, 업무세부계획 담당자 등으로 구성되기 때문이다. 이들은 비즈니스적 요구사항을 정의할 때 필요한 비즈니스 지식을 소유한 자들이다. 한편 직무책임자들은 지속적으로 비즈니스적 필요를 기술적인 요구사항으로 변환시킬 수 있는 능력을 키워야 한다.

사업분석가 – 사업분석가는 요구사항 정의과정에서 직무책임자를 비롯하여 다른 사용자들의 비즈니스적 요구사항을 파악한다. 물론 파악한 내용을 공식화해서 기술팀이 이해할 수 있는 방향으로 재조정하는 책임도 진다. 사업분석가는 통역자와 같은 역할을 한다. 즉, 비즈니스적 언술을 기술적인 요구사항으로 통역하는 일을 담당하는 것이다. 유능한 사업분석가는 사업적 문제에 대한 지식을 비롯하여 비즈니스적 솔루션을 위한 지식도 갖춰야 한다. 실제로 많은 사업분석가들이 과거에 기술 분야에서 활동했기 때문에, 기술팀이 부딪히는 문제에 대해서 능숙하다.

기술분석가 – 기술분석가는 회사가 채택한 기술에 대해 전반적인 지식을 갖고 있다. 이들은 사업적 문제에 대해서는 잘 알지 못하더라도 사업전문가가 제시한 요구사항을 구체적인 세부명세서로 전환하는 일을 한다. 이를 통해 소프트웨어 프로그래머들과 기술팀 직원들이 작업을 해나간다.

고객과 개발자 간의 차이

기술감독자 — 기술감독자는 기업의 기술적 측면에서 최고관리자이다. 기술감독자는 자원배분에 대한 권한을 갖고 있다. 따라서 기술감독자가 프로젝트의 계획 및 실행에 참여하는 것은 매우 중요하다. 기술감독자는 프로젝트 초기 단계에서 자원의 조달이 언제 가능한지 지침을 제공해준다. 즉, 기술감독자는 프로젝트 과정에서 필요한 자원조달을 보증하는 역할을 한다.

검사관 — 검사관은 표를 통해 완성 단계에 이른 솔루션이 올바르게 기능하고 있는지 확인한다. 그러나 검토한 표에만 의지하지 말고 시스템이 당초에 제시된 요구사항들을 충족시키는지 구체적으로 검사해야 한다. 검사관은 시스템이 비즈니스적 필요를 해결해줄 수 있는지 살펴봐야 할 것이다. 검사관은 검사를 통해서 솔루션이 당초의 요구사항에서 이탈했는지 여부를 판단할 수 있다. 이때 기술팀 직원들에게 당초 수립된 요구사항에 부합하도록 업무를 진행시켜야 한다. 검사관이 바르게 역할을 수행하려면 요구사항에 관해 솔루션을 실험할 수 있도록 체계적인 교육이 이뤄져야 한다.

하청업자(Vendor) — 하청업자가 생산하는 제품이 정보기술 솔루션의 핵심적인 요소로 이용되면 그들의 중요성은 더 커진다. 글로버스가 채택한 공급망관리 솔루션이 SCM솔루션즈라는 제품에 기초한 것이라면, 비즈니스적 요구사항과 기술적 요구사항에 대한 정의는 SCM솔루션즈라는 제품이 제시하는 테두리 내에서 이뤄져야 하기 때문이다.

커뮤니케이션의 어려움

　요구사항을 성공적으로 수립하기 위해서는 커뮤니케이션이 중요하다. 프로젝트를 통해 비즈니스적 필요를 충족시키는 솔루션을 개발하려면 고객과 기술팀 간의 커뮤니케이션이 매우 중요하다. 고객은 자신의 비즈니스적 필요와 요구사항을 기술팀 직원들에게 정확하게 이해시켜야 한다. 기술팀 직원들은 고객의 비즈니스적 의도를 이해하지 못하기 때문에 적절한 솔루션을 만드는 데 어려움을 겪는다. 이는 결국 고객을 만족시킬 수 없는 결과물의 생산으로 이어진다.

　그리고 표준 커뮤니케이션 모델을 참고해야 한다. 이 모델은 커뮤니케이션 교환에 침여한 주요 행위자들과 키뮤니케이션의 방식을 보여준다. 이 모델을 살펴봄으로써 커뮤니케이션의 장애물을 확인할 수 있다. 그리고 이 장애물이 제거되면 커뮤니케이션을 원활하게 할 수 있는 것이다.

표준 커뮤니케이션 모델

　그림 6.3의 (a)는 표준 커뮤니케이션 모델을 표현한 것이다. 여기에서는 발신자의 커뮤니케이션 행위로서 메시지를 '암호화(encode)'하는 모습을 볼 수 있다. 예를 들어, 직장동료 중에 프랑스인이 있다고 하자. 직장 내 커뮤니케이션에서 메시지는 프랑스어로 암호화된다. 다음으로 암호화된 메시지는 매개체를 통해서 수신자에게 전송된다. 만약 얼굴을 마주한 대화에서는 매개체가 공기이고, 전화 대화에서는 매개체가 광섬유케이블이다. 수신자가 메시지를 이해하기 위해서는 '해독화

고객과 개발자 간의 차이

(decode)’ 과정을 거쳐야 한다. 메시지를 이해하기 위해서는 암호화와 해독화의 키(key)가 일치해야 한다. 이 사례에서 암호화와 해독화의 키는 현대 표준 프랑스어의 단어, 문법, 구문 등이다. 따라서 수신자가 발신자에게 “그래요. 당신 생각에 동의합니다” 라고 응답할 수 있다면, 여기서 두 사람 간의 커뮤니케이션 루프 *loop*는 종결되는 것이다.

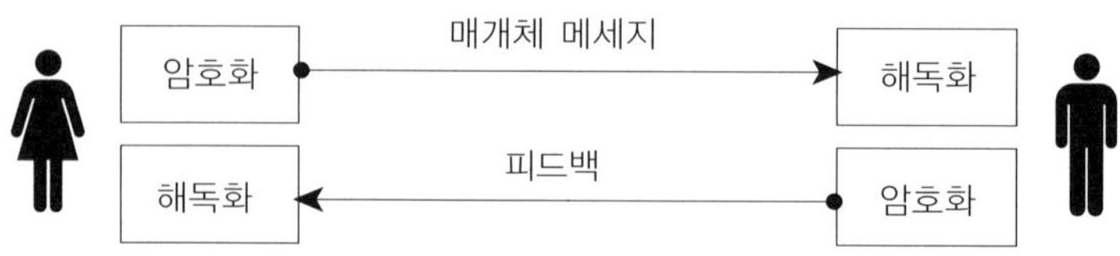

(a) 표준 커뮤니케이션 모델

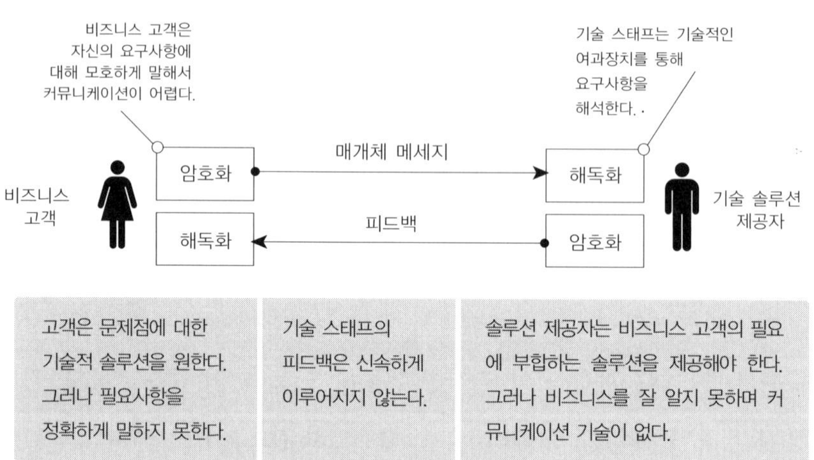

(b) 비즈니스－기술 간 차이의 커뮤니케이션 루트

그림 6.3 커뮤니케이션 모델

위의 모델을 통해 우리는 비즈니스 행위자들과 기술 프로젝트 행위자들 사이의 커뮤니케이션 문제를 이해할 수 있다. 그림 6.3의 (b)는 표준 커뮤니케이션 모델을 확장시켜 비즈니스 행위자와 기술 프로젝트 팀 행위자들 간의 의사소통을 적용한 것이다. 이를 통해서 우리는 커뮤니케이션 과정의 장애물을 확인할 수 있다. 이제 커뮤니케이션의 4가지 장애물을 살펴보도록 하자.

● 문화적 장애물

비즈니스 행위자들과 기술팀 행위자들은 세계관이 서로 다를 수 있다. 이 두 부류의 행위자들은 서로 다른 관심에 따라 행동한다. 예를 들어, 비즈니스 행위자들은 수익성, 시장출시 시기, 시장점유율, 고객만족 등에 관심을 갖고 있다. 그들은 기술적 솔루션의 신속한 개발을 요구하고, 솔루션이 판매량 증가에 도움이 되기를 원한다. 반면 기술팀 행위자들은 다르다. 그들은 설계, 검사 가능성, 현대 기술의 실현, 기술적 통합 등에 많은 관심을 갖고 있다. 이들에게는 기술적인 문제가 핵심인 것이다.

● 언어 장벽

비즈니스 행위자들은 일반적으로 자신의 메시지를 비즈니스적인 언어로 암호화한다. 반면 기술팀의 행위자들은 정교한 기술적인 언어로 암호화한다. 따라서 두 그룹은 의사소통에 어려움을 겪는다.

비즈니스 행위자들은 기술 분야의 용어와 공식을 이해하는 데 어려움을 겪는다. 이를 이해하기 위해서는 수년간의 교육이 필요하다. 비즈니스 행위자들은 비트, 바이트, 변조속도(baud rate), 대역폭(bandwidth), 토큰링(token ring), 구조화 질의어(Structured Query Language, SQL) 등의 용어를 이해하기 어렵다. 비즈니스 행위자들은 이러한 기술적인 용어를 모르기 때문에 자신의 필요와 요구사항을 불분명하게 말하곤 한다. 이로 인해 잘못된 결과를 초래할 수 있다. 이런 상황에서 커뮤니케이션이 이뤄지려면 기술팀 행위자들이 현실에 대해 정확히 인식해야 한다. 비즈니스 행위자인 고객이 자신의 필요와 요구사항을 제대로 표현하지 못해도 인내심을 가져야 한다. 고객의 언어는 기술적일 수 없고, 기술적인 인식론과는 거리가 멀기 때문이다. 그리고 기술팀도 고객이 자신의 필요에 대해서 한 말들을 그대로 받아들여서는 안 된다.

한편 비즈니스 행위자의 말도 기술팀 행위자에게는 생소하게 들린다. 비즈니스 행위자들도 전문적인 지식을 가지고 있고 고유한 언어를 사용한다. 이를 테면 옵션, 해약 특권부 거래(put and call) 등의 용어가 있는데, 이는 기술팀 행위자들에게 낯선 용어이다. 따라서 각자 고유의 언어를 이해하기 위해서는 비즈니스 행위자인 고객과 기술 행위자인 프로젝트 기술팀이 공동으로 참여해야 한다.

기업들은 이러한 언어적인 문제를 해결하기 위해 다양한 접근을 시도하고 있다. 한 가지 방법은 요구사항 개발과정에 비즈니스 분석가를 투입하는 것이다. 앞에서 살펴보았던 것처럼, 비즈니스 전문가는 기술적인 배경지식을 갖고 비즈니스 영역에서 전문성을 발전시킨다. 이들은 통역관과 같은 역할을 한다.

다른 접근법으로는 이해관계자들로 집단을 구성하는 방법이 있다. 이는 서로 다른 이해관계를 가진 사람들을 모아서 각각의 필요와 요구사항을 구체화하는 것이다. 여기에 모인 사람들은 각 집단에서 대표성을 가진다. 오늘날 가장 널리 사용되고 있는 집단적 접근으로는 합동 애플리케이션 개발(Joint Application Development, JAD)이 있다. JAD에 관해서는 뒤에서 다시 설명하겠다.

● 매개체 장애물

요구사항을 도출하는 데 사용되는 매개체가 커뮤니케이션을 방해하기도 한다. 커뮤니케이션의 장애를 극복하기 위해서는 직접 대화하면서 요구사항을 찾아야 한다. 그러나 직접 대화를 나눌 때에도 커뮤니케이션에서 문제가 생길 수 있다. 특히 1:1로 대화할 때 종종 문제가 발생한다. 과거에는 고객의 필요와 요구사항을 파악하는 것이 시스템 전문가의 몫이었다. 시스템 전문가는 고객과의 1:1 인터뷰를 통해서 그들의 필요와 요구사항을 알아내고자 했다. 인터뷰는 특별한 방법으로 진행되었는데, 고객의 필요에 대한 일부의 정보만을 얻을 수 있다. 여러 차례 인터뷰를 거듭하면서 시스템 분석가는 고객들의 다양한 입장을 하나로 통합해나간다. 이러한 업무는 요구사항을 정의하는 데 기초가 된다.

전통적인 1:1 인터뷰를 통해 얻은 고객의 필요와 요구사항은 때로는 편협하고도 왜곡된 것일 수 있다. 따라서 오늘날은 여러 이해관계자들이 모인 자리에서 인터뷰를 수행하고 있다. 다수가 동시에 모인 자리에서 인터뷰를 함으로써 요구사항을 찾아가는 것이다. 사람들은 자신과 다른 이해관계를 가진 사람들과 대화하면서 자신의 필요와 요구사항을

고객과 개발자 간의 차이

구체화한다. 이 기회를 통해서 모든 이해관계자들은 상대방의 요구사항 및 의견에 대해 자신의 입장을 말하는 기회를 갖는다. 이런 과정은 전체 고객집단의 역동성을 반영하여 개인이 가진 의견에 편중되는 것을 벗어날 수 있다. 따라서 JAD는 매개체 장애물을 극복하기 위한 방법으로 유용하게 쓰인다.

● 불충분한 피드백으로 인한 장애물

기술팀으로부터 피드백이 부족하거나 신속하지 못할 때 문제가 발생한다. 기술팀 직원들은 고객과 상호작용을 하는 것이 서투르다. 기술팀은 고객의 요구사항을 수집하고 그것이 고객의 진정한 필요와 요구사항이 맞는지 확인하지 않는다. 때문에 고객은 기술팀이 작업중인 요구사항이 무엇인지 모르고, 그것이 진정으로 자신이 원하는 것인지도 알지 못한다. 결국 고객은 실제 설계과정에서 프로젝트의 결과물이 어떤 것일지 짐작할 수 있다. 그러나 이때 고객이 문제를 제기하면 프로젝트 진행은 난관에 부딪히게 된다.

커뮤니케이션의 오류로 인한 문제를 예방하려면 요구사항 정의과정에서 고객의 검토 작업이 병행돼야 한다. 물론 기술팀 직원들은 고객이 검토를 하는 것에 불편을 느낄 수 있다. 그러나 이런 업무는 고객의 기대를 통제하고, 프로젝트 종료 시점에서 발생하는 예기치 못한 문제에 대비한다는 강점을 갖고 있다.

○ 요구사항을 다루는 비결

이 장에서는 요구사항을 다루는 비결에 대해서 살펴보겠다. 요구사항 정의에 관해서 해야 할 일과 하지 말아야 할 일을 정리해보았다.

솔직해야 한다 요구사항을 명확하게 말하고, 고객에게 서명을 받아라. 즉, 요구사항을 문서로 작성해야 한다. 문서를 통해서 합의한 내용이 무엇인지 알 수 있다. 문서는 사항들을 세밀하게 정리할 수 있고, 일에 있어서 확실한 증거가 된다.

한편 문서작성에서 서명은 상황을 마무리 짓는 역할을 한다. 서명은 3가지 강점을 가지고 있다. 첫째, 사람들이 문서를 더 신중하게 읽고 검토하게 만든다. 서명은 승인과 책임감을 반영하기 때문이다.

둘째, 서명은 제시된 요구사항을 승인하는 것이다. 제시된 요구사항의 타당성에 대해 의문이 제기된다고 하더라도, 핵심 이해관계자들의 서명이 있는 한 그 타당성은 유지된다.

셋째, 서명은 상황을 마무리 짓는 감사 과정의 하나이다. 프로젝트에 어떤 문제가 제기되더라도, 프로젝트 팀은 상급 관리자의 서명으로 적절하게 업무를 수행했다는 승인을 얻는다.

신중해야 한다 즉, 요구사항을 잘못 해석할 수 있다는 가능성을 염두에 두어야 한다. 경험이 풍부한 프로젝트 스태프라도 사용설명서, 요구사항, 고객이나 관리자의 의도를 잘못 해석할 수 있다. 그리고 요구사항을 이해하지 못하는 사람이 있다는 것도 염두에 두어야 한다. 이를 위해서는 정기적으로 요구사항을 검토할 사람을 선정하면 좋을 것이다. 프로젝트 스태프가 이 방법을 사용하면 팀 구성원 및 계약자들 모두가 제출된 요구사항을 보다 신중하게 검토할 것이다.

현실적이어야 한다 즉, 프로젝트 수행과정에 나타날 수 있는 변화의 영향관계표를 열어두어야 한다. 프로젝트 관리에 미숙한 사람들은 계획만 잘 수립하면 프로젝트가 순조롭게 진행될 것이라 믿는다. 그러나 프로젝트는 최상의 계획을 수립하고 시작해도 예상치 못한 방향으로 진행되거나 갑작스런 변화 요인이 발생될 수 있다. 또, 프로젝트 팀이 통제력을 발휘할 수 없는 상황도 많다. 경기침체, 경쟁사업자의 행동, 정부 규제제도의 변화, 인수합병, 기술의 진보, 주요 공급처로부터의 수급문제, 노동시장, 기업 구조조정 등은 프로젝트 팀도 통제할 수 없다.

프로젝트 관리자와 팀 구성원들은 프로젝트 수행에서 요구사항의 변화에 대한 대책을 마련해야 한다. 즉, 프로젝트 팀은 자기 회사의 변화관리 절차를 잘 알고 있어야 한다. 만약 회사가 변화를 관리할 방법을 갖고 있지 않다면, 프로젝트 팀이 자체적으로 변화관리 절차를 마련하고 이를 고객에게도 알려야 할 것이다.

최소한 변화에 대한 요구는 다음과 같은 사항들을 포함한다.

○ 변화를 요구하는 개인의 이름
○ 변화를 요구한 날짜
○ 변화에 대한 간략한 내용
○ 변화에 대한 요구로 영향을 받게 되는 프로젝트 과제 및 결과물의 특징

- 변화의 요구가 비용에 미치는 영향
- 변화의 요구가 일정에 미치는 영향

명확해야 한다 그림이나 그래픽, 물리적인 모델이나 그 외 시각적 장치 등을 최대한 활용해서 요구사항을 만들어야 한다. 신속한 프로토타이핑은 요구사항 정의과정에서 활용할 수 있는 훌륭한 방법론이다. 프로토타입을 통해서 고객은 프로젝트 결과물이 진행되어가는 과정을 직접 확인할 수 있다. 고객은 프로토타입을 통해서 프로젝트의 실체를 파악한다. 프로토타입으로 만든 시스템에 데이터를 직접 입력하면 고객은 프로젝트의 강점과 약점을 보다 정확하게 이해할 수 있다.

인내심을 가져라 즉, 요구사항을 정의할 때 섣불리 결론을 내리지 말라. 요구사항에 대해서 당장 솔루션을 만들기는 어렵다. 더욱이 이때 솔루션을 만드는 것은 조급한 행동이다. 예를 들어, 고객이 자신의 필요와 요구사항을 정확하게 말하지 못한 상태에서 기술팀은 요구사항을 이해했다고 단정을 짓는다. 그러면 그에 따른 솔루션도 목표에서 빗나가기 쉽다.

솔루션은 흔히 문제를 발생시킨다. 그러나 고객도 개발자도 이 사실을 알지 못한다. 이런 일이 발생하는 일반적인 원인의 하나로, 요구사항이 하청업자의 제품에 따라 정의되는 경우를 들 수 있다. 예를 들어 다음과 같은 경우이다. "우리는 SAP ERP 솔루션을 개발해야 합니다"라든가 "워크스테이션을 인터넷 네트워크에 접속해야 합니다"라고 말하는 경우이다. 이는 제시된 솔루션이 틀렸다는 것이 아니다. 솔루션을 조급하게 작성하여 최선의 솔루션을 찾아가는 과정에서 궤도를 이탈한 것이다.

솔루션 신중하게 결정하기 위해서는 앞서 제시한 집단적 접근법을 활용하면 될 것이다. 즉, 서로 다른 이해관계자들이 공동 업무를 통해 요구사항을 수립하는 것이다. 이러한 관계자들을 한 자리에 소집하면 그들은 각자의 의견을 사람들 앞에서 발표할 수 있다. 따라서 서로 다른 의견을 이야기하는 자리가 마련되어 신중하게 솔루션을 만들 수 있을 것이다.

효과적인 커뮤니케이션을 확보하라 이는 고객과 프로젝트팀 구성원들에게 향후 추가될 요구사항 관련된 문제들을 교육하는 것이다. 요구사항 관련 문제들의 상당수는 예측할 수 있다. 즉, 요구사항의 변화, 비즈니스적 필요에서 기술적인 요구사항으로의 변환, 솔루션과 요구사항 혼동 등의 문제가 있다. 프로젝트 관리자는 프로젝트 시행 초기에 이러한 문제에 대해 고객과 팀 직원들을 교육해야 한다. 따라서 프로젝트의 진행에서 발생하는 불안과 혼란을 피해야 할 것이다.

○ 합동 애플리케이션 개발(JAD)

비즈니스적 필요를 기술적인 요구사항으로 변환하는 데는 많은 장애물이 있다. 여기에는 비즈니스와 기술 간의 문화적인 차이, 커뮤니케이션의 문제점, 업무수행의 입장 차이, 요구사항을 변하게 하는 힘 등이 포함된다. 이럴 때 비즈니스와 기술 간 차이를 최소화하고 가교를 형성할 수 있다. 그것은 합동 애플리케이션 개발이다. JAD는 정보기술 분야에서 2가지 목적으로 개발되었다. 첫째, 급속히 변화하는 기술과 경쟁의 압력으로 프로젝트 팀은 소프트웨어 솔루션을 개발해야 한다. 둘째, 공동업무를 통해서 고객의 필요에 따른 소프트웨어를 개발해야 한다. 즉, 비즈니스 및 기술 분야의 핵심 이해관계자들이 모여서 요구사항을 수립해야 할 것이다.

JAD는 다른 경우에도 쓰인다. 즉, 고객과 기술팀이 비공식적인 자리에서 만나 공동업무에 대해 의견을 교환하고, 집단 브레인스토밍을 통해서 원하는 결과가 나올 때까지 난상 토론을 하는 경우이다. 이 같은 자유토론과 회의에는 어떤 목적을 신속히 수행해야 한다는 시간적 압력이 작용한다. 따라서 JAD팀은 신속하게 목적을 달성하기 위해서 열성을 다하게 된다.

실제로 정형화된 JAD 접근법은 일정한 구조를 가지고 있다. 전형적인 JAD에는 2가지 단계가 존재한다. 이것은 그림 6.4에 나타나 있다. 첫 번째 단계는 계획수립 세션(planning session)이다. 이 단계의 주요 목적은 요구사항을 만들기 위해 필요한 예비 업무를 수행하는 데 있다. 계획수립 세션이 끝나면 예비 요구사항이 만들어진다. 계획수립 세션을 진행하는 동안에는 다음과 같은 조치가 이루어진다.

○ 세션에 대한 오리엔테이션 실행(왜 우리가 여기에 모였는가? 우리는 무엇을 해야 하는가?)
○ 높은 수준의 요구사항 정의(이때 시각적인 자료나 접착성 라벨, 프로토타입 등을 사용한다)
○ JAD 설계 세션을 수행하는 데 필요한 절차와 단계의 확인
○ 요구사항 개발을 위한 일정 계획

○ 문제와 결정사항들의 기록 정리(이 업무는 서기가 해도 됨)

○ 세션의 종결

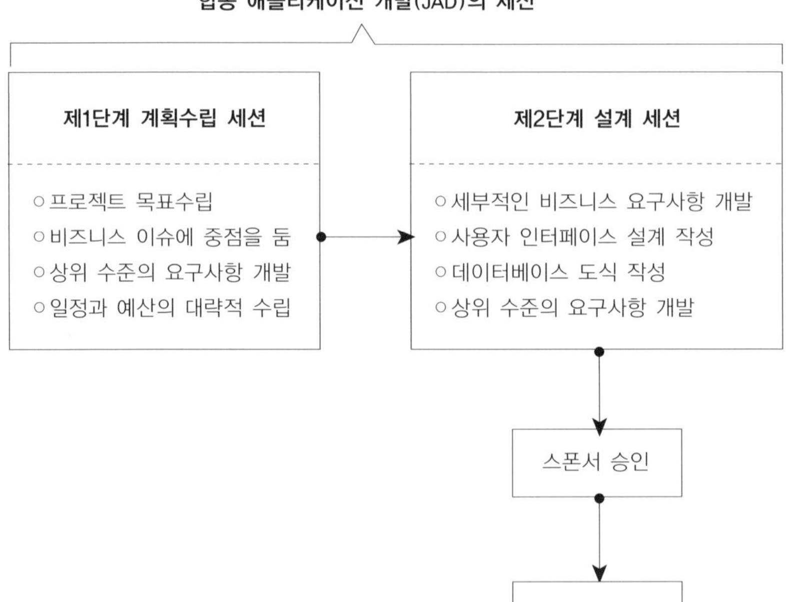

그림 6.4 JAD 절차의 2단계

JAD의 중요한 특징은 브레인스토밍 과정이 끝난 뒤 핵심 집단이 최종적인 수행에 책임을 진다는 것이다. 여기에는 다음과 같은 업무가 포함된다.

○ 시스템의 목적에 대한 보고서 작성

○ 시스템 기능에 대한 검토 수행 및 보고서 작성(기능적인 필요 충족의 여
  부 및 강점과 우선순위 등 포함)

○ 기능적 한계 파악(시스템이 처리할 수 없는 기능)

○ 타 시스템과의 인터페이스 구축

○ 미해결 문제 파악 및 문서 작성

○ 향후 취할 조치들의 목록 작성

　JAD의 계획수립 세션을 통하여, 프로젝트팀은 상위 수준의 요구사항
을 파악할 수 있다. 그리고 보다 상세한 요구사항을 개발하기 위해서 다
음 단계로 진입한다. 여기에서 JAD 설계 세션이 시작된다. 설계 세션은
상세하게 요구사항을 파악하는 단계이다. 설계 세션은 일반적으로 다음
과 같은 업무를 포함한다.

○ 세션에 대한 오리엔테이션 실행(왜 우리가 여기에 모였는가? 우리는 무엇
  을 해야 하는가?)

○ 흐름도를 사용하여 상세한 요구사항 정의

○ 프로토타이핑 형태의 스크린과 보고서 설계

○ 요구사항의 구체화

○ 인터페이스의 요구사항 정의

○ 문제와 결정사항을 문서로 작성(이 작업은 서기가 해도 됨)

○ 세션의 종료

JAD의 실무 스태프는 프로젝트를 최종적으로 수행한다. 수행의 목적은 설계 세션에서 만든 결정사항들을 검토하고 그 결과를 문서로 기록하기 위해서이다. 하위 그룹이 만든 문서는 요구사항에 대한 '공식적인' 발표나 다름없다. 최종적인 수행과정에는 다음과 같은 업무들이 수행되어야 한다.

○ JAD 설계 문서의 완성
○ 프로토타입의 정교화
○ 문서 검토
○ 프로젝트 스폰서에게 발표 및 보고

우리는 JAD의 두 단계 세션을 통해서 요구사항을 효율적으로 정의할 수 있다. 과거 1:1 인터뷰를 통해서 요구사항 정의를 했던 것보다 고객의 진정한 필요를 더 잘 반영할 수 있다. 그리고 변화의 영향 관계 표을 줄이고 고객만족도 향상시킬 수 있다. 오늘날의 복잡한 절차와 과정은 모든 부문에서 주요 이해관계자들의 견해를 교차 기능적으로 투입(input)하기를 요구한다. 이런 투입 작업을 위해서는 이해관계자들을 한 자리에 모아서 회의를 하는 방법이 최선이다. 즉, 핵심적인 이해관계자들이 요구사항을 파악하고 업무에 공동으로 참여해야 한다. JAD의 두 단계 세션을 통해 수립된 요구사항은 고객의 필요와 욕구를 충족시키는 결과물을 만들 것이다.

○ 결론

프로젝트 관리에서 어려운 점은 고객과 개발자 사이에 차이가 존재한다는 것이다. 양자 간의 차이를 어떻게 다룰 것인가? 고객과 개발자는 각각의 환경이 다르고 서로 다른 언어로 이야기한다. 따라서 상대의 전문 분야에 대해서 상세하게 알지 못한다. 이러한 양자 간의 차이는 프로젝트의 실패를 불러온다. 왜냐하면 최종적인 결과물이 고객의 필요를 충족시키지 못하기 때문이다.

우선 고객은 자신의 필요와 요구사항을 구체적으로 정리해야 한다. 개발자가 이해할 수 있는 용어로 명확하게 표현할 수 있어야 한다. 즉, 고객은 자신의 요구사항에 대한 기술적인 결과를 판단해야 할 것이다. 그리고 기술 전문가들의 견해를 이해하려고 노력해야 한다.

개발자들은 고객과의 관계에 신중해야 한다. 고객은 시스템 솔루션의 기술적인 복잡성을 잘 알지 못한다. 따라서 때로는 두서없이 말하기도 하고 기술적인 사항에 대해 질문하면 방어적인 태도를 보이기도 한다. 개발자들은 고객의 이러한 특성을 인지해야 한다. 그리고 개발자들은 고객의 비즈니스에 대해서 많은 것을 배울 수 있도록 노력해야 할 것이다.

결론적으로 양자 간의 차이를 줄이기 위해서는 프로젝트 요구사항의 정의과정에 개발자와 고객 모두가 적극적으로 참여해야 한다. 즉, 합동 책임 팀의 구성, 신속한 프로토타이핑의 형성, JAD 등을 통해서 여러 다양한 이해관계자들의 입장을 반영해야 할 것이다.

　제2부에서는 제1부에서 언급한 문제를 해결하기 위해서 프로젝트 전문가가 갖춰야 할 기술 및 기법들에 대해서 살펴볼 것이다. 과거에는 예산 편성, 일정계획, 인적·물적 자원의 배분 등의 기술만 고려하면 되었다. 그러나 오늘날의 비즈니스 환경은 다르다. 프로젝트 전문가는 구성원 간의 정치적인 관계에서도 역량을 가져야 한다. 그리고 자신의 팀을 단련하여 복잡한 환경에 적응하고, 독립적인 의사결정을 내려야 할 것이다. 또한 미래의 시나리오를 예측하고, 계약에 있어서 외부인과 원활하게 관계를 맺어야 한다. 덧붙여 여러 문제에 대해 충분한 지식과 기술도 갖춰야 한다.

　이에 제2부에서는 프로젝트 전문가가 갖춰야 할 지식과 기술에 대해서 알아보겠다. 이는 성공적인 프로젝트 관리를 위해서 갖춰야 하는 것이다. 6장은 정치적인 기술을 중점적으로 다룰 것이다. 그리고 프로젝트 관리자에게 책임은 많이 요구되지만 그에 따른 권한이 부족한 현실을 지적하겠다. 결론적으로 6장에서는 프로젝트 전문가가 의식적으로 정치적 기술을 개발하고 프로젝트에 실제적인 권한을 갖도록 주장할 것이다.

　7장은 프로젝트 전문가가 부딪히는 근본적인 딜레마에 대해서 살펴볼 것이다. 프로젝트의 수행을 위해서 외부로부터 인력을 차용하는 경우가 많다. 이때 어떻게 팀을 단결하고, 어떻게 팀 정체성을 형성할 것인가의 문제가 주요 논점이 될 것이다.

8장은 의사결정 원칙과 기법에 대해서 검토할 것이다. 이것은 프로젝트 전문가가 프로젝트의 선정, 스태프의 구성, 물적 자원 및 하청업체의 선정 등에 도움을 얻기 위한 것이다. 그리고 수익 및 비용 분석, 동료 평가(peer review), 심사위원회, 등위의 단계(poor man's hierarchy) 등을 제시하겠다.

9장은 비용, 일정, 명세서의 잘못된 평가로 인한 프로젝트의 실패를 다룰 것이다. 그리고 프로젝트의 질을 향상시키기 위한 기법을 제안하면서, 일정지연, 비용초과, 결과물의 질적 저하 등의 문제가 발생할 가능성을 줄일 것이다.

10장은 최근에 새롭게 등장한 2가지 일정계획 기법을 소개할 것이다. 그것은 시간 제약적 일정계획법(time-boxed scheduling)과 위험사슬 일정계획법(critical chain scheduling)이다. 이 2가지 기법은 전통적인 일정계획법이 간과했던 일정계획의 현실을 반영한다. 새로운 기법을 적용함으로써, 프로젝트 팀은 과거보다 신속하게 프로젝트의 결과물을 만들 수 있다.

11장은 아웃소싱에 관한 것이다. 이는 한 기업이 외부로부터 인력을 차용하는 것이다. 그리고 아웃소싱을 도입할 때 계약의 기본 원칙들을 검토하고, 아웃소싱에 따른 효과적인 인력관리 및 업무수행에 관한 몇 가지 방법을 제안할 것이다.

12장은 비용 및 일정관리 시스템을 다루는 획득가치법(Earned Value

Method)에 관한 것이다. 프로젝트팀은 비용계산 기법을 통해 업무에 필요한 비용과 일정의 진행상황을 평가할 수 있다.

13장은 프로젝트의 책임감을 키우기 위한 노력에 대해 논의하고, 전통적인 평가법의 함정에 대해서 이야기할 것이다.

14장은 업무성취도의 측정문제를 다룰 것이다. 업무성취도를 측정함으로써 프로젝트에 대한 통제력을 확대하고 프로젝트의 성공 가능성을 높일 수 있는 방법을 제시하겠다.

15장은 프로젝트 관리에서 새로운 발전 형태의 하나인, 프로젝트 지원실의 설치와 운영에 대해서 살펴볼 것이다. 프로젝트 지원실이 있으면 실제 프로젝트 스태프는 자신의 일에만 전념하면 된다. 과거처럼 문서작업에 시간을 낭비하지 않아도 된다. 지원실을 통해서 수많은 프로젝트 수행에 필요한 전문적 기술을 제공받을 수 있다.

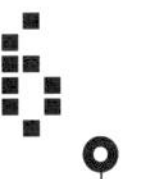

정치적 관계에서 영향력 키우기

실제 프로젝트 관리는 이론과 동떨어진 방식으로 진행된다. 사람들은 이론이 제시하는 범주에 정확하게 맞지 않으며 공식에 따라서 행동하지도 않는다. 또한 프로젝트 관리에서는 구성원 간의 정치적 현상이 필연적으로 나타난다. 모든 프로젝트 관리자는 정치적인 상황에 직면한다. 그러므로 프로젝트 관리자는 상황에 순응하는 법을 터득해야 한다. '정치(politics)'는 다소 부정적인 의미를 갖는 용어이지만 프로젝트 관리자는 정치의 본질적인 특징을 이해하고, 그것이 갖는 긍정적인 측면을 바라봐야 한다. 따라서 프로젝트를 성공적으로 수행하기 위해서는 정치적 기술을 반드시 개발해야 한다.

○ 정치란 무엇인가?

'정치'라는 개념을 명확하게 정의하기는 어렵다. 1978년 아메리칸 헤리티지 사전(American heritage Dictionary)은 정치를 '정부 차원의 정치와 관련된 학문 혹은 기술(the art or science of political government)'이라고 정의하고 있다. 만일 정부의 테두리 밖에서 정치를 이야기하면 정치는 부정적인 뜻을 가진 개념으로 인식된다. 한편, 1964년 웹스터 뉴월드 사전(Webster's New World Dictionary)은 정치를 '집단 내에서 영향력을 키우기 위한 전략'이라고 정의하고 있다.

우선 정치를 논의하기에 앞서 정치가 갖는 부정적인 이미지를 파악해야 한다. 왜냐하면 많은 사람들이 정치적 기술을 개발하는 데 있어서 정치에 대한 부정적인 이미지를 장애요소로 인식하기 때문이다. 존 케네디 대통령은 "어머니들은 아들이 자라서 미국의 대통령이 되기를 바랄지 모른다. 그러나 대통령이 되기 위해 정치가가 되는 것은 원하지 않을 것이다"라는 말을 남겼다. 이 말은 아메리칸 헤리티지 사전에 실린 것으로, 우리가 정치에 대해서 가지는 모순된 이미지를 잘 표현하고 있다. 정치에 대한 우리의 부정적인 생각은 정치가를 이야기할 때 사용하는 수식어를 보면 알 수 있다. 우리는 정치가를 표현할 때 '쉽게 변하는', '원칙이 없는', '이기적인', '부패한', '부도덕한' 등의 단어를 자주 사용한다. 이를 통해서 우리는 정치가들이 직무를 수행할 때 도덕적 원칙마저 지키지 않고 행동한다는 것을 알 수 있다.

일간지의 정치 기사는 정치 상황과 정치가에 대한 부정적인 시각을 더욱 확대시킨다. 그러나 이는 정치의 본질을 왜곡한 것이다. **정치란 영향**

력에 관한 기술이다(politics is the art of influence). 유능한 정치가는 영향력을 발휘하여 자신이 원하는 바를 타인이 수행하도록 만들어야 한다. 예를 들어, 정치가는 유권자들로 하여금 자신에게 표를 던지도록 영향력을 행사해야 한다. 그리고 당선 후 선거구민이 필요로 하는 것에 힘을 쏟음으로써 영향력을 유지해야 한다. 이런 식으로 그는 다른 정치가에게도 영향력을 행사하고 자신의 지위를 공고히 한다.

정치가 갖는 또 다른 특징은 인간관계에서 윤활유와 같은 역할을 한다는 점이다. 사람들은 다른 사람들과 갈등을 일으킨다. 각자가 추구하는 목적이 서로 상충하기 때문에 이런 상황은 자주 일어난다. 가정 내에서 살펴보면, 남편과 아내가 집안의 TV 리모컨을 놓고 서로 다투는 모습을 볼 수 있다. 대게 아내는 드라마를 보고 싶어 하지만 남편은 다른 프로그램을 원한다. 공동체 차원에서 살펴보면, 경제성장을 찬성하는 자들과 부의 균등한 분배를 위해서 성장에 반대하는 자들 사이에 갈등이 있을 것이다. 그리고 사회복지 프로그램을 시행해야 한다고 주장하는 사람들과 정부의 자유방임적 역할을 지지하는 사람들 사이의 충돌과 대립이 있을 수 있다. 국제적인 차원에서도 갈등은 존재한다. 이때 양자의 목적이 갈등을 빚어 해결되지 못하면 전쟁이라는 재앙을 초래하기도 한다.

갈등은 조화를 통해서 해결할 수 있는데, 무엇보다 정치적 노력과 역량이 필요하다. 만약 갈등이 정치적 노력을 통해서 해결될 수 없다면 혼돈과 무질서, 사회적 교착상태, 적대적 행동이 발생하게 된다. 이를 일컬어 칼 폰 클라우제비츠 *Carl von Clausewitz*는 《On War》에서 '전쟁이란 다른 수단을 이용한 정치의 연속이다'라고 밝혔다.

지금까지 언급한 내용을 토대로 사전에서 정의했던 정치의 개념을 재

정치적 관계에서 영향력 키우기

정의할 수 있다. 정리하면, 정치는 조화와 영향력을 발휘하여 목적을 달성하는 과정과 절차이다.

○ 프로젝트에서의 정치

프로젝트 환경에서 정치적인 요소를 강화해야 한다. 현재 프로젝트에서는 권한이 분산되어 있다. 대부분 프로젝트 관리자들은 자율적으로 동원하고 활용할 수 있는 '자신만의(own)' 자원을 갖고 있지 못하다. 프로젝트 스태프를 구성하는 인력들도 다른 분야에서 차출된다. 프로젝트 관리자는 필요한 인력이 있으면 타 부서 관리자들로부터 교묘하게 직원을 빼내기 위해 많은 노력을 기울여야 한다. 이러한 현실은 프로젝트 관리자들 간에 갈등을 불러온다. 또한 다른 부서 관리자들과의 갈등도 초래한다. 결국 필요한 자원을 획득하기 위한 노력은 타협을 통해서 훌륭한 거래로 성사되기도 하지만 간혹 더 큰 위험을 불러오기도 하다.

○ 프로젝트의 핵심 행위자들

다른 측면에서 보아도 권한은 분산되어 있다. 프로젝트 수행과정에서 관리자는 자신을 둘러싸고 있는 수많은 핵심 행위자들과 관계을 맺는다. 그들은 프로젝트를 시작할 수도 있고 중단할 수도 있는 힘을 갖고 있다. 프로젝트 관리자는 당연히 이들 행위자들의 의견을 반영하기 위해서 많은 시간을 할애해야 한다. 그리고 그들이 프로젝트 진행과정에 미칠 영향력을 인지해야 할 것이다. 여기서 우리는 어떻게 정치가 프로젝트의 영역에 영향을 미치는지 알 수 있다. 그러면 핵심 행위자들에 대해서 알아보자.

● 상사(Bosses)

프로젝트 관리자가 누리는 독립성의 범위는 각양각색이다. 어떤 사람은 예산편성, 일정계획, 자원조달 및 배분 등의 문제에 명령권을 가진다. 반면 어떤 사람은 단순히 업무에만 권한을 가진다. 이 부분은 프로젝트 관리자가 상사와 원만한 관계를 갖는 것이 중요하다는 것과 연결지어 설명하겠다.

어떤 상사를 두느냐에 따라서 프로젝트 관리자에게 프로젝트 업무가 괴로울 수도 있고 즐거울 수도 있다. 상사는 프로젝트 수행에서 물질적인 것뿐만 아니라 심리적으로도 영향을 미친다. 예를 들어, 긴급상황이 발생했다고 하자. 그러면 상사는 프로젝트 관리자에게 인원을 추가하거나 물적 자원을 투입할 수 있다. 또한 상사가 프로젝트의 잘못된 부분을 발견할 수 있다는 것은 프로젝트 관리자로 하여금 위험을 회피하도록 만든다. 그러면 프로젝트 관리자는 심리적으로 위축되고 수행과정에서 확고한 결정을 내리지 못한다.

또, 프로젝트 관리자는 상사가 프로젝트에 관해서 중립적인 입장이 아니라는 사실을 알아야 한다. 이는 프로젝트에 있어서 중요한 정치적인 요인이다. 상사도 프로젝트의 이해관계에 있는 사람이다. 프로젝트 관리자의 상사도 위에 상사가 있다. 상사와 그 위 상사의 관계는 프로젝트 관리자의 성취도에 매우 민감하다. 프로젝트가 눈에 띄는 성공을 거두면 상사의 조직관리 능력이 상부로부터 긍정적인 평가를 받는다. 따라서 진급을 하기도 하고 보너스가 지급되기도 한다. 반면 프로젝트가 실패하면 문책을 당하거나 회사 내 다른 부서로 발령이 날 수 있다.

다른 측면에서 보아도 상사는 이해관계자의 입장에 있다. 프로젝트를 새로 맡으면서 그들은 자신의 전문영역을 확장시킨다. 그들은 자기가 맡은 프로젝트를 이용해 조직 내에서 자신의 입지를 강화한다. 따라서 부하 직원인 프로젝트 관리자가 어려움을 겪으면, 이는 관리상의 문제뿐만 아니라 정치적인 혼란을 불러일으킬 것이다.

정치적인 의미에서 상사도 이해관계자라는 사실은 상당히 중요하다. 정치적인 문제에 능숙한 프로젝트 관리자는 상사의 시각을 고려해서 결정을 내린다. 그들은 상사가 원하는 프로젝트의 목표가 무엇인지 파악해야 한다. 만일 이것을 제대로 파악하지 못하면 상사는 결정된 사항을 번복할 것이고, 프로젝트 수행에 따른 지원도 줄어들지 모른다. 요컨대, 상사의 목표를 염두에 두지 않으면 프로젝트의 성취도 평가도 좋지 않을 것이다. 결국 향후 다시 프로젝트 관리를 맡게 될지도 미지수가 된다.

● 동료(Peers)

동료는 우리와 같은 수준의 책임을 갖고 직무에 임하는 프로젝트 관리자를 의미한다. 동료는 조직의 위계상 같은 위치에 있기 때문에, 우리는 그들에 대해서 직접적인 통제력을 가지고 있지 않다. 다만 그들의 협력이 필요하다면 영향력을 행사함으로써 협력을 얻을 수 있을 것이다.

우리가 프로젝트의 동료들과 맺고 있는 관계는 양면성을 갖고 있다. 우선 그들은 든든한 협력자이자 후원자이다. 우리에게 중요한 정보를 제공해주기도 하고, 그들이 가진 자원을 공유하기도 한다. 또 그들은 곤란에 처했을 때 위로해주기도 하고, 아이디어 개발을 위해 충실한 조언자가 되기도 한다. 때로는 우리와 함께 정치적 동맹을 형성하기도 한다.

그러나 그들은 우리의 경쟁자이기도 하다. 2가지 측면에서 그들과 경쟁 관계에 있다. 첫째, 우리는 희소한 자원을 놓고 그들과 경쟁한다. 따라서 은밀한 계략을 통해 자원을 확보하기도 하는데, 때로는 그들이 우리의 몫을 가로채기도 한다. 둘째, 우리는 업무 평가나 승진을 놓고 그들과 경쟁한다. 회사에서 우리가 보다 높은 위치로 승진하려면 더 적은 수의 자리를 놓고 더 많은 후보자들이 경쟁해야 한다. 회사가 경영 조직의 위계적인 질서를 완화하고, 관료주의의 철폐를 주장하는 것도 모두 조직 내 경쟁을 강화하기 위한 것이다.

● 부서 관리자
(Functional Managers)

프로젝트 관리자는 자신만의 자원을 갖고 있지 못하다. 따라서 회사 내 다른 기능 부문으로부터 자원을 빌려야 한다. 따라서 프로젝트 관리자는 필요한 자원을 획득하기 위해 노력해야 한다. 프로젝트 관리자에게 필요한 자원은 그 자원을 관리하는 부서 관리자(functional managers)로부터 나온다.

자원을 획득하기 위해서 관심을 가져야 할 부분에 대해서는 다음의 질문들을 참고해보자.

- 프로젝트의 기술적인 요구사항을 충족하도록 자원을 조달할 수 있는가?
- 자원의 품질을 보증할 수 있는가?
- 업무수행을 위해서 어떤 조치를 취해야 하는가?
- 충분히 자원을 확보했는가?
- 필요할 때 자원을 조달할 수 있는가?
- 향후 필요한 때를 대비해 자원을 비축할 수 있는가?
- 다른 부서의 긴급 상황에 대비해 우리 팀의 자원을 차출할 수 있는가?

때때로 자원의 수급이 원활하게 이뤄지기도 한다. 예를 들어, 프로젝트 관리자가 데이터처리 담당자에게 오는 9월부터 10월까지 2개월 동안 데이터베이스 전문가가 필요하다는 의사를 전달한다고 하자. 데이터처리 담당자는 업무일정을 검토하고 프로젝트 관리자가 원하는 대로 인력을 지원해주겠다고 말할 수 있다.

그러나 자원의 획득은 이보다 훨씬 복잡하다. 프로젝트 환경은 변화무쌍하기 때문에 계획 또한 변하기 마련이다. 계획한 일정이 지연되거나 예산이 삭감되거나 증액되기도 한다. 새로운 임무가 주어지거나 직원이 건강이 상해서 자리를 비우기도 하고, 계약을 통해 새로운 스태프를 영입하기도 한다. 그 외에도 많은 변화들이 일어난다. 이러한 상황에서 자원을 획득하는 것은 상당히 중요한 일이면서도 어려운 일이다. 필요한 인력을 적절한 시기에 영입하기 위해서는 인적 자원에 대해 통제력을 가진 관리자를 설득할 수 있어야 한다. 공식적인 양식을 격식에 맞게 작성하는 것은 직접적인 도움이 되지 못한다. 요컨대, 자원을 획득하는 데 정치적인 기술이 중요하게 작용하는 것이다.

● 고객(Customers)

프로젝트의 목적은 결과물을 통해서 고객을 만족시키는 것인데, 최근까지 프로젝트에서 고객은 큰 주목을 받지 못했다. 이는 프로젝트 스태프가 기술적으로 전문성을 갖고 있다는 확신때문이었다. 또, 프로젝트 스태프는 교육, 경험, 지식을 통해서 고객을 위한 최선책이 무엇인지 알고 있다고 여겼다.

이제 프로젝트 관리의 중요한 특징은 고객이 왕이라는 것이다. 실제로 프로젝트의 성패는 고객만족에 따라 결정된다. 고객이 프로젝트의 결과물을 사용하지 않거나 활용 빈도가 낮거나 혹은 오용하고 있다면 그 프로젝트는 실패한 것이다. 전문가가 고객이 무엇을 원하는지 알고 있다는 식의 견해는 새로운 프로젝트 관리에서 적절하지 않다.

5장에서 지적했던 것처럼, 프로젝트 관리에서 고객과 개발자 간에는 차이가 존재한다. 따라서 프로젝트 스태프는 대인관계 기술을 배우고 익혀서 고객과 생산적인 상호작용을 해야 한다. 프로젝트 스태프는 정치적인 기민함도 갖춰야 한다. 왜냐하면 그들이 대하는 사람은 통제할 수 있는 범위 밖에 있기 때문이다. 그들은 각기 다른 목적을 가진 사람들이다. 따라서 프로젝트 스태프는 고객에게 자신을 맞추면서 고객이 진정으로 필요로 하는 것이 무엇인지 정확하게 파악해야 할 것이다. 이와 더불어 타협의 중요성을 인식해야 한다. 즉, 고객과 직접 대화를 하면서 적절하게 타협할 수 있는 능력이 필요하다.

프로젝트 스태프들이 고객과 우호적인 관계를 형성하기 위해서 대인관계 기술까지 익혀야 한다면 상당한 스트레스에 시달릴 것이다. 왜냐하면 프로젝트 스태프는 대인관계 기술보다는 컴퓨터 프로그래밍, 전자공학, 회계 등 자신의 업무에 집중하기를 바라기 때문이다. 대게 이들은 정치적인 감각에 대한 이해가 부족하다. 그러나 프로젝트 스태프들이 궁극적으로 고객만족을 위한 결과물을 생산하기 위해서는 부족한 부분을 개발하기 위해서 노력해야 한다.

● 하청업자(Vendors)

표면상으로 하청업자와 정치적인 문제는 없어 보인다. 왜냐하면 프로젝트 관리자는 하청업자에 대해서 일정 수준의 통제력을 행사할 수 있기 때문이다. 즉, 하청업자가 물건을 제때 공급하지 않으면 프로젝트 관리자는 대금을 지불하지 않아도 된다.

그러나 사실 하청업자로부터 무엇인가를 얻어내는 일은 상당히 복잡한 과정이다. 다음은 하청업자를 다룰 때 발생하는 일반적인 문제점들이다.

○ 하청업자로부터 물품 공급이 늦어져서 일정이 지연되었다.

○ 공급된 물품이 제시한 명세서에 적합하지 않아서 사용할 수 없다.

○ 송장 가격이 예상한 가격보다 초과되어 총 비용이 늘어났다.

이런 문제들이 발생한다면 하청업자를 어떻게 다뤄야 할까? 현재는 이런 문제가 생기지 않았더라도 향후 문제가 발생하지 않도록 방지하기 위해서는 어떤 조치를 취할 수 있는가? 이 질문에 대한 해답은 명쾌하지 않다. 특정한 상황 및 조건에 따라서 알맞은 해결책을 찾아야 한다. 물품 대금을 지급하지 않겠다고 위협하거나, 계약의 파기 혹은 계약 불이행에 따른 법적 조치 등의 방법들은 단지 일시적인 방책에 불과하다. 프로젝트 관리자는 이보다 더 다양한 방법을 동원하여 하청업자를 통제해야 할 것이다. 프로젝트 스태프는 하청업자로부터 필요한 서비스나 물품을 정해진 기한 내에 약속한 품질로 공급받아야 한다. 하청업자와의 문제가 프로젝트의 예산, 일정, 요구사항의 확대까지 이어져서는 안 된다.

프로젝트 관리에서 하청업자와의 문제 해결을 위해서도 정치적 기술이 필요하다. 프로젝트 스태프는 정치적 기술을 활용하여 문제가 발생하기 전에 미리 예측하고, 하청업자가 책임을 완수하도록 방법을 모색해야 한다. 여기서 정치적 기술이 부족하면 프로젝트 스태프는 결국 상황을 통제할 수 없을 것이다.

● 기타 행위자(Others)

수많은 프로젝트 행위자들이 정치적 관계에 놓인다. 다음은 일부 행위자에 대해 간략하게 설명하고 있다.

○ 구매부서 – 구매부서가 업무에 대한 지시를 늦추면 필요한 물품의 공급이나 서비스도 지연된다.

○ 정보자원 관리부서 – 정보자원 관리부서가 회사의 표준에 부합하는 컴퓨터를 구매했는데, 구입한 컴퓨터가 프로젝트 수행에 적합하지 않을 수도 있다.

○ 계약부서 – 계약서 조항이 좁은 범위에서 해석된다면, 계약자가 결과물의 요구사항에 대해 변경을 요구해도 계약부서에서 이를 승인하지 않을 것이다.

○ 비서 – 프로젝트의 수행에 직접 참여하지 않기 때문에, 업무진행을 지연시키고 보고서의 질도 떨어뜨릴 수 있다.

○ 프로젝트의 정치적 함정

어떤 사람들은 타고난 정치가처럼 보인다. 이런 사람들은 서로 다른 상황에서도 정치적 측면을 파악해내는 본능적인 능력을 갖고 있다. 그리고 자신의 의지를 실현하기 위해서 어떤 일을 해야 할지 잘 알고 있다.

그러나 대부분의 사람들은 타고난 정치가가 아니다. 우리는 성장 및 교육과정을 거치면서도 정치적 현실에 대해서는 제대로 준비하지 못했다. 왜냐하면 부모님과 선생님들이 우리에게 정치적 현실에 대해서 가르쳐주지 않았기 때문이다. 또, 정치에 관해서 부정적인 견해가 만연했기 때문에 대부분의 사람들이 정치적인 것과는 그 무엇도 결부시키기를 꺼려했다. 그 결과 우리는 정치적 상황에 처하게 되면 당황하고 나약한 모습을 보이게 되었다.

우리는 종종 정치적인 어려움에 처하곤 한다. 아래에서는 가장 일반적으로 빠질 수 있는 정치적 함정에 대해서 살펴보고자 한다.

겉모습만으로 판단하여 수용하는 것 – 정치학은 심리분석, 새로운 물리학, 동양의 종교, 마술 등과 같이 '모든 것이 보이는 것과는 다르다'는 인식을 공유하고 있다. 플라톤은 《국가론 *The Republic*》에서 동굴을 비유하면서 위에서 언급한 인식의 문제를 다루었다. 즉, 동굴에 갇힌 사람은 동굴 벽에 비친 움직이는 그림자를 보면서 그것을 현실이라고 인식한다는 것이다. 그들에게는 벽의 그림자가 경험할 수 있는 현실의 전부이기 때문이다. 물론 이러한 현실 이면에는 물체가 동굴 벽에 그림자를 만들어내고 있다는 현실이 존재한다.

훌륭한 정치인은 진실을 찾기 위해서 겉만 보고도 안을 들여다볼 수 있는 능력을 가진 자들이다. 예를 들어, 사무실에서 가장 높은 위치에 있는 상사가 생산성 향상을 위해 사무실의 자동화가 필요하다는 말을 했다고 하자. 만일 그 상사를 잘 아는 프로젝트 관리자라면, 그가 원하는 것이 최신 설비를 갖추는 일이라고 예측할 것이다. 이러한 통찰력은 프로젝트 관리자로 하여금 프로젝트의 성공을 높일 수 있도록 돕는다.

정치적 현실에 대한 무감각 – 어떤 사람들은 정치적인 사전 작업도 하지 않고 돌진하는 데만 급급하다. 이런 사람들은 종종 함정에 빠지는 경우가 많다. 즉, 일을 수행하기 전에 정치적인 관계를 고려하지 않기 때문에 결과가 좋지 못한 것이다.

다음의 사례를 생각해보자. 한 프로젝트 관리자가 40~50대 직원들로 구성된 그룹에서 33살의 직원에게 프로젝트 책임자 역할을 맡겼다. 이에 따라 직무 책임자와 스태프들 간의 연령 차이로 인해서 프로젝트 팀에 문제가 발생할 수 있다는 문제가 제기되었다. 그러나 프로젝트 관리자는 "나는 문제될 건 없다고 봐요. 나이 많은 스태프들은 몇 년이 지나면 회사를 떠날 테니까요. 우리는 젊은이에게 효과적인 조직 관리법을 배울 수 있는 기회를 주어야 합니다"라고 말했다. 젊은 직원의 전문성을 개발해야 한다는 그의 목적은 설득력이 있어 보인다.

그러나 그가 간과한 사실이 있다. 프로젝트 팀의 스태프들이 33살의 젊은이를 책임자로 여기지 않고 반발할 수 있다는 것이다. 그러면 프로젝트의 성과에도 악영향을 미친다. 여기서 프로젝트 관리자의 정치적인 행동이 부족한 것을 알 수 있다. 만일 프로젝트 관리자가 정치적인 관계를 고려하여 사전 업무에 관심을 두었다면 책임자 임명에 더욱 신중했을 것이다. 단순히 조직 관리법을 익히도록 하기 위해서 젊은이에게 직무 책임자 역할을 맡기는 것은 얼마나 무모한가.

위선 정치가(hyperpolitician) – 때때로 프로젝트 담당자는 지나치게 정치적이어서 어려움에 처한다. 이러한 사람들은 타인에 대한 험담을 즐기고 음모를 꾸미는 데 소질이 있다. 그들은 어떤 문제에 대해서 일관된 견해를 갖고 있지 않다. 회사 내 주도적인 정치적 흐름에 편승할 뿐이다. 그들은 교활한 정치가의 모습을 모방하고 있는 것이다.

문제는 그들의 정치가적인 역할이 성공적이지 못하다는 것이다. 그들이 벌이는 정치적인 계략은 다른 사람들이 눈치챌 수 있는 것이다. 정치가의 궁극적인 목적은 타인에게 영향력을 행사하여 자신이 원하는 바를 성취하는 것이다. 등 떠밀기나 중상모략과 같은 방법을 사용하는 것이 아니다. 타인에게 영향력을 미치기 위해서는 매우 정교한 기술이 필요하다. 그리고 타인의 필요, 욕구, 감정 등에 대해서도 민감하게 파악할 수 있어야 한다. 그러나 이들은 이런 기술을 갖지 못했다.

이들은 여러 가지 난관에 부딪칠 수밖에 없다. 예를 들어, 정치적 의도를 노골적으로 드러내면 동료 직원들로부터의 신뢰를 잃을 수 있다. 동료들은 그를 본질을 알 수 없는 사람이라고 평가할 것이다. 결국 이는 그들의 승진이나 발전 가능성을 제약하는 요인이 된다. 그리고 다른 사람들과의 협력도 불가능하게 된다. 이들이 빠지기 쉬운 또 다른 함정은 스스로가 행한 사건에서 자신들이 정치적 희생양이 될 수 있다는 사실이다. 그러면 자신이 맺고 있던 동맹관계가 깨질 수 있다. 어제의 동지가 오늘의 적이 되는 것이다. 그리고 어제의 적은 여전히 적으로 남게 된다.

2류 정치가(Hypopolitician) – 2류 정치가는 앞서 말한 위선 정치가(hyperpolitician)와는 완전히 반대되는 개념이다. 위선 정치가는 지나치게 정치적인 작업을 추구하지만, 2류 정치가는 정치적인 행동이 평균에 미치지 못한다. 2류 정치가는 여러 가지 이유로 정치적인 상황을 회피한다. 어떤 이들은 정치적인 행동에 개입하는 것을 꺼려하거나 정치가 바보 같고 저속한 일이라고 여긴다. 따라서 자신 또한 그런 식으로 취급받을까봐 정치를 회피한다. 또 다른 사람들은 내향적인 성향 때문에 일반적으로 정치가들과 같이 외향적인 행동을 하는 것을 불편해한다.

2류 정치가는 어떤 문제에 관해서도 회피해서는 안 된다. 프로젝트에서의 정치는 필연적이고 본질적이라는 것을 이해해야 한다. 또, 프로젝트를 둘러싼 환경에서 정치적 특징을 이해하고 정치적 기술을 터득하는 것이 중요하다. 이를 통해서 2류 정치가는 프로젝트 성취도를 높일 수 있다. 만약 이들이 계속 프로젝트의 정치적 특징을 회피하면 프로젝트는 수행할 때 통제할 수 있는 영역이 점점 줄어든다.

○ 행동의 지침

지금까지 우리는 프로젝트에서의 정치와 그 일반적인 특징에 대해서 살펴보았다. 이제는 실질적인 행동에 중점을 두고자 한다. '우리가 보다 정치적인 역량을 갖기 위해서는 어떤 일을 해야 하는가?' 하는 문제에 대한 해답을 찾아보자. 여기서는 4단계의 접근법을 제시하고자 한다.

1단계 : 정치에 대한 긍정적인 태도를 개발하라
2단계 : 권한을 확보하여 정치적 행동을 위한 기반을 견고하게 하라
3단계 : 프로젝트 환경의 핵심 요소를 파악하라
4단계 : 취해야 할 행동을 결정하고 실행에 옮겨라

● 1단계 : 정치에 대한 긍정적인 태도를 개발하라

정치란 프로젝트에서 필연적인 것이다. 따라서 우리는 프로젝트의 정치적인 특징을 이해하고, 보다 유능한 프로젝트 관리자가 되기 위해서 정치적인 지식을 활용해야 한다. 정치란 본질적으로 천박하고 타락한 행동이라는 시각을 버려야 한다. 정치의 근본적인 의미는 사람과 조화를 이루고 영향을 미쳐서 목적을 달성하는 것이다. 만일 우리가 수행중인 프로젝트에 직접적인 통제력을 행사할 대상이 적다면, 이때 바로 정

치가가 되어서 목표를 달성하도록 노력해야 할 것이다.

● 2단계 : 권한을 확보하여 정치적 행동을 위한 기반을 견고하게 하라

프로젝트 관리자는 책임만 있을 뿐 그에 따른 권한은 갖고 있지 않다. 앞에서 살펴본 대로 프로젝트 관리자가 권한이 없는 이유는 그들이 필요로 하는 자원에 대해 통제력이 없기 때문이다. 프로젝트 관리자는 다른 곳으로부터 자원을 차용해야만 한다.

그렇다면 권한의 문제가 왜 중요한가? 권한을 통해서 우리는 능력을 가질 수 있기 때문이다. 즉, 권한은 우리가 원하는 바를 타인이 수행하도록 하는 통제력을 의미한다. 만일 아무런 권한도 없다면, 우리는 원하는 업무를 처리하기 위해서 타인의 결정을 기다려야만 한다.

프로젝트 관리자가 업무를 수행하기 위해서는 기본적으로 권한을 가져야 한다. 프로젝트 관리자는 프로젝트 환경을 인식하고 기본적인 권한을 가짐으로써 기술과 자원을 획득할 수 있다. 프로젝트 관리자가 가져야 할 권한에는 여러 가지가 있다. 여기에서는 대부분의 프로젝트에서 사용할 수 있는 몇 가지 권한에 대해서 설명하고자 한다.

프로젝트 관리자가 스태프, 상사, 동료에게 영향력을 행사하기 위해서는 권한을 갖고 있어야 한다. 권한을 획득해야만 유효한 정치적 행동을 취할 수 있다. 그러나 우선 환경에 대한 정확한 이해와 평가가 필요하다. 권한을 행사할 여건을 평가하지 않는다면 권한을 행사하는 것이 오히려 역효과를 불러올 수 있기 때문이다. 여기에서 우리는 3단계로 넘어간다. 즉, 정치적 기술을 갖추기 위해서는 주변 환경에 대해 적절히 평가하고

정치적 관계에서 영향력 키우기

인식해야 할 것이다.

● 3단계 : 프로젝트 환경의 핵심 요소를 파악하라

로버트 블록 *Robert Block*은 《The Politics of Projects》에서 '유능한 프로젝트 관리자가 되기 위해서는 프로젝트의 환경에 대해 확실히 이해해야 한다'고 지적한다. 유능한 정치인들은 주변 상황을 잘 파악한다. 로버트 블럭은 프로젝트 주변의 환경에 대한 이해가 얼마나 중요한지 중점적으로 논의하고 있다. 이는 3가지 기본적인 질문으로 요약된다.

○ 누가 행위자인가?
○ 행위자들의 목적은 무엇인가?
○ 나는 누구인가?

누가 행위자인가? 정치란 사람과 사람 사이에 일어나는 상호작용이다. 따라서 우리는 프로젝트에 영향을 받거나 줄 수 있는 행위자들이 누구인지 파악해서 체계적으로 조사해야 한다. 조사에서 가장 중요한 것은 가능한 한 많은 수의 행위자들을 리스트로 작성하는 것이다. 이렇게 하면 핵심 행위자를 빠뜨릴 가능성이 적어진다. 작성한 리스트를 갖고 여러 가지 기준을 세워서 중요하지 않은 행위자는 삭제해야 한다.

핵심 행위자를 판단할 때, 단순히 조직 상위에 속한다는 이유만으로 그를 핵심 행위자로 넣어서는 안 된다. 이 과정에서 중요한 것은 조직의 위계상 누가 상위에 있느냐의 문제가 아니라 프로젝트 결과에 긍정적 혹은 부정적 영향을 미칠 수 있는 사람이 누구냐 하는 문제이다. 이를 기본적인 판단의 기준에 두고서 핵심 행위자를 추려내면, 데이터베이스 개발 프로젝트에서는 데이터 입력 작업을 맡고 있는 실무 직원이 핵심 행위자가 될 수도 있다. 마찬가지로 시장조사 프로젝트에서는 전화 상담원이 핵심 행위자가 될 수 있다.

한 가지 예를 들어보자. 사무실 이전에 관한 프로젝트에서 핵심 행위자를 파악하면 아마도 다음과 같이 설명할 수 있을 것이다.

○ <u>조직 내부의 행위자</u> : 상사, 프로젝트 스태프, 사무실 감독자, 구매조달 부서, 이전하는 부서의 직원, 이전하는 부서의 관리자, 데이터처리 부서, 자금운용 부서, 설비관리 부서

○ <u>조직 외부의 행위자</u> : 고객, 건축 컨설턴트, 인테리어 컨설턴트, 부동산업자, 이사대행 회사, 보험회사, 전력회사(만일 사무실을 이전하고 새로운 설비를 구축해야 한다면 외부 행위자의 수는 더 많아진다. 여기에는 일반 계약자, 세부 계약자, 토지구획설정위원회, 구청의 인가부서 등이 포함될 것이다)

이 행위자들은 제각기 프로젝트에 영향을 미칠 수 있다. 즉, 이들은 행위를 하거나 하지 않음으로 프로젝트의 일정, 예산, 명세서 등에 영향력을 행사할 수 있다.

행위자들의 목적은 무엇인가? – 우리는 핵심 행위자들의 리스트를 작성하면서 누구에게 관심을 집중시켜야 하는지 파악할 수 있다. 핵심 행위자들은 프로젝트 결과에 영향을 미칠 수 있는 인물이기 때문이다. 핵심

행위자가 누구인지 파악했다면 핵심 행위자가 프로젝트를 효율적으로 수행할 수 있도록 동기를 불러일으켜야 한다. 핵심 행위자의 목적을 이해하고, 그들을 다루는 방법을 연구해야 한다. 이를 통해서 핵심 행위자들을 다루는 기술 및 통찰력을 가질 수 있다.

핵심 행위자의 목적을 파악하려면 심리적으로 접근해야 한다. 핵심 행위자가 말하는 내용에 일차적으로 관심을 가져야 하지만, 그들이 말하지 않는 부분의 숨겨진 목적도 파악해야 한다. 그러나 숨겨진 목적을 알아내기는 힘들다. 또한 그들은 의도적으로 자신의 목적을 숨기는 경우가 많고, 그 목적이 잠재의식 속에 있는 것이라면 무의식중에 목적을 감추기 때문이다.

사무실 이전의 예로 다시 돌아가보자. 사무실 감독자는 사무실 이전에 대해서 상부의 승인을 얻기 위해서 다음과 같은 목적들을 상부에 보고할 것이다.

- 증가한 직원 수와 규모를 수용할 수 있도록 보다 큰 사무실로 이전해야 한다
- 최신식 설비가 갖추어진 사무실로 옮겨야 한다
- 고객과 보다 가까운 위치로 이전해야 한다

그러나 감독자가 추가적인 목적들을 숨기고 있을 수 있다. 예를 들면 본부로부터 떨어진 곳에 사무실을 이전함으로 행동의 독립성을 보장받으려는 의도가 있을 수 있다. 또는 자신도 인식하지 못하는 목적이 있을 수 있다. 예를 들면, 자신의 에너지를 쇄신하기 위해서 주기적으로 변화

를 도모하는 성격을 갖고 있을 수 있다. 이 모든 목적들을 정확하게 인식하면서 프로젝트 관리자는 주요 행위자의 성격과 원하는 바에 대해 통찰력을 가진다. 따라서 프로젝트 관리자는 해야 할 일과 하지 말아야 할 일에 대해 지침을 마련해야 한다.

프로젝트 전문가들은 핵심 행위자들의 목적을 파악하는 데 어려움을 겪는다. 어떤 이들은 타인의 필요와 요구사항에 대해 무감각할 수도 있고, 타인의 심리를 파악하는 것이 어렵고 불편할 수 있다. 기술적인 방면에서 일하는 대부분의 사람들이 이런 모습을 보인다. 그들은 사람과의 관계보다는 사물과의 관계를 더 편하게 느끼는 경향이 있다. 그러나 혼자서 핵심 행위자의 목적을 파악하는 것이 어렵다면 두세 명이 그룹을 지어 문제를 풀어나가면 좋을 것이다. 한 명보다는 두세 명의 협력이 더 좋은 결과를 만드는 법이다.

나는 누구인가?— 이것은 '자아 인식(know thyself)'의 단계이다. 프로젝트 관리자가 정치적인 행동을 효과적으로 하려면 자신의 능력과 한계를 정확히 알아야 한다. '자아 인식'은 프로젝트의 수행과 직접적인 관련이 있다. 예를 들면 다음과 같은 질문이 가능할 것이다. 어떻게 하면 프로젝트가 자신의 가치와 조화를 이룰 것인가? 지금의 프로젝트가 자신의 재능을 제대로 발휘할 수 없는 것은 아닌가? 과다한 업무로 주말 계획이 무산되는 것에 불만이 있지는 않은가? 프로젝트의 요구사항과 프로젝트 관리자의 목적이 부합하지 않으면, 이는 프로젝트에 대해 부정적인 태도와 무성의함을 초래한다. 바꿔 말해서 이는 그들의 정치적 능력에 장애요인으로 작용할 것이다.

프로젝트 관리자가 알아야 하는 중요한 사항이 있다. 이는 다음에 제시하는 질문에 대한 해답을 통해서 알 수 있다.

○ 동료들의 입장에서 나의 외향적인 모습이나 성격이 매력적인가?
○ 내가 글과 말을 통해서 적절하게 커뮤니케이션을 하고 있는가?
○ 프로젝트와 관련된 기술상의 문제와 관리상의 문제에 대해서 충분한
  지식을 갖고 있는가?

자아 인식에 관해서 보다 많은 이해를 원한다면 리처드 볼스*Richard Bolles*의 《당신의 파라슈트는 어떤 색깔입니까? *What Color Is Your Parachute*》를 참고하자. 이 책은 지금까지 발간된 가장 성공적인 경영서 중 하나이다. 이 책은 자신의 필요, 요구, 능력을 완전히 이해하지 못하면 비즈니스 환경에서 성공할 수 없다는 것을 알려준다.

● **4단계 : 취해야 할 행동을 결정하고 실행에 옮겨라**

1단계부터 3단계까지는 정치적인 기초 지식에 대해서 검토했다. 이를 통해 프로젝트 관리자는 중요한 의사결정을 내릴 때 정치적인 측면을 고려하게 될 것이다. 이제는 문제에 대한 해결책을 제시할 때이다. 사실 많은 프로젝트 전문가들이 1단계부터 3단계까지를 건너 뛰고 의사결정 과정인 4단계로 넘어간다. 즉, 그들은 문제의 이면에 숨겨진 정치적인 측면을 평가하기도 전에 문제를 진단하고 해결책을 만들어내는 것이다.

프로젝트 관리자는 정치적인 예비 작업을 마치면 이전과는 다르게 주

변 상황을 바라본다. 정치적 시각을 갖고 상황을 보면 문제의 본질을 파악할 수 있다. 간단한 문제로 생각되었던 것이 이제는 복잡하게 보이고, 그 뒤에 숨겨진 장애물이나 함정들도 볼 수 있게 된다. 정치적인 시각을 갖게 되면서 프로젝트 관리자는 유리한 상황에 놓이는 것이다.

물론 핵심 문제를 단순히 인식하는 것만으로는 충분하지 않다. 자신이 알고 있는 것을 현실에 적절하게 사용해야 한다. 터득한 지식을 활용하고 적절한 정치적 행동을 취하면서 프로젝트 수행을 유리하게 이끌어야 한다. 예를 들어, 프로젝트 관리자는 다른 사람들을 대할 때 적절한 정치적 기술을 어느 순간에 발휘해야 하는지 알아야 한다. 적절한 시간과 적절한 인물에게 적절한 사실을 말해야 할 것이다. 이를 위해서는 타이밍에 대한 감각을 키워야 한다. 새롭게 조치를 취할 때와 물러날 때를 알아야 하며, 목적을 추구하기 위해 어느 정도의 압력을 행사해야 하는지에 대해서도 알아야 할 것이다.

○ 다양한 권한

나는 수년 동안 프로젝트 스태프들이 활용할 수 있는 다양한 권한의 리스트를 작성해왔다. 나는 매번 새로운 유형을 만날 때마다 리스트에 그것을 추가했으며 지금까지 30개 유형을 추가하면서 그들의 권한을 확인했다. 사소한 것도 있고 역효과를 불러일으킬 만한 것들도 있다. 여기에 그 리스트를 요약하여 설명하겠다.

● 공식적인 권한(직급에 따른 권한)

프로젝트 관리를 처음 맡고 세상이 정교한 법칙에 따라 운용된다고 믿는 기술 분야의 사람들은 지나치게 공식적인 권한에 의존한다. 그들은 프로젝트 관리자라는 직급이 자신들에게 상당한 권한을 줄 거라고 믿으며 스스로 최고 관리자라고 생각한다. 그러면서 타인들이 자신이 가진 권한을 존중해주기를 바라며 그에 맞게 대접받기를 기대한다.

그러나 현실적으로 프로젝트 관리자는 현실적 권한을 갖고 있지 한다. 더군다나 공식적 권한이 힘을 발휘하기 위해서는 '차용 권한(borrowed authority)' 함께 병행돼야 한다. 공식적 권한이 효력을 발휘하기 위해서는 회사 고위층과의 관계와 협력이 중요하다. 이처럼 막강한 배후를 가지면 프로젝트 관리자의 요구가 회사 고위층이 요구하는 것으로 재해석된다. 프로젝트 관리자의 뜻에 거스르는 것은 막강한 힘을 가진 인물의 뜻에 거스르는 것으로 보이기 때문이다.

프로젝트관리연구소(PMI)는 《프로젝트 관리 지식체계, PMBOK》에서 공식적 권한을 '직급에 따른 권한(positional authority)'이라 부르고 있다.

● 기술적 권한(전문가적 권한)

기술 전문가들은 기술적으로 완벽한 프리즘을 통해 세상을 바라보는 경향이 있다. 기술 전문가들은 지적 능력이나 기술적인 역량을 갖고 상사나 동료, 부하직원들을 판단할 때가 많다. 프로젝트를 수행할 때 기술 스태프들은 그들이 함께 일해야 할 사람들이 기술 분야에 대해서 문외한

이라는 사실에 당황한다. 기술 스태프들은 기술적인 문제에 전혀 지식이 없는 사람들이 업무수행에 방해만 될 뿐이라 생각한다. 그리고 자신들보다 지적으로 열등하다고 생각하는 사람 밑에서 부하 직원으로 일해야 한다는 사실에 분노한다.

결국 기술 스태프와 직접적으로 업무를 수행하는 프로젝트 관리자는 어느 정도 기술에 관해 권한을 갖고 있어야 한다. 그래야 스태프들에게 존중받을 수 있다. 이러한 현실은 과학자나 공학자들만으로 구성된 기술적인 환경에서도 일어난다. 회계전문가, 마케팅전문가, 법률전문가 등 자신의 분야에서 전문 지식을 가진 스태프들은 상사가 전문적인 역량을 가진 사람이기를 기대한다. 만약 상사에게 기술적 권한이 없다면 상사나 동료가 원하는 노력과 바람을 자신의 임의대로 처리할 것이다.

기술적 권한은 쉽게 성취할 수 있는 것이 아니다. 기술적 권한을 갖추기 위해서는 전문성이 필요한데, 이는 상당기간의 교육과 경험을 통해 가능하다. 프로젝트 관리에 대한 책임이 부여되었지만 충분한 기술적 권한을 갖지 못했다면, 이런 불리한 상황을 극복하는 데는 상당한 시간과 노력이 필요할 것이다. PMI는《프로젝트 관리 지식체계》에서 기술적 권한을 '전문가 권한(expert authority)'이라 부르고 있다.

● 카리스마적 권한

카리스마적 권한을 가진 사람들은 타인으로 하여금 자신이 원하는 바를 하도록 만든다. 이는 자신만의 개성과 인격을 발휘함으로써 이뤄진다. 카리스마는 리더십의 중요한 구성요소이다. 카리스마적 지도자는 프로젝트 스태프들이 프로젝트에 집중하고 열정을 쏟아 붓도록 만들 수 있다. 그들의 카리스마는 늦은 시간까지 일하도록 하거나, 프로젝트 스태프들을 위험으로부터 피하게 하고, 문제해결을 위한 창의적 대안을 내놓을 때 발휘된다.

그러나 카리스마적 권한은 2가지 문제를 갖고 있다. 첫째, 프로젝트 수행이 난관에 부딪혔을 때, 프로젝트 스태프는 카리스마적 권한을 가진 관리자에게 해결책에 대해서 문의할 수 있다. 그러나 이 과정에서 관리자가 실질적인 능력이 부족한 카리스마만을 가진 리더라는 사실을 깨달을 수 있다. 마찬가지로 프로젝트 관리의 수단으로 카리스마만 이용한다면 그것 또한 조롱의 대상이 될 수 있다.

둘째, 프로젝트 관리자가 어떻게 하면 카리스마를 개발할 수 있는지 명확하지 않다. 어떤 사람들은 카리스마가 선천적인 인격이나 개성이라고 이야기한다. 즉, 그것은 갖고 태어나지 않으면 가질 수 없다는 것이다. 또 다른 이들은 카리스마의 기본적인 구성요소가 학습을 통해서 얻을 수 있다고 말한다. 즉, 학습과 훈련을 통해서 특정 카리스마를 습득할 수 있다는 것이다. 그러나 모두가 후천적으로 카리스마를 얻을 수 있는 것은 아니다. 사실 아무리 많은 시간과 노력을 투여해도 자신의 개성이나 인격에 기대어 다른 사람에게 영향력을 행사할 수 있는 카리스마를 가지기란 쉽지 않다.

● 재무적 권한(보상 권한)

자원에 대해 통제력을 가진 사람들은 이를 확대하여 상당한 권한을 가질 수 있다. 재무적 권한을 이야기할 때, 우리는 당근과 채찍의 비유를 들곤 한다. 즉, 우리에게 협조하는 자들에게는 필요한 자원에 접근하도록 허용하여 보상을 받도록 한다. 그러나 협조하지 않은 자들에게는 자원이 지급되지 않도록 거절하는 것이다. 이 방법은 분명히 효과가 있다. 재무적 권한을 갖고 있다면 우리는 스태프와 동료들을 우리가 원하는 방식으로 행동하도록 만들 수 있다.

그러나 대부분의 프로젝트 관리자들은 자원에 대한 권한을 갖지 못하고 있다. 프로젝트 수행에 필요한 인력도 다른 부서나 조직으로부터 차출되었기 때문에, 프로젝트 관리자가 아닌 다른 상사의 관리 하에 있다. 인적 자원뿐만 아니라 물적 자원(금전적인 문제)도 마찬가지다. 프로젝트 관리자들은 예산 편성 및 집행에 관한 통제력을 제한적으로 갖고 있을 뿐이다.

그런데 프로젝트 관리자와 스태프들은 그들이 생각하는 것보다는 많은 자원에 대해 통제력을 갖고 있다. 한 가지 예를 들어보자. 그들은 여러 자원들 중에서 가장 소중한 한 가지에 대해 통제력을 갖고 있는데, 그것은 바로 '시간'이다. 즉, 가장 성실히 일하는 직원에게 '휴가'를 지급하는 것이다. 어느 날 동료들 중에 한 친구가 내게 이렇게 말한 적이 있다.

"직원들 중에 열심히 일하면서 성과도 좋은 친구들이 있어. 나는 그 직원들에게 토요일에 쉴 수 있게 보상할 거야." 이는 휴가 지급과 더불어 직원들이 편리하게 업무 일정을 조정할 수 있도록 돕는 것이다.

프로젝트 관리자는 직무를 부여하는 데도 통제력을 가지고 있다. 이를테면 성실한 직원에 대한 보상책은 가장 도전적이면서도 자신의 능력을 시험할 수 있는 기회가 될 것이다. 프로젝트 관리자가 사무실의 여러 집기들(컴퓨터, 복사기, 팩스)의 분배도 규제할 수 있다면 이 또한 관리자가 자율적으로 처분할 수 있는 자원이 되는 것이다. 프로젝트 관리자는 보상과 징계를 활용하면서 권한을 갖게 된다. 이 문제에 대해서는 8장에서 보다 자세히 논의할 것이다. 앞에서도 말했듯이 8장은 매트릭스 환경에서의 팀 구성에 관한 것이다.

한편 재무적 권한은 기본적으로 '보상 권한(reward authority)'과 동일한 의미이다. PMI는《프로젝트 관리 지식체계》에서 이를 '보상 권한'으로 부르고 있다.

● 관료적 권한

관료적 권한의 핵심은 린든 존슨 *Lyndon Johnson*의 말에 잘 나타나 있다. 그는 미국 의회에서 가장 영향력 있는 정치인 중의 한 명이었다. 그는 "시스템이 어떻게 작동하는지 배워라. 그러면 당신은 그 시스템을 직접 작동할 수 있을 것이다"라고 말했다. 이런 형태의 권한이 호소력을 갖는 이유는 조금만 노력을 기울이면 그것을 누구나 가질 수 있기 때문이다. 관료적 권한에서 기본은 조직을 움직이는 규칙을 파악하는 것이다. 이를 통해서 원하는 목적을 성취할 수 있다. 관료적 권한은 의회에서 벌어지는 논쟁에서 찾아볼 수 있다. 즉, 의회의 의사진행을 잘 알고 있는 의원이 그렇지 않은 의원에 비해서 우위를 점한다. 마찬가지로 사규에 대해서 잘 알고 있는 직원이 그렇지 못한 직원에 비해 우위를 점하게 되는 것이다.

그렇다면 어떤 규칙들이 완벽한 것일까? 참으로 다양한 규칙들이 존재한다. 인사문제와 관련하여 고용 및 파면 등에 규칙이 있고, 사내 설비의 운용에 관한 규칙, 물품 조달에 관한 규칙, 계약의 규칙, 예산 주기에 관한 규칙, 윤리 강령 규칙, 휴가 지급 규칙, 사외에서의 직원 행동에 관한 규칙 등 각종 행동 및 상황에 대한 다양한 규칙들이 존재한다. 그런데 우리는 대부분 이런 규칙들을 골치 아픈 방해물 정도로 생각하고, 원활한 업무수행에 도움이 되지 않는다고 여긴다. 마지못해서 규칙을 따르거나 노골적으로 규칙을 무시한다. 그러나 규칙에 대해 관심을 가지면 이런 규칙들을 우리의 강점으로 만들 수 있다. 다음의 사례를 살펴보도록 하자.

에밀리는 프로젝트 관리자이다. 그녀는 현재 수행 중인 프로젝트와 관련된 자질구레한 잡무에 스트레스를 받고 있었다. 그녀는 근무시간표, 예산 보고서, 수수료 송금 요구서, 업무성과 평가서 등을 작성하는 데 지나치게 많은 시간을 보내고 있었다. 정작 프로젝트 수행에는 적극적으로 할애할 시간이 부족했던 것이다. 결국 그녀는 상사를 찾아갔다. 그리고 그녀는 상사에게 문제를 이야기했다. 그녀는 관리상의 문제를 상사가 도와줄 수 있는지 요청했고, 상사는 도움을 줄 수 있는지 검토해보겠다고 답했다.

그러나 한 달이 지났지만 에밀리는 아무런 도움도 받지 못했다. 에밀리는 다시 상사를 찾아가서 지난번에 요청했던 바를 상기시켰다. 상사는 에밀리가 부탁했던 것을 잊고 있었다. 에밀리는 다시 한번 관리상의 문제에 대해 도움을 요청하고, 이번에는 확인까지 받았다. 상사는 재차 검토하겠다고 답변했다. 그러나 2주가 지나도 아무런 조치가 취해지지 않았다. 2주째 되던 날, 에밀리는 복도에서 상사를 만났다. 그녀는 자신이 요청한 문제가 어떻게 되었는지 상사에게 물었다. 그러나 상사는 모호한 답변만 늘어놓을 뿐이었다. 상황은 아무것도 나아지지지 않았다.

한편 에밀리가 우연히 회사의 예산 담당자와 점심식사를 같이 하게 되었다. 예산 담당자는 에밀리에게 업무량의 폭주로 힘들다고 불평을 늘어놓았다. 회계연도가 끝나기 때문에 정리 업무가 한창이라는 것이다. "사람들이 지출하지 않은 돈을 걱정하기 시작했어요. 만일 그 돈을 다 쓰지 않으면 다음 해에 받을 수 있는 예산이 줄어들 거예요." 에밀리는 회사에서 예산이 어떻게 편성되고 집행되는지 잘 알지 못했다. 그래서 그녀는 예산 담당자에게 예산편성 및 집행절차에 관해 간략히 설명해줄 것을 부탁했다. 그녀는 올해 지출하지 않은 돈은 회계연도가 종료되면 모두 회사 총 계정으로 편입된다는 것을 알게 되었다.

에밀리는 다시 사무실로 돌아와서 잭에게 전화를 걸었다. 잭은 에밀리가 속한 부서의 예산 담당자였다. 그녀는 부서의 예산 상태가 어떤지 문의했고, 회사에는 인턴 채용 경비로 현재 25,000달러가 남은 것을 알았다. 그리고 이 예산은 3년 간 집행된 적이 없다는 사실도 알게 되었다.

다음 날 에밀리는 다시 상사를 찾아갔다. 그녀는 인턴 채용에 관해 이야기했다. 그리고 사용되지 않은 예산이 다음 회계연도에 반영되면 예산편성에서 제외될 수 있다는 사실도 상기시켰다. 상사는 아직 집행되지 않은 예산이 있다는 것에 놀랐다. 그리고 바로 '프로젝트 사무보조 인턴'을 채용해서 에밀리가 하던 관리상의 잡무들을 하도록 했다.

이번 기회를 통해서 에밀리는 회사의 예산편성 및 집행절차에 대해 확실히 알게 되었다. 따라서 그녀는 원하는 바를 실행시켰다. 결론적으로 에밀리는 정치적인 방식으로 효율성을 택한 것이다.

● 그 밖의 권한

위에서 언급한 5가지 유형은 프로젝트 스태프가 현장에서 가장 일반적으로 볼 수 있는 것이다. 여기서는 그 밖의 다른 여러 가지 권한들에 대해서 살펴보겠다.

역량에 근거한 권한─나는 이 항목을 리스트의 가장 윗부분에 써 놓았다. 왜냐하면 인간의 가장 강력한 무기가 개인의 역량이기 때문이다. 자신의 직무를 원활하게 수행하는 사람은 타인에게 존경을 받고 자신의 능력도 키울 뿐 아니라 회사의 가치를 한 단계 상승시킨다. 그리고 함께 일하는 동료와 관리자들에게서도 좋은 이미지로 평가받는다.

직무 완수를 통한 권한─이는 당신이 약속한 바를 실제로 행할 수 있는 능력을 말한다. 직무완수 능력은 반드시 갖춰야 한다. 나는 프로젝트 관리자들에게 이렇게 질문하곤 한다. "작년에 당신이 약속한 것들 중에서 몇 가지나 실천했습니까?" 사람들은 5~20% 정도를 실천했다고 답한다. 상당수의 프로젝트 관리자들이 자신이 맡은 임무를 완수하지 못하고 있는 것이다. 즉, 직무에 따른 권한을 갖기 위해서는 약속한 바를 철저하게 수행해야 한다.

신뢰에 의한 권한─직원들의 신망을 받는 관리자가 있다. 그는 프로젝트 팀원들에게 신뢰감을 주고 정치적 관계도 적절히 잘 이용한다. 그리고 업무를 수행할 때도 엄격한 기준에 따라 일관성 있게 추진한다. 이때 프로젝트 관리자는 타인들의 신뢰를 토대로 강력한 권한을 가진다.

협박에 의한 권한 — 이는 프로젝트 관리에서 활발히 사용되는 방법 중 하나이다. 한 하청업자는 3개월 동안 중요 부품을 보내겠다는 이야기만 반복했다. 이에 프로젝트 관리자가 조치를 취하겠다는 위협을 가했고, 결국 3개월 동안 지연되던 부품을 받게 되었다. 그러나 이러한 협박에 의한 관리는 효과적이지 못하다. 결국에는 상대의 동기를 꺾어버리는 원인이 되고 적개심을 불러일으키기 때문이다.

외모가 주는 권한 — 실제로 외모가 주는 영향력에 대해서 많은 연구가 이뤄졌다. 외모에 따라서 사람들을 인식하는 태도가 달라진다. 매년 상당수의 간부급 인사들이 외모를 꾸미는 데 투자하고 있다. 중요한 것은 외모가 보여주는 이미지가 상황에 적절한지 판단하는 일이다. 예를 들어 금융계나 법조계는 고객에게 신뢰감을 줄 수 있도록 단정하고 깔끔한 이미지여야 한다. 그래서 그들은 단정한 헤어스타일에 남색이나 회색 정장을 즐겨 입는다. 이를 통해서 냉철하면서도 신뢰할 만한 이미지를 연출하는 것이다. 교육계와 서비스업계는 친근하고 편안한 인상을 주어야 한다. 때문에 캐주얼한 옷차림을 입는 경우가 많고, 옷의 색상도 튀지 않는 파스텔 톤을 선호한다. 광고업계는 창의성과 아이디어를 중시하므로 개성 있는 헤어스타일과 옷차림을 선호한다.

다시 말해 직업에 따라서 그에 맞는 분위기(헤어스타일, 옷차림 등)가 필요하다는 것이다. 이는 고객에게 직접적인 영향력을 미치기 때문에 프로젝트 스태프는 자신의 일과 상대해야 할 고객에 맞춰 외모에 신경을 써야 한다. 외모를 어떻게 꾸미느냐에 따라서 권한을 커지기도 하고 축소되기도 한다.

선구자적 권한(authority of initiative) — 내가 조지워싱턴 대학교 경영학과의 학과장이었던 시절로 돌아가보자. 당시 나는 프로젝트 관리자들처럼 직무에 대한 책임은 있으나 권한은 갖지 못하고 있었다. 나는 학과 내의 수많은 정교수, 부교수, 박사, 학과의 행정 스태프 등 모두를 책임지고 있었다. 그러나 직접적인 통제력은 갖지 못했다. 대학에서 학과장의 역할은 기업의 최고권위자나 상사가 아니라 봉사자에 가까웠다. 즉, 다른 사람들의 일이 순조롭게 진행되도록 지원하는 것이 주된 업무였다. 얼마 후 나는 이들을 통제할 수 있는 최선의 방법을 알게 되었다. 즉, 어떤 문제이건 선구자적 태도로 접근하는 것이다. 나는 우선 학생, 교직원 및 동료 교수들에게 학위수여 및 계약조건의 유효성에 대해서 주의를 환기시켰다. 그리고 그들이 제안서를 작성하는 데 도움을 주었다. 교수나 대학원생들에게는 연구 결과물의 제출 및 출판을 위해서 사무적인 부분을 지원했다. 교수들과 박사과정 학생들에게는 데스크톱 컴퓨터를 구매하도록 했다. 이런 식으로 미래를 예측하고 대책을 마련했다. 즉, 선구자처럼 행동한 것이다. 나는 교수들과 학생들의 긍정적인 반응을 예상했기 때문에 이런 일을 행할 수 있었다. 나는 선구자적 권한을 발휘했고 그들은 효과적으로 반응했다. 결국 나는 학과 내에서 권한을 가질 수 있었고 이 방법은 학과 운영에 도움이 되었다. 교수, 스태프, 대학원생들 모두 원하는 시스템을 지원받았기 때문에 효과적으로 연구나 직무에 몰두할 수 있었다.

이와 마찬가지로 프로젝트 관리자는 자신의 권한을 강화하기 위해서 선구자적 태도로 직무를 수행해야 한다. 예를 들어, 프로젝트 관리자는 스태프들에게 직무에 관해서 더 나은 방법을 제안할 수 있다. 그리고 기술

정치적 관계에서 영향력 키우기

관리자에게 효과적인 업무수행 방법을 제안해달라고 요청할 수도 있다. 결국 선구자적 태도를 가진다는 것은 우선 조치를 취하고 타인의 반응을 보는 위치에 서는 것을 의미한다. 이를 통해 문제에 대해서도 통제력을 가질 수 있다.

선구자적 권한을 효과적으로 이용하려면 진지하게 고민하고 성취할 수 있는 바가 무엇인지 구체적으로 살펴봐야 한다. 또한 다른 사람들이 기대하는 것을 예측해야 할 것이다. 사람들이 선구자적인 태도를 타당하게 여기면, 이는 곧 당신에게서 리더십을 느끼는 것이나 다름없다.

위험을 통한 권한 — 3장에서 나는 일본 학생들과의 대화를 사례로 들었다. 일본 기업들이 직원들의 참여와 관리자의 권한 및 권한을 확보하기 위해서 위험을 조장하는 방법을 사용한다는 것이었다. 한 가지 예를 들어보겠다. 금요일 오후, 프로젝트 팀원들이 퇴근 준비를 하고 있다. 그런데 퇴근 직전, 프로젝트 관리자가 상황이 긴급해서 팀 직원들이 저녁 늦게까지 남아서 업무를 해야만 한다고 말한다. 더욱이 토요일과 일요일에도 출근해야 할지 모르는 상황임을 덧붙인다.

위험을 통한 권한은 동양에서 주로 사용된다. 그러나 이제 서양에서도 위험을 활용하는 것이 권한을 형성하는 효과적인 수단으로 활용되고 있다. 위험 상황임을 자각하면서 팀원들은 프로젝트의 성공을 위해서 개인적인 시간과 안위를 희생하는 것이다. 그러나 장기적인 전략으로 위험 상황을 끊임없이 조장하는 것은 실패할 확률이 높다. 한편 서양에서는 개인주의적 성향 때문에 개인적인 필요와 팀의 필요가 상충하면 개인적인 것을 우선시한다. 만일 관리자가 턱없이 위기 상황만을 조장한다면 통제력을 상실하게 될 것이다.

사적인 인간관계를 통한 권한—이는 인적인 유대관계에 따라서 권한이 결정된다는 것이다. 나는 이런 인적인 네트워크가 나쁘다고 생각되지 않는다. 다만 그 영향력이 적당히 절제돼야 한다고 생각한다. 일반적으로 회사 내에는 다양한 커뮤니케이션 통로가 존재한다. 공식적으로 커뮤니케이션 통로가 막혔을 때, 사적인 커뮤니케이션 통로인 인적 유대관계로 힘을 발휘할 수 있다. 우리 중 대부분은 이런 식의 사적인 커뮤니케이션 통로를 갖고 있다. 그러나 우리는 프로젝트 수행에 도움을 줄 수 있을 때만 이런 사적인 유대관계를 활용해야 한다. 사적 네트워크가 지나치게 큰 힘을 가지면 문제가 발생하기 때문이다. 따라서 이것이 조직을 움직이고 업무를 수행하는 주도적인 힘이 되어서는 안 된다. 그러면 조직 내에 다른 커뮤니케이션 통로가 존재할 수 없다. 결론적으로 사적 네트워크가 유일한 커뮤니케이션 통로가 되면 정보가 자유롭게 흐르지 못하게 된다.

그 밖에 다른 유형의 권한 획득 방법에는 다음과 같은 것들이 있다. 유명인의 이름을 거론하여 친분을 행사하는 것, 선심 쓰는 행동, 공감 및 협박, 후배에 대한 1:1 교육, 개인적인 후원 등이다. 이런 여러 권한들 중 어떤 것을 취할 지는 여러분이 선택하는 것이다.

○ 권한의 확인 및 개발

　우리는 타인을 통해 자신의 의지를 실행하고자 권한을 개발한다. 그러나 우리가 권한을 가지려면 몇 가지 기본 사항을 갖춰야 한다. 무엇보다 프로젝트 관리자는 다양한 권한을 가질수록 업무를 수행하는 데 유리하다. 따라서 프로젝트 관리자가 여러 가지 권한을 가질 수 있도록 실질적인 기반이 마련돼야 할 것이다. 이러한 노력은 의식적으로 이뤄져야 한다. 프로젝트 관리자는 자신에게 다음과 같이 질문해야 한다. '나의 권한을 강화하기 위해서 무엇을 할 수 있는가?' 프로젝트 관리자는 항상 권한의 원천 및 기반에 대해 리스트를 작성하여 자신이 가진 권한을 확인하고 개발해야 한다. 또한 부족한 부분은 보충해야 한다. '공식적 권한은 어떻게 확보할 것인가?', '기술적 권한은 어떻게 개발할 것인가?', '관료적 권한은 어떻게 강화할 것인가?' 등의 질문을 끊임없이 던져야 할 것이다.

○ 상사 관리

　유능한 프로젝트 관리자가 되기 위해서는 상사를 잘 관리해야 한다. 프로젝트 관리자들은 회사 상사의 지원이 충분하지 않다고 지적한다. 상사는 프로젝트 관리자에게 자원을 지원하는 데 적극적이지 못하다. 예를 들어, 상사는 약속한 자원을 제 시간에 공급하지 않는다. 목적에 대해서도 불명확한 입장을 취해서 팀 내 혼란을 초래하거나 오히려 장애를 일으킨다. 그 뿐만 아니라 이들은 직원들이 하는 말에 귀를 기울이지 않고 외면하는 경우가 많다.

그러나 상사가 프로젝트에 대해서 지원할 수 있는 상황이 아닌 경우도 많다. 또한 프로젝트 관리자가 상사에게 확실하게 지원을 요구하지 않은 경우도 있다. 즉, 상사는 지원에 대해서 요청을 받지 못했기 때문에 프로젝트에 적극적으로 지원할 수 없었던 것이다. 이러한 문제를 해결하기 위해서는 프로젝트 관리자가 상사에게 자신의 요구를 정확하게 표현해야 한다. 그리고 상사를 이해시키기 위한 방법을 모색해야 한다. 앞으로는 부하 직원 및 프로젝트 업무를 지원하지 않는 상사를 어떻게 다룰 것인지에 관해서 논의하겠다.

● 지원의 필요성에 대한 분명한 표현

프로젝트 관리자가 상사로부터 지원을 받기 위해서는 적극적인 업무 태도를 보여주어야 한다. 프로젝트 관리자는 몇 가지 방법을 택할 수 있다. 우선 프로젝트 관리자는 업무에 관해서 주기적으로 브리핑을 할 수 있다. 이를 테면 일주일에 한 번씩 상사에게 프로젝트 진행상황에 대해서 보고하는 것이다. 이를 통해서 상사와 커뮤니케이션 통로를 열어놓을 수 있다. 문제가 발생하더라도 정기적인 업무 브리핑 과정에서 자연스럽게 문제를 상사에게 알려주는 것이다. 동시에 문제에 대한 대안을 모색할 수 있다. 상사가 정기적으로 의사결정 과정에 참여하면 해당 프로젝트의 성패에도 적극적으로 관심을 갖게 될 것이다. 더불어 프로젝트 수행에 대한 상사의 지원도 늘어날 것이다.

주기적으로 상사에게 보고서를 제출하는 것도 하나의 방법이다. 즉,

정치적 관계에서 영향력 키우기

프로젝트의 진행성과에 대해 상사에게 매월 보고서를 제출하는 것이다. 대게 문제가 발생하면 정기적인 보고서가 아닌 긴급 보고서를 제출하는데, 상사는 정기적인 보고서를 통해서 진행상황을 파악하길 원한다. 프로젝트 관리자는 보고서를 제출하고 작성하는 일에 성실히 임해야 한다. 그러면 프로젝트를 보다 성공적으로 완수할 수 있다.

● 지원에 인색한 상사

나는 컨설팅 과정에서 상사의 지원에 불만을 토로하는 프로젝트 관리자들을 자주 접한다. 그리고 대학의 수강생들에게도 이런 사례를 종종 듣는다. 누구나 지원에 인색하지 않은 상사와 일하기를 원한다. 만일 상사가 능력이 부족해서 프로젝트에 대해 지원을 못하면, 이는 프로젝트 관리자 및 스태프들을 어려운 상황에 처하게 만든다. 능력이 부족한 상사는 의사결정을 잘못하거나 결정을 지연시킨다. 또 적절치 못한 목표를 설정해서 프로젝트를 난관에 봉착시킬 수 있다. 그리고 자원조달에 미숙하거나 예산초과를 초래할 수 있다.

지원에 인색한 상사를 대하기란 쉽지 않다. 이런 경우 많은 프로젝트 관리자들이 상사와의 문제로 더 나은 업무환경으로 옮긴다. 실력 있는 프로젝트 관리자도 이런 분위기에서 일하기가 힘든데, 다른 부서로 옮기는 데도 어려움이 있다. 대부분의 회사에서 직무 이동에는 여러 가지 제약이 있기 때문이다.

상사들은 문제해결 능력이 뛰어난 프로젝트 관리자를 적극적으로 지원한다. 프로젝트 관리자의 성과가 상사 자신의 성과에도 영향을 미치기 때문이다. 그러나 아무리 문제해결 능력이 뛰어난 프로젝트 관리자도 상사로부터의 지원이 없으면 능력을 발휘하기 힘들다. 때문에 프로젝트 관리자들은 상사에게 자신의 능력을 키워서 상사로부터 인정받도록 노력해야 한다.

비협조적인 상사들을 다루는 데 동맹을 이용하는 방법도 있다. 상사가 부적절한 행위도 직원에게 해를 미칠 때, 이를 막아줄 수 있는 강력한 동맹을 미리 만들어놓는 것이 좋다. 그렇다면 누구를 강력한 동맹으로 삼을 수 있을까? 우선 상사의 상사를 꼽을 수 있겠다. 또, 인사권 및 자원 등에 대한 통제권을 가지고 있는 관리자도 될 수 있으며 상사와 동등한 위치에 있는 다른 부서 및 다른 조직의 상사도 있을 것이다. 그러나 이런 방법도 문제를 갖고 있는데, 상사가 프로젝트 관리자를 반항적인 인물로 평가할 수 있기 때문이다. 또 다른 동료들도 그가 팀플레이보다는 정치적인 행동을 우선시한다고 여길 수 있다.

○ 결론

프로젝트 수행과정에서 정치적인 특징을 이해하는 것은 중요하다. 현명한 프로젝트 관리자는 정치적 기술을 개발하고 적절하게 사용하기 위해 노력해야 할 것이다. 정치적 기술을 습득하면 모든 상황에서 유용하게 사용할 수 있다. 정치적인 기술이 없으면 어떤 사안에 대해서도 통제력을 행사하기가 힘들다.

사실 모든 프로젝트 관리자가 정치적 기술을 능숙하게 사용하는 것은

정치적 관계에서 영향력 키우기

아니다. 정치적 행위는 개인의 성격과 밀접하게 관련되어 있다. 어떤 프로젝트 관리자는 정치적인 행동을 하는 데 유리한 성격을 타고 나기도 한다. 그러나 프로젝트 관리자가 타고난 성품 때문에 정치적 기술을 배우는 것이 힘든 것은 아니다. 중요한 것은 프로젝트 관리자 및 스태프들이 자신의 정치적 감각을 키워야 한다는 것이다. 우선 프로젝트에서 발생할 수 있는 정치적인 흐름에 대해 인식해야 한다. 그리고 정치적인 행동 혹은 정치적 행동의 회피를 통해 나타날 수 있는 결과에 대해서도 파악해야 할 것이다.

결론적으로 프로젝트 관리자는 정치적인 문제를 항상 염두에 두어야 한다. 주기적으로 자신의 권한 및 기반의 리스트를 검토하고 부족한 부분은 채워야 한다. 또한 프로젝트를 통해서 영향을 받는 사람과 프로젝트의 성패에 영향력을 행사할 사람을 파악하고 점검해야 한다. 정치적인 감각을 키움으로 프로젝트 관리자는 정치적인 실수를 저지르는 일을 피할 수 있다. 실제로 프로젝트 관리자는 정치적인 감각과 정치적인 기술을 개발하면서 더 많은 것을 얻을 수 있다. 따라서 프로젝트 관리자는 권한이 부족한 상황에서도 자신의 의도가 실현되도록 정치적인 능력을 키워야 한다.

효과적인 팀 구성

우리가 '팀'이라는 말을 접하면, 스포츠의 팀 이미지가 가장 먼저 떠오를 것이다. 스포츠 팀은 운동선수들이 상대편을 이기기 위해서 팀 정체성(team spirit)을 개발한다. 스포츠 팀의 코치나 운동선수들은 강사로서 인기가 많은데, 그들의 강연 주제는 주로 팀 구성에 초점을 맞추고 있다.

그러나 스포츠 팀과 프로젝트 팀은 공통점이 많지 않다. 스포츠는 그 특징이 명료하다. 모두가 경기의 규칙을 알고 있고 경기에서 이기는 것이 목적이다. 핵심적인 선수들이 정해져 있고 역할이 분명하다. 지속적인 훈련을 통해서 하나의 단결된 팀을 형성한다. 스포츠 팀은 강력한 명령과 지침에 따라 행동한다. 팀 코치는 스포츠 팀을 통솔하는 데 전적인 권한을 갖고 있다.

이와 달리 프로젝트는 무질서가 지배한다. 프로젝트의 수행을 지도할 수 있도록 수립된 규칙은 없다. 대부분의 프로젝트 스태프는 서로 상충하는 목적을 갖고 있다. 또, 다른 부서로부터 직원을 영입하고 임무가 끝나면 다시 원래 부서로 복귀시킨다. 따라서 팀원의 구성이 안정적이지 못하다. 또한 팀 구성원 각자의 역할도 명확하게 정해져 있지 않다. 물론 팀원들은 자신의 분야에서 기능을 수행할 수 있도록 충분한 교육과 훈련을 받지 못한 채 프로젝트에 참여하는 그 순간부터 실전에 돌입한다. 그런데 프로젝트 관리자는 코치와 같이 전적으로 통솔할 권한을 갖고 있지 않다.

프로젝트 팀과 스포츠 팀의 가장 큰 차이는 인적 구성에 있다. 즉, 프로젝트 팀은 자체의 인력으로 팀을 구성하는 것이 아니라 다른 부서로부터 인력을 차출한다. 이런 상황에서는 팀 정체성을 통해 팀 구성을 하기가 쉽지 않다. 만일 당신이 팀 구성을 위한 조직 관리를 계획한다면, 매트릭스 *Matrix* 조직관리 개념을 알아야 한다. 매트릭스 조직관리를 통해서 프로젝트 업무를 통제할 수 있는 기본적인 원칙을 발견할 수 있다.

한편 프로젝트 관리의 변동적인 특징이 스포츠 경기에 적용되면 어떨까? 매주 팀 선수 명단이 변하고 선수들의 역할도 바뀐다면? 팀의 크기나 경기 규칙도 매 회 다르게 적용되며, 코치는 선수들에 대해 통제력을 가지지 못한다면? 이런 식으로 스포츠 경기가 진행되면 프로젝트 관리의 특징이 매우 우스꽝스럽게 보일 것이다.

이런 상황에서는 팀의 정체성을 만들 수 있을까? 내가 몇 년 전 대학에서 맡았던 수업 이야기를 하겠다. 당시 수업 주제는 프로젝트 팀 구성의 어려움에 관한 것이었다. 토론은 부정적인 방향으로 흘러갔다. 그러나 많은 학생들이 자신의 경험을 이야기하면서 현장에서 팀 구성을 위해 사용했던 접근법을 이야기했다. 학생들은 토론에 적극적으로 참여했고 각자의 유용한 경험을 공유할 수 있었다. 그 이후로 나는 모든 프로젝트 관리 수업에서 토론식 방법을 적극적으로 활용했다.

학생들의 이야기를 통해서 나는 팀 구성에서 반복적인 패턴을 발견했다. 패턴은 3가지 범주로 나눌 수 있다. 첫째, 구체적인 형태로 팀을 만드는 것이다. 대부분의 프로젝트 팀은 현실적이고 구체적이지 않다. 팀의 구성원은 계속 바뀐다. 팀에 대한 열정을 다하기 위해서는 팀 자체가 구체적인 모습을 가져야 한다.

둘째, 성과에 대해 확실하게 보상금을 지급하는 것이다. 대부분의 프로젝트 관리자들은 자원에 대한 통제력이 제한적이다. 따라서 그들은 적절한 보상을 지급할 수 있는 권한을 갖고 있지 못하다. 그러나 좀 더 상상력을 발휘하면 자원에 대한 통제력이 제한된 상황에서도 올바른 보상 시스템을 만들어낼 수 있다.

마지막으로 '개인적인 접촉(the personal touch)'을 하는 것이다. 관리자가 차출된 인력에게 프로젝트에 대한 동기를 유발하도록 하고, 일에 대한 열정을 발휘할 수 있도록 하는 것이다. 관리자는 차출된 인력을 존중하고 그가 능력을 발휘할 수 있도록 격려해야 한다.

이제부터는 3가지 범주의 팀 구성에 대해서 살펴보도록 하자.

○ 구체적인 형태의 팀

　프로젝트 팀은 매우 역동적이다. 팀의 구성원은 계속해서 변한다. 예를 들어, 외부 고객에게 제품을 공급하는 프로젝트는 초기에 마케팅부서의 스태프가 상당한 비중을 차지한다. 그러나 프로젝트가 진행되면서 필요분석가와 요구사항 전문가가 팀에 합류하여 중심적인 역할을 수행한다. 한편 대부분의 마케팅 스태프들은 본래의 부서로 복귀하여 새로운 업무를 하게 된다. 필요와 요구사항이 모두 수립되면 설계자가 중심에 서서 가장 중요한 역할을 한다. 이때 필요분석가와 요구사항 전문가도 이전의 마케팅 스태프들과 마찬가지로 중심에서 물러나서 본래의 업무로 복귀한다. 그리고 설계가 완벽하게 이뤄지면 제작자가 이어받아서 업무를 수행한다. 그후에 검사관으로부터 정기적으로 원조를 받는다. 문서작성자 또한 정기적으로 프로젝트의 중심에서 시스템의 문서작성, 사용자의 문서작성, 교육 매뉴얼 작성 등과 같은 일을 한다.

　프로젝트의 다양한 행위자들은 자신이 단결된 팀의 일원이라는 생각을 분명하게 하지 않는다. 왜 그럴까? 단결된 하나의 팀이라는 정체성이 확립되어 있지 않고 소속감도 부족하기 때문이다. 이러한 상황에서는 팀 구성이 성립되지 않는다.

　프로젝트 팀은 구체적으로 편성해야 한다. 프로젝트 관리자와 상급 관리자 중 일부만이 프로젝트 팀의 전체를 볼 수 있고 나머지 팀원들은 단편적인 부분만 볼 수 있을 뿐이다. 프로젝트 관리자가 팀원들의 사기를 높이려면 팀원들이 팀의 모습을 구체적으로 그려볼 수 있도록 해야 한다. 이제 팀의 모습을 구체적으로 만드는 방법을 소개하겠다.

● 생산적인 업무회의

업무회의의 목적은 참석자들에게 정보를 전달하고 집단의 정체성을 강화하는 것이다. 회의석상에서 참석자들은 서로를 직접 대면한다. 팀원들과 함께 회의석상에 앉아 있는 모습은 구체적이다. 왜냐하면 업무회의는 팀원 전체가 모이는 것으로 전체 팀의 윤곽을 보다 구체적으로 그릴 수 있기 때문이다.

프로젝트 관리에서 중요한 회의는 프로젝트 '시작회의(kickoff meeting)' 이다. 이 회의는 프로젝트의 진행에 대해서 이야기하는 것이다. 시작회의에서는 해당 프로젝트의 차트 발표가 진행되고, 차례로 프로젝트의 목적과 권한이 소개된다. 여기에서 사용되는 차트는 구체적인 팀 구성원을 소개한다. 팀 구성원의 전화번호와 주소 등이 소개되기도 한다. 물론 이 또한 구체적인 사항이다. 또한 작업일정차트를 통해서 업무를 진행할 날짜와 그 시기에 성취해야 할 업무 목표 등이 소개된다. 그리고 마지막으로 회의에 참석한 팀원들 간의 접촉 및 의사소통이 이뤄진다.

시작회의와 더불어서 '현황보고(status review) 회의'도 중요하다. 현황보고 회의는 매주 혹은 매월 주기적으로 개최된다. 여기에서는 프로젝트의 진척 정도 및 중간 평가를 주로 논의한다. 논의의 주제는 예산, 일정변동 및 프로젝트 수행에서 나타나는 문제점 들이다. 소규모의 프로젝트에서는 모든 팀 구성원들이 현황보고 회의에 참석하는 것이 바람직하다. 한편 대규모의 프로젝트에서는 모든 팀원들이 참석하기 어려운데, 이는 시간과 공간의 제약이 있기 때문이다. 이런 경우에는 팀이 소단위로 번갈아가면서 현황보고 회의에 참석하는 것이 바람직하다. 따라서 각각의 팀원이 한달 정도의 주기를 두고 모든 팀원들을 만나볼 수 있도록 해야 한다. 현황보고 회의는 팀 구성에 있어서 팀의 구성원이 큰 집단의 한 부분이라는 사실을 깨닫도록 한다.

회의는 격식을 차리지 않아도 된다. 간단히 맥주나 먹거리를 마련하여 다과회 형식을 빌어서 할 수도 있고, 스포츠 게임 등을 통해서 사교적인 모임으로 할 수도 있다. 이런 방법들을 활용하면 팀 구성원들은 구체적인 것을 함께 추구하고 있다는 인식을 갖게 될 것이다.

● 팀 공간의 확보

프로젝트 스태프들이 팀에 대한 소속감을 갖도록 하는 최선의 방법은 스태프들이 모두 한 사무실에 근무하는 것이다. 이 방법은 매일 서로를 대면하게 하여 지속적인 상호작용을 가능하게 한다. 함께 근무한다는 것이 반드시 직원들 간에 관계를 긍정적으로 형성하는 것은 아니나, 이 방법은 팀의 정체성을 확고하게 해준다.

반대로 같은 장소에 근무하도록 하는 것은 여러 문제점을 갖고 있다. 많은 사람들이 독립된 공간을 이용하도록 공간적인 여유가 있고, 풍부한 자원을 제공할 수 있는 기업은 많지 않다. 프로젝트를 위해서 독립된 사무실을 확보하여 스태프들이 한 사무실에서 업무하도록 만드는 것이 현실적으로 불가능하면 대체할 수 있는 방법도 있다. 즉, '전략회의실(war room)'을 만드는 것이다. 1990년대 말 Y2K 사태에 대비하기 위해서 많은 기업들이 전략회의실을 만들었다. 실제 전략회의실은 여러 프로젝트에서 상당히 효과적이었다. 전략회의실은 상황실(situation room)로 프로젝트와 관련된 각종 서류 및 문서를 보관할 수 있다. 벽에는 PERT차트, 간트차트, S곡선, 자원부하차트 등을 보관할 수 있다. 프로젝트 진척에 대한 기록은 상황실에 배치할 수 있다. 상황실에서는 팀 스태프들이 모여서 프로젝트 수행에 관한 각자의 의견을 교환하고 토론한다. 그리고 상황실이 효율적인 능력을 보여주면 프로젝트에 투입될 예산이 더 높게 편성되기도 한다. 이는 상급 관리부서에서 프로젝트 상황실에 대해 좋은 인상을 받았기 때문에 가능한 것이다.

한편 웹사이트를 통해서 상황실을 운영하는 방법이 있다. 오늘날 웹사이트를 운영하지 않는 회사는 거의 없다. 프로젝트를 수행할 때 웹사이트는 여러 가지 강점을 가진다. 웹사이트를 통해서 각종 자료를 저장하고, 프로젝트 관리자가 어디서나 쉽게 접속함으로써 필요한 데이터베이스에 접근할 수 있다.

● 팀 '상징(sign)'

기호학은 신호에 관한 학문이다. 기호학자들은 우리가 사용하는 신호를 통해 우리의 감정과 동기를 알 수 있다고 이야기한다. 팀의 정체성을 개발하는 데 중요한 기호로 회사나 팀 이름 또는 로고를 새기는 것을 볼 수 있다. 이러한 상징은 회사나 팀에 소속감을 심어준다. 예전에 회의에서 만난 직원은 우주 망원경이 그려진 푸른 색 넥타이를 매고 있었다. 그는 포드 항공우주산업에서 근무하고 있었는데, 그 넥타이는 프로젝트 스태프들에게 지급된 것이었다. 또, 그는 프로젝트 소속팀을 나타내는 배지도 착용하고 있었다. 그는 넥타이와 배지를 통해서 프로젝트와 자신의 관련성을 보여주고, 프로젝트에 대한 자부심을 갖고 있었다. 실제로 많은 프로젝트 팀들이 각종 물품에 회사의 이름이나 팀의 로고를 새기면서 '상징'을 만들고 있다.

● 팀의 노력 및 성과 홍보

프로젝트의 홍보를 통해서 프로젝트 팀의 모습을 구체적으로 나타낼 수 있다. 외부에서 프로젝트 팀을 인식하는 정도에 따라서 팀의 스태프들도 정체성과 소속감을 갖는다. 프로젝트의 성과를 홍보하기 위해서는 회사 사보를 이용하면 된다. 정기적으로 발행되는 사보에 프로젝트에 관한 내용을 싣는 것이다. 프로젝트의 가치를 높이기 위해 팀의 스태프들은 프로젝트에 관해서 열심히 홍보해야 한다. 이는 팀의 업무에 대한 외부의 관심을 증폭시키고 프로젝트 스태프들 스스로가 열정적으로 프로젝트를 수행하도록 만들 것이다.

○ 성과에 대한 보상

이는 팀 직원들의 사기를 높이기 위해서 성과에 대해 체계적으로 보상하는 것이다. 프로젝트에서 적절한 보상체계를 운용하면 직원 개개인의 노력을 기대할 수 있다. 그러나 여기도 문제가 있다. 프로젝트 관리자에게는 자원에 대한 통제권이 없다는 것이다. 즉, 직원에 대해 보상하기 위해서 자원을 동원할 수 없는 것이다. 인사권이 없어서 성과를 높인 직원을 승진시킬 수도 없고, 자원에 대한 권한이 없어서 보너스를 지급할 수도 없다. 대부분의 경우에 프로젝트 관리자는 팀 직원들의 업무수행 실적 평가에 대한 권한도 갖지 못한다. 그렇다면 팀 스태프들에게 동기를 부여하기 위해서 어떤 방법을 사용할 수 있을까?

- 프로젝트 관리자는 업무성과가 좋은 직원에 대해서 추천서를 쓸 수 있다.
- 프로젝트 관리자는 직무 편성에 대해 어느 정도 통제력을 가진다. 따라서 성과가 좋은 직원에게 원하는 직무를 직접 선택하도록 할 수 있다.
- 프로젝트 관리자는 일정계획 수립에 대해 어느 정도 통제력을 가진다. 따라서 모범이 되는 직원에게 유리하도록 일정을 조정할 수 있다.
- 일과 외 시간에 열심히 일한 직원에 대해서는 '대체 휴일(comp time)'을 줄 수 있다.
- 프로젝트 관리자는 프로젝트 팀 직원들에 대한 보너스를 회사에 요청할 수 있다.
- 사무실에 새로운 설비가 들어오면 가장 모범이 되는 직원에게 우선권을 줄 수 있다.
- 프로젝트 관리자는 직원을 저녁식사에 초대할 수 있다. 가능하면 배우자와 동반하여 식사하는 것이 좋다.
- 프로젝트 관리자는 비품 및 부수적인 것들을 분배하는 데 권한을 갖고 있다.
- 프로젝트 관리자는 우수한 직원들이 상급 관리자에게 직접 업무 보고를 할 수 있는 기회를 제공할 수 있다. 따라서 상급 관리자에게 그 직원을 인지시키는 것이다.

효과적인 팀 구성

결론적으로 프로젝트 관리자가 예산이나 인사임명 권한이 부족하더라도 팀의 직원들에게 동기를 심어주는 보상체계를 수립할 수 있다. 이를 위해서 프로젝트 관리자는 자신의 통제 범위를 확인하고, 직원에 대한 효과적인 보상 방법을 고민해야 한다.

○ 개인적 유대관계의 확장

여기서는 프로젝트 관리자와 팀 구성원 사이의 1대1 관계 형성에 초점을 맞춘다. 따라서 '프로젝트 관리자의 행동이 직원들의 사기를 진작시킬 수 있느냐?' 하는 문제를 제기할 수 있다. 즉, 주어진 업무의 완수를 위해서 직원들을 보다 열심히 몰두하도록 만들 수 있는지 여부를 살피는 것이다. 여기에서 제시하는 규칙은 모든 대인관계에 적용할 수 있다.

프로젝트 관리자가 부하 직원과 성공적인 관계를 맺으려면 다음과 같은 사항들을 참고해야 한다.

○ 성과에 대해서는 긍정적인 피드백을 보여주라. 칭찬이나 감사를 적극적으로 하라 .

○ 직원의 성과를 다른 사람들에게 홍보하라. 예를 들어, 현황보고 회의에서 어떤 직원이 업무 일정을 앞당겨서 책무를 완성했다면 이를 사람들 앞에서 칭찬하는 것이다.

○ 팀 직원들에게 관심을 보여라. 직원 개개인의 배경과 관심에 대해서 파악하라. 우선 그들의 이름을 외워라! (프로젝트 관리자들 중 상당수가 직원들에 대한 사항

을 수첩에 기록하면서 기억력의 한계를 보완하고 있다)

○ 힘든 일도 마다하지 않는 관리자가 되어라. 팀 직원들과 마찬가지로 어렵고 지저분한 일에도 적극적인 모습을 보여라.

○ 팀 직원들이 쉽게 접근할 수 있도록 항상 사무실 문을 열어놓거나 사무실을 직접 돌아다니면서 조직관리에 힘쓰도록 하라.

○ 프로젝트 관리자는 자신의 필요와 업무의 요구사항에 대해서 분명하게 이야기 하라. 직원들이 업무의 목적을 이해할 수 있도록 정확하게 설명해야 할 것이다. 일관성을 갖고 규칙을 엄수하라.

○ 팀의 직원들이 직접 의사결정을 내릴 수 있도록 권한을 부여하라.

○ 특별한 날이나 상황을 기억하라. 생일, 기념일 등이 챙기는 것도 중요하다.

○ 업무과정에서 어려운 단계를 수행하면 이를 자축하는 기회를 갖도록 하라.

○ 여기에서 적어도 2가지는 하지 말아야 할 것이 있다.

  1. 직원을 공개적으로 책망하지 말 것

  2. 문제가 발생해도 팀에게 그 탓을 돌리지 말 것

팀 구성에서 주의해야 할 점은 관리자가 조작을 위한 수단으로 직원들에게 동기를 부여하면 안 된다는 것이다. 팀 구성은 진심에서 우러나와야 한다. 그렇지 않으면 역효과가 나서 팀의 분열을 불러올 것이다.

○ 자기 관리 팀(self-managed teams) 과
이타적인 팀(egoless team management)

이 부분에서는 1990년대 경영상의 '결정적인 문제들(hot buttons)'인 '자기 관리 팀(self-managed team)'에 관해 살펴보자. 최근 들어 기업들은 여러 가지 구조의 팀을 실험하고 있다. 이는 복잡한 경쟁의 시대에서 팀이 성공적으로 업무를 수행하도록 돕기 위해서이다.

1990년대 중반까지 '자기 관리 팀'이라는 개념은 가장 선두에 위치했다. 〈포춘 *Fortune*〉이나 〈비즈니스 위크 *Business Week*〉 등의 잡지에서는 자기 관리 팀에 대해 찬사를 아끼지 않았다. 그리고 자기 관리 팀을 기업에 어떻게 도입할 것인가에 대한 세미나가 개최되고 책이 출판되었다. 톰 피터스는 《해방 경영 Liberation Management》에서 자기 관리 팀을 매우 높게 평가했다. 자기 관리 팀을 다루는 책이나 각종 회의, 잡지의 기사 등은 모두 기업 내에서 자기 관리 팀의 성공담을 이야기했다. 이 접근법에 대한 비판적 시각은 찾아보기 힘들었다.

자기 관리 팀에 대해서 팀의 구성원들은 주어진 책무를 완수할 수 있는 접근법으로 정의했다. 자기 관리 팀의 접근에 따르면 핵심적인 인사 이동도 직원들의 의사결정에 따라서 이뤄진다. 즉, 직무 할당, 성과 평가, 고용 및 해고에 관한 결정 등도 직원들이 결정하는 것이다. 팀원들이 핵심적인 사항에 직접적인 결정권을 가지며, 상급 관리층의 개입이 최소화된다.

자기 관리 팀은 직원 개개인에 대한 권한 부여를 통하여 업무성과의 극대화를 도모했다는 점에서 의의가 있다. 이론적으로 보면 사람들은 고유의 권한을 가질 때 헌신적으로 직무에 열정을 쏟아 붓는다. 또 실제 현장에서 직접 업무를 수행하는 직원이 관리자보다 업무에 필요한 사항에 대해 더 잘 알고 있다. 따라서 매일 어떠한 사항이 필요하며 어떠한 결정을 내려야 하는지 적절하게 판단해야 한다.

적절하게 기능을 발휘한다면 자기 관리 팀은 매우 좋은 접근법이 될 수 있다. 몇 년 전 나는 연구 및 소프트웨어 개발 프로젝트에 참여한 적이 있다. 당시 참여했던 프로젝트 팀은 상당 부분 자기 관리 팀이 도입된 상태였다. 우리의 프로젝트는 세부명세서에 따라서 진행되었다. 우리는 직접 규칙을 만들어서 프로젝트를 성공적으로 완수했다. 고객들도 결과물에 대해서 만족했다. 최고 경영층에도 이 방식에 대해 대단히 흡족해했는데, 이는 팀이 업무수행에 대한 총체적인 책임을 지고 있었기 때문이다.

그런데 문제가 발생했다. 팀은 문제해결을 위한 방법을 찾아야만 했다. 그래서 문제를 해결하기 위해서 일주일에 70시간 이상 일해야 한다면 그렇게까지 할 각오가 충분했다. 그러나 문제는 자기 관리 팀이 해결할 수 있는 사항이 아니었다. 지금까지 알고 있던 자기 관리 팀의 기능적 강점들은 도움이 되지 않았다.

한편 제라드 와인버그 *Gerald M. Weinberg*가 제시한 '이타적인 팀 (egoless team)' 이라는 개념은 1970년대 소프트웨어 프로젝트에서 등장한 자기 관리 팀의 변형된 형태이다. 이타적인 팀은 팀원 전체가 생산물에 대해 집단적인 책임을 진다는 가정에서 출발한다. 그리고 팀원은 서로 협력을 하며 행동해야 한다. 위계질서와 이기심은 버리고, 전체를 우선시하고 공동의 의견을 모아 결정해야 한다.

효과적인 팀 구성

나는 30개 이상의 프로젝트 팀에서 이타적인 팀의 일원으로 일하고 있는 사람들과 인터뷰를 한 적이 있다. 그들은 이타적인 팀에게 발생할 수 있는 수많은 함정들을 가르쳐주었다. 실제로 그들이 현장에서 그룹 중심으로 업무를 처리하면서 경험한 것들이었다. 이타적인 팀이 빠질 수 있는 함정에는 다음과 같은 것들이 있다.

○ 집단 중심적인 사고방식은 팀 구성원 모두가 팀 솔루션 개발에 동참하도록 유도한다. 그러나 자칫 리더십이 결여될 수 있다.
○ 의사결정이 신속하게 이뤄지지 않는다. 팀 내에서 충분한 합의가 논의돼야 하기 때문이다.
○ 팀 내 갈등을 극복하고 합의를 달성하기 위해서는 최소의 공통분모에 호소하여 해결책을 찾는 경우가 종종 일어난다.
○ 사람은 본질적으로 자아를 갖고 있다.

자기 관리 팀이 적절한지는 상황에 따라 다르다. 팀 구성원에게 권한을 부여해야 한다는 발상은 호소력이 있다. 직원들에게 권한을 부여하면 팀이 활기찬 에너지를 분출할 수 있다. 직원들은 자신의 직무에 대해 보다 큰 관심과 이해를 갖게 된다. 팀의 목적을 달성하기 위해서 더욱 열심히 일할 것이다. 서양의 사고방식에 의하면, 사람들은 자신의 목적에 대해 가능한 한 많은 통제력을 가져야 한다고 생각한다.

그러나 자기 관리 팀이 모든 것을 보장하지는 않는다. 다음의 내용이 충족되지 못하면 자기 관리 팀의 성공을 보장할 수 없다.

○ 고위 경영층에서 팀원들에게 독립적인 결정권을 부여해야 한다.

○ 팀원들은 리더십을 가질 만한 자격을 보여줘야 하며 그에 상응하는 책임에 당황하지 말고 임해야 한다.

○ 팀원들에 대한 동기부여가 이뤄져야 하고 업무수행 및 성취를 위해 무슨 일이든 할 각오가 되어 있어야 한다.

○ 팀원들은 응집력 있는 집합체가 돼야 한다. 그들은 이제 더 이상 프로젝트를 수행하기 위해 임시로 차출된 인원이 아니다.

마지막에 지적한 사항은, 자기 관리 팀이 프로젝트 팀에 적용하기 어려운 주요한 장애를 설명하는 것이다. 오늘날에는 외부로부터 차출된 인력으로 팀을 구성하는 것이 일반적이다. 만일 특별한 인재가 필요하면 그런 특징을 가진 인력 집단에서 한 사람을 차출해야 한다. 그리고 업무수행을 마치면 그 직원을 제자리로 돌려보내야 한다. 사실 프로젝트 팀의 유동적인 성향 때문에 자기 관리 팀을 도입하기는 더욱 힘들다.

○ 팀 구성

대부분 자기 관리 팀의 문제는 팀의 구조적 결함 때문에 발생한다. 자기 관리 팀은 몇 가지 문제를 갖고 있는데, 이는 집단적 의사결정으로 인한 합의과정의 어려움, 명확한 리더의 부재, 분산된 책임, 잠재적인 목표 상실 등의 문제를 갖고 있다.

우리는 이제 구조의 문제에 대해 보다 자세하게 살펴보겠다. 즉, 구조가 경영에 미치는 영향에 대한 것이다. 이는《프로젝트 관리》에서 제시했던 생각을 보다 확대시킨 것이다. 구조의 의미에 대한 관심은 1990년대 초반 상당히 인기를 누렸다. 이는 데이비드 내들러*David Nadler*와 델타 컨설팅 그룹이 발행한 책에서 '조직 건축학(organizational architecture)'이라는 개념이 유행하면서 시작되었다.

여기에서 제시한 원칙은 건축 분야의 유명한 명제를 변형시킨 것이다. 19세기 미국의 건축가인 루이 설리반*Louis Sullivan*은 '기능에 따른 형태(form follows function)'라는 개념을 발전시켰다. 기본적으로 이 말은 '당신이 주어진 공간에서 어떤 것을 할지 내게 말해준다면(기능), 그에 따라 적절하게 설계할 수 있다는 것'이다(형태).

그러면 이 명제를 뒤집으면 '형태에 따른 기능(function follows form)'이 된다. 바꿔 말해 '당신이 내게 프로젝트 팀의 구조를 말해준다면(형태), 나는 경영상 결과를 정확하게 예측할 것'이다(기능).

이 접근이 갖는 강점은 무엇일까? 다음 사례를 통해서 살펴보도록 하자. '팀이 점점 커지고 있다(A team is getting larger)'라는 기본적인 명제를 예로 들어 보자. 팀의 성장은 경영상 어떤 결과를 가져올까? 우선 팀 구성원 간의 커뮤니케이션 통로가 증가할 것이다. 이 문제에 대해서는 2장에서 논의했다. 그림 2.1을 참고하기 바란다. 예를 들어, 두 사람이 있다면 커뮤니케이션 통로는 한 개가 존재한다. (이 문제에 대한 논의를 위해서 정보 흐름이 양방향이라는 사실은 고려하지 않겠다) 3명이라면 3개의 통로가 있고, 4명이라면 6개, 5명이라면 10개의 커뮤니케이션 통로가 존재한다. 일반적으로 사람 수를 n 명이라고 하면, 이때 존재할 수 있는 커뮤니케이션 통로의 갯수는 $\frac{n(n-1)}{2}$ 의 공식을 따른다.

이처럼 기하급수적으로 커뮤니케이션 통로가 증가하는 현상은 경영상 중요한 의미를 가진다. 대규모 프로젝트를 수행 중인 프로젝트 관리자는 소규모의 프로젝트를 수행 중인 관리자보다 상대적으로 행정적인 문제에 투여할 시간적인 여유가 부족하다. 5명으로 이뤄진 팀이 있다고 하자. 이때 관리자는 10개의 커뮤니케이션 통로에 관심을 가져야 한다. 반면 20명으로 구성된 프로젝트 팀의 관리자는 190개의 커뮤니케이션 통로를 모두 다뤄야 한다. 커뮤니케이션 통로를 파악하고 관리하는 것은 결국 팀 내 운용 및 검토 등의 행정적인 업무를 이행하는 것이다.

커뮤니케이션 통로가 증가할수록 공식적으로 체계화된 절차가 마련돼야 한다. 결국 대규모 프로젝트의 경우, 프로젝트를 움직이는 기초 설비 및 기반 장치의 유지보수에 1달러 당 65센트가 사용된다. 1달러 당 단지 35센트만이 생산적인 활동에 직접 투여된다.

팀 규모의 확대는 커뮤니케이션 실패 확률을 높인다는 약점을 갖고 있다. 더 넓은 사무실이 필요하고 책상이나 각종 설비도 늘려야 한다. 반면 팀원 개개인에 대해 가질 수 있는 관심은 줄어들 수밖에 없다.

구조가 초래한 경영상의 결과는 예측할 수 있다. 이것이 핵심이다. 5명의 팀에서 일하다가 20명이 일하는 팀에 온 프로젝트 관리자는 예전처럼 팀의 직원과 기술적인 문제에 직접 나서서 일할 시간적 여유가 부족하다. 전화를 받고 회의에 참석하고 각종 보고서의 문서작업을 하면서 많은 시간을 보내야 하기 때문이다.

다음에 제시하는 스캔시스템 사의 사례는 프로젝트의 구조적인 측면을 다루고 있다. 아래는 스캔시스템 사에서 실제로 일어났던 상황을 그대로 보여주는 것이다.

● 스캔시스템 사(Scan Systems Inc.)

스캔시스템 사는 미국 전역의 원더토이 사(95개 대리점)의 바코드 스캔 대체 계약을 수주했다. 이 프로젝트에서 핵심 행위자는 그림 8.1에 나타나 있는 것과 같다. 원더토이 사에서 보면 핵심 행위자로 프로젝트 관리자를 들 수 있는데, 프로젝트 관리자는 정보기술 부문의 중간관리자가 맡게 되었다. 그는 요구사항을 파악하고, 스캔시스템 사의 업무수행을 감독하는 책임을 수행한다. 정보기술 부문은 이 프로젝트에서 중심 역할을 수행한다. 실제로 정보기술 부서가 스캔시스템 사에게 제안을 요청했고, 이에 스캔시스템 사가 응했던 것이다. 5개 경쟁사 중에서 스캔시스템 사가 선정된 것도 정보기술 부서의 도움이 컸다. 여기서 재무부서의 부사장도 중요한 행위자이다. 왜냐하면 그의 요구에 따라 이 프로젝트가 시작되었기 때문이다. 마찬가지로 운영부서의 부사장도 이 프로젝트에 참여한다. 바코드 스캔시스템은 재고 조사에도 사용되기 때문이다.

스캔시스템 사 측에서 보면, 핵심 행위자로 프로젝트 관리자를 꼽을 수 있다. 그는 95개 원더토이 사 대리점에서 스캔시스템의 하드웨어 및 소프트웨어 설치를 총괄하는 책임을 맡았었다. 그는 20여 명이 유능한 기술 스태프와 함께 프로젝트 업무를 수행하게 되었다. 원더토이 사에서는 자사의 고유한 비자(B-Zar) 운용체제에 기반한 소프트웨어의 개발을 요구했다. 따라서 이를 위해 스캔시스템 사는 비자 운용체제 전문가를 컨설턴트로 고용했다. 마케팅 부장도 핵심 행위자 중 한 사람이다. 그는 계약이 성사되기 이전에 프로젝트가 이뤄질 수 있도록 책임

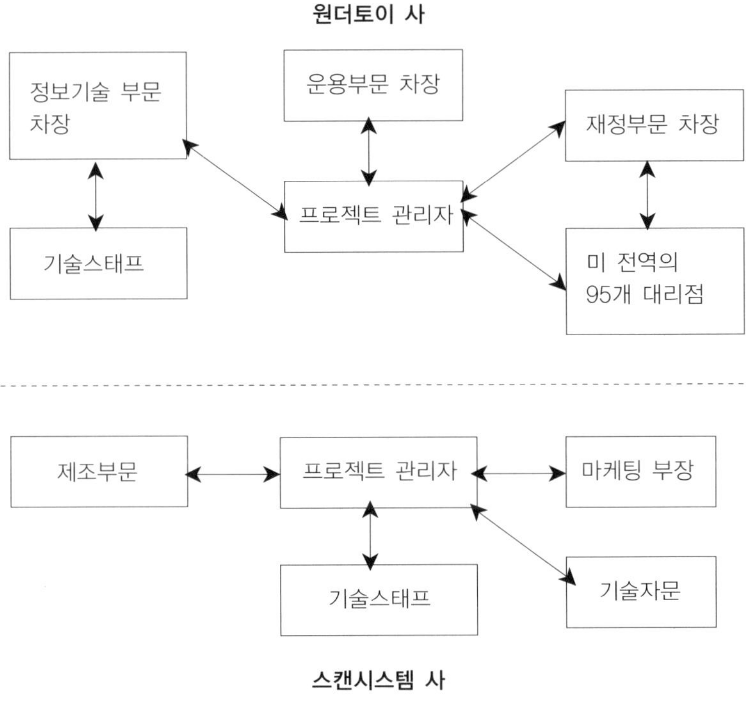

그림 8.1 스캔시스템 사의 프로젝트 핵심 행위자

졌던 인물이다. 그리고 제안서 업무에도 참여하여 계약을 수주하는 데 기여했다. 그리고 프로젝트 수행과정 중에는 고객과의 피드백을 위해서 지속적으로 프로젝트에 참여하기로 했다. 마지막으로 들 수 있는 행위자는 스캔시스템 사의 제조부서이다. 이 프로젝트는 600여 개의 스캔 부품이 공급돼야 한다. 따라서 핵심 행위자로서 제조 부서의 역할이 매우 중요하다.

스캔시스템 사의 프로젝트 관리자는 이런 유형의 프로젝트에 대해 경험이 매우 풍부했다. 그는 '구조적 분석(structurally)'을 통해 상황을 분석했으며, 구조적 원인으로부터 발생 가능한 어려움들을 즉각 파악하여 대비하도록 했다. 다음은 그가 파악한 주요 어려움들이다.

○ 고객사 측에서는 의사결정 권한이 분산되어 있다. 비록 원더토이 사의 프로젝트 관리자를 핵심 결정권자로 볼 수도 있지만 실제로는 권한이 제약되어 있다. 오히려 재무, 정보기술, 운영부서의 차장들이 핵심 행위자로서 독립적인 의사결정을 내릴 수 있다. 만일 정보기술 부서와 재무부서 간에 이해관계에 차이가 발생하면 어떤 의사결정도 내리지 못할 것이다.

○ 이 프로젝트의 요구사항대로 시스템을 개발하기란 쉽지 않다. 왜냐하면 서로 다른 이해관계를 가진 행위자들이 경쟁하고 있기 때문이다. 예를 들어 정보기술부서는 기술적인 기능성을 중요시할 것이고, 95개 대리점 관리자는 사용편의성 및 업무 중 오류발생 가능성을 최소화하는 데 관심을 가질 것이다.

○ 고객사 측에서 보면, 스캔시스템 사에서는 누가 책임자인지 혼란스럽다. 만일 원더토이 사의 핵심 행위자들이 마케팅 담당자와 긴밀하게 업무를 수행한다면 그들은 마케팅 부장을 프로젝트 책임자로 여기게 된다. 만일 스캔시스템 사의 프로젝트 관리자가 자신들의 요구를 이해하지 못한다고 판단하면 문제가 생겼을 때, 프로젝트 관리자를 거치지 않고 마케팅 담당자를 찾아갈 것이다. 고객사는 컨설턴트의 역할에 대해서도 잘 알지 못한다. 컨설턴트는 스캔시스템 사의 입장을 대변하는가?

○ 프로젝트가 시작되고 기술 스태프가 대리점에 시스템을 설치하면 대리점의 관리자가 설치 담당직원에게 시스템 구성의 변경을 요구할 수 있다. 그러나 이는 대리점 관리자 권한 밖의 일이다.

스캔시스템 사 프로젝트 관리자는 자신이 책임의 중심에 있다는 것을 모든 사람들에게 인식시켰다. 그리고 이후의 커뮤니케이션에도 반드시 자신을 거치도록 명시했다. 예를 들어, 기술자문이 고객사 측과 독립적으로 협의를 하거나 협상을 해서는 안 되는 것이다. 프로젝트에 참여하는 스캔시스템 사의 모든 행위자들도 고객사로부터의 요청은 프로젝트 관리자를 거쳐 갈 수 있도록 동의를 받았다. 마찬가지로 원더토이 사의 핵심 행위자들에게 요청할 사항이 있으면 프로젝트 관리자를 통해서 이야기하도록 뜻을 전달했다. 프로젝트 관리자는 사전에 이와 같은 조치를 취하여 구조적인 해결책을 마련함으로써, 프로젝트가 원활하게 돌아갈 수 있도록 만들었다. 스캔시스템 사는 정해진 기일에 맞춰서 각 대리점에 바코드 스캔기를 설치했고 정해진 예산의 초과도 발생하지 않았다. 그리고 고객사 측의 만족도를 높일 수 있었다.

○ 결론

프로젝트 업무에서 기본적인 단위는 프로젝트 팀이다. 불행히도 프로젝트 환경은 변화가 심하기 때문에, 이런 환경에서 팀을 운용하는 것은 매우 어렵다. 프로젝트 팀의 경우 인적 구성이 항상 문제가 된다. 왜냐하면 자체적인 인력이 아니라 다른 부서로부터 차출된 인력으로 팀이 구성되기 때문이다. 차출된 인력들은 프로젝트의 업무를 마치면 자신의 본래 부서로 돌아간다.

프로젝트 전문가는 이러한 환경에서 팀 구성을 어떻게 할 것인지 핵심적으로 고려해야 한다. 팀 구성을 도모할 수 있는 일반적인 방법들인 사무실의 공동 사용, 안정적인 팀 운용, 동기부여를 위한 강약의 조율 등은 프로젝트 팀에는 적용하기 힘들다.

한편 오늘날의 프로젝트에서는 팀과 고객 간의 파트너십 형성이 중요하게 부각되고 있다. 즉 팀을 구성할 때 고객 측의 사람을 포함시키는 것이다. 이미 2장에서 고객과의 파트너십에 대해서 다뤘다. 가장 빈번하게 사용되는 방법으로 신속한 프로토타이핑 형성법이 있었다. 그리고 7장에서는 효과적인 팀 구성을 하기 위한 여러 가지 방법에 대해서 다뤘다. 프로젝트 관리자가 결속력 있는 팀을 만들기 위해서는 우선 성실하고도 적극적인 노력이 필요하다.

성공적인 프로젝트의 선택

체계적인 조직 구조에서는 조직을 구성하고 감독하는 것이 관리자의 역할이라고 여겼다. 이러한 태도는 서구의 비즈니스 세계에서 지배적이었다. 그러나 오늘날은 다르다. 우리는 관료주의가 철폐된 수평적 구조에서 생활하고 있다. 때로는 역 피라미드형의 조직이 등장하기도 한다. 그리고 기업이 내부 업무에만 의존하는 것이 아니라 전략적 제휴관계를 통해서 외부업체에도 업무를 맡기고 있다. 이제 관리자들은 더 이상 직원들을 감독하고 명령하는 역할뿐만 아니라 일선 직원들에게 권한을 부여하고 지원하는 역할도 맡게 되었다.

그러나 이렇듯 조직의 구조가 개편되었지만 변하지 않는 것이 있다. 그것은 관리자가 여전히 의사결정에서 중요한 책임을 진다는 것이다.

이는 관리자가 일방적으로 의사결정을 하는 것이 아니라 일선 직원들과 고객들 간의 협력을 통해서 결정해야 한다는 것이다. 즉, 관리자와 일선 직원, 고객이 모두 참여한 가운데 중요한 결정이 이뤄져야 한다. 그러므로 오늘날의 관리자는 독립적으로 결정하고 명령을 내리는 것이 아니라 직원들과의 상호작용으로 생산적인 결론을 내려야 한다.

8장에서 효과적인 의사결정을 위한 몇 가지 핵심 요소를 살펴볼 것이다. 특히 프로젝트의 선정과 관련된 것을 중점적으로 다룰 것이다. 구체적으로는 스태프 구성, 하청업자 선정, 프로젝트 설계도의 완성 등에 대해서 논의하겠다.

○ 선택의 핵심

합리적인 정책결정은 기본적으로 여러 대안들의 우선순위를 정하는 과정이다. 최선의 대안을 상위에 올리고 최악의 대안을 아래에 위치시킨다. 자동차를 구매할 때 구매자들의 선택과정에 대해 생각해보자. 잠재적인 구매자들은 여러 가지 기준을 고려해서 자동차를 선택한다. 그 기준에는 가격, 기능, 스타일, 안전성, 브랜드 파워 등이 있을 것이다. 구매자들은 각각의 기준을 차례로 검토해서 자동차를 평가할 것이다. 예를 들어 A자동차는 가격, 성능, 안정성에서 높은 점수를 받지만 스타일과 브랜드 파워는 평균 수준이다. 반면 B자동차는 스타일과 브랜드 파워는 높지만 가격, 성능, 안정성은 중간 수준이다.

그렇다면 어떤 자동차에 높은 점수를 줄 수 있을까? 이에 대한 해답은 구매자의 의견에 달려 있다. 즉, 구매자가 실용적인 측면을 중시하는지 아니면 겉치레를 중시하는지가 판단의 기준이 될 것이다. 실용적인 측면을 중시한다면 가격, 기능, 안정성을 우선시하여 A자동차를 선택할 것이며, 외향적인 측면을 중시한다면 스타일과 명성에 비중을 두어 B자동차를 구매할 것이다.

의사결정을 내릴 때는 다양한 대안들에 대해 우선순위를 매겨야 한다. 이 장에서 검토할 프로젝트 선정의 핵심은 의사결정시 우선순위를 매기는 것이다.

○ 수익-비용 비율분석

수익-비용 비율분석은 어떤 대안에 드는 비용을 고려해서 그에 따른 수익이 얼마나 될 것인지 체계적으로 측정하는 것이다. 이는 간단한 방식으로도 가능하다. 예를 들면, 종이 한 장을 반으로 나눠서 한 쪽은 '강점(pros)'이라 쓰고 다른 쪽은 '약점(cons)'이라 쓰는 것이다. 한편 수익-비용 비율분석은 공식적인 방식으로도 가능하다. 즉, 비용과 수익에 관해서 정교하게 수학적인 모델을 만들어서 적용하는 것이다.

수익-비용 비율분석은 가장 일반적으로 사용하는 접근법으로 프로젝트에 드는 비용에 따라서 수익을 측정하는 방법이다. 이 비율을 알기 위해서는 수익과 비용을 정량적으로 측정할 수 있는 방법이 개발되어야 한다. 일반적으로 수익과 비용을 금액으로 환산하는 경우가 많은데, 수익을 비용으로 나눈 값이 비율이 된다. 아래의 단순한 예를 통해서 수익-

비용 비율분석이 어떻게 측정되는지 알 수 있다. 이는 프로젝트를 선정할 때 지침으로 활용할 수 있다.

$$\frac{B}{C} = \frac{\text{매출액 측정값} \times \text{성공 가능성}}{\text{비용 측정값} \times \text{목표비용에 따른 달성 가능성}}$$

매출액 측정값이 100,000달러이고, 성공 가능성이 80%라고 가정하자. 이 두 값을 곱하면 예상 매출액이 나온다. 즉, 예상 매출액은 100,000달러에 0.8을 곱한 80,000달러가 된다. 한편 프로젝트 비용 측정값은 50,000달러이고, 프로젝트의 목표를 달성할 확률은 80%라고 하자. 예상 비용은 40,000달러이다. 여기서 수익-비용 비율분석은 예상 매출액을 예상 비용으로 나눈 값이다. 즉 80,000달러를 40,000달러로 나누면 되는데, 이때 얻을 수 있는 비율은 2.0이다.

수익-비용 비율분석은 추상적인 숫자가 아니다. 2.0의 비율이 의미하는 것은 우리가 프로젝트에 1달러를 투자하면, 그 1달러에 대해서 2달러의 수익을 기대할 수 있다는 것이다. 바꿔 말하면 이 비율은 '투자에 따르는 가치(bang for the buck)'를 의미한다. 만일 비율이 투자 금액에 대해서 정확하게 측정되면 프로젝트 관리에 매우 유용한 도구가 된다. 둘 이상의 프로젝트에서 강점을 파악할 때, 이러한 수익-비용 비율분석을 비교하는 것은 유용한 접근법이 될 수 있다.

기업 재무분야에서는 수익-비용 비율분석을 '수익성지수(profitability index)'라 부른다. 이는 어떤 선택이 보다 높은 수익을 낼 수 있는지 알려준다. 여기서 비율이 1.0보다 크면 그것은 수익성이 높은 것이다. 다시 말하면 수익이 비용보다 크다는 것이다.

● 수익과 비용의 계산

수익-비용 비율분석은 수치화 작업을 전제로 한다. 따라서 분석할 변수들을 계량화할 수 있어야 한다. 수익은 화폐단위로 표현하는 것이 일반적이다. 위의 예도 돈으로 환산한 금액을 수익으로 수치화했다. 이는 간단한 공식으로 매출을 계산해 수익을 측정할 수 있다.

그러나 실제로 수익을 계산하는 방법은 이것보다 더 복잡하다. 수익을 정교하게 분석하는 것은 어려운 작업이다. 예를 들어 예상 수익은 적분 계산법을 사용하여 증가함수로 계산할 수 있다. 단, 감가상각(depreciation), 잔존가액(salvage value), 세금(taxes) 등의 변수는 고려하지 않는다. 이것까지 고려하면 공식은 더욱 복잡해진다.

비율을 계산하기 위해 데이터를 수집하는 것도 쉽지 않은 일이다. 필요한 데이터를 어디서 찾아야 할까? 이상적인 방식은 분석을 수행하는 회사가 일정기간 동안 데이터를 수집하여 데이터베이스를 구축해서 활용하는 것이다. 중요한 프로젝트라면 여러 부서에서 계산과정에 적극적으로 협조할 것이다. 마케팅 부서는 판매 및 가격을 계산해서 제공할 것이며, 제조 부서는 프로젝트에 필요한 생산품의 제조 및 비용에 대한 정보를 제공할 것이다. 그리고 재무 부서는 비용에 대한 데이터를 제공할 것이다.

그러나 최고의 데이터를 가졌더라도 그것으로는 충분하지 않다. 왜냐하면 미래는 불확실해서 예측하기 힘들기 때문이다. 따라서 결과를 예

성공적인 프로젝트의 선택

측할 수 있는 범위에 따라서 시나리오를 작성하는 것이 좋다. 이를 테면 최적의 경우와 최악의 경우를 선정하고 일어날 가능성이 가장 높은 시나리오를 작성하는 것이다. 가능한 모든 범위에서 대안을 파악하고 의사 결정자는 자신의 행동 및 조치가 불러올 결과에 대해 보다 정확하게 인식할 수 있어야 한다.

그런데 이러한 과정에서 얻게 되는 데이터도 문제를 갖고 있다. 왜냐하면 계산하는 과정에서 문제가 발생할 수 있기 때문이다. 예를 들어 데이터를 계산하는 작업자가 아마추어일 수 있다. 비용 계산과정은 반드시 전문가에 의해서 행해져야 한다. 그리고 핵심 행위자가 프로젝트를 낙관적으로만 바라보면 프로젝트의 부정적인 측면을 간과할 수 있다. 따라서 균형적인 시각을 갖고 비용을 계산해야 한다. 이 문제에 대해서는 10장에서 보다 자세하게 논의할 것이다.

● 비용절감을 통한 수익 측정

외부 고객에게 제품이나 서비스를 판매할 때는 판매 대금으로 들어온 금액이 곧 수익이다. 그러나 판매 대금과 같은 수입이 없는 경우는 어떻게 할까? 정부기관은 영리조직이 아니기 때문에 항상 이러한 상황에 처해 있다. 물론 민간 부문에서도 수입이 없는 경우가 있는데, 기업이 업무의 효율을 위해서 설비 및 정보 시스템을 업그레이드 하는 프로젝트가 여기에 해당한다. 예를 들면, 새로운 재무회계 시스템의 구매와 관련해서 매출의 증가를 계산하는 것은 어려운 일이다.

그렇다면 어떤 조치를 취하고 수입이 없는 경우, 수익은 어떻게 계산할 수 있을까? 비용절감을 수익으로 측정하는 것이 한 방법일 것이다. 즉, 기업의 자금을 절약할 수 있는 방법을 확인하기 위해서 수익–비용 비율분석을 사용하는 것이다.

비용절감을 수익으로 보는 방법은 무엇인가? 이에 대한 설명은 다음 사례를 통해서 설명해보겠다. 정부의 과학연구소는 혈액 샘플을 보다 효과적으로 분석하기 위한 방법을 모색하고 있다. 지금까지 연구소에서 채택한 방법은 노동력을 지나치게 많이 필요로 했다. 이제 연구소는 최신식 장비를 통해 혈액을 분석하여 고도의 업무를 수행하려고 한다. 여기에는 3개의 장비가 후보로 올랐는데, 이 장비들은 모두 연구소에서 혈액에 대한 분석을 효과적으로 분석하기 위해 사용되는 것이다. 장비 모두 연구소의 혈액분석을 위한 기술적인 요구조건을 충족시킨다. 그 중 무엇을 선택할 것인가의 문제를 놓고 연구소는 수익–비용 비율분석법을 사용하기로 했다. 이를 통해 최종적으로 적합한 제품을 선택하기로 한 것이다.

우선 연구소는 현재의 작업방식으로 혈액분석에 필요한 비용을 계산했다. 그리고 하청업자와 연구소들의 직원들은 각각의 데이터를 통해서 필요한 비용을 계산했다. 즉, 3개의 장비로 각각 혈액분석 작업에 필요한 비용을 계산한 것이다. 여기에는 장비구매를 위한 비용과 유지보수 비용이 모두 포함된다. 매년 각각의 장비를 통해서 절감할 수 있는 비용을 계산했는데, A가 연간 120,000달러, B가 80,000달러, C가 160,000달러였다. 결론적으로 C장비를 선택하면 연구소는 가장 많이 비용을 절감할 수 있는 것이다.

여기의 비용절감은 장비의 구매가격 및 유지보수 비용 등을 고려하여

성공적인 프로젝트의 선택

평가돼야 한다. 장비의 실사용기간이 5년이라고 가정할 때, 연구소는 총 구매 비용을 5로 나누고, 장비의 연간 유지보수 비용을 더해야 한다. 이렇게 계산한 연간비용은 A가 80,000달러, B가 60,000달러, C가 160,000달러이다.

여기에 수익-비용 비율분석을 적용하면, 연구소는 최종값을 얻을 수 있다. A가 1.5, B가 1.33, C가 1.0이다. 이러한 재무적인 분석을 통해 A가 투자한 비용에 대비해 가장 높은 가치를 만들어내는 것을 알 수 있다.

● 수익-비용 비율분석의 일반적인 문제점

프로젝트 스태프는 수익-비용 비율분석의 몇 가지 함정에 주의해야 한다.

측정 가능한 요소들에만 비중을 둔다. 이 접근법은 측정하기 쉬운 요소에만 유용하다는 문제를 갖고 있다. 즉, 계량화할 수 없는 것에는 적용하기 어렵다. 그러나 수입-비용 비율분석으로 측정할 수 없는 요소에 대해서도 고려해야 한다. 프로젝트의 결과는 변동성이 심하다는 것을 염두에 두어야 하는 것이다.

그리고 프로젝트의 영업능력을 고려해야 한다. 이는 기업의 목표와 기업 문화를 만드는 데 중요한 요소이고, 기업의 기술력을 강화하기 위해서도 필요하다. 이 같은 요소들이 수익-비용 비율분석에 포함되지 않으면 비용과 수익의 관계값을 정확하게 측정하기 어렵다.

수익-비용 모델의 명세서가 정확하지 않다. 수익-비용 비율분석을 할 때 항상 제기되는 의문이 있다. 과연 수익-비용 모델이 현실을 정확하게 반영하는가? 통계학에서는 이를 '명세서의 문제(specification problem)'라고 표현한다. 현실과 모델 사이에는 차이가 있다. 모델은 근사값이기 때문에 현실과의 차이로 잘못된 정보를 제공할 수도 있다는 것이다.

앞에서 측정할 수 없는 요소들을 제외하면서 수익-비용 모델이 결과를 왜곡할 수 있다는 것을 살펴보았다. 그러나 측정 가능한 요소들을 고려할 때에도 문제가 발생한다. 예를 들어, 수익 모델이 5년간 기하급수적으로 수익을 높일 것이라고 가정했다. 그러나 실제로 수익은 비용에 정비례하여 증가했다. 이는 잔존가액이 수익을 계산하는 데 상당한 영향을 미친다는 사실을 간과했기 때문이다.

모델에 대한 명세서를 정확하게 고려하지 않았기 때문에 이런 문제가 발생한다. 따라서 이러한 부정적인 결과를 최소화하기 위해서는 지속적으로 점검해야 한다. 모델이 현실적인 결과와 정확하게 부합하는지 지속적으로 살펴봐야 한다. 또 모델이 현실의 다양성을 얼마나 수용할 수 있는지 판단해야 할 것이다.

비율은 규모를 고려하지 않는다. 두 건의 프로젝트 중 하나를 선택해야 하는 상황이 있다. A는 수익-비용이 3.22이고, B은 2.80이다. 이때 당연하게 A를 선택하게 될 것이다. 그러나 위의 두 비율값을 계산하는 데 사용된 데이터를 고려해보면 상황은 달라진다.

$$A : \frac{B}{C} = \frac{\$3,220}{\$1,000} = 3.22$$

$$B : \frac{B}{C} = \frac{\$2,800,000}{\$1,000,000} = 2.80$$

데이터를 분석해보면 두 프로젝트 중 어떤 것이 강점을 갖고 있는지 정확하게 살펴볼 수 있다. 대기업은 더 많은 이윤이 원하기 때문에 B를 선택할 것이다. 상대적으로 A로 벌어들일 수 있는 이윤이 적기 때문이다. 그러나 투자비용을 고려하면 B가 A보다 1,000배 이상 크다. 따라서 B는 시작할 때 투자비용이 많이 든다는 약점을 갖고 있다.

여기에서 수익-비용 비율분석은 규모를 배제한 독립적 의미를 갖는다. 수익-비용 비율분석만으로는 그 이면의 투자와 회수의 규모에 대해서 아무 것도 알 수 없다. 3.22라는 비율값을 표현하는 방법은 무수히 많다. 즉, 0.322/0.100, 3.22/1.00, 32.20/10.00, 322/100 등 다양하다.

수익 회수기간에 대해서는 알 수 없다. 프로젝트C와 프로젝트D가 있다고 하자. 이 중에서 하나의 프로젝트를 선택해야 한다. C는 수익-비용 비율이 3.22이고 D는 2.80이다. 이런 결과를 보면 D보다 C를 선택하는 것이 옳다. 그러나 C의 수익을 회수하는 기간이 D에 비해서 오래 걸린다면 D를 선택하는 것이 보다 바람직할 것이다. 수익-비용 비율분석을 통해서 수익과 비용에 대한 현금의 흐름을 파악하는 것이 중요하다. 비율값만으로는 데이터 속에 숨겨진 중요한 정보를 파악할 수 없다.

망원경 효과. 10장에서는 프로젝트의 비용과 일정을 계산하는 절차와 과정에 대해서 알아볼 것이다. 그리고 망원경 효과에 대해서 보다 상세하게 논의할 것이다. 만약 계산에서 지속적으로 오류가 발생하면 나중에 더 큰 오류가 생길 수 있다. 예를 들어 계산하는 직원이 수익-비용 비율분석에서 수익은 10% 높게 잡고 비용은 10% 낮게 잡았다고 하자. 이러면 결과적으로 수익은 22% 높게 책정한 값이 나온다. 이는 명백한 오류이다.

○ 프로젝트의 등급을 정하기 위한 버스 기법
(Buss′s Technique)

마틴 버스 *Martin Buss*는 1983년에 〈하버드 비즈니스 리뷰〉에 '컴퓨터 프로젝트의 등급을 정하는 법'에 관한 논문을 발표했다. 이 논문은 수익-비용의 프로젝트를 선택하는 방법에 대해 다루고 있다. 정량적인 데이터에 의존하지 않지만 수익-비용 비율분석의 특징을 상당부분 공유하고 있다.

이제 버스의 기법에 대해서 알아보겠다. 나는 현장에서 이 방법론을 사용한 경험을 살려서 다소 수정된 모델에 관해서 설명할 것이다. 버스의 접근법은 소규모 프로젝트에서 팀을 결성하여 특정 기간에 프로젝트 제안서를 검토해야 한다고 주장한다. 이상적인 팀이라면 여기서 서로 다른 견해와 입장을 대변할 수 있어야 한다. 이상적인 팀은 마케팅 부서, 재무 부서, 생산 부서, 기술 부서 등에서 인원을 선정하여 구성할 수 있을 것이다.

선정된 프로젝트 팀은 제안서를 검토한 뒤 프로젝트 선정 기준에 따라

성공적인 프로젝트의 선택

서 각각을 평가하는 임무를 수행한다. 기업에서는 나름의 전문적인 기준을 만들 수도 있는데, 여기서는 프로젝트 선정과정에 도움을 줄 수 있는 4가지 기준에 대해서 설명하겠다. 4가지 기준은 재무적, 기술적, 개발적, 조직적 기준이다. 이 각각의 기준들은 수익과 비용의 관점에서 봐야 한다. 그림 9.1을 통해 4가지 기준에 따라서 수익과 비용을 고려한 것을 파악할 수 있다. 여기서는 가로 3칸, 세로 3칸인 표의 형태로 표현했다.

표A는 프로젝트 후보로 예상되는 비용을 재무적 이익과 결합시켜 표현했다. 바둑판에서 볼 수 있는 것처럼 9가지 경우의 수가 가능하다. 프로젝트 비용이 많이 들면서 수익이 높은 것, 중간 것, 낮은 것이 가능하며, 프로젝트 비용이 중간 정도 들면서 수익이 높은 것, 중간 것, 낮은 것이 가능하다. 그리고 프로젝트 비용이 낮으면서 수익이 높은 것, 중간 것, 낮은 것도 가능하다.

프로젝트 팀은 첫 번째 제안서에서 상대적인 비용과 재무적인 수익을 검토하면서 선정 업무를 시작한다. 팀은 합의를 통해서 9개의 시나리오 중 가장 적합한 지점을 찾아 결정한다. 프로젝트 1은 비용이 '중간' 이고, 그에 따른 재무적 수익도 '중간' 에 해당된다. 이 과정은 다른 프로젝트 제안서에도 동일하게 반복된다. 차례대로 검토하여 각각의 프로젝트가 표 중 어느 칸에 해당되는지 정한다.

대부분의 프로젝트 제안서들은 표의 저, 중, 고 칸 중 어느 하나에 해당될 것이다. 그러면 여기에 칸을 하나 추가해보자. 그 칸의 명칭은 '지불에 대한 대가' 이다. 대각선을 따라서 보면 비용이 적게 드는 프로젝트는 상대적으로 수익이 낮고, 비용이 중간 정도 드는 프로젝트는 수익도 중간이다. 그리고 비용이 많이 드는 프로젝트는 상대적으로 수익도 높다. 대각선에 따른 프로젝트를 보면 수익-비용 비율분석이 1.0인 것과 흡사하다. 이는 수익과 비용이 서로 상쇄되는 형태이다.

　최상의 조합은 왼쪽 맨 위의 칸이다. 여기에 해당되는 것은 수익은 높고 비용은 적게 드는 프로젝트를 의미한다. 최악의 조합은 오른쪽 맨 아래의 칸이다. 여기에 해당되는 프로젝트는 비용은 많이 들었으나 수익이 적은 경우이다. 일반적으로 대각선이나 그 위에 위치한 프로젝트의 경우는 수익을 기대할 수 있다. 즉, 금전적으로 손해를 보지 않는다. 반면 대각선 아래에 있는 프로젝트는 금전적인 손실을 가져올 가능성이 높다.

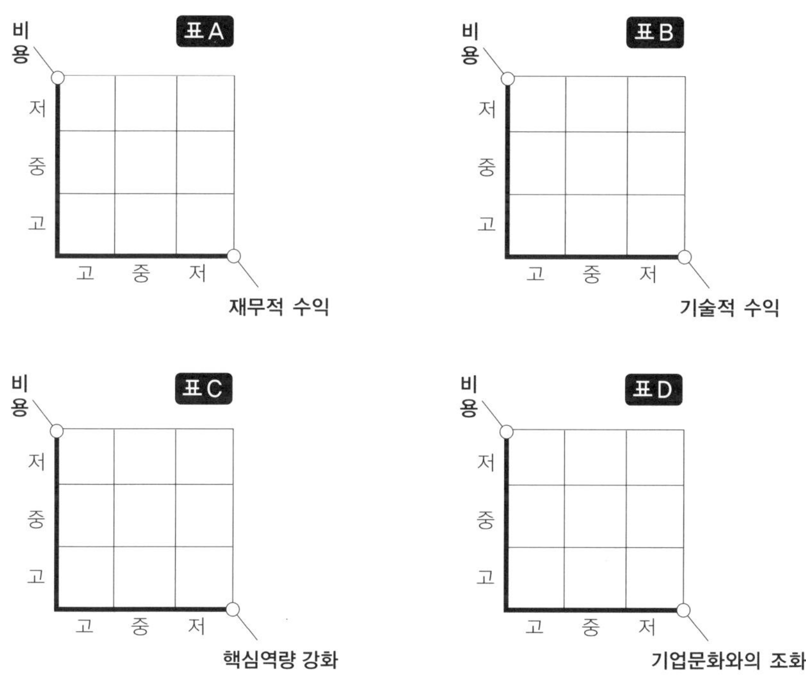

그림 9.1 버스의 접근법에 따른 표

성공적인 프로젝트의 선택

표A를 기준으로 모든 프로젝트들을 검토하면 표B로 넘어간다. 여기에서는 프로젝트 비용과 기술적인 수익 간의 조합을 살펴볼 것이다. 기술적인 돌파구를 제공하는 프로젝트는 보다 기술적으로도 높은 수익을 창출한다. 기술적인 수익이 없는 프로젝트는 낮은 칸에 위치한다. A와 마찬가지로 각각의 프로젝트 제안서 모두 수익-비용 조합을 파악하여 표시한다.

표C는 해당 프로젝트가 프로젝트의 비용과 회사의 핵심 역량을 증대시키는 데 얼마만큼 기여하는지 보여준다. 회사는 프로젝트의 수행으로 직원들의 역량을 높일 수 있는가? 바람직한 목표를 위한 진입로를 확보할 수 있는가? 향후 다른 프로젝트에도 유용하게 적용할 수 있는가와 같은 질문을 던져야 한다. 프로젝트가 이러한 질문들에 부합한다면 회사의 핵심 역량도 높은 지점에 해당될 것이다.

마지막으로 표D는 기업의 목적 및 기업 문화 간의 조합에 따른 프로젝트의 비용을 표현한 것이다. 여기에서는 몇 가지 핵심 질문을 던질 수 있다. 기업의 목표를 발전시키는 데 프로젝트가 기여할 수 있는가? 프로젝트가 기업 문화에 긍정적인가, 부정적인가? 결론적으로 프로젝트가 기업의 목적과 기업문화에 부합하지 않으면 실패 가능성이 높으므로 채택되지 않는다.

모든 프로젝트는 4개의 표에 해당되는 지점을 표시한 후 총괄적인 평가작업이 이뤄진다. 버스는 팀이 총괄평가 단계에서 지나치게 분석적이어서는 안 된다고 주장했다. 예를 들면, 각각의 표에 대한 프로젝트 제안서들의 값을 가중평균으로 구하는 것이다. 구체적인 사항이나 특징은 고려하지 말고 표에 표현된 값을 믿고 따라야 한다는 것이다. 팀은 이미 제안서를 검토하고 평가하는 데 많은 시간을 투자했기 때문에 각각의 제안서들이 가진 내용을 상세히 알고 있다. 마지막 단계인 최종 선정과정에서 팀은 포괄적인 수익-비용 표를 작성하여 각각의 프로젝트가 어디에 해당되는지 평가한다. 이 모든 것에 대한 토론과 평가가 끝나면 프로젝트1은 어느 칸에 해당되는지 결정하고, 나머지 후보 프로젝트들에 대해서도 칸을 할당한다.

프로젝트의 등급을 정하는 버스의 접근법은 2가지 측면에서 타당성을 가진다. 첫째, 계량화를 하지 않고서도 수익-비용 비율분석이 가능한 방법론을 제시했다는 점이다. 기업이 변수에 따른 계량화에 치중하다 보면 현실의 세부적인 내용들을 간과하기 쉽다. 그러나 수익-비용 비율분석은 세부적인 내용들을 공유하고 있다. 예를 들어, 프로젝트가 위치한 칸을 보면 수익-비용 비율분석이 0보다 큰지 작은지 같은지를 알 수 있다. 한 가지 주의할 점은 절차가 엄격하기 때문에 프로젝트 팀의 선정 기준을 명확히 해야 한다는 것이다.

둘째, 이 접근법은 팀원들의 집단적인 판단을 통해서 모든 사항을 결정하도록 한다. 팀원들은 폭넓은 시각을 갖고 있기 때문에 균형성을 갖는다. 각각의 프로젝트에 대해 강점과 약점을 토론하고, 협의를 거쳐서 최종적인 값을 결정한다. 따라서 프로젝트의 강점과 약점을 모두 파악하고 검토하는 것이다. 논의 과정에서는 모든 의견을 제시할 수 있고 동시에 재검토할 수 있다. 왜냐하면 모든 것이 전환될 수 있고 프로젝트에 대한 낙관적인 견해는 그 타당성이 입증돼야 하기 때문이다. 이러한 버스의 접근법은 일본식 경영 기법과 매우 유사하다.

성공적인 프로젝트의 선택

○ 등위의 단계(poor man's hierarchy)

1980년대 경영학에서는 AHP(Analytical Hierarchy Process)라 불리는 의사결정 기법이 등장했다. AHP는 사람들의 흥미를 사로잡았는데, 이는 주관적인 판단에 근거하여 정량적 가치를 만들어냈기 때문이다. 이 기법은 토마스 사티 *Thomas Satty*가 1970년대에 발전시켰는데, 사티의 《Decision Making for Leaders》에 잘 소개되어 있다.

AHP에 대한 상세한 설명은 이 책에서 다루지 않겠다. AHP에 사용되는 수식이 다소 복잡하고 난해하기 때문이다. 예를 들면 고유값(eigenvalue)과 고유벡터(eigenvector)라는 개념이 그러하다. 여기서는 AHP의 기본적인 개념을 단순화한 공식을 살펴볼 것이다. 따라서 나는 그것을 AHP라 칭하지 않고 '등위의 단계(poor man's hierarchy)'라 부를 것이다. 내가 '등위의 단계'라는 개념을 만든 이유는 수학에 전문적 지식이 없는 기업 관리자들에게 AHP의 개념을 소개하기 위해서이다. 많은 관리자들에게 이 개념을 소개하고 컨설팅 업무에서 적용한 후, 이것이 훌륭한 의사결정 기법으로 사용할 수 있음을 알게 되었다.

'등위의 단계'의 주요한 목적은 의사결정자가 여러 정책적 대안들에 대해서 등위를 매길 수 있도록 하는 것이다. 이 기법은 의사결정자가 여러 대안을 두 개씩 짝 지어 비교하는 방법을 채택한다. 예를 들어 관리자들과 기술 스태프들이 제조 공장을 세울 자리를 선정하기 위해서 모였다고 하자. 등위의 단계를 사용하면서 우선 그들은 의사결정 과정에 적용할 기준을 정한다. 그들은 회의를 통해 의사결정에 적용할 기준들을 정한다. 그들이 정했던 핵심적인 기준에는 다음과 같은 것들이 있다. 값싼 노동력, 고속도로나 공항으로의 접근 편의성, 핵심 하청업자와의 근접성, 부지 가격, 지방 정부의 투자 유인 가능성, 지역의 조세 정책 등이다.

기준을 선정한 후, 그들은 각 기준들을 두 개씩 비교함으로써 기준들 간의 우선순위를 정했다. 그리고 다음의 질문들에 따라 비교하면서 우열을 가리기로 했다. 어떤 것이 보다 바람직한 기준인가? 즉, 값싼 노동력인가, 아니면 지역의 조세 정책인가? 핵심 하청업자와의 근접성인가, 아니면 지역의 조세 정책인가? 값싼 노동력인가, 아니면 핵심 하청업자와의 근접성인가? 이런 식으로 2쌍의 기준 조합을 만들어서 우열을 가리도록 한 것이다.

이렇게 질문을 던지고 그에 대한 해답은 정방형 표를 만들어서 구할 수 있다. 그림 9.2처럼 표에 각각의 선정 기준을 가로축과 세로축에 나열한다. 이것을 통해서 의사결정자는 모든 기준의 조합을 빠뜨리지 않고 비교한 뒤 우위를 결정한다.

표의 각 칸은 다음의 법칙에 따라 채워야 한다. 세로축의 기준이 가로축의 기준보다 더 우위에 있다고 판단되면, 그 칸에 ‘1’이라고 쓴다. 그리고 가로축의 기준이 세로축의 기준보다 더 우위에 있으면 ‘0’이라고 쓴다. 대각선은 모두 채우지 않고 남겨둔다. 똑같은 기준을 비교해서 우위를 정할 수는 없기 때문이다. 그리고 대각선 위쪽의 칸들만 비교해서 작성하면 된다. 대각선 아래쪽은 위 쪽 값을 뒤집어놓은 것과 다르지 않기 때문이다.

예를 들면, ‘공급자’와 ‘부지 가격’은 ‘0’이다. 마찬가지로 ‘부지 가격’과 ‘공급자’에 해당되는 값은 ‘1’이다. 이런 식으로 서로 대칭되기 때문에 대각선 위만 작성하면 되는 것이다.

성공적인 프로젝트의 선택

	값싼 노동력	교통	공급자	부지 가격	정부의 유인	조세 정책	점수
값싼 노동력	–	1	1	1	1	1	5
교통	0	–	0	1	1	0	2
공급자	0	1	–	1	1	0	3
부지가격	0	0	0	–	1	0	1
정부의 유인	0	0	0	0	–	0	0
조세정책	0	1	1	1	1	–	4

그림 9.2 등위의 단계 예시

그림 9.2에서 세로축 '공급자' 항목을 생각해보자. '값싼 노동력'과 비교했을 때 값이 '0'이다. 이것은 값싼 노동력이 공급자의 근접성보다 더 중요한 기준이라는 사실을 말해준다. 가로축 '교통' 항목과 비교했을 때 '1'이라는 값은 공급자와의 근접성이 주요 도로 및 공항 등의 접근 용이성보다 중요하다는 것을 의미한다. 마찬가지로 '부지가격'과 비교했을 때 '1'도 공급자와의 근접성이 부지가격보다 더 중요한 항목임을 말해준다.

표의 모든 칸을 채우고 나면 총 점수를 구할 수 있다. 이 점수는 어떤 항목이 다른 항목과 비교했을 때 몇 개나 우위를 점하는지 알려준다. 점수가 높을수록 그만큼 더 우위를 점한다는 것을 의미한다. 즉, 어떤 기준의 점수가 높다는 것은 그 기준이 그만큼 중요하고 상위에 있다는 것을 의미한다. 그림 9.2에서 알 수 있듯이, 가장 높은 순위의 기준에서부터 낮은 순위의 기준까지 열거하면 다음과 같다. 값싼 노동력(5점), 조세정책(4점), 공급자와의 근접성(3점), 교통편의성(2점), 부지가격(1점), 정부의 투자 유인(0점) 순이다.

우리는 두 개씩 짝을 지어 비교하면서 논리적인 일관성을 가질 수 있다. 예를 들어 A가 B보다 우위에 있고, B가 C보다 우위에 있다고 하자. 이럴 때 A와 C를 비교하여 C가 A보다 우위에 있다고 이야기하는 것은 논리적으로 일관성이 없는 것이다. 등위의 단계 기법에서는 두 기준의 점수가 동일하게 나왔을 때 동일한 가치를 갖는다고 판단해버리면 논리적으로 일관성을 갖지 못하는 것이다. 이를 테면 '교통', '공급자', '부지가격' 모두 점수가 '2점'으로 동일하게 나왔다고 하자. 만약에 '교통'이 '공급자'보다 더 중요하고, '부지가격'이 '교통'보다 더 중요하다고 판단한다면, 3가지 항목의 점수가 동일해진다. 이는 일관성을 갖지 못한 것으로 바람직하지 않다. 즉, 우리가 수립한 모델이 의사결정에서 모든 측면들을 고려하지 못한 것을 의미하는 것이다.

등위의 단계는 여러 가지 상황에서 사용할 수 있는 유용한 기법이다. 이 장의 처음에서 말했듯이, 합리적인 의사결정을 내리는 데 있어서 핵심은 여러 가지 대안들에 우선순위를 매기는 것이다. 이 기법은 우선순위를 매기는 과정을 보다 용이하게 하는 것이 주된 목적이다. 이 기법은 한번에 2가지 요소를 비교하는 방식이다. 따라서 등위의 단계를 포괄적인 의사결정 기법으로 볼 수 있다. 프로젝트의 선정, 하청업자의 선정, 직원의 고용 등의 경우에도 유용하게 적용할 수 있다.

나는 회의에서 이 기법을 사용했다. 회의의 의제는 개회식 연설자로 적당한 인물을 결정하는 것이었다. 이사회에서는 15명의 명단을 만들었다. 그렇지만 그 인물들의 등수를 매기는 데 쉽게 합의를 이루지 못했다. 나는 두 사람씩 비교하는 방법을 통해서 후보자들의 등수를 매겨보자고 이사회에 제안했다. 두 후보자를 놓고 우열을 가리는 업무는 효율적이었고, 이사회 참석자들 대부분이 이견 없이 동의했다. 이런 식으로 모든 후보자들의 가능한 2인 조합을 비교하는 데 걸린 시간은 10분 남짓이었다. 우리는 모든 후보자들을 고려하여 1위부터 15위까지 등수를 매겼다. 회의에 참석한 모두가 합의를 반영한 결과에 대해 찬성했다.

○ 심사위원회 (The murder board)

프로젝트를 효과적으로 선정하기 위해서는 모든 의견이나 시각에 대해서 이의 제기가 가능해야 한다. 한 프로젝트 관리자는 자신의 프로젝트가 채택되면 투자금액의 20%를 회수할 수 있다고 주장했다. 그러면 그는 자신이 한 말에 대해서 방어할 것이다. 만일 기술 스태프들이 현재 사용하고 있는 부품보다 제안된 부품이 기능적으로 우수하다는 주장을 펼친다면 그들은 자신의 주장을 뒷받침할 수 있어야 한다.

여기에서 프로젝트 선정의 또 다른 방법론을 제시할 수 있다. 즉, 심사위원회를 통해서 프로젝트를 선정하는 것이다. 이는 어떤 의견도 반박할 수 있다는 명제를 기초로 하고 있다. 효과적인 프로젝트 선정 방법론으로, 심사위원회가 제안된 프로젝트 후보작들을 검토하기 위한 심사위원단을 소집하고 제안서들을 검토하는 것이다. 심사위원단은 회사 내서로 다른 부서의 인물들로 구성돼야 한다. 예를 들어, 마케팅 부서, 재무 부서, 기술 부서, 생산 부서 등이 각 1명 씩 대표를 참여시키는 것이다. 심사위원단은 프로젝트 제안서들을 신중하게 검토해야 할 의무가 있다. 어떤 제안서에 이의를 제기할 때는 논리적 근거를 들어서 주장해야 한다.

프로젝트 제안서를 작성한 사람은 위원회에 참석하여 프로젝트 수행의 의미를 설명하고, 제안서의 내용을 뒷받침할 수 있는 논리적 근거를 제시해야 한다. 만일 제안자가 위원회의 예리한 질문에 대해서도 설득력 있는 답변을 제시하고 회의적인 위원회의 태도를 바꿔놓을 수 있다면, 그것으로 충분히 제 역할을 한 것이다. 물론 제안자는 자신의 주장을 뒷받침할 수 있는 각종 자료 및 문서를 첨부하여 필요할 때 위원회에 제시 해야 한다.

심사위원회를 효과적으로 사용하면서 기업은 제안서 발표과정에서 후보에 오른 프로젝트가 어떤 문제점을 갖고 있는지 파악할 수 있다. 즉, 투자를 적게 하고 설계를 구체적으로 하지 않아도 프로젝트의 문제점을 사전에 파악하는 것이다. 이 과정을 통해 해당 프로젝트의 옹호자가 갖고 있는 낙관주의를 견제하고 조절할 수 있다. 마찬가지로 기업도 적절치 못한 프로젝트를 미리 수행하면서 손실 가능성을 미연에 방지할 수 있다. 충분히 검토하고 견제를 하면 프로젝트 아이디어를 정교하게 만들 수 있다.

심사위원회 접근법이 제대로 작동하기 위해서는 이 과정에 참여하는 모든 사람들이 염두에 두어야 할 점이 있다. 즉, 심사위원회의 목적은 프로젝트 옹호자를 비난하고 모멸감을 안겨주는 것이 아니라는 점이다. 심사위원회는 견고하게 수립된 프로젝트와 그렇지 않은 프로젝트를 구별하는 데 그 의의가 있다.

심사위원회 접근법은 다른 접근법들과 함께 공동으로 사용할 수 있다. 예를 들어, 프로젝트 옹호자에게 자신의 주장을 뒷받침할 수 있는 수익-비용 비율분석을 제시하도록 요구할 수 있다. 요컨대, 심사위원회 접근법은 '현실성 검토'를 위한 것이다. 즉, 프로젝트를 지지하는 주장이 근본적인 실패 가능성을 갖고 있는 것은 아닌지 확인하는 방법이다.

동료 검토(peer preview)

과학 분야의 프로젝트 선정에서 가장 두드러진 형태는 '동료 검토(peer preview)'이다. 이 접근법은 정부기관의 예산 지원 아래서 연간 수십억 달러씩 소요되는 연구 프로젝트를 선정할 때 주로 사용된다. 예를 들면, 미국 국립과학재단(National Science Foundation), 국립보건연구소, 국립표준기술연구소 등의 정부기관이 지원하는 프로젝트이다. 그리고 이 접근법은 민간 부문의 연구소, 예를 들어 벨 연구소나 IBM의 분야별 연구소가 프로젝트를 선정할 때도 사용된다.

동료 검토는 동료가 프로젝트의 적합성 여부를 직접 검토하는 것이다. 여기에서 동료는 기술에 관한 지식과 능력을 보유한 자로서 제안서의 기술적 강점을 평가할 수 있는 역량을 가진 자이다. 일반적으로 이 접근법에는 3명 이상의 인원이 '동료'로 참여한다. 그들에게는 각각의 제안서를 검토하기 위한 카피본이 주어진다. 그들은 독립적으로 프로젝트 제안서를 검토한다. 검토가 끝나면 여러 기준에 따라서 제안서가 갖는 강점을 평가하는데, 이는 프로젝트의 기술적인 강점, 핵심 행위자의 능력(특히 수석 연구원의 능력), 경영 계획의 가치 등이 될 수 있다. 동료들은 제시된 점수표에 각자가 평가한 내용을 기록한다. 점수표에는 각각의 기준에 따라 가장 낮은 1점부터 5점까지 매기도록 돼 있다.

프로젝트에 점수를 매기는 작업을 마치면 동료들은 평가 결과를 모아서 함께 검토한다. 3명의 검토자들이 모두 낮은 점수를 주었다면, 프로젝트 제안서는 기각된다. 평가 결과가 검토자에 따라 차이를 보인다면, 예산이 넉넉지 않은 상황에서는 선정하기가 힘들 것이다. 심지어 모든 검토자들이 열광적으로 지지하는 프로젝트라 하더라도 그것이 프로젝트로 채택된다는 보장은 없다.

동료 검토는 주관적인 접근법이라서 왜곡될 여지가 많다는 비판을 많이 받았다. 즉, 학연·지연과 같은 인적 유대관계로 인해서 편견이 개입되기 쉽다는 것이다. 그렇다면 왜 이 접근법을 채택하는 것일까? 왜냐하면 이는 합리적인 의사결정이기보다는 과학자들의 성향과 밀접한 관련이 있기 때문이다. 과학자 집단은 일반인들로부터 평가받기를 꺼린다. 또한 일반적인 선정 기준을 수용하지 않으려고 한다. 더군다나 정부가 지원하는 예산은 과거에 비해 더 엄격하게 집행되고, 앞으로는 사회적 책임감이 더 강하게 요구된다면 이 접근법은 설득력을 잃게 될 것이다. 이런 상황에서 과연 이 접근법이 향후에도 타당성을 가질 수 있을까?

○ 프로젝트 선정을 위한 규칙

8장에서는 의사결정을 위해 사용할 수 있는 합리적인 기법들에 대해서 살펴보았다. 지금까지 제시한 기법들을 의사결정이라는 보다 큰 맥락에서 살펴보고자 한다. 다음에 제시하는 것은 프로젝트 선정에 적용할 수 있는 일반적인 규칙들이다. 이 규칙들을 따르면 보다 나은 선택을 할 수 있을 것이다.

규칙1 : 프로젝트를 선정할 때는 무엇이 중요한지 명확히 하라. 프로젝트는 명확한 기준에 따라서 선정되어야 한다. 이 기준들을 눈에 띄게 적어서 프로젝트가 진행 중인 회의실 한쪽 벽면에 붙여놓아라. 그리고 회의가 시작될 때마다 벽에 붙은 선정 기준들을 읽어봐라. 이는 프로젝트가 선정과정에서 궤도를 벗어나는 것을 방지하기 위해서 회사가 추구해야 할 사항을 확인하는 것이다.

규칙2 : 프로젝트 선정의 절차를 분명하게 확인하라. 그리고 절차에 따라 행동하라. 프로젝트의 선정을 위한 접근법을 채택하고 개발해야 한다. 그리고 그에 따른 선정 작업이 이뤄져야 한다. 회사 내 모든 직원들이 정해진 절차를 준수해야 한다. 그러면 회사 내에 권력이 강한 사람일지라도 자의적으로 판단할 가능성이 줄어든다.

규칙3 : 모든 주장에 대한 반박과 비판을 준비하라. 프로젝트와 관련된 예상 수익이나 비용에 대해 정확하게 주장하고, 그에 따른 비판에 대해 논리적으로 반박할 수 있어야 한다. 프로젝트 옹호자는 발생 가능한 문제점을 보지 못한다. 그들이 품고 있는 프로젝트는 낙관적인 전망으로 가득 차 보인다. 반면 프로젝트 비평가들은 최악의 상황을 그리면서 프로젝트를 바라본다. 양자 모두 자신의 주장을 뒷받침하기 위한 근거를 찾기에 여념이 없다. 이에 서로가 절충하기 위해서는 각자가 핵심적으로 주장하는 바를 정확하게 숙지해야 한다.

규칙4 : 프로젝트 팀을 구성하라. 여기에 인적 구성은 이해관계자의 전 영역을 대표할 수 있어야 한다. 모든 프로젝트는 다양한 목적을 가진 사람들이 각각의 이해관계를 반영한다. 프로젝트는 이해관계자의 다양한 입장과 시각을 반영할 수 있도록 대표성을 가진 사람으로 구성돼야 한다. 즉, 기술, 마케팅, 재무, 생산 부서의 입장이 골고루 반영될 수 있도록 팀을 만들어야 한다.

규칙5 : 프로젝트 선정과정에서 해당 프로젝트의 핵심 인물을 참가시켜라. 수많은 프로젝트 관리자들을 대상으로 수행한 조사 결과, 그들 중 20%만이 자신이 수행하는 프로젝트의 선정 작업에 참여했다고 답했다. 대부분의 프로젝트 관리자들은 프로젝트 선정과정에 참여하지 못한다. 즉, 그들의 의견은 반영되지 않은 채 프로젝트 수행에 따른 책임만 지고 있는 것이다. 프로젝트가 선정되면 그 다음에 프로젝트 관리자에게 명령이 떨어진다.

프로젝트의 핵심 인물을 선정과정에 참여시켜야 하는 데는 2가지 이유가 있다. 첫째, 프로젝트 관리자가 선정 작업에 참여하면 자연스럽게 수행할 프로젝트에 대해 이해관계를 가지게 된다. 프로젝트 선정 과정에 참여하는 것만으로도 그들은 프로젝트를 수행할 때 더 많은 열정과 노력을 보일 것이다. 둘째, 프로젝트 관리자가 선정 작업에 참여하면 프로젝트를 수행해야 하는 합리적인 이유에 대해서 이해하게 된다. 따라서 프로젝트 수명주기 과정에서 선정 단계와 실행 단계 사이에 연속성이 확보된다. 그런데 현실에서는 프로젝트 관리자가 선정 과정에 참여하지 않는 경우가 많다. 당연히 그들은 프로젝트 수행에 대해 합리적인 근거를 들 수 없다. 따라서 자신의 자의적인 견해에 따라서 프로젝트 수행에 대한 근거를 재해석한다. 이는 곧 연속성의 결여를 초래한다.

○ 결론

프로젝트를 선정하는 것은 매우 중대한 작업이다. 따라서 사전에 철저하게 준비해서 어떤 프로젝트의 아이디어가 유용할 것인지 판단하고 충분한 관심과 노력을 기울여야 할 것이다. 종종 프로젝트 선정이 회사 내 권력자의 의도를 만족시키기 위한 방향으로 이뤄지는 경우가 발생한다. 그리고 일각에서는 스태프들을 바쁘게 하기 위해서 또는 그 해 회계연도 예산을 모두 사용하기 위해 프로젝트를 수행하는 경우도 있다.

사전준비를 철저히 하지 않고 프로젝트를 선정할 때 발생하는 가장 큰 문제는 자원을 비효율적으로 사용한다는 것이다. 눈앞의 상황을 수습하기 위해서 프로젝트를 선택하면, 장기적으로 볼 때 실패를 면하기 어려울 것이다. 의사결정을 내리는 사람들은 부적절한 프로젝트를 선정하여 자원을 투여하면서 자신이 투여한 그 자원에 속박될 수 있다. 이후에 훌륭한 프로젝트 제안서를 받는다 하더라도 더 이상 그 프로젝트에 투여할 자원이 없는 것이다. 따라서 한정된 자원을 적절하게 선택해서 사용해야 한다.

프로젝트 성공을 위한
비용, 일정,
명세서

1989년도에 나는 세계은행의 컨설팅을 위해 베이징에서 봄을 보냈다. 나는 두 그룹의 프로젝트 관리자들과 함께 일했는데, 한 그룹은 화공산업 분야였고, 다른 그룹은 조선업 분야였다. 마침 천안문 사태가 발생해서 작업을 수행하기에는 어려운 상황이었지만 우리는 프로젝트 관리에 대한 이야기를 나눴다.

"프로젝트 관리에서 가장 큰 문제점은 무엇이라고 생각하나요?"

나는 학생들에게 질문했다.

"프로젝트에 대한 적절한 지원이 이뤄지지 않는다는 것입니다. 프로젝트가 선정되면 우리는 인적·물적 자원을 끌어모으는 데 모든 시간과 노력을 소모해야 합니다."

학생들은 이렇게 답했다.

인적·물적 자원의 부족은 대부분의 프로젝트 관리자들이 말하는 문제점이다. 비단 중국뿐만 아니라 모든 기업들에 공통적으로 해당되는 것이다. 나는 여러 기업에서 프로젝트 관리자와 일했던 경험을 바탕으로 상당수 프로젝트들의 20~30% 정도가 인적·물적 자원의 지원 부족으로 힘들어한다는 결론을 내렸다. 더욱이 이런 상황의 가장 큰 문제는 이런 프로젝트들이 비용초과 및 일정지연을 경험한다는 사실이다. 만일 1,000인시(man-hour)로 해야 할 작업량을 750인시로 해결하라는 지시가 떨어지면 무엇인가는 포기해야 한다.

다음에 제시하는 문제들을 살펴보자. 우리는 발생할 수 있는 기술적 결함을 계속해서 과소평가한다. 일반적으로 평가를 담당하는 사람들은 전문가가 아니다. 그리고 프로젝트 옹호자들은 낙관적으로 프로젝트를 바라보기 때문에 함정을 인식하지 못한다. 게다가 고객들은 항상 프로젝트 요구사항의 변경을 원한다. 이는 예산 및 일정에 상당한 영향을 미쳐 여러 가지 문제를 불러온다. 그러므로 이러한 문제는 사전 평가가 잘못되었기 때문에 발생한다고 말할 수 있다.

○ 잘못된 사전 평가의 원인

비용과 일정을 사전에 잘못 평가하는 데서 많은 문제가 발생한다. 일반적인 프로젝트의 경우에는 이러한 문제를 미연에 방지하기 어려운 몇 가지 원인들이 있다. 그러면 핵심적인 문제점들을 살펴보자.

● 아마추어 평가자들이 겪는 오류

평가작업에서 오류가 발생하는 원인으로 작업 수행자들의 자질을 문제 삼을 수 있다. 그들은 실제로 자신이 하고 있는 일이 무엇인지조차 모르는 경우가 많다. 비용과 일정에 대한 평가는 주로 기술 전문가와 직무 책임자가 한다. 즉, 이들에게 프로젝트에서 자신이 맡은 일정부분을 수행하는 데 얼마의 비용과 기간이 소요될 것인지 묻는 것이다. 이들 중 상당수는 자신의 일을 성실히 이행하지 못하는 경우가 많다. 사전 평가작업을 대충 처리하기 때문에 문제가 발생한다. 이러한 아마추어 평가자들이 빠지는 오류를 살펴보자.

○ 그들은 작업을 낙관적으로만 바라보는 경향이 있다. 때문에 잠재적인 문제를 과소평가해버린다.
○ 그들은 모든 측면을 고려하지 않고 몇 가지를 논외로 남겨두는 오류를 범한다. 컴퓨터 시스템 설치에 드는 비용을 평가한다고 할 때, 그들은 컴퓨터와 케이블을 연결하는 케이블 비용을 포함시키지 않는다. 이것은 '구성요소 누락(missing components)'의 문제이다.
○ 평가작업을 위해서 일관된 방법을 사용하지 않는다. 따라서 평가작업을 행한 과정에 대해서 이론적 근거를 재구성하는 것은 불가능하다.

경험이 부족한 평가자에 대처하는 방법은 2가지를 들 수 있다. 첫째, 그들에게 교육의 기회를 제공하는 것이다. 평가작업에 필요한 이론적 교육을 받도록 한다. 이 교육을 통해서 평가작업은 기술과 과학의 병용을 통해 이뤄진다는 사실을 깨우칠 수 있다. 또 여러 가지 방법론 중에서 매개변수에 의한 추정방법이 있다. 이는 정확한 시간과 비용평가를 할 수 있다는 강점이 있다. 사전 평가작업을 주로 다루는 학술 모임도 있는데, 코스트 엔지니어링 *cost engineering*의 발전을 위한 모임(the Association for the Advancement of Cost Engineering)을 들 수 있다. 이 모임을 통해서 학생들은 확실한 평가방법론을 배우고 적용할 수 있는 능력을 가질 수 있다.

둘째, 회사가 나서서 비용 및 일정 평가를 위한 방법과 절차를 개발하는 것이다. 이때 평가과정은 일정한 양식을 기반으로 해야 한다. 평가자는 정해진 양식에 따르면 된다. 이 과정의 하나로, 평가자에게 각 아이템에 대한 검토목록을 제공해야 한다. 또, 이 검토목록은 최종 평가 결과에 포함시켜야 한다. 그래야만 평가작업을 위한 확실한 방법과 절차를 제공하면서 평가의 일관성을 확보할 수 있고, 아마추어가 범하기 쉬운 '구성요소 누락'의 오류를 피할 수 있다.

● 사전 단계와 사후 단계 간의 지속성 결여

기업들은 제품 및 서비스 판매를 위해 판매 영업사원을 고용하는데, 여기에는 문제가 있다. 즉, 판매 영업사원이 고객에게 약속한 프로젝트 결과물의 특징이나 서비스를 프로젝트 스태프가 제공할 수 없는 경우가 발생할 수 있다는 것이다. 대부분의 기업에서 판매 영업사원은 자신의 수입 상당부분을 판매수수료에 의존하기 때문에 판매 실적이 높으면 수입도 그만큼 늘어난다. 그래서 판매 실적이 저조하다고 판단되면 판매

영업사원들은 그릇된 영업 방식을 취하게 된다. 가격을 턱없이 낮게 부르거나 실제로 제공하기 어렵고 불가능한 제품이나 서비스를 약속하는 것이다.

이 경우 프로젝트 스태프가 프로젝트를 넘겨받으면 아무것도 할 수 없는 상황에 당황하게 된다. 예를 들면 고객에게 제공되는 서비스의 가격이 턱없이 낮아서 비용도 충당하지 못하는 상황이거나 회사가 가진 능력으로는 처리할 수 없는 이상적인 기술을 제공해야 하는 것이다. 혹은 고객에게 제품이나 서비스를 제공하겠다고 약속한 날짜가 터무니없이 짧게 잡히기도 한다. 이때 프로젝트 스태프는 프로젝트의 실패를 면하기 어렵다. 재무적인 손실도 발생하고 고객만족도 달성할 수 없다. 오히려 고객의 불만만을 초래할 뿐이다. 때문에 프로젝트 스태프는 자신이 초래하지도 않은 문제에 대해 책임을 지고 비난을 면치 못할 것이다.

그러나 이러한 문제에 대한 해결책은 간단하지 않다. 기업은 판매실적에 따라 판매 영업사원에게 임금을 지급하던 기존의 방식을 버리지 않는다. 왜냐하면 판매 영업사원들의 본능적인 판매에 관한 자질을 위축시킬 것이라는 우려 때문이다. 그렇지만 몇몇 기업들은 이 문제를 해결하기 위해 다른 방식을 채택하기도 한다. 즉, 고객접견팀을 구성하는 것이다. 이 팀에는 판매, 프로젝트, 생산, 유지보수 등 관계 직원들이 모두 참여한다. 만일 판매 영업사원이 실현 불가능한 약속을 하는 것 같으면 고객접견팀의 다른 구성원들이 이를 제지한다.

프로젝트 성공을 위한 비용, 일정, 명세서

　3장에서 위험관리를 논의하면서 미래는 불확실한 것이라는 사실을 강조했다. 이러한 불확실성이 재무적인 측면에 미치는 영향은 대단하다. 특히 프로젝트의 필요가 무엇인지에 대해 기술적으로 잘못된 추측을 한다면 상황은 더욱 위험해진다. 신문에는 유명 프로젝트들의 기술적인 문제점을 다룬 기사들로 넘쳐난다. 예를 들면 보스턴의 대규모 굴착 프로젝트나 허블 망원경 프로젝트의 전개를 막는 문제들에 관한 것이다. 이 경우 엄청난 비용초과 및 일정지연을 예상할 수 있다.

　기술적인 결함은 어느 프로젝트에서나 일어날 수 있다. 두 사무실을 연결하는 복도를 만드는 간단한 프로젝트도 실제로 시행하면 예상치 못한 문제가 일어날 수 있다. 만약 두 사무실을 막고 있는 벽이 시트록이 아니라 벽돌로 만들어졌다면 대대적인 공사가 필요하다. 자동차의 오일 필터를 교체하는 작업도 4시간 넘게 걸릴 수 있다. 필터 교체 부위가 몇 센티미터 높게 되어 있어 손이 닿지 않는다면 말이다. 또 3일간의 연휴가 시작되려고 할 때, 통신 장비의 주요 부품에 장애가 발생한다면 문제가 커진다.

　이러한 예기치 못한 사건에 대처하기 위해서는 신중하게 계획을 세우고 다양한 경험을 해봐야 한다. 그리고 평가자는 자신의 작업에서 일어날 수 있는 최악의 사태를 항상 염두에 둬야 한다. 즉, 필연적으로 발생하는 예기치 못할 위기상황에 대처하기 위한 대비책을 강구해두어야 하는 것이다. 그리고 모든 것이 처음부터 끝까지 순조롭게 진행될 것이라는 추측을 금하고 항상 의심하는 태도를 지녀야 한다.

● 프로젝트의 변화

프로젝트는 지속적으로 변화의 압력을 받는다. 변화의 압력에는 몇 가지 원인이 있다. 이 중 몇 가지는 외부 환경으로부터 유래한다. 예를 들어, 경쟁사업자가 신상품을 출시했다고 하자. 이는 시장의 변화를 초래할 것이고, 프로젝트 팀은 이러한 변화에 적응해야 한다. 그리고 정부 규제와 같은 환경의 변화도 들 수 있다. 이는 기업의 사업방식의 변화를 강요한다. 갑작스러운 인플레이션과 같은 거시경제적인 변화도 환경적 요인이다. 이 경우 기존의 비용 및 일정 평가 절차를 통해 수립된 핵심적인 가정들이 타당성을 잃게 된다.

변화에 대한 압력은 기업 내부 환경에서 발생하기도 한다. 예를 들어, 미미한 기술상의 실수일지라도 문제가 개선될 때까지 프로젝트의 수행이 중단되기도 한다. 때로는 기술 스태프들이 보다 완벽한 솔루션을 위해 재설계를 원할 때도 있다.

마지막으로 변화의 원인으로 고객을 들 수 있다. 프로젝트의 결과물이 점차 구체적인 모습을 띠면, 고객도 실제 자신에게 제공될 것을 알게 된다. 그러나 이때 고객은 마음에 들지 않으면 변경을 요구한다. 마음에 들더라도 자신이 본 결과물에 기능을 추가하려 하거나 성능의 향상을 바란다. 이러한 고객의 변화된 요구는 고객 측의 인사이동에 따른 결과이기도 하다. 즉, 프로젝트에 관계된 고객 측 핵심 행위자가 인사이동이나 기타의 이유로 다른 인물로 대체되는 경우이다. 예를 들어, 새로운 부서장이 부임하여 지금까지의 진행과정에 대해서 검토를 마칠 때까지 프로젝트는 일시적으로 중단되기도 한다.

프로젝트 성공을 위한 비용, 일정, 명세서

변화는 문제를 초래한다. 즉, 변화가 발생하면 어느 정도의 비용초과 및 일정지연이 반드시 생긴다. 바꿔 말하면 이는 사전 평가작업이 제대로 이뤄지지 않았기 때문에 나타나는 결과이다. 평가자가 비용 및 일정에 대해 사전 평가작업을 진행할 때, 변화의 발생으로 초래되는 영향을 고려해야 한다. 그러나 특정 변화가 발생하리라고 예측하는 것은 쉬운 일이 아니다. 변화를 예측할 수 있는 최상의 방법은 프로젝트 환경에 위험이 발생했을 때, 대체할 수 있는 방안을 파악하는 위험 평가작업을 수행하는 것이다. 이에 대한 자세한 내용은 3장을 참고하기 바란다. 만일 프로젝트가 사용한 적이 없는 기술을 적용하는 것이거나 프로젝트 비용이 가변적이거나 고객사가 혼란과 변화를 겪고 있다면, 현재의 프로젝트는 변화에 직면할 가능성이 높다. 이러한 경우에 평가자는 개별 사항에 대한 평가에 오차범위를 적용하면서 우발 사태에 대해 적절한 예비책을 마련해야 한다.

이 밖에도 프로젝트를 수행하는 기업은 변화관리 절차를 마련해서 시행해야 할 것이다. 변화관리가 없다면 '범위 변경(scope creep)'이 발생한다. 시작 당시에는 원만했던 업무가 시간이 갈수록 비용을 초과하는 것이다. 차츰 일정도 지연되고 사전 평가과정이 심각한 차질을 빚는 것이다. 여기서 변화관리에 대한 자세한 내용은 2장을 참고하기 바란다.

● 심리적인 요소

사람들이 새로운 프로젝트 아이디어에 대해 진지하게 고민하면 프로젝트의 성공 가능성에 대해서도 열정적인 태도를 갖게 된다. 새로운 프로젝트는 기술적으로 흥미로운 도전이 될 수 있고, 시장의 역동적인 도전을 유도할 수 있다. 또한 수익 증대를 불러올 수도 있을 것이다. 결국 이 프로젝트를 수행하기 위해 몰두하게 되는 것이다. 그러나 이러한 낙관주의는 검증되지 않았다는 점에서 문제가 된다.

이러한 낙관주의는 비용 및 일정 평가의 문제를 간과할 수 있다. 때문에 프로젝트를 준비할 때는 냉철하게 프로젝트 자체를 바라봐야 한다.

○ 10%의 낙관주의자(The 10 percent optimist)

마빈과 개발팀은 새로운 제품의 출시에 대해 낙관적이다. 그들은 자신의 아이디어를 살펴보았고, 지금은 프로젝트 검토 위원회에 아이디어를 제출하고 승인을 얻기 위해 제안서를 작성하고 있다. 그러나 무엇보다 새로운 제품의 사업성을 검토해야 한다. 따라서 마빈은 이 프로젝트에서 기대할 수 있는 결과를 수익-비용 비율분석에 포함하려고 한다.

마빈은 지금의 프로젝트 아이디어에 깊이 고무돼 있다. 그래서 그는 '10%의 낙관주의자'가 되어버렸다. 무슨 말인가 하면, 프로젝트의 여러 요소를 평가하는데 작은 약점을 10% 크게 부풀려 평가하고 있는 것이다. 반대로 프로젝트 수행에 드는 비용은 10% 낮게 책정해버린다. 이런 식으로 마빈은 낙관적인 태도가 결과에 큰 영향을 미치지 못한다고 생각할 수도 있다. 즉, 10%의 수치는 큰 의미가 없다고 생각하는 것이다. 그러나 현실적으로 그 파장은 엄청나다.

수익을 평가하기 위해 마빈은 새로운 제품에 대한 총 매출이 1,100,000달러에 이를 것이라고 전망하고 있다. 그러나 실제로 예상되는 매출은 1,000,000달러이다. 그리고 마빈은 매출액의 11%를 수익으로 평가하여 121,000달러의 수

프로젝트 성공을 위한 비용, 일정, 명세서

익을 거둘 수 있다고 주장한다. 이 금액은 매출액 1,100,000달러의 11%이다. 그러나 실제로는 매출액의 10%가 수익으로 회수될 수 있으며, 이 금액은 1,000,000달러의 10%인 100,000달러이다. 위험분석을 통해서 마빈은 프로젝트의 성공 가능성을 88%로 예상했다. 그리고 기대 수익의 값은 121,000달러의 88%인 106,480달러가 된다는 결론을 내렸다. 그러나 실제로 보면 성공 가능성은 80%이며 기대 예상 수익은 100,000달러의 80%인 80,000달러로 볼 수 있다.

비용을 평가할 때에도 마빈은 무의식적으로 실제비용의 10%를 차감하여 계산했다. 그는 프로젝트의 비용이 81,000달러일 것이라 주장했는데, 실제로는 90,000달러의 비용평가가 적절한 것이다.

수익-비용 비율을 계산할 때에도 마빈은 평가 수익 106,480달러를 평가 비용 81,000달러로 나누어서 계산했다. 결과 값의 비율은 1.31이다. 이것은 투자금액 1달러 당 1.31달러를 회수할 수 있다는 의미이다. 실제로 올바르게 평가하면 수익-비용 비율은 80,000달러를 90,000달러로 나눈 0.89가 된다. 이때 평가한 비율이 1보다 작은 값이므로, 이 프로젝트는 손실을 초래하게 될 것이다. 결과적으로 마빈의 10% 낙관주의가 수익-비용 비율을 무려 47.2%로 과대평가하는 오류를 범한 것이다. 따라서 프로젝트 검토 위원회는 잘못된 사전 평가에 근거하여 결정을 내리게 될 것이다. 만일 그 프로젝트가 선정되면 심각한 문제를 야기할 것이다.

여기에서 발생하는 문제는 마빈의 불완전한 평가작업이 아니다. 문제는 그의 낙관적인 평가가 계속해서 각각의 변수들에 일관되게 적용되었다는 사실이다. 그리고 그것이 최종적으로 수익-비용 비율을 만든 것이다. 즉, 그의 잘못된 추정값들이 모이고 모여서 결국 전체 평가작업의 오류를 범하게 된다. 만약에 마빈이 자신의 주장을 보강하기 위해서 계산한 값에 다른 10%를 더해서 계산했다면, 그 결과는 과연 어떠했을까? 프로젝트 검토 위원회의 판단은 어떠했을까?

10% 낙관주의의 문제에 대처하기 위한 최선은 비용평가팀 내에서 문제에 대해 회의론적 시각을 가진 자를 포함시키는 것이다. 반론을 제기할 사람이 필요한 것이다.

● 낮은 견적 제시하기

프로젝트 회사는 벌어들이는 수익보다 비용이 더 많이 든다고 이야기하면서 낮은 견적을 제시한다. 왜 그들은 낮은 견적을 제시하는 것일까?

그것은 낮은 견적을 제시함으로써 그들이 프로젝트를 수주할 수 있다는 기대감을 갖기 때문이다. 그리고 프로젝트에 착수한 다음 주문을 수정하거나 이후의 작업을 통해서 수익을 내고자 노력한다. 견적을 낮게 제시하는 것은 '로스리더(loss leader)'와 동일한 프로젝트 관리이다.

숙련된 계약자는 오랫동안 낮은 견적을 제시하면서 금전적인 이득을 취해왔다. 이런 방식은 특히 정부에서 일어나는 경우가 많다. 정부가 의뢰한 프로젝트 계약은 주로 비용에 근거해서 이뤄진다. 이런 방식으로 계약된 프로젝트는 주문을 변경하는 데 초점을 맞출 수밖에 없다. 정부가 변경을 원할 때마다 추가로 후하게 경비를 지원하기 때문이다. 재무 분야에서 추가 지원이 이뤄지고, 계약이 끝날 때쯤 계약자는 수익을 창출할 수 있게 된다.

그러나 최근 들어 낮은 견적을 제시하는 것은 점차 호소력을 잃고 있

프로젝트 성공을 위한 비용, 일정, 명세서

다. 정부는 예산을 삭감해야 하기 때문에 더 이상 주문 변경을 과거처럼 남발할 수 없게 됐다. 계약자도 이제 이 사실을 안다. 계약자들이 낮은 가격을 제시한 다음 주문 변경으로 인한 손실을 막을 수 있는 것은 아니다.

지속적으로 프로젝트를 수주하기 위해서 낮은 견적을 제시하는 것은 항상 문제의 여지가 남아 있다. 정부 지원 프로젝트에서 그런 식의 방법은 더 이상 타당성을 갖기 힘들다. 왜냐하면 다음의 프로젝트 입찰도 공개적인 경쟁을 통해서 이뤄질 것이고, 그때에도 최저 입찰자에게 수주가 갈 것이기 때문이다. 민간 부문에서도 낮은 견적을 제시하는 전략은 역효과를 낳는다. 더군다나 프로젝트의 금전적 지원이 충분하지 않기 때문에 프로젝트 작업은 마감 기한도 맞추지 못하고, 품질에 있어서도 문제를 일으킬 수밖에 없다.

한편 고객들도 최저입찰제가 최선의 선택이 아니라는 사실을 깨닫고 있다. 최저입찰자에게 프로젝트를 맡기는 것이 자신의 요구를 만족시키는 방법이 아니라는 사실을 알기 때문이다. 표면상으로는 낮은 견적을 제시한 사람이 비용을 절감시켰기 때문에 최적의 거래 상대로 보일 수 있다. 그러나 이런 식의 접근은 계약자를 곤경에 빠뜨리곤 한다. 언젠가 국방성에 근무하는 친구가 내게 물었다. “자네는 최저 가격을 제시한 사람이 만든 낙하산을 타고 비행기에서 뛰어내릴 수 있어?”

내가 강조하고 싶은 것은 ‘가치’이다. 1990년대 초반 연방정부는 수많은 계약을 성사시켰다. 정부는 비용보다 가치를 평가하여 성과를 이뤄냈다. 당시 낮은 견적을 제시했지만 수주하지 못한 계약자는 새로운 정책에 이의를 제기했다. 그러나 정부 조달기관은 이들의 이의에 위와 같은 논리로 대처했다.

● 정치

　기업은 정치적인 관계를 고려하여 비용과 일정을 의도적으로 조정하기도 한다. 또, 비용평가 전문가는 많은 시간을 투자하여 비용에 관한 정보를 수집한다. 그리고 이를 정교하게 비용 모델로 만든다. 그리고 숫자의 계산작업을 통해서 신뢰할 만한 비용평가가 이뤄진다. 이렇게 평가한 결과는 상급 관리자에게 보고되고, 관리자는 이를 간단히 검토한 뒤 정치적인 측면을 고려하여 수용할 수 있는 값으로 수정한다.

　비용과 일정 평가작업에 정치적인 문제가 개입하는 현상이 여러 기업에서 빈번하게 발생하고 있다. 프로젝트 스태프는 프로젝트의 지원을 받기 위해서 사내 권력자에게 설득력을 가질 수 있도록 추정값을 수정한다. 이런 식의 정치적 개입을 방지할 수 있는 최선의 방법은 목표를 수립하는 것이다. 즉, 프로젝트 선정에 대한 명확한 절차와 과정을 정의하는 것이다. 엄격한 과정을 통해서 아무리 권력이 강한 사람이라도 일방적으로 프로젝트 선정에 권력을 남용하는 것을 막아야 한다.

○ 전통적인 비용평가 방법

　비용을 평가하는 전통적인 접근방식은 다음 2가지로 나눌 수 있다. 하나는 상향식(bottom-up) 비용추정 방법이고, 다른 하나는 하향식(top-down) 비용추정 방법이다. 상향식 비용추정 방법은 프로젝트의 방대한 비용에 관해서 상세한 데이터를 수집하는 것에 중점을 둔다. 즉, 데이터를 모두 수집하고, 그것의 합을 바탕으로 전체 프로젝트에 드는 비용을 평가하는 방법이다. 하향식 비용추정 방법은 다른 말로 매개변수에 의한 추정방법이라 부르기도 한다. 이 방법은 과거 경험에 기반을 두고, 세부사항을 추론하며 평가액을 산정하는 방식이다. 이는 통계학적인 방법이기도 하다.

● 상향식 비용추정 방법

상향식 비용추정 방법은 프로젝트와 관련된 모든 비용에 따른 요소들을 고려한다. 총 프로젝트 비용은 개별 요소들의 총합이다. 그렇다면 어떤 방법을 통해서 이 비용 요소들을 체계적으로 파악할 수 있을까? 가장 일반적으로 사용하는 방법으로는 작업분류체계(Work Breakdown Structure, WBS)를 들 수 있다. WBS는 비용 요소를 파악하는 지침이 된다.

비용을 평가를 하기 전에 WBS를 우선 만들어야 한다. 그리고 최하위 단계(work package)에서 정보를 수집해야 한다. 수집한 데이터들을 모두 모아서 WBS의 다음 단계로 넘어간다. 다음 단계에서는 작업에 필요한 예산의 규모를 파악할 수 있다. 이런 식으로 파악한 요소들을 모두 모아서 WBS의 최고 단계로 넘어간다. 그러면 프로젝트에 필요한 비용을 최종적으로 평가할 수 있다.

상향식 비용추정 모형의 단계별 상승(roll-up) 과정은 표 10.1에 나타나 있다. 단계별 상승 데이터는 강조 표시를 했다. 표를 보면 단위작업 데이터에는 노동비용과 원자재비용이 모두 포함되는 것을 알 수 있다. 보다 정교한 WBS는 비용 카테고리를 보다 세분화해서 평가한다.

WBS No.	작 업	비 용
10.0.0	프로젝트 : 콘크리트 기초공사	$14,900
10.1.0	현장조사	$1,200
10.1.1	기초공사 면적 측정	$900
10.1.2	기초공사 면적 표시	$300
10.2.0	잔해물 청소	$1,300
10.2.1	벌목	$700
10.2.2	바위 제거	$600
10.3.0	굴착	$4,700
10.3.1	설비 수령	$1,200
10.3.2	구멍파기	$3,500
10.4.0	기초공사	$7,700
10.4.1	콘크리트 틀 삽입	$1,100
10.4.2	콘크리트 붓기	$6,000

표 10.1 WBS 상향식 비용추정 평가

● 매개변수에 의한 비용추정 방법

매개변수에 의한 비용추정 방법은 하향식 추정 방법이라고도 불린다. 이 방법은 근본적인 매개변수들 간의 관계를 검토하면서 비용을 평가하는 것이다. 수학에서 매개변수는 상수의 다른 표현이다. 예를 들어 1차 직선의 방정식 $y = mx + b$에서 m과 b가 상수이다. 반면 y와 x는 변수이다.

프로젝트 성공을 위한 비용, 일정, 명세서

1차 방정식에서도 감춰진 매개변수들이 존재한다. 예를 들어 변수 x의 지수는 1로, 방정식에는 표현되어 있지 않지만 상수로서 매개변수이다.

상수는 변수들 간의 관계에서 근본적인 구조를 정의한다. 예를 들어, 1차 직선의 방정식에서 m은 직선의 기울기를 나타내고, b는 직선이 y축과 교차하는 y절편의 값이다. 만일 x의 매개변수가 1에서 2로 변해서 방정식이 $y = mx^2 + b$으로 바뀐다면, 이는 직선이 아닌 포물선을 나타내는 방정식이 된다.

일상생활에서 우리는 수많은 매개변수와 만난다. 그리고 매개변수들을 파악하면서 어떻게 행동해야 할지 지침을 얻는다. 예를 들어, 자동차 가솔린이 1리터 당 1.25달러에 판매되고 있다고 하자. 여기에서는 1.25달러가 매개변수인 셈이다. 만일 내가 가솔린 2리터을 구매한다면, 나는 2.50달러를 지불해야 하고, 3리터일 때에는 3.75달러를 지불해야 한다. 다른 예를 하나 더 들어보자. 고속도로의 제한속도가 시속 55마일이라고 하자. 이때 내가 4시간 동안 운전을 하면, 최대 220마일을 달릴 수 있다.

이와 마찬가지로 비즈니스에서도 수많은 매개변수들이 존재한다. 예를 들어, 우리는 경험을 통해서 1야드의 콘크리트를 만드는 데도 수많은 시간이 소요된다는 사실을 알고 있다. 그리고 부품 생산을 80% 증가시키면 단위 당 원가가 20% 감소한다는 사실도 알고 있다. 어떤 구조물의 높이, 너비, 깊이를 두 배씩 증가시키면 자재 소요량도 8배나 증가한다.

매개변수에 의한 비용추정 방법을 통해 근본적인 매개변수를 파악하면서 프로젝트 비용에 대한 통찰력을 가질 수 있다. 표 10.2는 이를 설명하기 위해서 간단한 사례를 표현한 것이다. 표에는 그동안 사용해온 비용평가 방법이 잘 나타나 있다.

프로젝트를 수행할 때 고객과 만나는 일이 자주 생긴다. 그럴 때마다 고객이 다음과 같이 이야기하는 것을 들었다. "데이빗슨! 우리 회사는 지금 경영정보시스템을 업그레이드 하는 문제에 대해 고민하고 있어요. 시스템을 업그레이드하면 재고관리도 가능할 것이고……" 결국 고객은 시스템 업그레이드를 요구하고 하고 있는 것이다. 프로젝트 관리자는 고객의 질문에 대해 신속하게 답변을 해야 한다. 고객에게 언제 정확한 답변을 줄 것인지도 약속하는 것이 좋다.

대체로 나는 하향식 비용추정 방법을 활용했다. 이 작업을 수행하기 위해서는 전문적인 프로그래머를 약 1/4인년(one-fourth of a person-year) 동안 고용해야 한다. 이는 경험을 통해서 가정할 수 있다. 다시 말해 500인시의 투입이 필요하다. 여기에서 적용되는 유용한 매개변수가 있다. 즉 1년에 2,000인시는 대략 1인년의 작업량과 같다는 것이다. 처음에 평가한 전문가의 작업량을 고려하면 매개변수에 의해 모든 것들이 들어맞는다.

전문가(500인시 @ 시간당 $40)	$20,000
기술지원(전문가 2,000명 @ 시간당 $30)	$60,000
총 직접 임금	$80,000
부가급부 + 간접비	$84,800
(회계사의 판단에 따라 1.06 × 총 직접 임금)	
총 노동 관련 비용	$164,800

표 10.2 매개변수에 의한 비용평가의 예

전문가를 투입한 1인시는 40달러가 들고, 500인시를 투입하려면 20,000달러가 든다. 나는 회사에서의 프로젝트 경험을 통해 알게 된 이론을 활용했다. 즉, 전문가의 작업 1시간에 대해서 4시간의 기술적 지원이 든다(매개변수). 따라서 해당 프로젝트의 경우는 시간당 30달러가 드는 2,000인시의 기술지원이 필요하다(60,000달러). 그리하여 노동 비용은 80,000달러로 예상할 수 있다. 부가급부와 간접비는 직접임금을 계산한 것에 1.06(매개변수)을 곱하면 구할 수 있다. 따라서 부가급부와 간접비의 합은 84,800달러로 추정할 수 있다. 임금으로 지출되는 총비용은 164,800달러가 될 것이다. 여기에서 내가 평가한 것은 프로젝트 수행에 필요한 전문가의 인시였다. 이것을 파악하고 나니 그 외의 모든 값은 자동적으로 계산됐다.

우리는 임금 외 비용을 계산한 값에 추가하기를 원할 것이다. 임금 외 비용의 일부는 매개변수를 활용하여 판단할 수 있다. 예를 들어 우리가 임금과 관련된 15,000달러에 대해서 1,000달러의 보고서를 다시 작성하고, 800달러의 여행 경비를 지출한다고 하자. 이는 여러 차례의 경험을 통해 알 수 있었던 사실이다. 그 밖에 임금 외 비용은 프로젝트의 특정 상황에 따라서 계산하면 된다. 예를 들어 컴퓨터 소프트웨어 개발에 필요한 양질의 플랫폼을 만들기 위해서 특별히 하드웨어를 임대해야 할 때도 있을 것이다.

여기에서 제시된 매개변수에 의한 추정방법은 매우 단순하다. 현재는 매우 정교한 매개변수에 의한 추정방법이 이미 개발되고 있다. 한 가지 유명한 모델로 RCA에서 개발한 PRICE 모형이 있다. 고객들은 이 모델을 임대해서 복잡한 프로젝트의 비용을 평가하는 데 사용할 수 있다. 예를 들면 원자력 발전소의 건립, 전기통신 시스템의 설치, 상업용 항공기의 설계 등 프로젝트 비용을 계산하는 데 있어서 이 모델은 훌륭한 도구가 된다. 복잡한 매개변수에 의한 비용평가 모델은 수백 개의 방정식들로 이뤄져 있다. 각각의 방정식은 과거부터 지금까지의 데이터를 통해 얻어진 매개변수의 관계를 표현한 것이다. 이 모형들은 현재 유용한 비용 계산 기법으로 널리 활용되고 있다.

○ 상향식 비용추정 방법과 하향식 비용추정 방법

상향식 비용추정 방법과 하향식 비용추정 방법 중 어느 것이 더 좋은 방법일까? 물론 이에 대한 해답은 상황에 따라 달라진다. 상향식 비용추정 방법을 선택하면 WBS를 상세하게 개발해야 할 것이다. 그러나 프로젝트 초기 단계에서는 이것이 불가능할지도 모른다. 미래는 너무나도 불확실하기 때문이다. 특히 변화 가능성이 높은 프로젝트는 WBS를 상세하게 수립하는 것이 더욱 어렵다. 이 경우에는 상향식 비용추정 방법보다는 하향식 비용추정 방법을 적용하는 것이 더 나을 것이다.

반면 WBS를 상세하게 수립하는 것은 반복적으로 수행하는 프로젝트에서 권장할 만한 작업이다. 대신 과거부터 현재까지의 데이터가 충분해야 한다. 프로젝트 스태프는 이 데이터를 통해 적절한 WBS의 모형을 수립하기 위한 정보를 모을 수 있다. 대규모의 복잡한 프로젝트는 WBS에 기반한 상향식 비용추정 방법이 필수적이다. 대규모 프로젝트에서 WBS를 세밀하게 수립하기 위해서는 많은 시간과 비용이 필요하다. 그러

프로젝트 성공을 위한 비용, 일정, 명세서

나 이때 드는 비용은 앞으로 발생할 손실을 미연에 방지할 수 있다는 점에 주목할 만하다. 계획을 잘못 수립하면 엄청난 손실로 이어질 수 있다.

결론적으로 상향식 비용추정 방법과 하향식 비용추정 방법을 모두 사용해서 비용과 일정을 계산하는 것이 최선의 방법이다. 왜냐하면 한 가지 방법을 통해서 다른 방법의 결과를 검토해볼 수 있기 때문이다. 그러나 결과값이 확연히 다르면, 평가자는 이러한 결과가 나타난 원인을 파악하고 평가과정을 재검토해야 할 것이다.

○ 수명주기 비용평가

사후 단계의 프로젝트 운영비용 및 유지보수 비용과 비교할 때 프로젝트 비용이 적게 책정되는 경우가 종종 있다. 배리 뵘 *Barry Boehm*은 소프트웨어 산업의 경우 소프트웨어 시스템에 지출되는 돈의 70%가 유지보수를 위한 것이라고 말했다.

어떤 제품이나 서비스의 가격을 산정할 때, 비용평가자는 수명주기 관점에서 비용을 고려해야 한다. 즉, 고객이 제품이나 서비스를 사용하는 총체적인 기간을 고려해서 가격을 결정해야 한다는 것이다. 처음에는 비용이 적게 드는 것처럼 보인 프로젝트가 수명주기의 관점에서 보면 상당히 높은 비용을 소모할 수 있다.

정교한 WBS 모델을 개발하면서 프로젝트 스태프는 작업을 수행하기 위해서 어떤 일을 해야 하는지에 대한 정보를 파악할 수 있다. 그리고 정보를 활용하여 상향식 비용추정 방법의 절차에 따라서 비용을 평가할 수 있다. 그러나 대부분의 프로젝트 스태프는 사후 단계에서 프로젝트 결과물이 어떻게 될 것인지 잘 알지 못한다.

그렇다면 운영과 유지보수에 드는 핵심 비용에는 어떤 요소들이 있을까? 운영과 유지보수 비용은 일반적으로 다음 7가지 범주에 속한다.

● 설치

결과물이 나오면 그것은 고객 측의 건물이나 기타의 적절한 장소에 설치하게 된다. 예를 들어, 새로 개발한 소프트웨어 시스템은 고객의 메인 프레임 컴퓨터에 설치해야 한다. 전기통신 교환 시스템은 고객 측의 사무실에 설치해야 할 것이다. 설치도 프로젝트의 한 부분으로 설치 자체만으로도 하나의 프로젝트라 할 수 있다. 즉, 설치에도 임무, 지침, 비용, 명세서가 있기 때문이다.

● 교육

교육에 드는 비용을 간과해서는 안 된다. 교육에 드는 비용을 평가하기 위해서는 다음에 제시하는 사례를 참고하기 바란다. 내 고객 중 한 사람은 600달러짜리 소프트웨어 패키지A를 500달러에 10개를 구입했다고 자랑했다. 왜냐하면 패키지B를 판매하는 곳은 600달러에서 한 푼도 깎아주지 않았기 때문이라고 했다.

"나는 패키지A를 구매해서 1,000달러를 절약했습니다." 그가 매우 기쁘게 말했다.

프로젝트 성공을 위한 비용, 일정, 명세서

그때 나는 패키지A와 패키지B의 비용을 계산해보았다. 개인적인 경험에서 비춰볼 때, 프로젝트 스태프가 패키지A를 사용할 수 있도록 교육하는 데는 3일이 걸리고, 패키지B를 교육하는 데는 2일이 걸린다. 이때 3일을 교육하는 데 드는 비용은, 1인당 1일 교육에 200달러로 18,000달러가 든다. 반면 패키지B를 교육하는 데는 총 12,000달러가 들어서 패키지A와 패키지B 사이에는 6,000달러의 차이가 발생한다. 소프트웨어 시스템을 구입할 때는 1,000달러를 절감할 수 있는데, 내 고객은 5,000달러 손해 본 것이다. 이는 패키지 구입 이후 추가적으로 소요되는 비용을 고려했을 때 나오는 계산이다. 여기에서 내 고객은 단지 진열장 위의 제품 가격만 고려하고, 제품의 수명주기 관점에서 비용을 고려하지 않았다는 것이 큰 문제이다.

● 수리

어떤 시스템도 고장이 나기 마련이다. 부품의 소모나 제품 그 자체의 결함 때문에 고장이 나기도 한다. 이를 테면 제품 자체의 결함은 설계가 잘못 되었거나 소프트웨어에서 버그가 생기는 경우이다. 어떤 소프트웨어가 F2키를 누를 때마다 돈을 지출해야 한다면, 이 소프트웨어는 대대적인 개선이 필요할 것이다.

● 예방적 유지보수

우리가 생산한 시스템에 대해서 정기적으로 유지보수 작업을 하는 것이다. 예를 들어 우리는 일반적으로 자동차를 운전하고 주행거리의 3,000마일마다 엔진오일을 교체한다. 유지보수는 고장을 방지하기 위한 것이다. 유지보수 작업을 통해서 시스템의 모든 부분이 정상적으로 기능하고 작동할 수 있도록 하는 것이다.

예방적 유지보수가 수명주기의 비용평가에 많은 영향을 미친다. 이는 우리가 다루는 시스템이 어떤 것이냐에 따라서 달라진다. 여러 부품이 필요한 기계 장치의 경우에는 전기적 시스템에 비해 예방적 유지보수가 절대적으로 필요하다.

● 백업 *Backup* 시스템과 재난 복구

우리는 살아가면서 자동화된 시스템에 많은 부분을 의존하고 있다. 보잉767기가 처음 등장했을 때, 조종사들은 자신들의 존재가치에 대해서 걱정했다. 보잉767기는 거의 전 기능이 자동인 비행기였기 때문이다. 또, 월 스트리트에서는 하루 거래되는 주식의 상당 부분이 컴퓨터 프로그램에 의해서 이뤄지고 있다. 매일 수백억 달러의 현금 거래가 이뤄지는 은행에서도 컴퓨터에 의해 펀드가 운영되고 있다. 자동차의 앤티로크 브레이크 *antilock braking* 시스템도 컴퓨터에 의해 제어된다.

자동화에 대한 의존이 증가하면서 생활도 편리해졌으나 여기에 감춰진 위험성을 잊어서는 안 된다. 컴퓨터가 고장이 나거나 전기가 끊기거나 소프트웨어 오류가 발생한다면 어떤 일이 벌어질까? 우리 개인의 삶뿐만 아니라 기업 활동, 사회 및 국가도 혼란에 빠질 것이다.

자동화된 시스템에 의존하면서 재난관리(disater recovery) 분야도 급

프로젝트 성공을 위한 비용, 일정, 명세서

성장을 이루었다. 재난관리는 문제를 예측하고 그에 따라 대응 전략을 개발하는 방법이다. 오늘날의 은행을 생각해보자. 요즈음 은행은 거의 모든 거래가 실물이 아닌 컴퓨터 시스템을 통해서 이뤄진다. 지진, 화재, 홍수, 소프트웨어 오류, 전기공급 중단 등으로 인해 중앙 컴퓨터 시스템이 마비되면 은행이 정상적으로 작동할 수 있을까? 모든 기록이 전자 장치에 의해 이뤄지는 상황에서 고객의 예금이나 대부금 등이 어떻게 될 것인가?

은행은 위기에 대처하기 위해서 여러 가지 조치를 취할 수 있다. 첫 번째로 '쿨 사이트 옵션 *cool site option*'이 있다. 이는 적은 비용으로 이용하는 것으로, 다른 은행에 예비 구좌(facilities)를 따로 마련해두는 것이다. 유의할 점은 지속적으로 데이터를 백업해서 안전한 장소에 저장해두어야 한다는 것이다.

두 번째로 '웜 사이트 옵션 *warm site option*'이 있다. 이는 중간 비용으로 이용하는 것으로, 은행이 다른 지역에서도 동일한 기능을 수행하도록 공간을 마련해두는 것이다. 예를 들어 재난 발생 시 다른 곳에 사무실을 임대하여 은행을 이용하는 것이다. 즉, 재난이 발생했을 때 장비들을 옮겨와 추가적인 설비를 임대하고 시스템 작동을 재개시하는 것이다.

마지막으로 '핫 사이트 옵션 *hot site option*'이 있다. 많은 비용이 드는 것으로, 이는 은행이 지속적으로 동일한 시스템을 운영하는 것이다. 가장 안전한 방법으로 재난이 발생하더라도 잃을 것이 별로 없는 경우이다. 왜냐하면 제2의 장소에서 이원화된 시스템을 계속해서 작동하기 때문이다. 그러나 이 방법은 소모비용이 많이 든다는 약점을 갖고 있다.

그리고 수명주기 비용 측면에서 보면, 재난 복구와 관련된 비용을 간과해서는 안 될 것이다. 비용이 적게 드는 계획이라 하더라도 전체 비용

평가에 상당한 영향을 미치기 때문이다.

● 시스템 운영과 관련된 물적 자원

시스템의 수명주기 비용을 증가시키는 중요한 요소로 시스템 운영과 관련된 물적 자원을 들 수 있다. 이 또한 수명주기 비용을 평가하는 요소에 포함돼야 할 것이다. 물적 자원에 드는 비용으로 예비 부품 비용을 들 수 있다. 유지보수 비용이 많이 드는 시스템은 당초 시스템의 수립을 위한 비용보다도 훨씬 많은 금액을 사용하게 된다. 즉, 전투기의 경우가 그러한데, 여기에는 물적 자원 비용이 많이 든다.

● 간접비용(overhead)

간접비용에는 전기료, 임대료, 보험료 등과 같이 시스템을 작동시키는 데 필요한 모든 비용이 포함된다. 이런 간접비용의 대부분은 프로젝트 이후 단계에서 발생한다.

○ 잘못된 평가에 대한 대응전략

프로젝트 수행자는 부적절한 평가로 인해 곤란한 상황에 맞닥뜨리곤 한다. 이런 경우는 자원수급이 불충분한 상황에서 발생한다. 대부분의 프로젝트는 불충분한 자원으로 인해 어려움을 겪는다. 그러나 나는 유일하게 자원부족을 겪지 않는 프로젝트가 있다는 것을 알게 되었다. 연구개발 프로젝트의 경우는 제한된 자원을 두고서 일상적인 경쟁을 하지 않는다. 연구개발 프로젝트 자체가 명쾌하게 정의돼 있지 못하기 때문에 스태프는 자원이 제약받는 상황에서도 버틸 수 있다.

프로젝트 스태프는 예산 확보가 불가능한 상황이더라도 문제에 대한 대응 전략을 개발해야 한다. 이때 전략은 2가지로 나눌 수 있다. 하나는 잘못된 평가를 피하기 위한 것이고, 다른 하나는 프로젝트 진행 중 야기된 상황에 대처하기 위한 것이다.

지금까지 9장에서는 잘못된 사전 평가를 피할 수 있는 방법을 다뤘다. 이를 위해서 기업은 기본적으로 평가과정과 절차를 전문화해야 한다. 예를 들어 WBS 모형을 개발하기 위해서 절차를 수립해야 하는데, 이런 상황에서는 상향식 비용추정 방법에 적용할 수 있다. 또는 과거 데이터를 수집하여 매개변수를 파악해서 비용평가를 수행할 수 있다. 이를 통해서 사전 평가작업에서 발생하는 지나친 낙관주의, 정치적인 압력, 잘못된 계산 모델을 정확히 파악하고 피해가야 할 것이다.

이제 관심을 다른 문제로 돌려보자. '평가작업의 잘못으로 인해 초래된 상황에 어떻게 대처할 것인가?'에 대해서 논의해보자. 업무를 수행하는 데 자원이 턱없이 부족하다면 어떤 조치를 취할 것인가? 상황에 따라 전략이 달라질 것이다. 이런 상황에서는 왜 문제가 생겼는지 따져보고, 프로젝트 팀과 고객과의 관계에 대해서도 면밀하게 조사해야 한다. 그리고 프로젝트가 계약한 내용에 따라 진행 중인지도 살펴봐야 할 것이다.

여기서 몇 가지 질문을 던져볼 수 있다. 첫째, 왜 이런 문제가 생겼는가? 당초부터 비현실적인 평가작업을 수행하면서 발생한 오류가 근본적으로 문제인가? 잘못된 사전 평가(미경험자의 평가, 대충 세운 계획, 부적절한 변화관리)가 원인이라면, 프로젝트의 강도를 높이는 데 역점을 두고 해결책을 찾아야 할 것이다. 만일 잘못된 평가로 인하여 프로젝트의 비용초과 및 일정지연이 초래된 것이면 평가작업을 재검토해야 할 것이다. 결론적으로 주어진 현실에 부합하도록 계획을 변경해야 한다. 이를 위해서는 예산을 추가로 집행할 수도 있고, 계획된 작업 중 일부를 취소할 수도 있다. 혹은 이 둘을 동시에 적용할 수도 있다.

그리고 프로젝트 스태프는 문제의 원인이 정치적인 환경에서 비롯된 것은 아닌지 파악해야 한다. 정치적인 상황을 고려하는 것은 중요하다. 정치적인 상황은 혼란스럽기 때문에 그에 적합한 해결책을 고민해야 한다. 예를 들어 상사가 고객이나 고위 관리자에게 실현 불가능한 약속을 했기 때문에 비용초과와 발생한 것은 아닌가? 회사 내에서 권력을 가진 행위자로 인해서 문제가 발생했다면 어떻게 밝힐 것인가? 이와 같은 문제는 어떻게 해결할 수 있을까? 이 같은 질문들은 상황에 맞게 해답을 찾아야 한다.

둘째, 프로젝트 팀과 고객과의 관계는 어떠한가? 고객이 프로젝트를 방관하고 있지는 않은가? 프로젝트 수행의 동반자로서 적극 참여하고 있는가? 프로젝트 팀과 고객과의 관계는 원만한가, 갈등하고 있는가? 결론적으로 프로젝트 팀과 고객이 상호 신뢰와 이해에 기반해서 공통적인 목표를 향해 간다면 어떤 문제가 발생하더라도 능률적으로 대처할 수 있을 것이다. 이런 경우에는 개발자와 고객이 일정, 예산, 명세서의 수정에 합의하면서 프로젝트의 성공을 도모할 수 있다. 그러나 개발자와 고객이 대립적인 관계라면 문제를 양산하는 악순환에 빠질 것이다. 최악의 경우는 법정 분쟁으로 치닫기도 한다.

프로젝트 성공을 위한 비용, 일정, 명세서

마지막으로 프로젝트가 계약에 따라서 수행되고 있는가? 그렇다면 고정가 계약(fixed-price contact)인가, 아니면 실비-정산 계약(cost-reimbursable contact)인가? 고정가계약이라면 프로젝트 스태프는 자신에게 닥친 문제에 대해서 고객의 도움을 받기 힘들 것이다. 이 계약은 고객이 프로젝트의 변경을 요청했을 때, 변경에 따른 비용 문제에 대해서 고객이 책임을 져야 한다. 그리고 일정도 새로운 조건에 맞춰 조정돼야 한다.

고정가 계약은 비용, 일정, 명세서에 대한 요구조건을 명확하게 규정하고, 향후 프로젝트 변경과 수정을 용납하지 않는 것이다. 프로젝트 스태프와 고객 모두 비용, 일정, 명세서에 따라서 결과물을 생산하고 수용하는 것이다. 이런 계약에서 개발자는 일정지연이나 비용초과의 위험을 인식하게 된다. 마찬가지로 그들은 비용절감이 곧 수익임을 알고서 수익 창출을 위해서 노력하게 될 것이다.

실비-정산 계약은 프로젝트 스태프가 보다 유동적인 상황에 높이는 것이다. 프로젝트 수행 중에 비용이 증가하면 이 상황을 고객에게 알린다. 실제로는 비용지출에 대한 기준 및 제한을 정하지만 개발자들이 엄격하게 이 기준을 따르지 않는다. 실비-정산 계약에서는 프로젝트 스태프가 일정지연이나 비용초과 등의 문제에 대해 심각하게 받아들이지 않는다.

다음에서는 프로젝트 팀이 잘못된 사전 평가로 인해서 자원부족 문제에 부딪혔을 때 취할 수 있는 전략을 설명할 것이다.

● 데이터의 사용 - 자원부족의 문제 설명

이것은 논리와 데이터를 활용해 자원부족의 문제를 자원 통제권자에게 설명하는 방법이다. 프로젝트 스태프가 논리적으로 주장하면 자원 통제권자는 프로젝트 수행에 필요한 추가적인 지원을 집행하거나 프로젝트의 요구조건을 완화시켜줄 것이다.

자원부족을 설명하는 가장 효과적인 방법은 자원-로딩 차트(resource-loading chart)를 활용하는 것이다. 이는 자원 부하표라고도 부른다. 예전에 함께 일했던 회사는 예산 및 일정을 20~50% 정도 잘못 평가했다. 나는 스태프들과 3개월 동안 어느 정도 작업시간을 사용해야 할지 확인하고, 자원-로딩 차트 데이터를 작성했다. 그 결과 그림 10.1과 같은 결과를 만들어냈다.

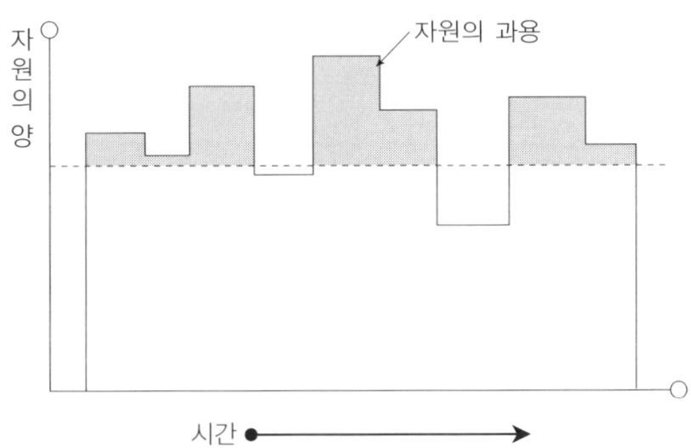

그림 10.1 자원부족을 강조하는 자원-로딩 차트의 사용

이 차트를 보면, 그때 회사가 시간과 비용평가를 잘못 계산한 것을 알 수 있다. 프로젝트를 위해 계획한 자원은 실제 회사가 동원할 수 있는 자원의 범위를 넘어섰다. 통계학자를 예로 들면, 이 프로젝트에서는 실제 3명이 할 수 있는 작업량을 1명의 통계담당자가 수행하도록 했다. 이는

프로젝트 성공을 위한 비용, 일정, 명세서

억지스러운 것으로 프로젝트의 실패를 불러올 수밖에 없다.

이 사례에 관한 에피소드가 있다. 실제로 통계담당자는 자신의 시간을 과도하게 투여했다는 이유로 책망을 받았다. 그는 여러 프로젝트 관리자들의 다양한 요구에 대해서 '아니오!'라고 답하지 못했다. 그는 동료들을 실망시키고 싶지 않았기 때문인데 장기적으로는 동료들의 불만과 실망을 초래했다. 통계담당자는 과도하게 업무를 맡았기 때문에 동료들의 프로젝트에도 위험을 초래했다.

이 회사의 프로젝트 감독자는 로딩 차트에 제시된 회사의 자원 수급 차트를 보고 당황했다. 감독자는 상부 관리기관에 문제를 보고했고, 상부 관리기관도 상황의 심각성을 알고 경악했다. 그리고 즉각 프로젝트 수행에 필요한 예산을 지원하기로 했다.

● 변화관리 절차의 강화

건설회사에서는 주문 변경으로 수익을 올린다. 최저입찰제를 통해서 고정가 계약이 이뤄졌어도 신중하게 주문을 변경해서 수익을 마련할 수 있다. 예를 들어, 고객이 기계가 설치될 장소에서 왼쪽으로 18인치 정도 떨어진 곳에 전기 콘센트를 옮겨 달라는 요구를 했다고 하자. 이때 계약자는 변경 요구를 충분히 수용해서 수익을 올릴 수 있다.

건설회사의 엄격한 변화관리 절차는 자원이 부족한 프로젝트를 정상적으로 수행할 수 있도록 만들어준다. 따라서 이때 절차를 지키는 것은 매우 중요하다. 그러나 이 방법은 자칫하면 고객을 배제시킬 수도 있다.

● 목표에 따른 우선순위 정하기

프로젝트 스태프가 과중한 업무량에 시달리면, 아무리 노력하더라도 주어진 임무를 완수하기 어렵다. 결국 그들은 자신의 이익을 지키지 못하는 상황에 처할 수도 있다. 이런 상황에서는 장기적인 해결책이 필요하다. 스태프의 규모를 늘리든지 개인당 업무량을 줄여야 한다. 그러나 프로젝트 스태프와 프로젝트 관리자는 단기 계획을 세워야 한다. 단기적으로 우선순위를 정하지 않으면 만족할 만한 결과를 만들 수 없기 때문이다.

따라서 우선수위를 매겨야 한다. 당장 실현해야 하는 목표가 무엇이고 버려야 할 목표는 무엇인지 결정해야 할 것이다. 또, 버려야 할 목표 중에서는 잠정적인 것과 영구히 버려야 하는 것을 구분해야 한다.

우선순위를 정하는 접근 방식으로는 파레토의 80/20 법칙을 들 수 있다. 이는 20%의 활동만으로 80%의 결과를 얻게 된다는 원리이다. 즉, 우리가 직면하는 문제나 기회의 80%는 20%의 활동에서 기인한 것이라는 이야기다. 이 법칙은 품질관리에 적용된다. 품질관리자는 모든 품질 문제에 에너지를 소비할 것이 아니라 가장 핵심적인 문제부터 파악해야 한다. 즉, 문제의 상당 부분을 불러오는 근본적인 문제를 진단하고 이에 대한 적절한 대책을 마련해야 할 것이다.

마찬가지로 프로젝트 스태프도 핵심적인 문제에 초점을 맞춰야 한다. 프로젝트의 80%에 영향을 미치는 20%의 핵심적인 요소들을 체계적으로 파악해야 한다. 그리고 20%의 문제를 해결하기 위해 집중해야 한다. 또한 주요한 문제와 부차적인 문제를 구분해야 한다.

○ 결론

비용초과와 일정지연의 상당 부분은 잘못된 사전 평가작업에서 초래된다. 즉, 비용과 일정을 정확하게 판단하지 못해서 계획에 차질이 생긴 것이다. 결국 사전 평가는 평가방식 및 절차의 문제를 중요시 해야 한다. 실제 사전 평가 담당자는 자신이 무슨 일을 하고 있는지조차 알지 못하는 경우가 많다. 그리고 프로젝트의 관련 행위자들도 현실적으로 불가능한 사항을 약속하기도 한다. 특히 상급 관리자나 판매 영업사원들이 이런 문제를 자주 발생시킨다. 이를 테면 프로젝트를 수주하기 위해서 실제 예상 소요비용보다 낮은 견적을 제시하는 것이다.

사전 평가의 오류가 계속해서 일어나면 회사는 비용초과로 인한 문제에 시달릴 것이다. 그런데 잘못된 사전 평가로 인해 비용초과와 일정지연이 발생했지만 그 책임이 프로젝트 팀에게 가는 경우가 많다. 즉, 프로젝트 팀이 작업을 잘못 수행해서 비용초과와 일정지연이 초래되었다고 비난 받는 경우이다. 책임의 소재를 명확하게 찾지 못하면 프로젝트 스태프들이 프로젝트의 실패에 대한 책임을 지게 되는 것이다.

결론적으로 프로젝트를 효과적으로 실행하기 위해서는 사전 평가작업을 정확하고 신중하게 검토해야 한다. 프로젝트에 필요한 비용과 소요 일정을 정확하게 계산해서 수익성이 있는 프로젝트와 그렇지 않은 프로젝트를 구별해야 한다. 그래서 보다 면밀하게 프로젝트를 계획하고 실행해야 할 것이다.

프로젝트 일정계획 기법 :
시간제약 일정계획법과
위험사슬 일정계획법

10장에서는 프로젝트의 일정을 계획하는 2가지 접근법에 대해 살펴볼 것이다. 첫째, 시간제약 일정계획법(time-boxed scheduling)을 들 수 있다. 이는 짧은 시간에 결과물을 만들기 위해서 개발된 것이다. 즉, 고객과 개발자에게 동시에 압력을 가함으로써 계획대로 일정을 진행한다. 시간제약 일정계획법은 결과물의 신속한 생산을 위해 결과물에 도움이 되지 않는 시간이나 불필요한 요소를 과감히 배제해야 한다는 입장에서 출발한다.

둘째, 위험사슬 일정계획법(critical chain scheduling)을 들 수 있다. 이 접근법은 일정지연을 초래할 수 있는 요소를 파악하여 제거하는 데 역점을 둔다. 이는 제조업에서 차용한 것이다. 제조업은 생산과정 및 절차에 대해 충분히 통제력을 행사할 수 있다. 반면 프로젝트에서는 통제력을 확보하기가 어렵다. 그러나 위험사슬 일정계획법을 프로젝트에 적용해 볼 것이다.

시간제약 일정계획법

소프트웨어 회사에서 근무하는 한 관리자가 내게 다음과 같이 이야기 했다. 그는 온라인 증권거래 회사와 소프트웨어 공급을 위한 계약을 체결했다. 증권회사는 프로젝트 팀에게 고객의 편의를 위한 소프트웨어 루틴을 개발해달라고 요청했다. 즉, 고객이 팜탑 *palmtop*(작은 휴대용 전자계산기 또는 수첩 정도의 크기의 컴퓨터)을 사용해서 주식을 거래할 수 있도록 시스템을 구축해달라는 것이다. 이에 프로젝트 팀은 작업을 수행하는 데 6개월 정도가 소요될 것이라고 말했다. 그러나 증권회사는 다른 회사들과 경쟁에서 우위를 점하기 위해 4주 내에 소프트웨어 개발을 완료해달라고 요구했다. 처음에 프로젝트 팀은 그것을 불가능한 작업으로 여겼지만, 시간제약 일정계획법을 사용해서 4주 만에 소프트웨어 결과물을 완성했다.

이처럼 불가능한 일정에 맞춰 작업을 완료할 수 있었던 이유는 당초의 요구사항을 수정하고 일부를 축소했기 때문이다. 즉, 불필요한 사항을 삭제하고 결과물의 기능에 직접적인 영향을 미치는 요소들을 우선순위로 정했다. 결과적으로 시간제약 일정계획법에서는 우선순위를 파악하는 게 핵심이다.

○ 우선순위

프로젝트에는 다양한 행위자들이 있다. 즉, 프로젝트 스폰서, 프로젝트 관리자, 프로젝트 팀원, 계약 전문가, 직무책임자, 계약자, 조달 부서, 판매 직원, 외주업체 직원 등이다. 고객 측에서 보면 고객 측의 대표, 사용자, 중간급 관리자 및 상급 관리자, 고객 측 직무 책임자 등이 있다. 행위자들 프로젝트의 진행과 결과물에 대한 나름의 견해를 갖고 있다. 이 문제를 논의하기 위해서 다양한 행위자들을 두 부류로 나눠볼 수 있다. 크게 사용자와 개발자로 나누어보자. 이런 분류가 프로젝트의 상황을 단순화하는 감도 있지만, 이를 통해서 우리는 시간제약 일정계획법의 주요한 성격을 파악할 수 있다. 그리고 프로젝트 외부에서 발생하는 복잡한 문제도 피할 수 있다.

사용자와 개발자는 관심사가 서로 다르다. 결과에 대해서도 무엇이 중요한지 서로 다른 의견을 갖고 있다. 사용자는 결과물의 특징과 사용 편의성에 관심을 두고, 결과물의 성능과 결과물을 작동하기 위한 운용을 중요시 여긴다. 때문에 그들은 결과물을 통해 많은 작업을 처리하기를 원하고 조작이 간편하기를 바란다. 그리고 빨리 결과물을 받아볼 수 있기를 기대한다.

개발자는 이와 다르다. 그들은 결과물이 효과적인 작동을 보장하는 기능에 관심을 둔다. 주로 기술적인 문제에 관심을 갖는다. 이런 문제들은 사용자가 원하는 특징과 편의성을 제공하면서 해결돼야 한다. 그들은 결과물을 만들어내야 하는 책임을 지고 있다. 실질적으로 그들은 품질과 기술에서 완벽을 추구한다.

양자 간의 공통점이 별로 없고, 우선순위에 대한 합의도 이뤄지기 힘들다. 사용자들은 단 시간에 결과물의 완성을 기대하기 때문에 제한된 시간에 맞추기 위해서 결과물의 기능 중 일부를 누락시켜도 좋다고 생각한다. 이와 달리 개발자들은 작업 속도를 올리기 위해 시간을 맞추는 데 급급하지 않는다. 그들은 기술적으로 통합하고, 결과물의 품질을 높이는 데 중점을 둔다.

시간제약 일정계획법은 각기 다른 입장을 가진 사람들이 정해진 우선순위에 동의하는 것이 어렵다는 사실을 알려준다. 그 결과 행위자들은 그룹을 분리하여 우선순위 결정에 동의하는 방법을 채택한다. 이를 달성하기 위해서는 소그룹으로 구성되어야 한다.

다음에서는 프로젝트에 시간제약 일정계획법을 적용할 때 지켜야 할 기본적인 원칙들을 논의해볼 것이다.

○ 핵심 행위자들을 소집하라

시간제약 일정계획법을 시작할 때는 핵심 행위자들을 회의석상에 소집할 필요가 있다. 이때는 주요 고객들과 기술 스태프들이 자리를 함께한다. 그리고 그 외 필요한 사람이 있다면 포함시킬 수 있다.

시작회의의 목적은 프로젝트 일정에 따른 조치들을 현실적으로 인식하는 것이다. 이때 회의 참석자들은 공동의 목표를 위해 모두가 협조해야 한다. 그들은 사실상 파트너이기 때문에 바람직한 결과를 만들기 위해서 모두가 노력해야 한다. 고객은 결과물에 불필요한 기능을 과감히 포기해야 하고, 개발자도 완벽성이 떨어지는 솔루션을 포기해야 한다. 고객과 개발자는 서로 타협해야 한다.

프로젝트의 성공을 위해서는 이해관계자들 각자가 고집하는 부분을 포기해야 한다. 타협에 있어서, 행위자들이 윈-윈win-win 할 수 있는 상황을 만들어야 한다. 유능한 조정자는 모두가 이익을 얻을 수 있는 윈-윈 상황을 만들기 위해서 노력해야 할 것이다.

조정자는 고객과 개발자가 파트너로서 공동 작업을 수행할 수 있도록 동기를 부여해야 한다. 여기서는 시간제약 일정계획법에서 활용할 수 있는 4가지 방법을 제시하면서 조정자가 할 수 있는 역할을 알아보자.

<u>합리적인 의사결정을 위해서는 우선순위를 매겨야 한다.</u> 시작회의를 소집하고 합리적인 의사결정 과정에 대한 이론을 설명하라. 특히 우선순위를 매기는 방법과 절차의 중요성을 설명하고, 이것이 시간제약 일정계획법에 필수적인 요소임을 인식시켜라. 그리고 합리적인 의사결정을 위해서는 우선순위를 설정해야 한다는 것을 강조해야 한다. 우선순위를 통해서 각 대안들이 프로젝트에서 갖는 중요도를 파악할 수 있다. 가장 중요한 것을 리스트의 맨 위에 놓고, 가장 부수적인 것은 아래에 정리하라. 그리고 리스트를 보면서 무엇을 선택할 것인지 결정할 수 있다.

우선순위를 매기는 것은 합리적인 의사결정 과정에서 기본이 된다. 단순히 슈퍼마켓에서 과일을 고르는 일부터 집을 짓기 위해서 건설업자를 선택하는 일까지 모든 과정에서 의사결정의 합리성이 요구된다. 즉, 모든 상황에 우선순위를 매겨야 할 것이다. 수년 동안 우선순위를 정하기 위한 각종 기법들이 개발되었다. 기술 공학자들은 대안들에 대한 우선

순위를 정하기 위해서 수익-비용 비율분석을 활용해왔다. 그리고 재무 전문가들은 내부수익률(Internal Rate of Return, IRR)평가 방법을 사용해왔으며, 프로젝트 스태프들은 동료 검토법과 같은 주관적인 우선순위 평가 기법들을 주로 다뤘다.

<u>고객과 개발자 간에 협력관계를 형성해야 한다.</u> 고객과 개발자가 파트너로서 함께 업무를 수행해야 한다는 인식이 필요하다. 그간 고객은 개발자들이 비현실적인 기술의 문제만을 고집한다고 불평했다. 한편 개발자들은 고객들이 기술적인 문제에 대해 무지하다고 토로했다. 이렇듯 각자의 인식 차이로 인해서 갈등은 깊어만 갔다. 결국 제로 섬 게임 *zero-sum game*처럼 이기기 위해서 상대를 패배시키는 극단을 취하고 있는 것이다.

고객과 개발자들은 공동의 목표를 염두에 두고 업무에 참여해야 한다. 이것은 포지티브 섬 *positive-sum*으로, 윈-윈전략을 기초로 한다. 이를 위해서 당사자들은 많은 것을 얻기 위해서 작은 것을 포기할 수 있어야 한다. 예를 들어 고객이 결과물이 빠른 시간 내에 완성되기를 바란다면, 자신이 바라는 기능 중 일부를 과감하게 포기할 수 있어야 한다. 마찬가지로 개발자도 기술에 있어서 지나치게 완벽함을 추구하지 말고 현실을 감안해서 목적을 달성하도록 해야 한다. 고객과 개발자가 각자가 자신의 주장만 내세우면서 원하는 것을 가지려고 하는 자세는 도움이 되지 않는다.

시작회의에서는 각자가 다른 사람들 앞에서 자신의 관심과 이해에 대해 이야기할 수 있어야 한다. 이 자리에서는 타인의 의견을 듣고, 입장을 이해하면서 프로젝트 내의 이해관계를 파악할 수 있다. 상호 간의 이해가 이뤄지면 프로젝트 수행에서 발생할 혼란과 갈등의 요인들을 피할 수 있을 것이다. 이런 과정이 없다면 고객과 개발자 사이의 갈등은 깊어질 것이다.

고객에게 잃을 것보다 얻을 것이 더 많음을 알려라. 결과물에 따른 성능이나 특징들의 우선순위를 매겨보라고 고객에게 요구하면 그들은 호의적인 반응을 보이지 않을 것이다. 왜냐하면 신속한 개발을 위해서 너무나 많은 것을 신경써야 한다고 생각하기 때문이다. 그러나 현재에 삭제할 성능이나 특징들이 새로운 버전에서는 추가될 수 있다는 사실을 고객에게 알려야 한다. 예를 들어, 고객이 개발자에게 6가지의 핵심 기능을 가진 시스템의 개발을 요구한다고 하자. 일반적으로 이 같은 시스템을 만들기 위해서는 최소 6개월이 걸린다. 이때 시간제약 일정계획법을 활용하면 고객에게 4가지 기능 요소를 삭제하자고 이야기하고, 2개월 안에 시스템을 완성할 수 있다는 것을 설득해야 한다. 누락된 2가지 기능은 4개월 뒤 버전2에서 추가할 수 있고, 나머지 기능들은 6개월 뒤 버전3에 추가할 수 있다는 사실을 고객에게 알려야 한다. 그러면 고객은 6개월 안에 자신이 원했던 완벽한 시스템을 가질 수 있다. 시간제약 일정계획법의 강점은 전통적인 개발 접근법을 사용할 때보다 더 신속하게 실제적인 결과물을 생산할 수 있다는 것이다.

개발자들이 충분히 좋은 것을 선택할 수 있도록 조언하라. 1978년 노벨 경제학상 수상자 허버트 사이먼 *Herbert Simon*은 '만족(satisficing)'이라는 개념을 만들어낸 것으로 유명하다. 그가 말하는 만족은 우리가 어떤 문제에 대한 해결책을 탐색할 때, 최선의 선택이 아니라 충분한 해결책을 찾으면 그것을 선택하고 해결책을 위한 탐색 작업을 중지하는 것이다. 시간제약 일정계획법을 수행할 때 기술팀 구성원들이 6개월의 작업량을 4주 만에 끝내는 것은 매우 어렵다. 이런 상황에서 기술팀은 충분한 해결책을 선택하는 것이 주어진 조건을 만족시키는 결과를 낼 수 있음을 알아야 한다.

○ 우선순위의 기준

우선순위를 매길 때는 여러 가지 측면을 고려해야 한다. 여기에서는 마케팅, 재무, 기술, 정치적 측면에서 살펴볼 것이다.

● 마케팅 측면

마케팅에는 4가지 요소가 있다. 이를 '4P'라고 하는데, 여기에는 제품(product), 가격(price), 장소(place), 촉진(promotion)이 포함된다. 프로젝트 결과물에 포함할 기능과 특징에 대해서 우선순위를 정할 때는 이러한 4가지를 모두 고려해야 한다. 시간제약 일정계획법에서 가장 중요한 것은 제품(product)이다. 즉, 제품의 기능 중에서도 구매자가 가장 매력을 느낄 수 있는 기능을 반드시 포함시켜야 한다. 이때 어떤 기능과 특징을 넣을지 결정해야 할 것이다.

마케팅의 4가지 요소와 함께 중요하게 고려해야 할 요소로 타이밍을 들 수 있다. 작업을 신속하게 처리해야 하는 가장 중요한 이유는 빨리 시장에 출시해서 다른 기업들과의 경쟁에서 시장 점유율을 향상시키기 위해서이다. 신속하게 프로젝트를 마쳐야 한다는 사실을 수용하면, 고객과 개발자의 협조를 구하기가 쉽다. 반면 그들이 자기 고집만 부리고 타협하지 않으면 프로젝트 개발과정이 어려워진다. 그리고 마감 기한을 맞추기 위해서 각별히 노력해야 할 것이다.

● 재무적 측면

제품이나 서비스를 설계할 때, 우리는 여러 가지 대안들을 접하게 된다. 이때 각각의 대안들이 나름대로 재무적인 측면에서 가치 있다는 사실을 알아야 한다. 그리고 각각에 대한 잠재적인 수익과 비용을 파악해야 할 것이다. 시간제약 일정계획법을 적용하여 프로젝트의 결과물에 포함시킬 기능과 제외할 기능을 판단할 때, 재무적인 측면에 대해서도 충분히 고려해야 할 것이다.

● 기술적 측면

기술적인 측면을 고려하는 것은 쉬운 일이 아니다. 제품이나 서비스를 개발할 때, 특정한 기술을 수용하고 지지하면 신속한 개발 업무를 간과할 수 있다. 예를 들어, ABC운용 시스템을 위하여 소프트웨어 솔루션을 개발해야 하는 상황에 놓였다고 하자. 그리고 XYZ 프로토콜을 기반으로 설계해야 한다고 하자. 이때 우리는 제한된 시간 내에 소프트웨어 솔루선을 설계하고 개발해야 하는 것이 기술적으로 어렵다는 것을 알게 된다. 기술적인 핵심 요구사항이 충족되지 못하면 결과물도 무용지물이 될 것이다.

여기서 고려할 사항이 있다. 기술적인 요구사항의 압박이 심하지 않은 기술 관련 선택적 대안들이 다양하다는 사실이다. 이처럼 부수적인 기술적 성능 및 기능들도 파악하고 우선순위를 매겨야 한다. 우선순위에서 높은 위치를 차지하는 요소들은 시간제약 일정계획에서 결과물의 명세서에 포함시킬 수 있다. 그리고 중요도가 낮은 요소들은 제외시키면 된다.

● 정치적 측면

기업에서의 모든 의사결정은 정치적인 요소를 포함한다. 왜냐하면 어떤 사안이든 다양한 이해관계자들 간의 논의와 합의를 전제로 하기 때문이다. 대부분 시간적 제약에 놓인 프로젝트 팀은 다양한 행위자들의 견해들을 모두 검토하고 각각의 중요성과 타당성을 평가할 수 있어야 한다.

프로젝트 팀은 시간제약 일정계획법으로 다양한 대안들의 우선순위를 정해야 한다. 그러나 이는 마케팅, 재무, 기술, 정치적 측면에서만 하는 것이 아니라 각각의 측면을 교차해서 정해야 하기 때문에 어렵다. 예를 들어, 프로젝트 팀은 마케팅과 기술적 측면에서 타협을 해야 할 때가 있다. 이런 경우 마케팅 측면에서 목적을 달성하기 위해서는 기술적인 측면에서 일정부분 양보해야 한다. 그러면 이런 경우 양자가 타협을 할 수 있을까? 과연 타협은 바람직한 대안일까?

○ 우선순위 선정을 위한 기법

8장에서 언급했듯이, 합리적 의사결정은 기본적으로 우선순위를 선정하는 과정이다. 수익-비용 비율분석, 등위의 단계, 점수표, 동료 검토, 버스의 기법 등 우선순위를 매기기 위한 방법에는 여러 가지가 있다.

8장에서 살펴보았던 기법들은 시간제약 일정계획법에서도 유용하게 적용될 수 있다. 여러 사람들이 모인 가운데 선택적 대안들에 대해서 우선순위를 선정하는 것은 등위의 단계에서 유용하게 사용할 수 있다. 그리고 점수표를 만드는 방법도 유용하다. 이는 대안들에 대해서 우선순위를 매기는 것뿐만 아니라 의사결정자들의 합의의 정도도 볼 수 있기 때문이다.

시간제약 일정계획법에서는 추가적으로 다른 우선순위 선정 기법도 고려해야 한다. 즉, 80/20 파레토 법칙이다. 이 법칙은 판매영업 관리에서 사용된다. 판매영업 분야에서는 20%의 고객이 회사의 80% 매출을 올린다고 평가한다. 따라서 20%의 고객만 잘 관리하고 유지하면 회사는 수익을 창출할 수 있다. 80/20법칙은 품질관리 분야에서도 사용된다. 즉, 품질 문제의 80%가 20%의 문제에 원인이 된다는 것이다. 따라서 이 20%의 문제를 파악하고 해결하면 전체적인 품질 향상에 엄청나게 기여할 것이다.

80/20 파레토 법칙은 시간제약 일정계획법에도 적용될 수 있다. 제한된 시간에는 고객이 바라는 모든 기능과 특징을 이룰 수 없다. 때문에 가장 큰 영향력을 갖고 있는 몇 가지 핵심 기능에 초점을 맞춰야 한다. 최초의 버전에서 제외한 기능들은 향후의 버전에 포함시킬 수 있다. 이 접

근법을 채택하면, 프로젝트의 결과물을 나눠서 관리할 수 있다. 따라서 짧은 시간 내에 결과물의 일정부분을 완료할 수 있다.

80/20법칙을 토대로 강조하고 싶은 점은 소수의 핵심적인 요소들이 중요하다는 것이다. 즉, 전체에 큰 영향력을 미칠 수 있는 핵심적인 요소들을 파악하고 이에 대한 통제력을 확보해야 한다. 그리고 짧은 시간 내에 핵심적인 요소들을 담은 결과물을 개발해야 할 것이다.

○ 병렬적 개발법의 사용
(The use of parallel development)

시간제약 일정계획법의 핵심은 우선순위를 정하는 것이다. 이 방법은 정해진 시간에 평소의 작업량보다 2~3배의 노력을 들여 결과물의 산출을 완수하는 것이다. 이는 여러 가지 작업을 동시에 수행해야 가능하다. 예를 들어, 어떤 호텔에서 회의실을 리모델링한다고 하자. 이때 작업수행자는 카펫을 깔고, 천정에 타일을 붙이는 작업을 동시에 하면서 평소보다 작업을 빠르게 마무리 지을 수 있다. 여기서 작업의 원활함을 위해서는 우선 천정에 타일을 붙여야 한다. 그리고 작업 중 바닥에 떨어진 파편들을 청소하고 카펫을 까는 것이 효율적이다. 그러나 제한된 시간이 촉박하다면 2가지 작업을 동시에 처리하면서 시간을 절약할 수 있다.

프로젝트 관리자는 병렬적 개발법이 기술적인 위험 발생 가능성을 높일 수 있다는 사실을 기억해야 한다. 즉, 천정 작업을 한 후 바닥에 떨어진 파편은 새로 깐 카펫을 손상시킬 수 있다는 것이다. 그러면 왜 우리는 위험을 감수하면서 병렬적 개발법을 사용하는 것일까? 그것은 프로젝트 결과물이 지연된다는 또 다른 위험이 있기 때문이다.

그런데 만약 빠른 시간 내에 회의실 리모델링 작업이 완료되면 5,000달러의 보너스가 지급된다고 계약을 했다고 하자. 새로 깐 카펫이 더러워지더라도 청소하는 데 드는 비용은 500달러를 넘지 않는다. 결과적으로 두 작업을 동시에 진행하면 작업시간도 단축시키고 4,500달러의 이익도 기대할 수 있다.

○ 일정계획의 현실

시간제약 일정계획법의 가장 큰 목적은 시간을 절약하는 데 있다. 때문에 일정계획 절차를 무시하고 넘어가면 상당한 어려움에 직면할 수 있다. 실제로 PERT/CPM 네트워크 다이어그램의 형태로 일정계획법을 사용하면 여러 가지 유용한 정보를 얻을 수 있다. 예를 들어 병렬적 개발법을 활용할 수 있는 업무가 무엇인지 확인할 수 있다. 그리고 PERT/CPM 기법을 통해서 프로젝트 팀은 여러 작업들의 일정을 어떻게 조정해야 할지 판단한다. 이때 '만약'이라는 가정을 분석법으로 사용하게 된다. 만약 X작업과 Y작업을 병렬적으로 수행하면 보다 신속하게 작업을 처리할 수 있을까? 만약 잉여 자원을 Z작업에 투입한다면 그 효과는 어떨까? 요컨대, 시간제약 일정계획법을 사용할 때도 일반적인 정식 일정계획법을 간과해서는 안 된다.

○ 문서작업의 필요성

프로젝트는 문서작업이 중요하다. 즉, 기술, 재무, 자원활용, 요구사항, 일정계획 등 다양한 부문에서 문서작업이 필요하다. 문서는 여러 가지 기능을 가지고 있다. 첫째, 프로젝트 팀은 문서를 통해서 프로젝트의 수행과정을 되짚어볼 수 있다. 프로젝트 과정에서 실행한 기술적인 결정, 소요 비용, 인사기록, 프로젝트 요구사항에 대한 결정, 작업과정에서 발생한 핵심적인 문제들을 문서를 통해서 확인할 수 있는 것이다. 그리고 어떤 작업에 대한 책임자를 파악하여 의사결정에 따른 책임의 소재를 분명히 할 수 있다. 즉, 문서작업은 지금까지의 작업에 대한 기록물이나 다름없다. 문서는 과거의 작업에 대해서 의문이 제기되거나 약속이 제대로 지켜졌는지에 대한 논쟁이 발생했을 때, 문제를 해결할 수 있는 판단 근거가 된다.

둘째, 문서는 미래의 프로젝트를 계획할 때 기준선 구축에 필요한 데이터를 제공한다. 프로젝트 관련 데이터를 기록하면 다음과 같은 유형의 질문과 답변이 제시될 수 있다. 검사 작업에 걸리는 시간은? 제품 설계에 필요한 인력은? 고객 검토를 수행하기 위해서 소요되는 비용은? 이때 프로젝트 기획자가 기준선 데이터를 갖고 있다면, 보다 정확하게 필요한 자원과 소요 시간을 계획할 수 있을 것이다.

셋째, 문서는 운용 및 유지보수 담당자들에게 문서를 통해 필요한 정보를 제공할 수 있다. 천정의 형광등이 켜지지 않아서 교체했는데도 불이 들어오지 않는다고 하자. 이때 문제를 파악해 수리하기 위해서는 형광등 설비에 관한 문서(전선 배치도)가 있으면 매우 유용할 것이다.

한편 프로젝트에서 변화관리는 필수적인데, 변화관리에서도 문서작업이 중요하다. 일단 프로젝트의 변화관리에 대해서 설명해보자. 우선 핵심 행위자들의 변화를 들 수 있다. 즉, 상급 관리자, 기술팀 스태프, 고객 측의 핵심 행위자가 변화하는 것이다. 이런 경우 새로운 부임한 행위자는 새로운 문제를 제기하거나 다른 목표를 설정하기도 한다.

그리고 예산의 변화를 들 수 있다. 최초 프로젝트의 수행을 위해서 편성된 예산이 초과되는 경우도 있다. 기술적인 변화도 일어나는데, 새로운 기술의 출현은 거부할 수 없는 현상이다. 때문에 기업은 신제품 개발에 따른 압력에 시달리게 된다. 비즈니스 환경에서도 변화는 일어난다. 사업적 전망이 밝았던 프로젝트가 이후에 무용지물이 되기도 한다. 그리고 고객들의 요구사항의 변화도 들 수 있다. 고객들은 프로젝트 초기에 합의했던 요구사항이 있음에도 불구하고 차후에 새로운 요구사항의 추가나 삭제를 원하곤 한다.

여기서 핵심은 요구사항이 변화한다는 것이다. 이런 현실을 고려할 때, 프로젝트가 적절한 변화관리 절차 속에서 진행되고 있는지 의문을 제기해야 한다. 변화의 요구가 문서로 기록되는가? 체계적인 검토가 이뤄지는가? 결국 변화 요구에 대한 검토 및 절차를 꼼꼼히 파악하지 않으면 프로젝트는 범위 수시 변경(scope creep)에 시달릴 것이다. 따라서 변화에 대한 요구사항이 무리하게 진행되어 회사의 데이터베이스에 차질을 주고 있는 것은 아닌지 살펴봐야 한다. 이는 결과물의 유지보수를 위해서도 중요하며, 고객과 개발자들 간에 법적 분쟁이 발생했을 때도 중요한 판단 근거가 된다. 따라서 문서작업을 통해서 변화관리의 체계를 마련해야 할 것이다.

변화관리가 어려운 이유는 프로젝트가 촉박한 일정에 따라서 진행되기 때문이다. 사실 작업 일정에 여유가 없으면 변화관리에 대해서 간과하기 쉽다. 그러나 변화관리에 대해서 체계를 세우지 못하면 프로젝트는 어려움에 처할 것이다. 이러한 변화관리를 위해서 문서작업이 필요하다. 문서작업을 통해서 향후 발생할 기술적인 문제를 예방할 수 있다.

한편 변화관리 절차를 수립할 때는 몇 가지 질문을 던져봐야 한다. 변화에 대한 요구를 작성하는 데 장황한 문서가 필요한가? 모든 변화 요구사항들을 변화관리위원회(CCB)에서 검토해야만 하는가? 사소한 문제에 대해서는 중간급 전문가들이 심사하고 평가하면 안 되는가?

프로젝트는 상세한 문서작업을 통해서 행정적으로 지원할 수 있는 데이터베이스를 구축하는 것이 중요하다. 이는 언제든 비즈니스의 목적에 맞게 문서를 활용하기 위함이다. 그러나 프로젝트 팀이 문서작업을 위해서 과도한 시간을 투자하는 것은 지양해야 한다. 특히 시간제약 프로젝트의 경우, 촉박한 마감기한 때문에 스태프들은 행정적인 업무처리를 위해 다른 방법을 마련해야 할 것이다.

○ 위험사슬 일정계획법

프로젝트 관리자가 알고 있는 가장 유명한 일정계획 기법으로 PERT/CPM이 있다. 이 기법은 수년에 걸쳐 수정되었고, 현재 PDM(precedence diagram method) 기법으로 많이 알려져 있다. 최초의 PERT와 CPM은 1950년대에 미 해군과 듀퐁사에서 각각 개발되었다. 여기에는 당시 기술자들의 상황이 반영돼 있다. 당시 기술자들은 새롭게 개발된 흐름도를 도입했는데, 이는 시스템 공학의 발전 상황을 반영한 것이었다.

PERT/CPM 기법은 유용하고도 가치 있는 일정계획 기법이 되었다. PERT/CPM 기법은 몇 가지 강점을 갖고 있다. 첫째, PERT/CPM 기법을 적용하려면 프로젝트 팀은 일정계획 규칙을 준수해야 한다. 수행작업을 파악하고 작업시간을 예측하며 작업들 간의 상호관계를 이해해야 한다. 임시 방법으로는 PERT/CPM 기법을 적절하게 실행할 수 없다. 프로젝트 수행자들은 PERT/CPM 기법을 통해서 작업수행 중 어떤 단계를 거쳐야 하는지 전체적인 그림을 파악할 수 있다.

둘째, PERT/CPM 네트워크를 만들면, 이는 프로젝트의 수학적인 모델이 될 것이다. 컴퓨터의 PERT/CPM 소프트웨어 루틴을 활용해서 비용 및 자원활용 데이터를 일정계획 데이터와 연결시키기 때문이다. 따라서 PERT/CPM기법은 '만약'으로 가정한 질문들에 대해서 답변할 수 있다. 예를 들어, 만일 내가 작업A에 5개의 자원을 더 투입하면 어떻게 되겠는가? 이것이 프로젝트 종료 시점에 어떤 영향을 미칠 것인가? 또, 프로젝트 예산에 어떤 영향을 줄 것인가? 만일 정부의 새로운 규제정책이 발표되었을 때, 우리가 2주 내에 작업B로 넘어가면 어떤 일이 발생할 것인가? 이로 인해 프로젝트 종료일에 변동은 없을까? 일정에 맞추기 위해서 인력을 투입해야 하는 것은 아닌가? 그러면 얼마나 많은 인력을 보충해야 하는가?

셋째, PERT/CPM 기법은 평가자가 프로젝트의 지속시간을 평가할 수 있는 중요한 접근법이다. 작업의 지속시간은 '위험경로(critical path)'를 파악하면서 알 수 있다. 위험경로는 PERT/CPM 네트워크에서 상호 연결된 작업들의 가장 긴 경로이다. 일정기획자는 위험경로를 파악하면서 중요한 정보를 얻을 수 있다. 즉, 일정지연을 피하기 위해 면밀한 검토를 통해서 필요한 작업을 파악할 수 있고, 프로젝트의 일정을 가속화시키는 작업을 선별할 수 있는 것이다.

PERT/CPM 기법은 수십 년 동안 프로젝트 관리자들의 업무수행에 많은 도움을 주었다. 이 기법은 현재에도 핵심적인 일정계획 기법으로 다양한 프로젝트 관리에 사용되고 있다. 그리고 이 접근법에 따른 문제도 심각하지 않다. PERT/CPM 기법에서 발생하는 문제의 본질을 파악하기 위해서 그림 11.1의 PERT/CPM 네트워크 다이어그램을 살펴보도록 하자. 이 표는 4가지 작업을 예로 들고 있다. 상위 공정에서는 작업A(4일 소요)가 끝나고, 작업B(5일 소요)를 진행한다. 하위 공정에서는 작업C(5일 소요)를 마치고 작업D(5일 소요)를 진행한다. 위 그림을 검토하면 하위 공정이 위험경로임을 알 수 있다. 이 프로젝트는 계획대로 진행하면 총 10일이 걸릴 것이다.

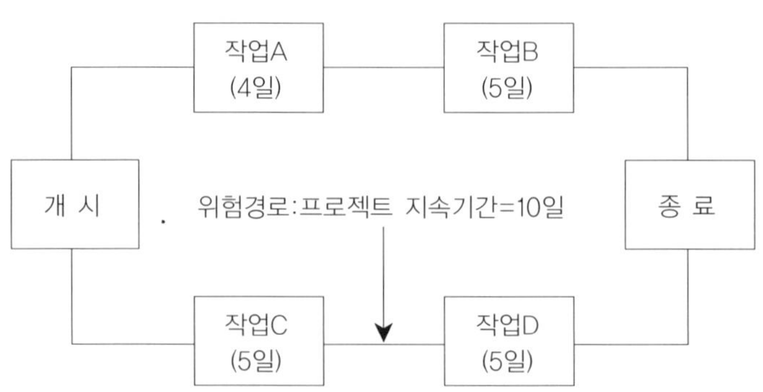

(a) 자원의 병목현상이 없는 경우

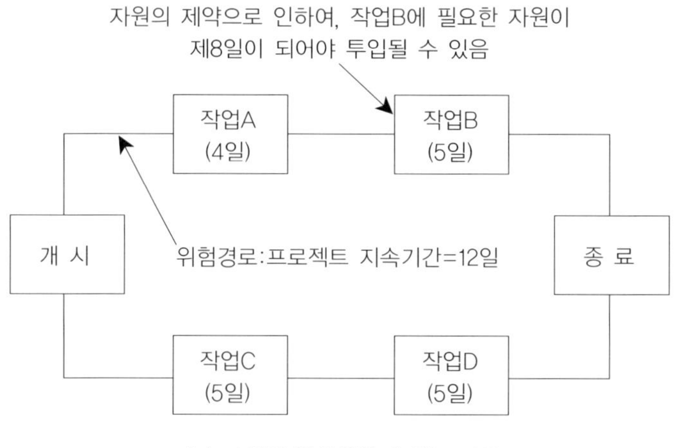

(b) 자원의 병목현상이 있는 경우

그림 11.1 PERT/CPM과 자원의 병목현상

한편 PERT/CPM의 약점을 알기 위해서는 3가지 기본적인 정보를 확인해보는 것이 좋다.

1. 어떤 작업을 수행해야 하는가?
2. 각 작업들의 지속시간은 어떠한가?
3. 각 작업들은 어떻게 연결되어 있는가?

PERT/CPM 기법의 약점을 알기 위해서는 자원 문제를 간접적으로 다루는 것이 좋다. 즉, 자원의 효용성을 알고, 작업의 지속시간을 평가해야 한다. 그러나 자원을 명확하게 다뤄야 한다는 요구사항은 존재하지 않는다.

그러나 자원 문제가 중요한 이유는 자원의 수급으로 인해서 프로젝트가 지연되기 때문이다. 우리는 프로젝트에 사용할 수 있는 적절한 기술을 갖고 있는가? 품질이 좋은 자원을 충분히 확보하고 있는가? 자원이 필요할 때는 언제든지 조달할 수 있는가?

다시 한번 그림 11.1을 살펴보도록 하자. 작업B의 작업수행을 위한 스케줄을 보면, 8일이 되기 전까지는 자원을 조달하는 것이 불가능하다. 그러나 PERT/CPM 차트를 보면, 6일이 되기 전에는 작업B에 자원이 반드시 필요하다. 그렇지 않으면 10일이라는 전체 일정에 차질이 생길 수밖에 없다. 이 같은 자원 수급의 제약으로 인해서 프로젝트는 12일 이전에 완료될 수가 없다. 그렇지만 최초의 PERT/CPM 차트에는 10일에 모든 작업이 완료되는 것으로 되어 있다. 만일 그림 11.1에서 보는 것처럼 최초의 PERT/CPM 기법에 따라서 계약이 이뤄졌다면 그것은 10일 내에 모든 작업을 완료해야 한다고 계약한 것이다. 그러나 자원 수급의 지연으로 인해서 계약한 날짜보다 2일이 추가로 필요한 상황이 되었다. 진정한 위험경로는 10일이 아니다. 12일이 실제 위험경로이다. 자원의 수급 지연을 변수로 포함시킨 것을 일컬어 '위험사슬(critical chain)'이라고 부른다.

위험사슬과 제약 이론

위험사슬은 엘리 골드랫 *Eliyahu Goldratt*이 발전시킨 개념이다. 이 용어에는 2가지 중요한 뜻을 담고 있다. '위험(critical)'은 '위험경로(critical path)'라는 용어에서 나왔다. 위험경로는 프로젝트의 전체 길이를 나타내는 개념이다. 이 개념은 프로젝트 일정을 현실적으로 계획하기 위해서는 자원과 다른 요소들이 지연되는 이유를 파악해야 한다는 뜻이다.

한편 위험사슬은 자원과 다른 요소가 지연되는 이유를 위험경로를 통해서 파악할 때 포함시켜야 한다. 위험사슬은 위험경로를 현실에 적응할 수 있는 개념으로 더욱 강화시키는 역할을 한다.

골드랫은 제조업 분야에서 프로젝트의 일정계획법을 개발했다. 공산품 제조과정은 제품을 생산할 때, 명확하게 정의된 여러 단계 및 절차에 따라서 공정이 이뤄져야 한다고 정의하고 있다. 예를 들어, 금속 상자를 만드는 작업을 수행한다고 하자. 처음에는 치수에 따라서 금속판의 절단작업을 해야 한다(제1공정). 그리고 필요한 부분을 구부려야 한다.(제2공정). 가장자리를 봉합하는 작업이 필요하다(제3공정). 이렇게 만든 금속 상자는 출시될 때까지 창고에 보관된다. 만일 박스에 손잡이를 설계했다면, 적당한 크기로 금속막대를 자르는 작업이 포함될 것이며(제20공정), 그것을 손잡이 모양으로 가공하고(제21공정), 상자의 설계된 부분에 손잡이를 결합시킬 것이다(제22공정).

제조업 분야에서도 지연은 작업에 중대한 영향을 미친다. 제1공정 단계에서 금속판의 공급이 지연되면 상자의 생산도 지연된다. 손잡이 가공설비에서 계속 불량품이 나오면 이 또한 전체 공정에 지연을 초래한다. 골드랫 *Goldratt*과 제프 콕스 *Jeff Cox*는 《더 골 *The Goal*》이란 책으로 제조업에서 발생하는 지연에 대해 잘 정리해놓았다. 그리고 그들은 '제약이론(Theory Of Constraints, TOC)'을 발전시켰다.

TOC의 핵심은 작업 중에 곤란한 상황에 직면하더라도 전체 시스템을 수정하거나 보수할 필요가 없다는 것이다. 작업을 지연시키는 부분을 찾아서 그 부분만 보완하면 된다. 왜냐하면 전체 시스템이 제대로 작동하지 못하는 직접적인 원인은 지연시키는 부분에 있기 때문이다. 예를 들어, 금속 상자의 생산이 지연된 이유는 제1공정에서 금속판의 재료 공급이 늦어졌기 때문이다. 때문에 제2공정이나 제3공정에 대해 수정하거나 변경할 필요가 없는 것이다. 대신 제1공정에 금속판 원자재가 제 시간에 수급될 수 있도록 조치를 취해야 한다.

TOC는 그것 자체로 매우 타당해 보이지만, 실제 현실은 다르다. 왜냐하면 작업 절차가 복잡하기 때문에 병목지점을 찾는 것이 이론처럼 쉽지 않기 때문이다. 시스템의 신속한 작동을 위해서는 모든 것을 한 번에 원하는 방향으로 수정하고 싶어진다. 물론 이러한 접근은 시스템의 작업시간을 단축시킨다. 그러나 이 같은 접근은 문제를 일으키지 않는 부분에 대해서도 수정작업을 해야 하기 때문에 금전적 낭비를 초래한다. TOC의 핵심 가치는 드러나지 않는 지연 요인을 파악하고 이에 대처하는 것이다.

위험사슬에서 골드랫는 TOC의 개념을 프로젝트 관리까지 확장시켰다. 골드랫는 전통적인 프로젝트 일정계획법의 문제점이 지연지점을 고려하지 않는 데 있다고 주장하면서 전통적인 PERT/CPM 기법을 비판했다. 그의 의견에 따르면, PERT/CPM 네트워크는 지나치게 기계적인 접근법으로 작업의 파악, 작업시간의 계산, 작업들 간의 상호 의존적 관계 파악 등에만 관심을 갖는 것이다. 따라서 이 접근법은 일정을 지연시킬 가능성이 높다는 것이다.

다음은 실제 현실에서 벌어진 사례이다. 이 사례를 통해서 병목지점을 어떻게 파악하고 프로젝트 수행을 개선하기 위해 어떤 조치를 취해야 할지 알 수 있다.

○ 유로팜 *EuroPharm*의 사례

유로팜은 유럽의 유명한 제약회사이다. 이 회사는 미국 시장에 5가지 종류의 약품을 출시하려고 준비하고 있다. 물론 유로팜은 약품을 시장에 내놓기 전에 미국식품의약국(FDA)으로부터 승인을 받아야 한다. 즉, 약품의 출시를 위해서는 수년 간 동물 실험 및 임상 실험을 거쳐야 한다는 것이다. 마리아 콘티니 박사가 FDA의 승인을 받기 위한 프로젝트에서 감독을 맡게 되었다. 그런데 유로팜이 미국 시장에 진출하기 위해서 준비했던 2년 동안, 유럽 본사의 관리본부는 한 가지 큰 걱정거리가 있었다. 지금까지의 프로젝트들이 FDA의 승인을 위해서 필요한 조치들을 누락시켜왔다는 사실이다. 따라서 관리본부는 콘티니 박사에게 정해진 시간 내에 조치를 취하라고 압력을 가했다. FDA의 승인이 늦어질수록 회사의 재무적 손실도 늘어나기 때문이었다.

콘티니는 스태프들과 만났다. 그리고 미국지사의 직원들이 수립한 계획과 업무 수행 기법들이 부족하다는 사실을 알게 되었다. 그리고 콘티니는 미국지사 직원들을 6개월 간 프로젝트 관리 교육 프로그램에 참여시키기로 했다. 그러나 직원들에 대한 교육은 그다지 성과를 거두지 못했다. 여전히 프로젝트는 순조롭게 진행되지 못했다.

결국 본사 관리본부는 마케팅 전문가 유지니아 파스칼을 프로젝트 관리자로 선임했다. 파스칼은 유로팜이 FDA 승인을 받기 위해 취했던 조치 및 작업과정들을 검토하기 시작했다. 일주일 후, 그녀는 일정지연의 가장 큰 문제가 통계를 담당할 스태프가 충분하지 않기 때문이었다는 것을 알았다. 통계 담당자는 동물 실험 및 임상 실험의 데이터를 분석하고 검토하는 책임을 맡는다. 통계 담당자가 데이터를 검토 중이었기 때문에 임상 스태프들은 검토가 끝나기만을 기다리고 있었다. 이것이 바로 병목현상이 발생하는 구간을 설명하는 것이다. 파스칼은 통계 담당자의 숫자를 두 배로 늘렸다. 그러자 병목 구간이 해소되었으며 프로젝트의 작업 일정도 순조롭게 진행되었다.

이 사례는 TOC의 핵심을 잘 설명해주고 있다. 프로젝트의 작업수행을 개선하기 위해서는 병목구간을 파악하여 이를 개선할 수 있도록 해야 한다.

위험사슬 일정계획법과 작업 지속시간 평가

위험사슬 일정계획법은 심리학적 입장에서 작업의 일정계획 문제를 다루고 있다는 것이 특징이다. 위험사슬 접근법은 여러 가지 요인들로 인해서 일정지연의 문제가 야기된다고 생각한다. 가장 대표적인 것으로 파킨슨의 법칙(Parkinson's Law)을 들 수 있다. 파킨슨의 법칙은 '작업은 수행하는 데 필요한 모든 시간을 소모하게 된다'는 것이다. 즉, 빨리 끝낼 수 있는 일도 정해진 시간이 있으면, 그 시간을 꼭 채우려고 한다는 것이다. 따라서 어떤 작업에 대해 5일 간 작업시간이 할당되었다면, 그 작업을 마치는 데 최소한 5일이 걸릴 것이다. 작업의 지속시간을 측정할 때, 파킨슨의 법칙은 매우 중요한 영향을 미친다. 즉, 작업시간을 충분히 마련하기 위해서 예상 작업시간을 예측한다고 해도, 스태프들은 일정의 압박 속에서 작업을 하고 프로젝트를 기한 내에 완료하지 못한다는 것이다.

위험사슬 접근법은 파킨슨의 법칙이 만연한 프로젝트 관리에서 몇 가지 유용한 방법을 제시한다. 작업의 지속시간을 평가할 때, 작업지연이 발생하는 데는 몇 가지 이유가 있다.

<u>학생증후군</u>(Student syndrome) 학생증후군은 학생들이 과제를 일찍 끝내지 못하고 제출 마감시간까지 쩔쩔매는 상황을 일컫는다. 과제를 완성해가면서 학생들은 아직 과제 수행에 충분한 시간을 할애하지 못했다고 생각한다. 때문에 마감시간을 맞추기 위해서 밤을 새워가며 과제에 매달린다. 많은 프로젝트 스태프들이 학생증후군에 시달리고 있는 것이 현실이다.

<u>작업완료의 압력 부재</u>(Lack of pressure to perform) 어떤 작업에 대해서 여유 시간을 고려하여 일정을 계획했다면, 작업수행에 충분한 시간이 확보될 것이라 예측할 수 있다. 그래서 프로젝트 수행자들은 작업을 위해 전력을 쏟지 않는다. 그래서 직원들은 종종 작업을 미루고 다른 일을 한다. 약속한 기일이 되어서야 프로젝트 스태프들은 작업을 완료할 시간이 부족하다고 이야기한다. 이는 일정지연으로 이어질 수밖에 없다.

<u>바쁜 척 하기</u>(The need to look busy) TOC에 따르면, 작업의 성격에 따라서 어떤 작업이 다른 작업보다 더 바쁘게 진행되는 현상을 보인다고 한다. 예를 들어, 3명의 이삿짐 회사 직원이 있다. 이들은 사무용 가구를 5마일 떨어진 다른 빌딩으로 옮기는 작업을 맡았다. 그들은 아침 8시에 이사 현장에 도착했고, 이삿짐을 화물 엘리베이터로 지상까지 옮겨놓았다. 그들은 엘리베이터를 기다리는 동안 아무 작업도 하지 않았다. 엘리베이터가 도착할 때까지 할 일이 없었던 것이다. 그들은 모든 짐을 차에

싣고서 새로운 사무실이 있는 건물로 출발했다. 새 사무실로 가는 30여 분의 시간 동안 일하는 사람은 운전사뿐이었다. 나머지 2명은 아무 일도 하지 않고 차를 타고 이동하기만 했다. 그들은 새로운 사무실에 도착하자 차에서 짐을 내려놓고 작업을 시작했다.

TOC의 관점에서는 프로젝트 수행자들이 계속 작업하기를 기대한다. 할 일이 없을 때도 그렇다. TOC는 잠깐 시간이 나더라도 휴식하지 말고 항상 바쁘게 보여야 한다는 입장을 취한다. 이런 생각은 비즈니스의 현실에 만연해 있다. 때문에 많은 직원들이 바쁘게 보이기 위해서 실제로 작업에 필요한 시간보다 늘여서 작업을 하고 있다.

<u>신속한 작업수행에 대한 인센티브 부재</u>(Lack of incentives for early completion of work) 기업들은 직원들이 신속하게 작업을 수행한다고 해서 보상을 지급하지 않는다. 실제로 신속하게 업무를 완수하는 것은 주변 동료들로부터 불만을 사기 쉽다. 다음 단계에서 인수를 받게 될 직원이 준비가 안 된 경우가 많기 때문이다. 예를 들어 제품들이 선적장에 예정보다 일찍 도착하더라고 선적할 장비가 도착하지 않으면 마냥 기다릴 수밖에 없는 것이다.

1980년대 적기공급생산(Just-In-Time, JIT)은 신속한 작업완료에 대한 편견을 부추겼다. JIT는 재고관리에 드는 비용과 시간을 최소화하기 위한 방법이다. 이에 우리는 공급자에게 제품이 공급돼야 할 시간에 맞춰 공급해달라고 요구한다. 물품이 예정보다 일찍 오거나 늦게 오거나 하면 안 된다. 예상보다 일찍 오면 우리는 재고를 갖고 있어야 하는 부담이 증가한다. 그리고 예정보다 늦게 오면 생산 일정의 지연을 초래한다.

따라서 필요한 바로 그 시점에 물품의 공급이 이뤄져야 한다.

JIT에 따른 입장은 최후의 시간까지 작업을 미룰 수 있다. 때문에 우리는 작업을 최후의 순간에 완료해야 한다. 즉, 할당된 작업시간을 모두 사용할 수 있는 방식으로 작업량을 배분해야 하는 것이다.

멀티태스킹 *Multitasking* 멀티태스킹에 대해서는 긍정적인 의견이 지배적이다. 그러나 위험사슬의 개념에서 보면 권장할 만한 것은 못된다. 멀티태스킹은 프로젝트 수행자들이 한 번에 6개의 공을 갖고서 저글링을 하는 상황을 의미한다. 프로젝트 스태프들이 직장에 왔을 때, 그들은 직장 내 성희롱 문제에 관한 회의에 참석한다. 회의가 끝나면 프로젝트 관련 작업을 시작한다. 그러나 작업 중에 상사의 요청으로 새로운 계약을 성사시키기 위해서 일련의 조치들에 대해 견적을 산출한다. 2시간 뒤에는 퇴사한 직원을 위한 점심 회식에 참석한다. 점심식사 후 그들은 다시 프로젝트 작업에 임한다. 그러나 한 시간 뒤 또 새로운 프로젝트의 시작 회의가 있는 것이다. 하루 종일 이런 식으로 업무가 이어진다.

TOC의 입장에서 보면, 멀티태스킹은 여러 가지 문제점을 내포한다. 프로젝트 수행자는 한번에 처리해야 할 일이 많아서 주어진 임무에 일정지연이 생기거나 아예 수행하지 못하기도 한다. 즉, 직무를 완수하는 데 걸리는 시간이 당초 평가했던 것보다 훨씬 더 늘어나는 것이다. 동시에 여러 가지 일을 처리해야 하기 때문에 작업에 집중할 수 있는 시간이 그만큼 부족해진다. 따라서 여러 가지 작업에서 일정지연을 초래할 수 있다.

○ 프로젝트 진행을 가속화하기 위한 버퍼의 사용

위험사슬 접근법에서 설명한 것처럼, 사람들은 기한에 맞추기 위해서 일정에 여유를 두고 계획하는 경향이 있다. 사람들은 할당된 시간을 모두 사용하는 경향을 보이고, 때로는 파킨슨의 법칙처럼 종료일을 넘기기도 한다.

각각의 작업에 여유시간을 두는 것은 프로젝트의 수행기간을 무한정 늘리기도 한다. 이를 알아보기 위해서 그림 11.2를 살펴보자. 이 그림은 3가지 작업을 나타내고 있다. 각각의 작업은 차례대로 수행돼야 한다. 경험에 비춰 볼 때, 3일이면 완료할 수 있다. 그러나 프로젝트 스태프들은 각각의 작업에 대해서 여유시간을 하루씩 추가하고 있다. 여유 일정을 잡은 것은 약속한 기한에 맞추기 위한 것이다. 그 결과 3가지 작업을 모두 완료하는 데 총 12일이 걸린다.

각각의 작업에 대해서 파킨슨의 법칙을 적용해보자. 그러면 작업자들은 4일을 모두 사용할 것이다. 그러나 학생증후군으로 인해 각 작업자들이 모두 작업완료 시간을 반나절 늘리기를 원한다고 하자. 그러면 12일의 일정이 13.5일로 늘어난다. 여기서 기억해야 할 점은 작업은 3일이면 완료할 수 있었다는 것이다. 결론적으로 3개의 프로젝트는 9일이면 완료할 수 있다.

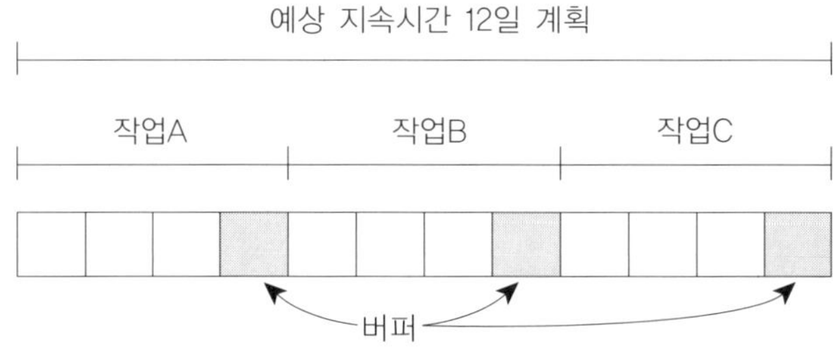

그림 11.2 일정계획에서 버퍼의 사용

위험사슬의 관점에서 보면, 이런 식의 전통적인 접근법은 각각의 작업에 대해서 여유시간을 따로 설정한다는 약점을 갖고 있다. 파킨슨의 법칙을 볼 때, 당신이 직원들에게 3일의 작업시간을 준다면, 그들은 작업을 완료하기 위해서 최소한 3일을 사용할 것이다. 만일 동일한 작업에 대해서 4일의 시간을 준다면 최소한 4일을 사용할 것이다. 마찬가지로 5일을 주면 5일을 사용할 것이다. 따라서 각각의 작업에 대해서 여유시간을 추가하여 일정을 잡는 방식은 바람직하지 못하다. 오히려 각각의 작업에 대해 여유시간 없이 작업에 필요한 시간만을 배정하는 것이 낫다. 그후, 일련의 작업이 끝나면 작업의 일정지연에 대비해서 버퍼 *buffers*를 두는 것이다.

이 방법의 효과를 알아보기 위해서는 그림 11.2의 (b)를 참고하기 바란다. 각각의 작업에 대해서 예상 작업기간은 3일로 잡았다. 프로젝트를 수행한 경험을 통해서 각각의 작업에 드는 시간이 실제로는 3일이면 충분하다는 사실을 확인했기 때문이다. 그래서 직원들에게 3일의 시간을 주고 주어진 작업을 완료하도록 격려했다. 이제 우리가 파킨슨의 법칙으로부터 자유로울 수 없다는 사실을 생각해보자. 그래서 각각의 작업에 반나절 가량의 일정지연이 초래되었다고 하자. 그래서 총 지연시간은 1.5일이다. 우리는 작업이 끝난 마지막 단계에서 일정지연에 대비하여 버퍼를 마련할 수 있다. 이런 식으로 하면 3가지 작업을 모두 완료하는데 10.5일이 걸린다. 똑같은 일을 두고서 각각의 작업 마지막에 버퍼를 넣으면 13.5일이 걸린다. 각각의 작업에 마련할 버퍼를 작업의 끝에 옮긴 것뿐이다. 이 방법을 통해서 우리는 일정상 3일의 시간을 줄일수 있다.

위험사슬 접근법은 작업의 지속시간 평가 방법 및 프로젝트의 버퍼 설정 방법에 대해 지침을 제공한다. 작업의 지속시간을 평가하는 가장 좋은 방법은 작업에 걸리는 시간의 중간값을 사용하는 것이다. 중간값은 예상되는 작업시간보다 가장 많이 걸리는 시간과 가장 적게 걸리는 시간을 의미한다. 그러나 실제 현실에서 중간값을 계산해낼 수 있는 데이터를 얻기는 힘들다. 따라서 우리에게 필요한 것은 합리적인 작업을 위해 시간의 평균값을 채택해야 한다.

프로젝트의 버퍼 계산 방법은 다음과 같다. 각각의 작업에 대해서 여유시간을 둘 때, 버퍼값을 계산하고 그 값을 절반으로 나누면 된다.

프로젝트 버퍼, 피더 버퍼 및 자원 버퍼

위험사슬 접근법은 3가지 종류의 버퍼를 사용한다. 지금까지 우리는 가장 핵심 버퍼인 '프로젝트 버퍼 *the project buffer*'를 살펴보았다. 프로젝트 버퍼는 위험사슬 상에 나타나는 일정지연을 감소시키기 위해 사용된다.

두 번째 유형으로는 '피더 버퍼 *feeder buffer*'가 있다. 피더 버퍼는 위험사슬로 흘러 들어가는 위험사슬에 있지 않은 작업과 함께 사용된다. 프로젝트 수행 중에는 중요하지 않은 곳에서 일정지연이 초래되기도 한다. 이때 피더 버퍼를 적용하면 비(非)위험사슬에 있는 작업지연 때문에 초래되는 위험사슬의 일정지연의 발생을 줄일 수 있다. 피더 버퍼는 위험경로로 가기 전 모든 일련의 작업들이 완료된 시점에 위치한다. 즉, 비위험사슬에 있는 작업들이 위험사슬로 흘러가는 바로 그 지점이다. 피더 버퍼를 설정하는 규칙은 프로젝트를 설정하는 규칙과 다르지 않다. 작업에 걸리는 시간의 중간값을 평가하고, 일련의 작업들을 모두 완료한 후에 버퍼를 추가하는 것이다.

세 번째 유형으로는 '자원 버퍼(resource buffer)'가 있다. 일반적으로 직원에게는 한 가지 프로젝트의 수행만이 직무로 주어지지 않는다. 그들은 일시적이거나 연속적인 다른 직무를 동시에 수행해야 한다. 따라서 실제 작업에 주어진 시간을 넘길 때가 많다. 이를 해결하기 위해서 개발된 것이 자원 버퍼이다. 직원이 작업을 지연시키면 그것은 전체 프로젝트의 일정지연을 불러온다. 이에 자원 버퍼를 사용하면서 자원 공급을 위한 여유시간을 둘 수 있다. 그러면 예정된 시간보다 자원 수급이 지연되더라도 전체 프로젝트의 지연을 초래하지 않는다. 물론 이때도 자원 공급에 대한 지연을 보완할 수 있는 범위 내에서 문제가 발생해야 한다.

버퍼의 사용법과 위험사슬 접근법에 대해서 자세히 알고 싶다면 《Newbold》를 참고하기를 바란다.

○ 결론

PERT/CPM 기법에서 나아가 새로운 접근법이 개발되었다. 새로운 접근법은 일정계획 시 심리학적인 요소와 다른 현실적인 변수들을 고려하고 있다는 점에서 그 의의가 있다. PERT/CPM은 일정계획에서 기계적인 시각을 갖고 있다. 따라서 우리는 작업과 작업 지속시간의 연결고리를 파악하기만 하면 된다.

그러나 새로운 접근법은 우리에게 보다 많은 것을 요구한다. 우선 시간제약 일정계획법은 고객과 개발자를 한 자리에 소집하고 프로젝트의 일정을 가속화시켜야 한다는 관점을 강조하다. 그리고 여러 가지 대안들에 대해 우선순위를 정하고 양자가 협상하도록 한다.

한편 위험사슬 일정계획법은 중요한 가정 중 하나로 파킨슨의 법칙을 들 수 있다. 이는 사람들이 작업에 주어진 시간을 모두 사용하는 경향이 있다는 것이다. 따라서 위험사슬 일정계획법은 파킨슨의 법칙을 작업의 일정으로 평가하는 중요한 방법으로 사용된다.

무엇보다 효과적인 일정계획을 위해서는 수많은 변수들을 고려할 필요가 있다. PERT/CPM 접근법에 포함된 심리학적 변수, 위험 변수, 정치적 변수, 재무적 변수, 생산 및 마케팅 관련 변수들을 모두 고려해야 한다.

앞으로 새로운 일정계획법을 통해서 프로젝트의 일정을 보다 효율적으로 계획할 수 있을 것이다.

11.

아웃소싱(Outsourcing) :
비용관리, 자원확대,
핵심업무에 집중하기 위해

기업들이 외부업체를 고용하는 일이 늘고 있다. 이를 '아웃소싱'이라고 한다. 기업들이 아웃소싱을 하는 까닭은 경제적인 이유에서이다. 기업들은 내부 인력과 외부 인력을 놓고 어느 쪽을 동원하는 것이 비용절감에 유리한지 결정한다.

기업들은 해외에 공장을 두고 현지의 값싼 노동력을 활용할 수 있다. 예를 들어 아시아나 남미에 공장을 설립하면, 노동력에 대한 임금이 미국보다 매우 저렴하다. 1960~70년대 해외에 세워진 공장은 제조업 분야를 위해 만들어졌다. 그러나 아시아, 남미 등의 교육 수준이 점차 높아지면서 소프트웨어 개발과 같은 고부가가치 산업 분야도 해외에 공장을 두고 있다.

아웃소싱은 국내에서도 일어난다. 미국내 아웃소싱은 미국 기업들의 비용절감의 압력을 반영한 것이다. 고용을 줄이고 작업을 계약업체에 위임하면서 미국의 기업들은 엄청난 비용을 절감할 수 있었다. 외부업체 직원에 대해서는 보험이나 연금과 같은 비용을 지불하지 않아도 되기 때문이었다. 그리고 제조업 분야에서는 재고관리 및 창고보관 등의 업무가 공급자에게 인계되었다. 따라서 기업은 아웃소싱을 통해서 상당한 비용을 절감하게 되었다.

오늘날 아웃소싱에서 흥미로운 현상이 나타나고 있다. 기업이 아웃소싱을 요청할 때, 아웃소싱 외부업체의 직원이 이전에 자기 회사의 직원으로 근무했던 경험이 있다는 것이다. 조직축소나 구조조정으로 퇴사했던 직원들이 수행업체를 통해서 재고용되기도 한다. 이런 상황에 대해 모두가 불편해하는 것은 아니다. 아웃소싱을 하는 회사는 직원들에 대한 부수적인 비용을 절감할 수 있고, 외부업체의 직원들은 회사에서 일할 때보다 독립성을 확보할 수 있다는 강점이 있다. 그러나 이러한 독립성은 직업의 안정을 담보로 하는 것이다.

기업이 아웃소싱을 선택하는 이유는 제조업에서 다량의 제품을 생산하고 비용을 절감할 수 있었기 때문이다. 기업은 규모를 확대하기 위해서 노력하면서 전사적인 자기만족(total sel-sufficiency)을 달성하기 위해서 모든 생산 절차에 통제력을 확보하고자 한다. 예를 들어, 자동차 회사가 생산에 필요한 철재를 얻기 위해서 철강 및 석탄 산업에 뛰어드는 것이다. 또한 동남 아시아의 고무 농장을 소유해서 타이어를 생산할 수도 있다. 그리고 금속제련, 기계장비, 금속판형, 조립분야의 기술도 개발할 것이다. 자동차를 판매하기 위해서는 광고, 운송, 서비스 분야도 고려해볼 수 있다. 총체적인 자기만족을 달성하는 것은 '수직적 통합(vertical integration)'이라 말할 수 있다.

오늘날은 기업이 거대한 규모를 선호하는 현상이 약해지고 있다. 첫째, 복잡하고 경쟁적인 환경에서 수직적으로 통합된 기업을 운영하기 위해서는 엄청난 인적·물적 자본이 필요하다. 이것은 기업에 부담이 된다. 오늘날의 기업은 한 가지 핵심 사업에 노력을 집중하는 것만으로도 충분하다. 여러 가지 분야에서 최고의 사업성과를 달성하기는 거의 불가능하다. 둘째, 대규모의 복잡한 기업을 경영하는 데 필요한 노력과 경비를 생각할 때 큰 규모를 지향하는 것은 손실이 크다. 셋째, 기업이 규모를 확대하면서 자기만족을 충족시키려고 할 때, 비지니스상 위험이 발생할 가능성도 커진다. 기업은 특정한 솔루션을 개발하기 위해서 자본과 시간을 투여한다. 만일 개발한 솔루션이 시장에서 실패할 경우 그 기업은 최악의 패배자로 남는다.

이제 기업은 소규모의 방식을 선호하고 있다. 규모가 큰 기업은 적극적으로 조직의 규모를 축소하고 있다. 이는 수익성을 향상시키기 위해서이다. 기업들은 이제 핵심적인 사업 분야에 집중하면서, 이때 필요한 부수적인 제품이나 서비스를 아웃소싱을 통해서 해결하려고 한다. 그러면 과거에 기업이 지고 있던 사업적 위험성을 수행업체에 일부 전가시킬 수 있다. 그리고 수행업체의 솔루션이 적절하지 못하면, 기업은 다른 수행업체가 제공하는 솔루션으로 변경한다.

11장에서는 여러 유형의 아웃소싱을 살펴볼 것이다. 그리고 아웃소싱이 갖는 의미를 파악하고, 아웃소싱에 영향을 미치는 계약의 주요 메커니즘을 검토할 것이다.

○ 아웃소싱의 형태

아웃소싱은 여러 가지 형태를 가진다. 우선 어떤 직무 수행을 위해 일시적으로 직원을 고용하는 경우가 있다. 이와 달리 수행업체와 계약해서 회사의 중요한 업무를 위임할 수도 있다. 이제 아웃소싱의 몇 가지 형태를 살펴보도록 하자.

● 컨설턴트

우선 필요한 업무에 대해 컨설턴트를 고용하는 방식이 있다. 이는 회계, 교육, 설계, 소프트웨어 개발 등 여러 분야에서 자주 사용되고 있다.

회사는 일시적으로 컨설턴트를 고용하여 업무의 유연성을 확보할 수 있다. 많은 분야에 컨설턴트 시장이 발달해 있다. 따라서 기업은 필요한 분야의 후보들 중에서 컨설턴트를 선택하면 된다. 만약 회사에서 오라클 데이터베이스 언어에 정통한 기술교육 전문가가 필요하면, 일주일 간의 교육 일정에 맞게 해당 전문가를 고용하면 되는 것이다. 그리고 프로젝트 일정계획 소프트웨어 교육이 필요하면, 해당 분야의 전문가를 고용하면 모든 것이 끝난다. 이 같이 외부로부터 언제든지 구할 수 있는 것이 컨설턴트이다. 따라서 컨설턴트의 고용 문제는 회사 내부에서 해결을 위해 노력하지 않아도 되는 것이다.

컨설턴트 고용의 강점은 이들을 고용할 때 부가적인 비용이 발생하지 않는다는 것이다. 회사는 컨설턴트를 고용하면서 발생하는 임금만 지불하면 된다. 그들이 일을 마치면 회사는 더 이상 지불에 대한 책임을 지지 않아도 된다. 만약 컨설턴트의 수행능력이 마음에 들지 않으면 지금까지 유지하던 고용관계를 멈추면 된다. 따라서 노동조합과의 언쟁도 필요 없고, 노동시장을 자극할 이유도 없다.

물론 컨설턴트를 고용하는 데도 어려움이 있다. 이는 모든 형태의 아웃소싱에서 공통적으로 발견되는 것이다. 첫 번째로 '외부의 사람이 내부의 사업에 대한 얼마나 깊이 이해하는가?' 하는 질문을 던질 수 있다. 회사 내부의 사업을 파악하는 것이 중요하면, 컨설턴트는 사업을 이해하기 위해서 많은 시간을 투자해야 할 것이다. 이때 회사는 컨설턴트 고용에 따른 비용과 회사 내 사업을 위한 비용을 부담해야 한다. 그리고 회사 사업에 대한 이해를 위해서는 컨설턴트들과 사내 핵심 직원들 간의 시간이 필요하다. 이때, 직원들은 업무 시간 일부를 컨설턴트 교육을 위해서 할애해야 할 것이다.

두 번째로 '컨설턴트가 프로젝트에 얼마나 헌신적으로 몰두하느냐?'의 문제가 있다. 컨설턴트가 회사의 목적을 달성하기 위해서 에너지를 아낌없이 투여하는가? 컨설턴트가 회사의 목적을 제대로 이해하고 있는가? 컨설턴트에게 지급되는 보수는 투입한 시간에 따라서 지급된다. 따라서 실제 작업에 몰두하기보다는 프로젝트를 수행할 때, 시간을 부풀리는 행동을 할지도 모른다. 컨설턴트가 프로젝트에 더 많은 시간을 투자할수록 그들이 받는 보수도 더 늘어나기 때문이다.

마지막으로 기업 비밀의 보안 문제를 들 수 있다. 즉, 외부 컨설턴트가 들어와서 일하게 되면 기업의 보안에 문제가 생길 수 있다. 이를 테면 생산 원가에 대한 정보, 기술 관련 정보, 시장조사 정보, 설비운용 절차, 기술 데이터, 성장 전략, 회사 내부의 문제점 등 사내 기밀로 보호해야 할 여러 정보들이 있다. 수행인력이 업무를 효과적으로 수행하려면 때때로 이들 정보에 대해 접근을 허용해야 한다. 과연 회사가 컨설턴트에게 이런 정보들에 대한 접근을 허용할 수 있는가? 일반적으로 기업은 보안 문제를 컨설턴트가 기밀비공개 계약서에 서명하는 것으로 처리할 때가 많다. 그러나 과연 컨설턴트가 계약 사항을 준수할까? 만일 기밀비공개 계약 준수 여부를 회사는 어떻게 알 수 있을까?

● 개인적 서비스의 계약

계약직을 고용하는 현상은 이미 보편화되었다. 정규직 직원과 계약직 직원이 함께 회사에서 일하는 모습은 결코 드문 일이 아니다. 계약직 직원을 고용한 이유는 여러 유형의 아웃소싱을 채택하는 것처럼 비용을 절약하고 유연성을 확보하기 위해서이다. 그리고 전문가들의 역량을 시험하기 위해서 처음에는 계약직 형태로 고용하는 경우가 많다. 계약 기간을 통해서 계약직 고용자들이 회사의 가치 창출에 이바지할 수 있다고 판단되면, 이후에 정규직 직원으로 재임용하는 것이다. 정규직이 되면 각종 보험 및 연금을 지급받을 수 있다. 그러나 기대에 부응하지 못하면 계약직을 유지하거나 계약을 종료할 수 있다.

여기서 2가지 문제를 제기할 수 있다. 첫째, 계약직 직원이 조직 내에서 어느 위치인지에 대해 혼란을 겪을 수 있다. 정규직 직원들은 계약직 직원들을 어떻게 대하는 것이 적절한가? 혹시 정규직 직원들이 계약직 직원들 때문에 위협을 느끼는 것은 아닌가?

둘째, 개인적 서비스의 계약으로 일하는 사람들은 보안 문제에 대해

취약하다. 그들은 앞으로 두세 달 뒤에도 계속 회사에서 일자리를 보장받을 수 있을지 확신을 갖지 못한다. 그들은 보험이나 연금 등과 같은 비용을 자신이 납부해야 한다. 만일 그들의 수입이 충분하지 않으면 보험이나 연금을 포기하게 될 것이다. 우리는 사회의 관점과 기업의 관점에서 각각 질문을 던질 수 있다. 점점 많은 수의 사람들이 불확실한 삶을 살아가고 있는데, 우리는 이 사실을 받아들일 용의가 있는가? 직원들이 자신의 미래가 걱정스러운 상황에서 열심히 일할 수 있는가?

● 전문 서비스를 제공하는 외부업체

계약직 직원을 고용한 회사는 보험이나 연금 등에 대해서 지불할 의무가 없다. 그러나 다른 회사에 전문 서비스를 공급하기 위해서 설립된 회사들은 수행인력에 대해서 보험이나 연금 등의 비용을 지불해야 한다. 보안 서비스를 예로 들어보자. 대부분의 기업이 보안을 위해서 전문업체를 통해 인력을 고용한다. 여기에는 보안 요원, 보안 감시 시스템, 경보 시스템 등이 포함된다. 다른 예로 급식 서비스, 인쇄 서비스, 유지보수 서비스 등도 있다. 교육, 설계, 마케팅, 데이터처리 서비스 등과 같은 고부가가치 서비스에 대한 아웃소싱도 점점 더 증가하고 있는 추세다. 이처럼 전문 분야가 구축된 회사의 직원들은 말 그대로 정규직 직원으로 고용돼 있다. 따라서 이 회사들이 직원들의 부가적인 비용(연금, 보험, 유급휴가 등)에 대한 비용을 지불한다.

● 부품 및 재료의 공급자

가장 역동적인 형태의 아웃소싱은 제품 생산을 위한 부품 및 재료를 외부업체로부터 공급받는 경우이다. 과거 모든 부품을 자급자족하여 시장에서 성공했던 IBM과 같은 기업들도 최근들어 외부업체를 통해 부품 및 재료를 확보하고 있다.

공급되는 부품과 재료의 품질이 매우 중요하기 때문에, 아웃소싱이 이뤄지는 과정은 매우 신중하고도 철저하다. 어떤 경우는 전략적 제휴를 형성함으로써 이런 방식의 아웃소싱이 이뤄지기도 한다. 예를 들어, 컴퓨터 생산 기업이 칩 제조업체와 함께 반도체 칩의 공급을 위해 공동으로 벤처를 설립한다. 그러면 컴퓨터 생산 기업은 반도체 공급처(벤처)에 대해서 어느 정도 통제력을 가질 수 있다.

생산자와 공급자는 긴밀한 관계를 맺어야 한다. 이를 통해서 오해의 소지를 줄이고 성공적인 벤처를 위해서 공동으로 노력하는 것이다. 생산자는 품질 부문과 재료에 대한 접근을 개방해야 한다. 그리고 공급자는 자신의 고객이 신뢰할 수 있도록 확신을 주어야 한다. 오늘날 이런 현상을 일컬어 '협력적 제휴(partnering)'라고 부른다.

○ 동기부여의 어려움

아웃소싱의 문제를 다루면 한 가지 문제에 직면하게 된다. 즉, 직원에게 어떻게 동기부여를 할 것인가? 현장의 경영 담당자들과 이론가들은 기업의 성공이 직원에 대한 동기부여와 밀접한 연관을 갖는다는 사실을 알고 있다. 경영 이론 중에는 직원의 동기부여 문제를 다룬 것이 많은데, 그 중 매슬로 *Maslow*의 '욕구의 단계 *hierarchy of needs*', 맥그리거 *Mcgregor*의 'X-Y이론 *Theory X and Theory Y*', 헤르쯔베르그 *Herzberg* 의 '동기위생이론 *hygiene factors versus motivators*'을 들 수 있다.

동기부여 이론에 대한 관심은 다음의 가정에 근거를 두고 있다. 즉, 직원에 대한 적절한 동기부여가 이뤄지면 그 직원은 주어진 직무를 완수하기 위해서 열정을 다할 것이다. 그동안의 비즈니스를 살펴보면, 동기부여에 의한 성공 사례로 넘쳐난다. 즉, 어떤 기업이 최고의 위치에 오를 수 있었던 것은 최고가 되고자 하는 열정으로 가득 찬 직원들이 있었기에 가능했다는 것이다. 이는 비단 과거의 이야기가 아니라 오늘날에도 이 같은 성공 사례를 볼 수 있다. 대표적으로 월마트의 성공을 들 수 있다.

대부분의 동기부여 이론들은 강한 동기부여가 자기 발전의 기회라고 지적한다. 이는 경영 이론에서 '자기실현(self-actualization)'이라고 하고, 직원들이 안정적인 환경에서 일하고 있다는 사실을 전제로 하고 있다. 매슬로는 동기부여의 핵심 요구사항으로 들면서 이 점을 분명히 했다. 그는 심리적인 욕구인 안정, 집단 소속감, 자기 존중 등을 핵심적 요구사항이라고 주장했다. 그리고 자기실현 이전에 핵심 요구사항이 우선 충족돼야 한다고 설명했다. 헤르쯔베르그는 자기실현을 이루기 전에 안정성과 일관성이 보장되는 환경을 조성해야 한다고 이야기했다.

관리자들은 아웃소싱을 할 때, 2가지 사항에서 동기부여의 어려움을 겪는다. 첫째, 외부 직원들에게는 안정을 보장해주기 어렵고 그들의 충성을 기대하기가 힘들다. 아웃소싱은 재무적인 이유 때문에 이뤄지고 운영되기 때문이다. 우리는 구조조정이 활발하게 진행되고 있음을 알 수 있다. 기업과 직원들 간의 도덕적인 계약이 오늘날에는 더 이상 효력을 갖지 못하는 것처럼 보인다. 공포와 불신이 지배하는 상황에서 직원들에 대한 동기부여는 결코 쉬운 일이 아니다.

둘째, 아웃소싱을 통해 고용한 인력은 외부로부터 빌려온 인력이다. 관리자는 계약직 직원들을 고용했지만 진정한 상사는 될 수 없다. 계약직 직원들의 실제 상사는 자신이 속해 있는 회사에 근무하고 있는 관리자이다. 그들이 바로 계약직 직원에 대한 승진, 보수 및 휴가 여부 등에 대한 결정권을 갖고 있다. 따라서 아웃소싱을 의뢰한 회사의 관리자는 계약직 직원들에 대해 통제력을 행사하는 데 한계를 가진다. 전통적 방식인 보너스의 지급, 승진 등을 통해서 수행인력에게 동기를 부여한다는 것도 불가능하다. 왜냐하면 외부업체 직원들은 회사의 실질적인 직원이 아니기 때문이다.

기업이 점점 더 많은 사업을 아웃소싱하면서, 관리자들은 '동기부여'에 대해서 가장 큰 어려움을 겪고 있다. 즉, 직원 스스로가 동기를 갖고 열정적으로 일하도록 만드는 것이 쉽지 않은 것이다.

프로젝트 관리에서 바라본 아웃소싱

프로젝트 관리에서도 아웃소싱 전혀 새로운 말이 아니다. 실제로 프로젝트 작업은 수십 년 동안 아웃소싱의 형식으로 수행됐다. 아웃소싱에는 2가지 흐름이 있다. 첫째로 건설 분야에서 프로젝트는 일반 계약업체가 수행하는 경우가 많다. 이때 일반 계약업체는 수많은 하청업체 (contractors) 및 하도급업체(subcontractors : 하청업체의 하부에 위치한 업체)들을 선정하고 관리하는 역할을 한다. 대부분 일반 계약업체가 하는 일은 계약을 주관하는 것이다. 지금까지 수십 년 동안 이러한 방식으로 공항, 댐 및 여타 토목 건설 공사들이 진행되었다.

둘째로 정부 관련 프로젝트에서는 정부 업무 중 상당 부분이 계약을 통해서 이뤄진다. 정부가 직접 무기 시스템을 구축하고, 도로를 건설하거나 직원들이 사용할 컴퓨터 시스템을 만들어내는 경우는 드물다. 이런 일들은 외부 민간 업체와의 계약을 통해서 이뤄지는 것이 대부분이다.

한편 여러 분야에서 아웃소싱이 이뤄지고 있다. 오늘날은 누구든 손쉽게 외부업체가 개발한 소프트웨어를 사용할 수 있다. 그리고 외부업체가 교육을 하기도 하고, 컴퓨터 기반 인쇄업체가 편집, 인쇄, 출판을 하기도 한다. 그밖에 여러 핵심 사업들이 외부업체를 통해서 이뤄지고 있다.

실제로 대부분의 프로젝트 수행자들은 이러한 현상에 당황해하지 않는다. 이는 매트릭스의 자연스러운 확장이기 때문이다. 과거의 매트릭스 조직은 데이터처리, 교육, 인쇄, 설계 등을 회사 내 전문 부서에서 담당했다. 필요한 자원을 조달하기 위해서는 내부적인 계약이 필요했다. 이를 통해서 자원의 수량 결정, 개별적인 업무의 책임범위 설정, 업무에 따른 투여 시간 등을 결정했다.

그러나 기업들은 내부 계약이 아니라 외부업체와의 계약을 통해서 업무를 처리하게 되었다. 매트릭스 조직에서의 내부 계약이 외부 계약으로 대체된 것이다. 그러나 프로젝트 스태프는 아웃소싱을 효과적으로 활용하기 위해 계약을 성사시킬 수 있는 기술을 개발해야 한다. 기업의 내부 계약은 위반 사실이 밝혀지더라도 가볍게 징계를 받는 수준에서 그칠 수 있다. 그러나 외부와의 계약은 위반이 밝혀지면 법적 분쟁으로까지 이어지기도 한다.

○ 계약

아웃소싱의 주요한 메커니즘은 계약이다. 계약은 구매자와 판매자 간의 합의이다. 즉, 어떤 특정한 거래 내용에 대해서 각자의 권리와 책임을 명확하게 기술하는 것이다. 계약은 짧게 서식으로 작성할 수 있는 경우도 있지만 복잡한 경우가 많다. 예를 들면, 화성 탐사 우주선에 관한 계약은 내용도 복잡하고 문서의 양도 엄청나다.

계약이 이뤄지는 과정은 두 단계로 나눌 수 있다. 사전 단계와 사후 단계이다. 사전 단계에서 구매자는 예상 판매자를 파악하는 것부터 시작한다. 최적의 판매자를 선정하기 위해서는 경쟁적 입찰제를 활용할 수 있다. 최적의 후보자를 찾으면 계약의 상세 조건에 대한 협상이 시작될 것이다. 최종적으로 양측이 계약서에 서명을 하면 계약서는 공식적인 효력을 갖게 된다.

사후 단계는 계약서의 이행에 대해서 감독한다. 공급자가 자신의 임무를 잘 수행하고 있는가? 정해진 시간에, 예산 범위 내에서, 명세서에 따라서 일을 진행하고 있는가? 원가가산(cos-plus) 계약인 경우는, 특히 구매자의 계약 이행 여부에 대해서 면밀하게 감독해야 한다. 원가가산은 앞서 말한 실비정산(cost-reimbursable)과 유사한 개념이다.

여기서는 프로젝트 관리에서 가장 일반적으로 사용하는 2가지 형태를 중점적으로 살펴보겠다. 고정가(fixed-price) 계약과 원가가산(cost-plus) 계약에 대해서 살펴보자. 프로젝트 관리자는 이 2가지 접근법에 관심을 기울일 수밖에 없다. 왜냐하면 어떤 접근법으로 채택하느냐에 따라서 향후 프로젝트가 순조로울 수도 있고 난관에 봉착할 수도 있기 때문이다.

● 고정가 계약 (fixed-price)

고정가 계약에서는 구매자와 판매자 모두 계약서에 명시된 금액에 따라서 프로젝트의 결과물을 생산할 것을 합의한다. 예를 들어, 공급자는 새로운 관리 시스템의 사용법에 대한 75쪽 분량의 사용자 가이드를 작성한다고 하자. 계약서에 3월 15일까지 사용자 가이드를 작성해서 보내는 것으로 이미 10,000달러를 지불받는다. 만일 공급자가 6,000달러를 지출하면, 이 프로젝트의 기대 수익은 4,000달러가 될 것이다. 그러나 공급자의 지출 금액이 11,000달러면 1,000달러의 손실이 생긴다. 여기서 핵심은 공급자의 비용지출은 중요하지 않다는 사실이다. 프로젝트 계약상의 결과물은 '고정가(fixed)' 10,000달러로 변하지 않는다.

이런 형태의 계약은 프로젝트 관리에서 상당한 의미를 갖는다. 프로젝트에서 발생할 수 있는 위험에 대한 책임도 프로젝트 수행자에게 돌아간다. 가장 큰 위험은 프로젝트 수행에서 발생하는 비용이 최초의 계약금액을 초과하는 경우이다. 이런 경우 공급자는 손실을 이겨내야만 한다. 이론적으로, 구매자가 프로젝트의 실행 과정을 주의 깊게 관찰할 필요는

아웃소싱(Outsourcing)

없다. 왜냐하면 가격이 정해져 있기 때문에 비용초과의 문제는 구매자와는 상관이 없는 것이기 때문이다.

이런 유형의 계약에서는 프로젝트 수행자가 좋은 기회를 얻을 수도 있다. 만일 효율적인 작업을 통해서 비용을 절감한다면, 그들은 상당한 수익을 얻을 수 있다. 비용절감은 곧 수익의 증가로 연결되기 때문이다.

고정가 계약은 일상적인 수행하는 프로젝트에서 매우 적절한 방법이다. 예를 들어, 분양지에 건물을 짓는 작업, 사무실에 전화 교환 설비를 설치하는 일, 대출 신청자의 신용을 평가작업 등이 있겠다. 만일 동일한 종류의 프로젝트를 과거에도 여러 차례 수행했다면, 비용평가자는 프로젝트의 비용을 보다 수월하게 평가할 수 있을 것이다. 따라서 정확하게 소요될 비용을 예측할 수 있다. 이처럼 정확하게 비용평가가 가능하면, 프로젝트의 가격을 어떻게 정할지에 대해서도 어렵지 않게 판단할 수 있다. 프로젝트를 수주하기 위해서 입찰할 때에도, 자신이 입찰한 가격이 프로젝트에 드는 비용보다 높게 책정되어 있음을 확신할 수 있다. 따라서 프로젝트의 수행 결과 손실을 초래하지는 않을 것이다.

그러나 고정가 계약은 위험성이 높은 개발 프로젝트에서는 적절한 방법론이 아니다. 예를 들어 연구 수행, 새로운 소프트웨어의 설계, 우주정거장 건설 등의 프로젝트가 있다. 이런 프로젝트들은 비용을 평가하는 일이 매우 복잡해서 정확하게 평가하기가 힘들다. 왜냐하면 프로젝트 수행 대상이 전례가 없는 특수성을 가지고 있기 때문이다. 만일 실제로 사용해야 할 비용이 사전에 평가한 비용을 초과하면, 프로젝트의 비용상승을 초래할 것이다. 그리고 프로젝트 수행자도 손실을 입게 될 것이다. 손실이 크면 프로젝트 외부업체는 파산할 수도 있다. 유능한 공급자는 위험성이 높은 프로젝트는 입찰하려 하지 않을 것이다. 특히 이런 식으로 고정가 계약을 해야 한다면 입찰 자체를 포기할지도 모른다.

고정가 계약의 경우, 구매자는 일반적으로 프로젝트 수행과정에 대해서 감독할 필요가 없다고 느낄 수 했다. 왜냐하면 비용초과의 위험은 모두 프로젝트 공급자가 책임져야 할 몫이기 때문이다. 그러나 구매자가 프로젝트 진행에 대해서 면밀히 검토해야 하는 경우도 있다. 특히 프로젝트 공급자가 프로젝트에 어려움을 겪기 시작하면, 그것은 구매자의 어려움이 될 수도 있다. 극단적으로는 비용초과로 인해 공급자가 모든 프로젝트 진행을 멈추는 상황이 올 수도 있다. 그러면 구매자는 자신이 지불한 돈에 대해서 아무런 결과물도 가질 수 없는 상황이 된다. 프로젝트 진행과정을 보면서 구매자는 문제의 발생을 미리 파악하고 위험한 사태의 발생을 대비할 수 있다.

● 원가가산 계약

개발 프로젝트에서 가장 많이 사용되는 계약의 형태는 원가가산(cost-plus) 계약이다. 다른 말로는 실비정산(cost-reimbursable) 계약이라고도 한다. 공급자는 원가가산 계약을 통해서 지출비용에 대해서 정산을 받을 수 있다. 또한 지출한 비용 이상의 수익을 보장받을 수 있다.

원가가산 계약을 하면 비용초과에 대한 책임은 전적으로 구매자에게 전가된다. 공급자는 비용 발생분에 대해서는 정산을 받기 때문에, 손실을 입을 걱정은 하지 않아도 된다. 그러나 비용과 연관된 수익에 대해서 걱정하지 않아도 되기 때문에 비용지출의 기준이 모호해질 수 있다.

이처럼 구매자가 높은 수준의 위험을 안아야 하기 때문에 프로젝트의 진행과정을 밀착해서 감독할 수 있는 사무적인 메커니즘을 수립해야 한다. 결국 이는 프로젝트에서 사무적인 비용의 증가를 불러온다. 왜냐하면 프로젝트 공급자는 해당 프로젝트의 진행경과를 보고하기 위해서 상당한 시간을 투자해야 하기 때문이다.

그렇다면 엄청난 비용초과의 위험을 갖고 있는데, 구매자들은 왜 원가가산 계약을 채택하는 것일까? 이 문제에 대한 해답은 간단하다. 프로젝트 경험이 많은 공급자는 위험부담이 높은 프로젝트에는 입찰하지 않는다. 그것은 잘못하면 파산을 초래할 수 있기 때문이다. 따라서 구매자는 프로젝트에서 고정가 계약이 아니라 원가가산 계약을 채택할 수밖에 없는 것이다. 즉 공급자의 위험에 대한 부담을 구매자가 떠맡으면서 프로젝트를 진행해야 한다.

원가가산 계약에서는 여러 가지 방법을 통해서 과도하게 비용을 지출하는 공급자의 인센티브를 축소할 수 있다. 원가가산 계약은 다음 3가지 유형이 대표적이다. 여기에는 원가가산 정액보수법(Cost-Plus-Fixed-Fee, CPFF), 원가가산 성과보수법(Cost-Plus-Incentive-Fee, CPIF), 원가가산 상금보수법(Cost-Plus-Award-Fee, CPAF)이 있다.

원가가산 정액보수(Cost-Plus-Fixed-Fee, CPFF) 계약 — CPFF계약은 프로젝트의 비용과는 상관없이 공급자가 가질 수 있는 수익을 일정 금액으로 제한해 과도한 비용지출에 대한 위험을 없애는 것이다. CPFF계약은 다음 사례를 보면 이해하기 쉬울 것이다.

공급자A는 1,000,000달러의 프로젝트 계약을 수주했다. 이 프로젝트는 신제품을 설계하는 것이다. 계약조건을 협상하면서 구매자는 공급자 A에게 작업완료에 대해 10% 즉, 100,000달러를 보수로 지급하는 데 합의했다. 그래서 계약가는 총 1,100,000달러가 된다. 이 프로젝트를 수행하면서 공급자A가 받을 수 있는 보수는 100,000달러로 고정되어 있다. 따라서 공급자 A는 프로젝트 수행에 900,000달러의 비용을 사용하더라도 100,000달러의 고정된 보수를 받는다. 마찬가지로 프로젝트 비용이 1,000,000달러를 초과해도 똑같은 보수를 지급받는다. 여기서는 공급자가 더 많이 지출할 이유가 없다.

CPFF계약은 위험성이 높은 프로젝트를 수행할 때 공급자가 선호하는 방식이다. 이런 형태의 계약을 통해서 구매자는 자발적으로 위험 자본가가 된다. 즉, 새롭고 위험 요소가 많은 프로젝트에서 모든 위험들을 떠맡는 것이다. 개발자들은 위험에 신경을 쓰지 않고 자신들의 일을 묵묵하게 수행하면 되는 것이다. 이러한 과정을 통해서 개발자는 새로운 기술을 습득할 수 있는 경험을 쌓고, 향후 성장할 수 있는 기반을 마련할 수 있다.

캘리포니아의 실리콘 밸리와 보스턴 루트 128산업단지는 대부분 미국방성과의 CPFF계약으로 설립되었다. 제2차 세계대전이 끝나고 전쟁에 관여한 수많은 과학자들과 기술자들은 전쟁 전에 근무했던 대학이나 연구소로 돌아왔다. 수년 동안 군사적인 문제에 관여해왔기 때문에 그들은 군수품 조달 방법에 대해서 정통해 있었다. 때문에 그들 중 상당수가 소규모의 독립 사업체를 설립해서 군과의 관계를 유지해나갔다.

기술자 집단이 5,000달러를 투자해서 보스턴 루트 128산업단지에 상점을 설립한다고 해보자. 그들은 과거 군대에서 함께했던 동료들과 함께 새로운 레이더 부품에 대한 아이디어를 논의한다. 그들은 프로젝트

제안서를 작성한다. 이 제안서는 새로운 부품 개발을 지원할 1,000,000
달러짜리 CPFF계약에 관한 것이다. 협상하는 동안, 그들은 50,000달러
의 정액보수를 받는 데 동의했다.

이 계약에서 기술자들은 1,000,000 달러짜리 프로젝트를 수주했다. 이
제는 새로운 장비 개발에 대한 위험에 대해서 부담을 갖지 않아도 된다.
향후에 그들은 이 경험을 살려서 새로운 사업에서도 유리하게 이용할 것
이다. 50,000달러의 수익도 얻게 되었다. 비록 프로젝트의 결과물이 제
대로 작동하지 못하더라도 그들은 50,000달러의 보수를 지급받을 것이
다. 최초의 투자 금액이 5,000달러였다는 것을 보면, 실제로는 1,000%
의 수익률을 달성한 것이다.

원가가산 성과보수(Cost-Plus-Incentive-Fee, CPIF) 계약 — CPIF계약은 프
로젝트에서 비용을 효율적으로 수행하기 위해서 비용절감에 대해서는
추가적인 보상을 제시하고, 낭비요인에 대해서는 규제조항을 내세우는
것이다.

그러면 CPIF가 어떻게 진행되는지 알아보도록 하자. 계약이 성립되기
전에 구매자와 공급자는 해당 프로젝트의 비용과 수익에 대해서 협상을
진행한다. 공급자가 목표 비용을 절감하고 프로젝트를 종료하면 남은
비용을 구매자와 나눈다. 즉, 실질적인 프로젝트의 계약가격이 감소해
구매자는 돈을 절약하고, 공급자는 수익을 올리는 것이다.

만일 공급자가 목표 비용을 초과하면 이는 수익의 감소를 불러온다.
그러나 공급자의 입장에서 보면, 이는 고정가 계약에 비해서는 위험률이
낮다. 왜냐하면 프로젝트의 비용은 구매자가 모두 지불하기 때문이다.

그렇지만 비용을 과도하게 지출하면 부정적 결과가 초래된다.

  원가가산 상금보수(Cost−Plus−Award−Fee, CPAF) 계약−CPAF계약은 구
매자들 사이에서 가장 많이 활용되고 있다. CPAF계약은 구매자들이 공
급자를 다루는 데 있어서 CPIF계약보다 더 많은 유연성을 갖는다. CPIF
계약의 경우, 정해진 규칙에 따라서 보상과 규제조항이 주어진다. 그러
나 CPAF계약은 주관적인 판단이 보상 여부를 결정할 때 포함된다.

  CPAF계약은 계약이 성사되는 시점에 보상의 집합을 만든다. 즉, 기금
을 마련해놓고, 공급자의 프로젝트 진행성과의 여부를 판단해서 이 기금
을 보상을 위해서 사용한다. 그리고 어느 정도를 보상할 것인가는 보상위
원회를 통해서 결정하도록 한다. 보상위원회는 공급자의 업무성과를 검
토하고 평가하는 역할을 맡는다. 보상을 지급하지 않을 때는 객관적인 기
준이 있어야 한다. 이렇게 엄밀한 기준을 적용하는 것은 CPIF계약과 유사
하다. 그리고 주관적인 변수(공급자의 태도)도 고려해서 결정한다.

○ 계약의 수립 : 사전 보상

  사전 보상은 계약을 하고 보상이 논의되는 시점까지의 여러 사항과 관
련이 있다. 여기서는 2가지 핵심적인 사항인 공급자 선정과 계약 협상을
살펴보겠다.

● 공급자 선정(Source Selection)

　공급자 선정의 목적은 계약에 따른 작업을 누가 수행할 것인지 파악하는 것이다. 우선 이 문제에 대한 해답을 찾기 전에 여러 가지 변수들을 고려해야 한다. 공급자 선정은 프로젝트의 규모, 작업의 복잡성, 위험 요소, 자원조달 규칙 등을 고려해서 결정한다. 예를 들어, 대부분의 정부 프로젝트에서 외부업체 선정은 경쟁적인 입찰을 거쳐야 한다는 규칙이 있다. 그러나 공급자 선정은 경쟁적 입찰과정을 채택하지 않을 수도 있다.

　비공식적으로 공급자를 선정하는 과정은 다음과 같다. 우선 가능성 있는 공급자의 명단을 작성한다. 이때는 사업에 대해서 잘 알고 있는 사람들에게 사전에 전화로 문의할 수 있다. 일반적으로 공급자를 찾는 과정은 3~5개의 후보자를 선정하면 끝이 난다. 후보자들을 차례로 면담하여 해당 프로젝트에 대해서 각 업체들이 관심을 가는지를 알아보고, 수행할 만한 실력이 있는지 파악해야 한다. 그리고 심층적인 논의를 해야 한다. 이 논의에서는 구매자의 요구사항이 무엇인지 신중하게 정의하고, 잠재적인 외주업체가 어떤 일을 해야 하는지에 대해서 확인해야 한다.

　마지막으로 각 후보 업체에 제안서의 제출을 요구해야 한다. 제안서는 작업에 대한 개요와 각 업체의 강점, 비용 및 일정에 대한 평가가 포함돼야 한다. 각 후보 업체들의 제안서는 객관적인 평가 기준이 될 것이고, 공급자 선정과정에서 특정 업체가 보여준 능력이나 열정 등은 주관적인 평가 기준이 될 것이다. 이를 통해서 공급자를 최종적으로 결정할 수 있다.

- ● **제안요청서(Requests for Proposals, RFPs)**

대규모의 프로젝트의 경우, 공식적인 절차를 통해서 공급자를 선정한다. 왜냐하면 비공식적인 접근법을 선택하기에는 너무 많은 요소들이 관련돼 있기 때문이다. 공식적으로 공급자를 선정하는 과정은 구매자가 '제안서요청서(Request For Proposal, RFP)'를 공고하면서 시작된다. 입찰자는 RFP를 통해서 제안서를 준비하는 데 필요한 지침과 정보를 얻을 수 있다. RFP에는 주로 절차에 관한 지침이 나타나 있는데, 제안서의 형식(분량 및 작성 양식), 구매자가 원하는 계약의 요점(동등한 고용 기회) 등의 내용이 포함돼 있다.

그밖에 잠재적인 입찰업체에 대해서 작업계획서의 제출을 요구할 수도 있다. 여기에는 해당 작업의 성격과 특징에 대한 자세한 설명이 필요하다. 입찰자는 작업계획서에서 제안서의 내용을 보다 구체화시키고, 프로젝트가 담당해야 할 작업의 양과 정도에 관한 기준을 포함시킨다. 예를 들어, 해당 프로젝트에는 22인년이 소요될 것으로 예상된다는 내용을 포함하는 것이다. 입찰자는 이 부분을 주의 깊게 살펴봐야 한다. 왜냐하면 이를 통해서 구매자가 프로젝트에 얼마의 비용을 지출할 것인지 파악할 수 있기 때문이다. 예를 들어, 1인년에 드는 비용이 120,000달러이면, 22인년에는 총 2,640,000달러가량의 비용이 들 것이다. 마지막으로 제안서의 제출 마감일을 정하면, 제안서를 평가하는 기준이 제시된다. 예를 들어 입찰내용을 평가할 때, 비용 50%, 인력 20%, 기술적 솔루션 15%, 관리계획 10%, 설비 5% 등의 기준이 제시되는 것이다.

프로젝트 계약을 성공적으로 하기 위한 첫 단계가 바로 RFP이다. 즉,

프로젝트의 시작이라고 할 수 있는 RFP가 효과적이고 적절하게 수립돼야 이후의 과정도 무리 없이 진행된다. 작업계획서를 통해서 입찰자들은 보다 제안서 작성에 세부적인 지침을 얻을 수 있다. 효과적인 작업계획서가 제공되지 않으면, 입찰자들은 기준의 부재로 혼란을 겪을 것이고, 결국 구매자도 결과에 만족하지 못할 것이다. 이후 계약에서 분쟁이 생겼을 때, 외부업체는 프로젝트의 문제가 생긴 이유가 잘못된 작업계획서 때문이라고 주장할 수 있다.

만일 작업의 규모가 크고 복잡한 것이면 RFP를 개발하는 것이 프로젝트의 주요 작업이 된다. 실제로 RFP 자체가 독립적인 프로젝트가 되기도 한다. 예를 들어 차세대 전투기의 개발, 원자력 발전소의 건립 등과 같은 프로젝트에서는 RFP가 매우 정확하고 세밀한 정보를 담고 있어야 한다. 이 같은 RFP를 개발하는 데는 수년의 시간이 걸리거나 수백만 달러의 자본이 들기도 한다.

● 입찰공고(Advertising the Tender)

구매자는 유능한 입찰자들만 프로젝트에 관심을 갖고 입찰에 참여하기를 바란다. 그러나 일반적으로 입찰자가 많을수록 그 결과는 더 만족스럽다. 물론 이것이 항상 옳지는 않다. 왜냐하면 입찰자가 너무 많으면 그만큼 제안서를 검토할 인력이 많이 필요하기 때문이다.

잠재적인 입찰자들은 프로젝트가 제안되었다는 사실을 알아야 한다. 이를 위해서 프로젝트에 관한 '입찰공고'가 필요하다. 이를 위한 특별한 메커니즘은 개별 프로젝트의 특정한 상황에 따라 다르다. 예를 들어, 미국정부는 〈커머스 비즈니스 데일리*Commerce Business Daily*〉에 공개입찰 계약을 위한 공고를 낸다. 일반적으로 입찰공고는 신문이나 정기간행물에 해당 프로젝트에 대한 간략한 내용이 실릴 뿐이다. 보다 자세한 내용을 알기 위해서는 공고에 실린 전화번호나 주소를 통해서 담당자와 개별적으로 연락을 취해야 한다. 시정부는 지방 신문을 통해서 계약에 대해 입찰공고를 낸다. 데이터 프로세싱 계약은 〈DP트레이드 저널 *DP trade journals*〉에 내고, 제 3세계 국가들은 〈이코노미스트 *The Economist*〉나 국제적인 간행물에 대규모 프로젝트 건설에 대한 입찰공고를 낸다. 요컨대 구매자는 가장 효과적인 매체를 통해서 입찰공고를 하는 것이다.

● 입찰평가(Evaluating the Bids)

입찰이 이뤄지면 그 내용을 공개하여 검토한다. 규모가 크고 복잡한 프로젝트일수록 검토해야 할 내용이 많기 때문에 많은 시간이 소요된다. 제안서는 평가 기준에 따라서 진행된다. 이 평가 기준은 이미 사전에 입찰자들에게 제시된다. 각각의 입찰 업체들은 인력 구성 및 인력의 능력, 작업 계획, 관리 능력, 솔루션, 비용 및 기타 요소들로 평가된다.

이러한 조건들로 입찰자들을 평가한다. 어떤 입찰자들은 비용의 측면에서 기준에서 벗어났다고 판단할 수 있다. 또 다른 입찰자는 역량에서 부족하다고 판단되어 낮은 점수를 매길 수 있다. 그리고 작업계획은 구체적이고 효과적인지, 솔루션은 적합한지 등을 고려해서 입찰자들의 리스트를 만들 수 있다.

여기에서 경쟁 입찰자가 소수로 좁혀지면, 구매자는 공급자들을 개별적으로 만나서 몇 가지 사항에 대해서 보다 정확한 정보를 구한다. 이 시점에 사전 협상이 이뤄지는 것이다. 이때 구매자는 후보 입찰자들에게 최종사업계획서(Best And Final Offer, BAFO)의 제출을 요구할 수도 있다. 그러면 입찰자들은 해당 프로젝트의 사업권을 수주하기 위해서 최선의 노력을 기울일 것이다.

마지막으로 구매자는 입찰자를 최종적으로 선정한다. 그리고 보다 상세한 계약을 진행시킨다. 계약은 제안서에 제시된 내용을 근거로 한다. 협상과 계약의 수정을 거친 뒤 최종 계약서에 서명이 이뤄진다.

● **계약 협상**(Contract Negotiations)

지금까지 계약이 성립되는 과정을 반복해서 설명했다. 첫째, 구매자는 RFP를 통해서 자신이 원하는 제품이나 서비스의 구체적인 내용을 명시한다. 필요사항에 대한 내용은 사업계획서에 구체적으로 설명한다. 그리고 입찰자들은 RFP에 따라서 각자의 제안서를 제출한다. 구매자는 입찰자들의 제안서를 검토하고, 입찰자들과의 협의를 통해서 제안서의 내용을 보다 명확하게 한다. 그리고 후보 입찰자들 중 한 명의 사업자를 최종 낙찰자로 선정한다. 그리고 이에 따라서 계약이 성립된다. 계약서에는 세부사항이 정확하게 기재돼야 한다. 일반적으로 협상에는 다음과 같은 사항들이 포함된다.

<u>데이터 소유권</u> 오늘날 정보는 기업의 가장 중요한 자산이다. 프로젝트를 통해서 얻게 되는 데이터에 대한 소유권은 누가 가질 것인가? 구매자

인가, 아니면 공급자인가?

규제 조항 계약서에는 계획대로 일이 진행되지 않았을 경우에 어떤 규제 조항이 가해져야 하는지에 대한 조항이 포함돼야 한다. 예를 들어, 공급자가 기한 내에 결과물을 완료하지 못할 경우에는 어떤 규제 조항이 필요한가? 계약서에 명시된 조건과 다른 방식으로 일을 했을 때는 어떤 규제 조항이 필요한가? 구매자가 지급 기한을 어겼을 때는 얼마의 위약금을 물어야 하는가?

지불 일정 계약서는 지불에 대한 규정을 자세하게 담고 있어야 한다. 일반적으로는 점진적인 대불 지급방식을 사용한다. 즉, 프로젝트 진행에서 특정 단계에 이를 때마다 그에 상응하는 대금을 지불하는 것이다. 일정 기한이 지났을 때 발생한 비용을 정산할 수도 있고, 어떤 물품을 구매했을 때 대금을 지불할 수도 있다. 혹은 프로젝트가 진행되는 기간 동안 일정한 금액을 정기적으로 지급하는 방법도 있다. 예를 들어 프로젝트가 8개월 동안 진행되면 총 100,000달러를 4회로 나눠서 매회 25,000달러씩 지급하는 것이다. 그리고 프로젝트 개시와 함께 총액을 지불하는 방법도 있으며, 프로젝트가 종료될 때 일시불로 계산할 수도 있다.

보수 구조 원가가산 정액보수 계약에서 구매자와 공급자는 보수에 대한 세부사항에 대해서 협의한다. 여기에서 '보수(fee)'는 프로젝트를 수행하면서 얻을 수 있는 수익을 일컫는다. 원가가산 정액보수 계약에서 협상은 지불해야 할 총 보수에 초점을 맞춘다. 이때 실제로 프로젝트에 투입되는 비용은 상관이 없다. 원가가산 성과보수 계약은 보수에 대한 지급 일정을 정한다. 그래서 공급자가 계획한 것보다 비용을 절감했다면 그에 따른 보수도 올라갈 것이고, 일정지연이나 예산초과가 발생했다면 보수는 당연히 줄어들 것이다.

<u>최종 인도 일정</u> 구매자는 빠른 시간 내에 프로젝트의 결과물(제품이나 서비스)을 인도받고자 한다. 구매자들은 계약의 협상과정에서 결과물의 인도 일정을 앞당기려고 공급자에게 압력을 가할 것이다. 공급자들은 실현 불가능한 목표에 부딪치지 않기 위해서 이런 구매자의 압력에 저항한다. 결국 합의가 이뤄지면 계약서에 인도 일정을 엄격하게 명시하게 된다.

모든 협상이 끝나면 구매자와 공급자 간 합의사항과 조건들이 계약서에 문서로 작성된다. 그리고 두 당사자가 계약서에 서명을 하고, 이것이 프로젝트 활동의 근거가 된다.

● 입찰 초청서(Invitation For Bid, IFB)

입찰과정은 제안요청서(RFP)에서부터 시작된다. 입찰이 이뤄지고 그 내용이 공개되면서 세부 항목에 대한 협상이 시작된다. 이와 구별되는 방법으로 입찰 초청서(IFB)이 있다. IFB는 입찰자가 입찰 내용을 비공개로 제출하고 정해진 날짜에 제안서의 내용을 모두 공개한다. 그 자리에서 최저 입찰자를 선정하여 해당 프로젝트를 수행할 수 있는 기회를 제공한다.

제안서가 공개되고 나면 구매자와 입찰자 간의 협상은 종료된다. 따라서 입찰자는 입찰 초청서를 작성할 때, 최종 사업계획서를 쓰는 것처럼 최선의 노력을 기울여야 한다.

우리가 프로젝트에서 어떤 일을 해야 하는지 세부내용까지 잘 알고 있다면, 서로 다른 입찰자들이 제시한 제안서의 내용을 검토할 필요가 없을 것이다. 우리의 주요 관심은 가격이다. IFB를 제안하는 과정은 입찰자에게 압력을 가하여 가능한 한 최저가로 입찰하도록 만든다. 왜냐하면 추가적인 협상의 여지가 없기 때문이다.

● 제안서 작성 팀(Proposal Development Teams)

입찰자는 제안요청서(RFP)가 제시되면 입찰에 응하기 위해서 준비를 한다. 우선 입찰자는 RFP를 검토하여 입찰할 가치가 있는지 판단한다. 만약 제안된 프로젝트가 자신의 영역 밖이라고 판단되거나, 이미 사전에 계약자가 정해져 있다고 생각하거나, 너무 많은 기업들이 입찰에 참여할 것이라고 생각된다면 입찰에 응하지 않을 수 있다.

만약에 RFP에 따라 입찰을 결정하면 그들은 제안서 작성을 위한 팀을 만들어야 한다. 기업에서 제안서 개발 작업은 마케팅이나 판매부서의 직원들이 주도적으로 맡아서 하는 경우가 많다. 기업들은 프로젝트에 제출할 제안서를 작성하기 위해서 관련 직원들이 일할 수 있는 팀을 구성한다. 일반적으로 팀의 핵심 구성원은 기술 전문가들이다. 그들은 프로젝트를 어떻게 수행해야 할지에 대해 기술적인 통찰력을 제공해줄 수 있다. 이들과 함께 가격 정책 전문가도 팀에 합류하여 프로젝트 입찰가를 정하는 일을 담당한다. 각 분야의 제조, 품질관리, 데이터처리 등의 직무 담당자들로부터 조언을 구해야 한다. 제안서의 인쇄를 위해서는 전문 편집자의 손을 거쳐 틀을 잡는 것이 좋다.

제안서 작성에서 가장 큰 문제는 제안서를 작성한 팀이 고객만족에서 벗어나는 경향이 있다는 사실이다. 그들은 브레인스토밍 단계를 거쳐 새로운 기술을 활용하는 사실에 흥분하면서 실현 가능한 능력의 범위를 확장시킬 수 있다. 그러나 그들이 제안하는 내용이 고객의 필요와 요구에서 벗어날 수 있다.

제안서의 초점이 흐려지지 않도록 많은 기업들이 제안서 작성에서 '온전성 검사(sanity checks)'를 받도록 해야 한다. 예를 들어 제안서의 개요를 세우면 분홍색 팀(pink team)의 검토를 받아야 한다. 여기서 분홍색 팀은 제안서 작성 팀이 아닌 외부의 인사들로 구성되는데, 그들은 구매자의 시각에서 제안서의 개요를 검토하는 일을 담당한다. 즉, 제안서 작성의 초기 단계에서 프리젠테이션을 통해서 문제점을 찾아낸다. 이 과정에서 분홍색 팀은 지적한 사항들을 수용하여 제안서가 의도한 방향에서 벗어나지 않도록 진행한다.

그리고 제안서가 완전하게 작성되면 이는 다시 '붉은색 팀(red team)' 이 검토한다. 분홍색 팀과 마찬가지로 붉은색 팀도 구매자의 관점에서 제안서를 검토한다. 붉은색 팀의 임무는 제안서 내용이 고객의 필요와 요구를 잘 따르고 있는지 여부를 검토하는 것이다. 붉은 색 팀은 제안서의 약점을 발견하면 수정 작업을 요구해야 할 것이다.

○ 계약 : 사후 보상

　계약서에 서명을 하면 프로젝트를 실행하는 데 모든 에너지가 집중돼야 한다. 여기서는 작업이 정해진 일정, 정해진 예산, 명세서에 따라서 진행되고 있는지 질문해야 한다. 사후 보상작업은 이러한 질문들에 따라서 이뤄진다. 이를 위해서는 계약 사항을 준수하고 있는지 지속적으로 감독해야 한다.

　프로젝트를 감독하기 위해서는 2가지 방법을 사용할 수 있다. 첫째, 프로젝트 진행과정을 정기적으로 검토하는 것이다. 예를 들면, 월례 경과보고를 들 수 있다. 원가가산 정액보수 계약의 경우, 구매자는 월례 경과보고를 통해서 지출비용을 확인하고 작업일정을 상세하게 파악할 수 있다. 이는 구매자에게 매우 중요하다. 왜냐하면 그들이 프로젝트에 필요한 비용을 직접 지원하기 때문이다. 검토과정에서는 비용과 일정의 변동사항에 초점을 맞춰야 한다. 여기서 변동사항은 계획한 작업과 실제 작업 사이의 차이로 정의할 수 있다. 비용과 일정의 변동사항은 즉각적으로 파악하고 검토하는 것이 중요하다. 만약 한 달 동안 지출 비용이 계획한 수준보다 적었다면 그것은 그 달의 비용을 절감한 것으로 처리할 수 있다. 그러나 일정 데이터와 연관시켰을 때, 비용절감의 이유가 작업이 정해진 일정에 따라 완료되지 못해서 전체적으로 프로젝트에 지연을 초래한 것일 수도 있다.

　둘째, 공급자가 사전에 결정된 단계를 효과적으로 완성하고 있는지 살피는 것이다. 오랫동안 프로젝트의 수명주기에 따른 다양한 검토 기준이 제시되었다. 예를 들어, 개발 프로젝트의 경우에는 사전 설계 검토

(Preliminary Design Reviews, PDRs)와 핵심 설계 검토(Critical Design Reviews, CDRs) 등을 감독과정에 적용한다. 그러나 프로젝트는 고유의 진행 단계가 있다. 예를 들어 몇 가지 질문을 던질 수 있다. 1단계가 계획한 대로 7월 4일에 완료되었는가? 특정 부품에 대한 검사가 계획한 대로 8월 10일에 완료되었는가? 계획한 대로 9월 31일까지 사용자 설명서 초안의 편집이 완료되어 제출되었는가?

프로젝트를 수행하면서 당초 범위에서 변경을 요구하는 압력이 가해질 수 있다. 예기치 못한 기술적 결함이 발생해서 문제해결을 위해 다른 방식으로 접근해야 하는 경우가 있다. 새로운 행위자가 등장하여 명세서의 변경을 요구하는 경우도 있다. 또, 일정지연으로 프로젝트에 차질이 생기기도 한다.

변화는 비용초과를 불러온다는 문제를 갖고 있다. 또, 추가적인 작업을 하면 비용은 증가하기 마련이다. 그러나 추가적인 작업 없이도 비용에 부정적인 결과가 초래되기도 한다. 이것은 과거의 작업을 포기하고 새로운 계획에 따라서 작업을 해야 하는 경우에 발생하는 비용이다.

변화에 대처하기 위해서는 사후 보상단계에서 변화관리 절차가 철저하게 이뤄져야 한다. 변화관리 절차는 계약상의 중요한 의미를 가진다. 적절한 변화관리 절차가 있다면 변화의 내용을 구분할 필요가 있다. 즉, 승인된 변화의 요구와 승인되지 않은 변화의 요구를 구별해야 한다. 분명 고객은 공급자가 승인되지 않은 것을 요구한다면 비용을 지불하지 않을 것이다. 마찬가지로 공급자도 보상받을 수 없다면 승인되지 않은 변화의 요구를 수용하지 않을 것이다. 일반적으로 계약과 관련된 분쟁은 변화의 승인 여부와 비용 상승의 책임 소재가 불명확하기 때문에 생긴다. 변화관리에 대한 상세한 내용은 3장을 참고하기 바란다.

○ 고객의 수용과 책임이양

일반적인 계약이 이뤄지는 과정에서 고객이 수용하는 지점을 '진실의 순간 *moment of truth*'이라고 부를 수 있다. 프로젝트 관리에서 '고객의 수용(customer acceptance)'은 프로젝트의 결과물이 계약서에 명시된 항목과 조건을 충족시키는지 여부를 고객이 판단하는 시점을 일컫는다. 고객은 결과물을 점검한 뒤 최종적으로 판단한다. 그리고 명세서를 충족하면서 결과물이 완성되었는지 검토하고, 리허설을 통해서 개발자는 고객과 함께 결과물의 성능을 시험한다. 그리고 고객이 결과물을 수용하면 공급자의 의무가 끝난 것으로 판단할 수 있다. 프로젝트가 종결되면 공급자는 다른 프로젝트를 시작할 수 있다.

그러나 고객의 수용단계에서도 문제가 종종 발생한다. 계약서에 명시된 사항과 조건을 해석할 때, 고객과 개발자 간 의견에 차이가 생겨서 분쟁이 일어나기도 한다. 고객은 프로젝트의 결과물이 사업계획서에 나와 있는 대로 자신의 필요와 요구를 만족시키지 못한다고 불평할 수 있다. 이에 대해 공급자는 고객의 주장에 대해서 테스트 결과를 제시하면서 사업계획서가 분명히 충족되었음을 증명해야 한다. 이 상황을 객관적으로 보면 양측의 주장이 모두 일면 타당해 보인다. 여기서 양측이 견해의 차이를 보이는 것은 해석상의 문제이다. 어느 한쪽이 잘못되었기 때문이 아니다.

이 시점에서 분쟁이 생기면 그 결과는 구매자와 공급자 모두에게 극적인 전환점이 된다. 만일 구매자가 수용을 거절하면 그들은 필요로 하는 결과물을 제공받지 못할 것이다. 분쟁을 해결하지 않고 시간을 끌면, 결과물이 지급되지 않는 사태가 벌어진다. 이런 상황은 구매자들의 적대적인 태도를 부추긴다. 동시에 공급자는 자신의 작업에 대해 최종적으로 대금 지급을 받지 못한다. 그리고 계약이 완료되지 못한 상태로 남아 있는 한, 양측은 모두 이를 처리하기 위해서 자원과 에너지를 소모해야만 한다. 최종적인 계약 완료가 계속 지연되면 이는 지속적인 비용이 소모되고, 불필요한 상황이 지속된다는 것을 의미한다.

고객의 수용단계에서는 여러 가지 이유로 문제가 생긴다. 어떤 문제들은 프로젝트 시행 초기에 구매자와 공급자가 견해의 차이를 좁히지 못했기 때문에 발생한다. 예를 들어, 프로젝트의 결과물이 실체를 드러내면서 구매자는 그것이 당초에 예상했던 것과는 다르다는 사실을 확인할 수 있다. 그러나 양측 모두 갈등을 피하려 하게 때문에, 그들은 결정하는 것을 미루게 된다. 어느 정도 문제를 수용하면 스스로 해결될 것이라는 기대감 때문이다. 그러나 아쉽게도 그러한 기대는 낙담을 불러온다. 문제가 발생했을 때는 초기에 해결하려는 노력이 필요하다. 초기에 해결하는 것이야말로 비용을 절약하고 문제의 심각화를 막을 수 있다.

한편 프로젝트의 역동적인 성격 때문에 문제가 발생하기도 한다. 프로젝트는 여러 가지 변수를 갖고 있다. 즉, 행위자와 예산, 기술 및 환경의 변화가 있는데, 이들은 지속적으로 프로젝트의 진행을 방해한다. 프로젝트 초기 사업계획서에 명시한 기술적인 요구사항이 6개월 뒤에는 상황의 변화로 인해서 다른 의미가 될 수 있다. 단기간에 진행되는 소규모 프로젝트에서 이런 상황이 종종 발생한다. 구매자와 공급자는 이 사실을 인식하고 대비해야 할 것이다. 그들은 정기적으로 프로젝트의 요구사항을 검토하면서 견해의 차이가 생기지 않도록 해야 한다. 그리고 범위침투를 피하기 위해서 엄격하게 변화관리 절차를 수립해야 할 것이다.

공급자 측이 프로젝트 관리를 잘못해서 문제가 발생할 수도 있다. 예를 들어, 프로젝트를 수주하기 위해서 입찰할 때 비현실적으로 낮은 가격을 제시하는 경우이다. 프로젝트에 투입된 모든 비용을 사용했다면, 프로젝트를 완료하기 위해서 비용절감에 열을 올릴 수밖에 없다. 다른 예를 들어보자. 잘못된 프로젝트 관리로 인해, 프로젝트 진행과정에서 수행해야 할 문서작업이 사후에 이뤄졌다고 하자. 프로젝트가 완성되어 갈수록 각각의 작업들을 한 곳에 일관성 있게 조립하는 것이 어려울 것이다. 왜냐하면 문서작업을 체계적으로 정리하지 않았기 때문이다. 결국 고객도 공급자에 대해서 신뢰를 잃을 것이며 결과물의 품질에도 의문을 갖게 될 것이다.

○ 결론

비즈니스에서 아웃소싱의 중요성이 점점 크게 부각되고 있다. 오늘날 많은 기업들이 큰 수익을 남기고도 회사의 사업 분야를 축소하고 있다. 그리고 기업들은 과거에 직접 수행하던 내부 사업의 상당 부분을 외부업체에 맡기고 있다.

사실 아웃소싱은 건설 산업과 정부 계약에서 수십 년 동안 진행돼 왔다.

그리고 프로젝트 관리에서도 아웃소싱은 기업의 여러 영역에서 이뤄지고 있다. 프로젝트 관리자는 아웃소싱을 어느 때보다 중요하게 관심을 두고 파악해야 할 것이다. 더불어 계약의 기술을 개발하는 것도 염두에 둬야 할 것이다.

업무성취도 측정 :
통합비용, 일정관리 및 획득가치

프로젝트 관리에서는 일정 중 마지막 10%에 전체 프로젝트에 대한 「절반의 노력」이 필요하다는 말이 있다. 우리는 90% 정도 완료된 프로젝트를 몇 달씩 끌고 있는 것을 보곤 한다. 이는 프로젝트 스태프가 장애물에 부딪쳤기 때문이 아니라 거의 완료된 프로젝트를 제대로 평가하지 않고 보고했기 때문이다. 대부분의 프로젝트 스태프들은 업무성과를 효과적으로 측정할 수 있는 방법을 알지 못한다.

그나마 프로젝트 관리자가 가진 중요한 정보는 지금까지의 업무에 관한 데이터이다. 관리자가 완료된 업무에 대해 알지 못하면 비용을 과도하게 지출했는지 아니면 계획보다 덜 사용했는지 알지 못할 것이다. 또 계획한 일정에 따라 프로젝트가 진행되고 있는지도 알 수 없다. 프로젝트를 효과적으로 통제하기 위해서는 업무성과를 정확하게 측정할 수 있는 기준이 마련돼야 한다.

업무성과 데이터는 프로젝트 스태프가 매달 보고하는 '작업달성률(percentage of task completed)'을 토대로 작성된다. 그런데 대부분의 스태프는 뚜렷한 근거 없이 작업달성률을 평가해버린다. 마치 다트판에 다트를 던지는 식으로 데이터를 만들기 때문이다. 그들이 제시하는 데이터는 신뢰도가 낮을 수밖에 없다. 만일 다섯 사람에게 업무성과를 평가하라고 하면 다섯 사람 모두 다른 의견을 내놓을 것이다.

경우에 따라 프로젝트 스태프는 예산의 집행을 검토한 뒤, 집행한 금액의 비율을 통해서 작업달성률을 평가하기도 한다. 프로젝트 관리에서 볼 때, 지출한 비용과 업무달성도 사이에는 연관성이 약하다. 따라서 이 또한 좋은 평가 방법이 될 수 없다. 이런 식의 접근에서는 프로젝트 스태프가 회사에게 새로운 정보를 제공해줄 수 없다. 왜냐하면 예산 집행에 대해서는 회계 부서가 잘 알고 있기 때문이다.

그러면 어떻게 업무달성도를 측정할 수 있을까? 이 질문에 대해 해답을 찾기 위해서 이번 장에서는 획득가치(earned value), 통합비용(integrated cost), 일정관리(schedule control) 등의 개념에 대해서 중점적으로 살펴볼 것이다.

○ 통합비용 및 일정관리를 위한 그래프 접근법

비용과 일정의 변동 데이터를 해석할 때는 각별한 주의가 필요하다. 만약 프로젝트 계정에서 3월에는 10%의 긍정적인 비용 변동이 있었다고 해도 경비를 절감했다고 쉽게 단정지으면 안 된다. 비용이 긍정적으로 변동한 것은 실제로 우리가 한 일이 많지 않다는 사실을 반영한 것일 수도 있다. 만일 우리가 작업을 완료하지 않았다면, 작업에 필요한 예산을 모두 사용하지 않은 것이다. 마찬가지로 10%의 부정적인 비용 변동 또한 반드시 초과된 예산 집행으로 결론을 내릴 수 없다. 그것은 3월에 계획된 일보다 더 많은 일을 정해진 기한에 마쳐야 하기 때문에 이때, 프로젝트의 진행상황을 정확하게 알려면 비용과 일정의 변동 사항을 동시에 살펴봐야 한다. 만일 계획된 일정에 따라 일을 진행하거나, 그보다 앞서서 작업이 이뤄지면 10%의 긍정적인 비용 변동은 실제적인 비용절감을 의미한다고 이야기할 수 있다. 만일 우리가 일정지연을 겪거나 일정에 맞춰서 작업을 진행하고 있다면 10%의 부정적인 비용 변동은 과도한 비용지출을 의미하는 것이다.

비용과 일정의 변동을 점검하기 위한 효과적인 방법은 누적비용곡선(S곡선)과 간트차트를 활용하는 것이다. 이러한 통제기법을 활용하면서 프로젝트 관리자와 스태프는 전반적으로 프로젝트의 진행을 파악할 수 있다. 그림 13.1은 간트차트와 누적비용곡선을 활용하여 3가지 경우를 설명하고 있다. 그림의 (a)에서 간트차트는 프로젝트가 일정에 따라 진행되는 것을 보며주고, 누적비용곡선은 예산에 따라 비용이 집행되는 것을 보여준다. 이 그림은 계획에 따라서 프로젝트가 진행되고 있는 상황을 보여준다.

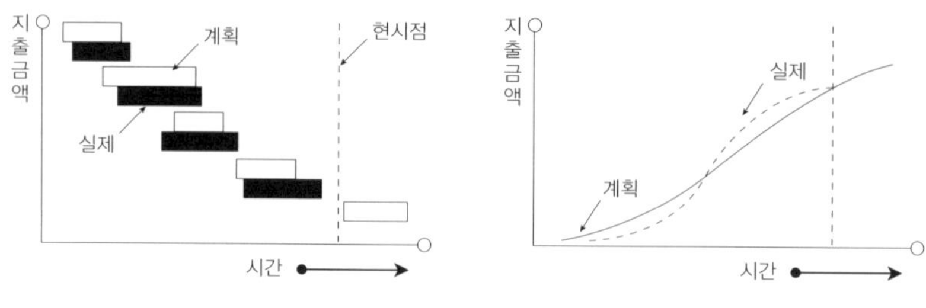

(a) 일정, 정해진 예산

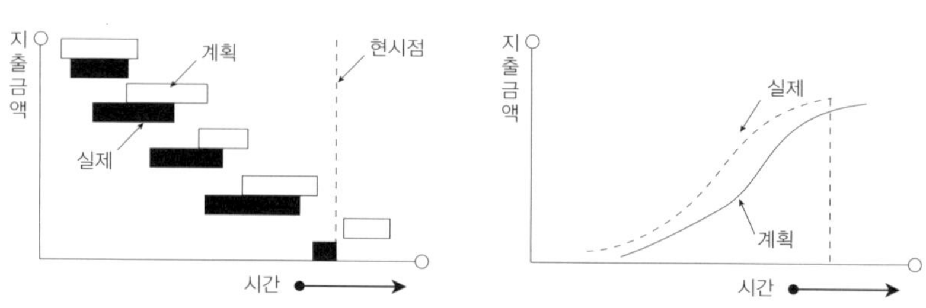

(b) 일정보다 앞섬, 예산초과 - '폭주'의 징후

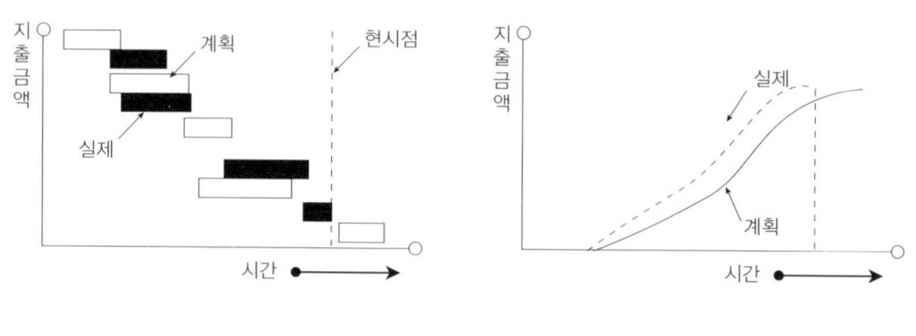

(C) 일정지연, 비용초과

그림 13.1 통합비용 및 일정보고

(b)에서는 작업이 계획된 일정보다 빨리 진행되고 있음을 보여주고 있다. 동시에 정해진 일정에 집행할 수 있는 예산보다 많은 비용이 들었다. 이것은 '폭주(crashing)'의 상황을 반영한다. 즉, 추가적인 자원을 투여하여 일정을 유지하거나 가속화하는 상황이다.

(c)는 가장 최악의 상황을 가정한 것이다. 프로젝트가 일정지연과 비용초과를 동시에 겪고 있다.

프로젝트 관리자는 간트차트와 누적비용곡선을 활용하면서 현재의 진행상황을 한 눈에 파악할 수 있다. 그리고 프로젝트 관리자는 누적비용과 일정관리를 그래프로 표현하면서 이를 효과적인 커뮤니케이션 도구로 활용할 수 있다. 이를 이용해서 상급 관리기관이나 프로젝트 스태프에게 현재의 진행상황을 이해하기 쉽게 보고할 수 있다. 그래프를 활용한 접근법의 강점은 일정계획 소프트웨어 패키지가 보기 좋게 비용 및 일정 차트를 표현한다는 것이다.

그래프를 활용하는 접근법의 가장 큰 약점은 분석적인 시각에서 볼 때 다소 성가신 작업이라는 점이다. 그래프는 프로젝트의 진행상황에 대해서 시각적인 이미지를 제공한다. 그것 자체로는 다른 중요한 정보를 제공할 수 없다. 예를 들어, 작업의 완료 정도에 따른 비용 집행률, 특정 작업이 비용과 일정에 미친 긍정적인 효과, 작업의 완료 정도는 그래프를 통해서 알 수 없다. 중간 규모나 대규모의 프로젝트는 이 방법을 택할 때, 엄청나게 많은 수의 간트차트와 누적비용곡선을 만들어야 한다.

다음에서는 예산과 일정 상황의 검토를 위한 분석적 접근법을 살펴볼 것이다. 이것은 '획득가치 접근법(Earned Value Management, EVM)'라고 부른다. 이 기법은 경영 분야에서 개발된 여러 기법들 중에서도 특히 세련되고 효과적이다. 이 기법의 근원은 1960년대 후반까지 거슬러 올라가는데, 대규모의 국방 프로그램에서 제한적으로 사용되었다. 오늘날 프로젝트 관리자는 대규모 프로젝트뿐만 아니라 소규모 프로젝트에서도 이를 깨닫게 되었다. 따라서 규모를 막론하고 여러 프로젝트에서 이 기법이 널리 활용되고 있다.

○ 업무성과 측정을 위한 50-50법칙

여기서는 획득가치 접근법을 소개할 것이다. 이러한 업무성과를 측정하기 위한 회계의 방법으로 50-50법칙을 살펴보자.

50-50법칙을 사용하는 것은 매우 간단하다. 작업이 시작될 때, 이미 절반의 가치를 달성했다고 가정한다. 이때 가치는 작업에 대해서 편성된 비용으로 측정할 수 있다. 예를 들어 1,000달러의 예산이 배정된 작업이 있다고 하자. 이때 우리는 작업의 시작과 함께 500달러의 작업이 이미 완료되었다고 가정한다. 실제로 모든 작업이 완료되기 전까지는 작업을 달성했다고 가정해서는 안 된다. 따라서 우리가 가정한 1,000달러의 작업을 모두 완료하면 비로소 1,000달러 가치의 작업을 모두 완료했다고 말할 수 있는 것이다. 물론 작업은 제 시간에 완료할 수도 있고 더 빨리 혹은 더 늦게 완료할 수도 있다.

업무성과를 측정할 때, 50-50법칙의 유용성은 그림 13.2를 통해서 알 수 있다. 이 그림은 단순한 4가지 작업의 프로젝트에 대해서 간트차트를 보여준다. 간결한 수식을 유지하기 위해서 각각의 작업에는 100달러의 예산이 편성돼 있다.

작업A는 계획한 시간에 맞춰 시작된다. 작업A가 시작될 때, 우리는 50달러의 작업을 완료했다고 가정한다. 작업A는 일정에 맞춰 완료된다. 작업이 완료되었을 때, 해당 작업에 대한 100달러의 가치가 모두 완성되었다고 말할 수 있다.

작업B는 계획한 시간에 맞춰 시작된다. 그리고 우리는 50달러의 작업을 완료했다고 가정한다. 계획한 일정은 지났지만 아직 작업은 끝내지 못했다. 모든 작업이 완료되었을 때 해당 작업의 총 가치 100달러가 성취되었다고 말할 수 있다.

작업C는 계획한 시간보다 프로젝트의 개시가 지연되었다. 프로젝트가 실제로 개시되기 전까지는 어떤 일도 완료되었다고 말할 수 없다. 이때, 우리는 작업에서 50달러의 가치가 실현되었다고 가정한다. 작업은 마감을 넘긴다. 실제로 작업이 완료되기 전까지는 100달러의 총 가치를 완수했다고 말할 수 없다.

마지막으로 작업D를 보자. 작업D는 계획한 시간보다 개시가 지연되었다. 그리고 현 시점에서도 여전히 완료되지 못한 상태이다. 결국 이 작업은 50달러의 가치만을 실현시켰다고 말할 수 있다.

작업성과 보고서를 작성할 때, 우리는 현 시점에서 성과를 계산한다. 따라서 총 400달러로 계획된 작업에서 현재 350달러를 달성했다고 보고한다. 이처럼 작업성취도를 350달러로 평가하는 것을 일컬어 '획득가치(earned value)'라 한다. 400달러로 계획된 작업 중 총 350달러의 가치를 달성한 것은 총 목표의 87.5%에 도달했다는 것을 의미한다.

여기서는 우리가 지금의 작업에 대해서 어느 정도의 비용을 지출했는

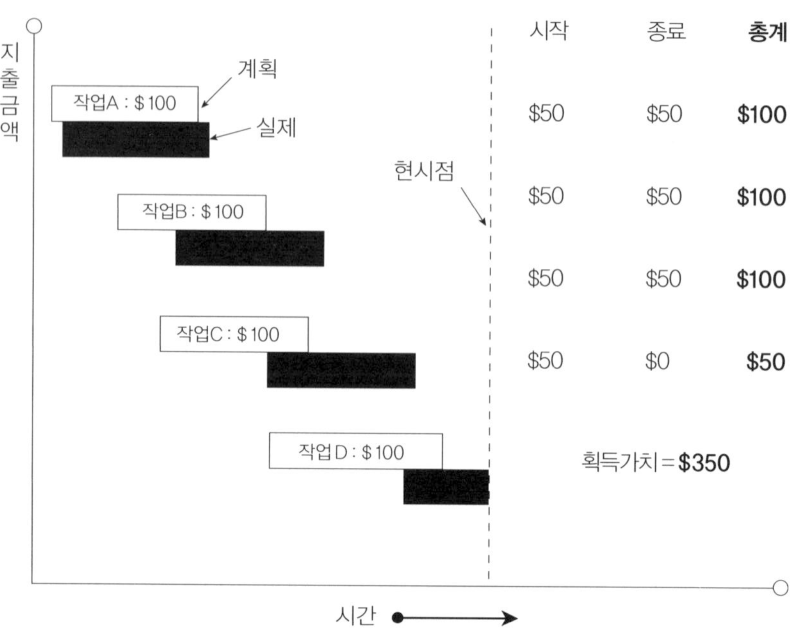

그림 13.2 50−50법칙

지 아무런 이야기도 하지 않았다는 사실을 기억해야 한다. 작업기록표 및 물품송장을 근거로 350달러 가치를 달성하기 위해서 총 700달러의 비용을 집행했다는 사실을 가정해보자. 그러면 1달러를 지출할 때마다 50센트의 가치를 얻는다. 만일 이 프로젝트에 투여되는 예산이 총 10,000달러이고, 1달러를 집행할 때마다 50센트의 가치를 획득한다고 가정하면, 프로젝트의 최종 비용은 20,000달러에 이를 것이다.

이러한 단순한 예를 통해서 우리는 획득가치 접근법이 갖는 강점을 쉽게 파악할 수 있다. 이 접근법을 통해 우리는 지금까지 완료된 작업달성률을 쉽게 계산할 수 있다. 그리고 현재 프로젝트의 경비지출 속도도 측정할 수 있다. 결국 예산의 집행이 작업수행에 미치는 영향을 계산할 수 있는 것이다. 획득가치의 계산은 작업분류체계(WBS) 상의 어느 수준에서도 가능하다. 즉, 전체 프로젝트 수준에서 뿐만 아니라 개별 단위작업 수준에서도 작업달성률을 계산할 수 있다. 결론적으로 우리는 획득가치 접근법을 통해서 분석적으로 통합비용과 일정관리를 파악할 수 있다. 이는 그래프를 통한 접근법과의 차이점이다.

○ 획득가치를 계산하는 다른 방법

50-50법칙 외에도 획득가치를 계산할 수 있는 몇 가지 방법들이 있다. 일반적으로 데이터처리 담당자는 보수적인 경향을 갖고 있는데, 그들의 입장에서 보면, 50-50법칙은 지나치게 낙관적이다. 왜냐하면 이 접근법은 어떤 작업이 시작과 동시에 절반은 달성한 것으로 가정하기 때문이다. 따라서 획득가치를 평가할 때 0-100법칙을 따르는 편이 적절하다. 어떤 작업이 시작되는 시점에는 그 어떤 것도 달성된 것이 없다고 가정하는 것이다. 작업이 모두 완료해야만 온전하게 가치를 인정받을 수 있다. 그림 13.2는 0-100법칙을 사용하여 현 시점에서의 총 획득가치를 300달러로 계산하고 있다. 즉, 목표의 75%를 완료했다는 것이다.

사람들은 획득가치를 계산하는 방법으로 경험을 토대로 계산하는 방법을 많이 선호한다. 이에 관해서는 컴퓨터를 조립하는 한 회사의 사례를 통해서 설명하고자 한다. 조립과정에는 총 5단계가 있다. 첫째, 마더보드

*motherboard*에 보조기억 칩을 설치한다. 이 단계가 완료되면 총 조립과정은 25%가 달성되었다고 할 수 있다. 그리고 마더보드에 섀시*chassis*를 설치하는 것은 30% 달성되었음을 의미한다. 그리고 하드 드라이브 슬롯에 하드 드라이브를 장착하면 70%가 달성되었음을 뜻한다. 그리고 모든 케이블을 해당 부분에 연결하면 85% 달성된 것이다. 그리고 마지막으로, 섀시를 컴퓨터의 하우징에 장착하면 100% 달성하는 것이다.

획득가치를 계산하기 위해서는 조립과정의 각 단계에서 몇 대의 컴퓨터가 있는 도표로 작성한다. 그리고 가중평균을 계산해서 해당 달의 작업 성취에 따른 총 가치를 측정한다. 예를 들어, 완전하게 조립한 제품의 가치가 100달러라고 하자. 작업성취도를 평가하는 과정에서 만일 5대의 컴퓨터가 보조기억 칩을 설치하는 단계(25% 달성)에 있다면, 이들 컴퓨터에 대한 작업달성도는 100달러에 5와 0.25를 곱해서 125달러가 된다. 만일 2대의 섀시가 설치된 컴퓨터에 마더보드를 장착하면(30% 달성), 작업달성 가치는 100달러에 2와 0.30을 곱해서 60달러가 된다. 7대 컴퓨터 작업을 모두 완료했을 때, 작업달성 가치는 125달러에 60달러를 합해서 185달러가 된다.

어림짐작으로 획득가치를 계산하는 것이 허용되지 않는 것은 아니다. 그러나 이런 식의 접근법은 지양돼야 한다. 이 경우 직무 담당자는 총 작업 중 850달러의 획득가치를 달성한 것으로 1,000달러의 작업 중 85%를 달성했다고 추측할 수 있다.

○ 비용과 일정 변동에 대한 새로운 시각

전통적으로 비용 변동을 평가하는 접근법은 계획한 비용과 실제 사용한 비용의 차이를 계산하는 방식이다. 마이너스 편차가 나오면 계획한 비용보다 지출이 많다는 것을 의미한다. 플러스 편차는 계획한 비용보다 지출이 적었다는 것을 의미한다. 예를 들어, 3월 한 달 동안 1,000달러의 지출을 계획했는데, 실제로 지출한 금액은 900달러이다. 이때는 100달러의 플러스 초과비용를 얻을 수 있다. 앞에서 살펴보았던 것처럼, 초과비용만을 놓고 평가해서는 안 된다. 초과비용는 일정과 동시에 고려돼야 한다.

획득가치 접근법을 활용하여, 우리는 초과비용를 계산하기 위해서 여러 가지 방법을 활용할 수 있다. 이것은 획득가치와 실제 사용한 비용의 차이값을 계산하면서 얻을 수 있다. 앞에서 들었던 예를 계속해서 사용해보자. 만일 획득가치가 850달러로 계산되면 초과비용는 850달러에서 900달러를 뺀 −50달러가 된다. 이것은 해당 작업에 900달러를 투자해서 850달러의 가치를 달성했다는 것을 의미한다. 즉, 우리가 완료한 작업에 대해서 50달러의 초과 비용을 지불한 셈이다. 여기에서 계산한 초과비용는 완료된 작업의 가치를 평가한 것이라는 것을 기억해두자. 이때 간트차트를 작성해서 우리가 돈을 초과로 지출했는지 여부를 판단할 필요는 없다. 초과비용만으로도 이미 많은 비용을 지출했다는 사실을 알 수 있기 때문이다. 마이너스 초과비용는 과다한 비용지출을 의미하며, 플러스 초과비용는 비용절감을 의미한다.

일정분산은 획득가치에서 계획한 비용을 뺀 값으로 정의할 수 있다.

업무성취도 측정

앞서 제시한 예를 보면, 850달러에서 1,000달러를 뺀 −150달러가 일정 차이이다. 즉, 우리가 총 1,000달러의 가치를 달성할 것으로 생각했지만 실제로는 850달러의 가치를 달성했다는 것이다. 이는 150달러의 부족분이 발생했음을 의미한다.

일정분산은 시간 단위가 아닌 화폐 단위로 계산돼야 한다는 사실을 기억하자. 처음에는 이 점이 의아할 수 있다. 대부분의 사람들이 일정을 시간의 맥락에서 생각하기 때문이다. 이는 획득가치 접근법의 논리이다. 즉, 우리는 획득가치가 작업성취도를 평가하는 것이라는 사실을 알고 있어야 한다. 그래서 계획한 대로 작업이 충분히 이뤄지지 못하면, 이는 일정지연을 불러오는 것이다.

일정차이를 측정할 때, 획득가치 접근법이 적합성은 간트차트 상에 획득가치 일정 차이를 보면 알 수 있다. 이것은 그림 13.3에 잘 나타나 있다.

그림 13.3의 (a)의 간트차트는 2개의 작업으로 이뤄진 프로젝트에서 일정지연이 발생한 것을 나타내고 있다. 첫 번째 작업(700달러 가치)은 완료했지만, 두 번째 작업(300달러 가치)은 절반밖에 달성하지 못했다. 계획한 대로 작업을 완료했을 때는 1,000달러이지만, 850달러밖에 획득하지 못했다. 이때 일정지연은 850달러에 1,000달러를 뺀 −150달러가 된다. 일반적으로 마이너스로 일정 차이가 생긴 것은 일정이 지연된 상황을 말해준다. 마찬가지로 간트차트도 일정지연을 보여준다.

그림의 (b)는 계획한 작업이 모두 완료된 것을 보여준다. 현 시점에서 1,000달러의 작업을 모두 완료할 것을 계획하였으며, 실제로도 1,000달러로 작업을 달성했다. 이때 일정분산은 1,000달러에서 1,000달러를 뺀 0달러가 된다. 일반적으로 '0'이라는 편차는 계획한 대로 작업을 완료했다는 것을 의미한다.

그림의 (c)는 작업이 빠른 속도로 진행되어서 당초에 계획했던 것보다 더 많은 작업이 완료된 상황을 표현하고 있다. 첫 번째 작업(700달러 가치)은 조기에 완료되었다. 그리고 두 번째 작업(300달러 가치) 또한 예정보다 일찍 완료되었다. 따라서 세 번째 작업(200달러 가치)도 계획보다 일찍 시작할 수 있었다. 현 시점에서 볼 때, 총 1,000달러의 작업이 모두 완료되었음을 확인할 수 있다. 실제로 완료된 작업의 가치는 1,200달러에 이른다. 이때 일정분산은 1,200달러에서 1,000달러를 뺀 200달러가 된다. 일반적으로 플러스 일정분산은 특정 시점에서 계획한 것보다 더 많은 작업이 완료했음을 의미한다.

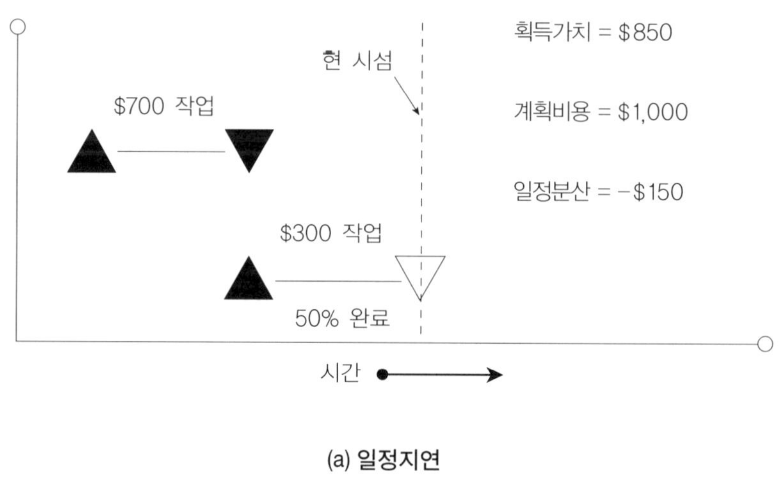

(a) 일정지연

업무성취도 측정

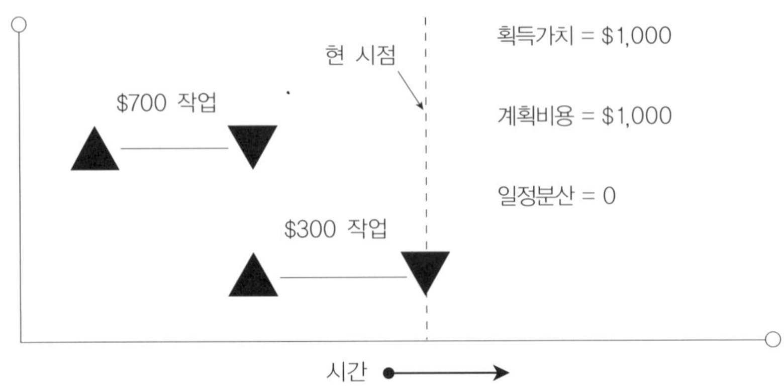

(b) 일정에 맞춘 작업완료

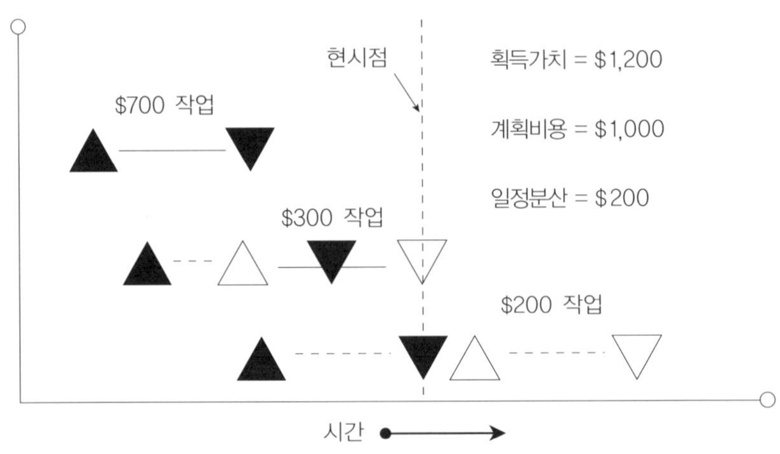

(C) 일정보다 앞선 작업완료

13.3 획득가치 : 일정변동조사

통합비용과 일정관리는 비용과 일정의 편차를 동시에 검토하면서 나타난다. 이것은 표13.1에 나타나 있다. 이 표는 서로 다른 비용과 일정 분산을 7가지 경우로 보여준다. 프로젝트A에서 비용과 일정에 대한 목표는 달성되었다. 즉, 비용과 일정의 편차는 '0'이다. 프로젝트B에서 완료된 작업의 가치는 600달러로, 계획된 800달러의 가치에 미치지 못한다. 작업에 소요된 비용은 800달러인데, 획득한 가치는 600달러라는 것이다. 따라서 프로젝트B는 비용초과와 일정지연을 겪고 있는 상황이다. 다른 프로젝트도 이런 방식으로 평가할 수 있다.

	계획비용	실제비용	획득가치	원가 차이	일정 차이
프로젝트A	$800	$800	$800	0	0
프로젝트B	$800	$800	$600	−$200	−$200
프로젝트C	$800	$600	$1000	$200	$200
프로젝트D	$800	$1000	$1000	0	$200
프로젝트E	$800	$600	$800	$200	0
프로젝트F	$800	$1200	$1000	−$200	$200
프로젝트G	$800	$400	$600	$200	−$200

표13.1 비용과 일정분산 시나리오

업무성취도 측정

○ 새로운 용어

획득가치 접근법은 어려운 용어들로 이뤄져 있다. 때문에 획득가치 접근법의 용어를 이해하고 사용하는 데는 많은 시간이 소요된다. 획득가치 접근법에서 계획비용은 '예정작업 예산원가(Budgeted Cost of Work Scheduled, BCWS)'라고 부른다. 실제비용은 '수행작업 실제원가(Actual Cost of Work Performed, ACWP)'라고 부른다. BCWS은 계획비용과 동일하고, ACWP는 실제비용과 동일하다. 획득가치는 '예정작업 예산원가(Budgeted Cost of Work Performed, BCWP)'라고 부른다.

우리는 이러한 용어를 사용해서 '일정분산(Schedule Variance, SV)'을 다음과 같이 정의할 수 있다.

$$SV = BCWP - BCWS$$

'원가분산(Cost Variance, CV)'은 다음과 같이 정의할 수 있다.

$$CV = BCWP - ACWP$$

작업달성률은 '일정성과지수(Schedule Performance Index, SPI)'라 부르는데, 이는 다음 공식으로 계산할 수 있다.

$$SPI = \frac{BCWP}{BCWS}$$

'현금소진율(burn rate)'은 효율성 비율로 해석할 수 있고, '원가성과지수(Cost Performance Index, CPI)'라 부르기도 한다. 계산법은 다음과 같다.

$$CPI = \frac{BCWP}{ACWP}$$

최종 프로젝트 비용의 평가는 '종료 시 추정원가(Estimate At Completion, EAC)'라 부르며, 다음의 공식으로 구할 수 있다.

$$EAC = \frac{BAC}{CPI}$$

여기에서 BAC는 '완료된 예산(Budgeted At Completion, BAC)'을 나타낸다. 완료된 예산은 프로젝트에 집행된 총 예산값을 일컫는다. EAC를 통해서 우리는 최종 프로젝트 비용을 예측할 수 있다. 즉, 작업에 소요되는 단위 가격(1달러)에 대해 어느 정도의 가치를 성취할 수 있는지 예측할 수 있다. 만일 프로젝트에 500,000달러의 비용을 편성하고(BAC = $500,000), 1달러를 투자할 때마다 80센트의 가치를 생산할 수 있다면(CPI = 0.8), 프로젝트의 최종 예측비용은 500,000달러를 0.8로 나눈 625,000달러가 될 것이다(EAC = $625,000).

	계획비용	실제비용	평가달성률	획득가치	일정분산	원가분산
1단계						
1/4에크리 공사현장	$1,500	$1,500	$100	$1,500	0	0
현장굴착	$2,500	$2,600	$100	$2,500	0	(100)
콘크리트 기초공사	$3,500	$3,600	$100	$3,500	0	(100)

업무성취도 측정

기초배관공사	$1,000	$1,200	$100	$1,000	0	(200)
콘크리트 블록 공사	$2,500	$2,500	$100	$2,500	0	0
방수 기초공사	$800	$900	$100	$800	0	(100)
1단계 총계	$11,800	$12,300	0	$11,800	0	(500)
2단계						
프레임 공사	$35,000	$41,000	$100	$35,000	0	(6000)
지붕 설치	$6,500	$7,300	$95	$6,175	(325)	(1,125)
단열공사	$3,500	$3,200	$100	$3,500	0	$300
전기배선	$3,000	$3,000	$100	$3,000	0	0
배관설치	$3,500	$3,100	$90	$3,150	(350)	$50
외부 벽널 공사	$4,500	$4,000	$80	$3,600	(900)	(400)
2단계 총계	$56,000	$61,600		$54,425	(1,575)	(7,175)
3단계						
건식벽재공사	$12,000	$6,000	$50	$6,000	(6,000)	0
바닥 마감	$6,000	$5,200	$80	$4,800	(1,200)	(400)
인테리어 목재공사	$6,500	$2,000	$25	$1,625	(4,875)	(375)
인테리어 칠	$3,000	0	0	0	(3,000)	0
외관 칠	$1,000	0	0	0	(1,000)	0
3단계 총계	$28,500	$13,200		$12,425	(16,075)	(775)
현재까지 프로젝트 총계	$96,300	$87,100		$78,650	(17,650)	(8,450)

총 예산(BAC): $115,000

※ 주 : 이 보고서가 작성된 시점에 모든 작업이 완료되었음

표13.2 작업 진행상황에 대한 하청업자의 보고서 : 간부 클럽 프로젝트

○ 사례 연구 : 간부 클럽 프로젝트

획득가치 접근법이 갖는 강점을 예를 들어 설명해보겠다. '간부 클럽'을 설립하는 프로젝트가 있다고 하자. 지금까지의 진행상황에 대한 데이터는 표 13.2에 제시되어 있다. 이 표의 제일 마지막 줄은 현 시점에서 건설 프로젝트의 3단계가 완료되었고, 이때 편성된 예산이 96,300달러(BCWS)임을 보여준다. 현 시점에서 87,100달러가 실제로 지출되었다(ACWP). 완료된 작업의 가치는 78,650달러(BCWP)이다. 일정 및 비용분산에 관한 데이터를 통해서, 우리는 이 프로젝트가 일정지연 및 비용초과의 상황에 있다는 것을 알 수 있다. 일정차이(BCWP−BCWS)는 −17,650달러이며, 원가차이(BCWP−ACWP)는 −8,450달러이다. 현재 프로젝트는 계획된 목표에 비해 81.7%를 달성했다(SPI = 78,650/96,300). 예산지출에 대한 현금 소진율(CPI)은 0.903 (78,650/87,100)이다. 즉 1달러를 지출할 때마다 프로젝트는 90.3센트의 가치를 만든다는 의미이다. 주어진 현금 소진율을 적용하면 115,000달러의 예산이 투여된 프로젝트의 총원가 추정비용(EAC)은 127,242달러이다(115,000/0.903).

우리는 표의 결과를 분석하면서 프로젝트의 진행상황에 대해서 알 수 있다. 따라서 현재 프로젝트의 상황이 좋지 않다는 결론을 내릴 수 있다. 상당한 일정분산을 보여주고 있으며, 최종 비용은 당초 책정한 예산보다 늘어날 것이다.

획득가치 접근법이 갖는 강점이 바로 예산과 일정 분석이 작업분류체계의 모든 수준에서 가능하다는 것이다. 간부 클럽 프로젝트의 1단계에 관한 데이터를 생각해보자. 개발 작업에서 나타나는 일정분산의 값인

'0'은 모든 작업이 계획에 따라 종료되었다는 사실을 보여준다. 작업이 종료되는 시점에 500달러의 비용초과분이 존재할 따름이다.

2단계의 데이터를 보면 문제를 발견할 수 있다. 3가지 작업(지붕 설치, 배관 공사, 외부 벽널 대기)이 마이너스 스케줄 편차를 갖고 있다. 이것은 2단계가 종료되기 전에 더 많은 작업이 이뤄져야 함을 보여준다. 2단계에서 발생한 비용초과분의 총합은 7,175달러이다. 건물의 프레임 공사에서 가장 많은 비용초과가 발생했다(6,000달러의 비용초과분 발생).

3단계에서는 훨씬 더 큰 문제라 생겼다. 일정분산 데이터를 보면, 총 16,075달러가 드는 작업이 아직 완료되지 못한 것을 알 수 있다. 비록 초과비용은 낮지만(-775달러), 현재 프로젝트는 당초 일정에 훨씬 미치지 못하고 있다. 따라서 작업이 완료되기 전에 더 큰 비용초과의 발생을 예상할 수 있는 것이다.

○ 데이터 수집

대규모의 프로젝트에서는 경과에 따른 데이터를 수집하는 것은 복잡하다. 기업은 원가계산 관리자(Cost Account Manager, CAM)에게 데이터 수집의 책임을 부여하면서 이 작업을 수행한다. 대규모 프로젝트에서 개인 CAM은 거대한 비용이 드는 작업에 대해서 책임을 진다.

CAM는 중요한 데이터를 처리하면서 작업의 수행 정도를 측정할 수 있다. 여기에는 획득가치도 포함된다. 이 작업을 위해서 CAM은 회사를 돌아다니면서 직무 책임자에게 작업의 달성 정도를 묻거나 조언을 구한다. CAM은 프로젝트의 핵심 단계에 대해서 잘 알고 있다. 따라서 CAM은 주로 직무담당자에게 프로젝트가 계획한 대로 핵심 단계에 도달했는지 여부를 묻는다.

CAM은 초기의 데이터를 수집하여 그것을 획득가치 보고서에 사용할 수 있도록 가공하는 책임을 맡는다. 여기서 만든 보고서는 계획에 따라 프로젝트가 진행되는지를 검토할 때 중요한 방어책으로 사용한다. 또한 매달 계획된 일정에 맞춰 프로젝트가 적절하게 진행되고 있는지도 검사한다. 만일 문제가 발견되면 이를 관리자에게 알려야 한다.

소규모 프로젝트에서 CAM을 고용하여 데이터를 수집하고 가공하는 작업은 효율적이지 않다. 문제가 생겼을 때 행정적인 비용을 지불하지 않고도 작업의 성과를 측정할 수 있는 여러 가지 방법이 있기 때문이다. 이 때에는 작업의 개시와 종결을 알기 위해서는 50-50법칙이나 0-100법칙을 사용하는 것으로도 충분하다. 즉, 프로젝트 진행의 핵심 단계를 활용하는 것만으로 업무성과를 측정할 수 있다.

○ 획득가치 접근법을 활용한 추세 분석

획득가치 접근법은 작업성취도의 일반적인 추세를 알아보기 위해서도 사용할 수 있다. 그림 13.4는 이를 나타낸 것이다. 이 그림에는 ACWP, BCWP, BCWS의 추세가 나타나 있다. 모든 것들이 계획에 따라서 정확하게 진행되면, 이 3가지 측면을 반영하는 곡선은 동일 선상에 놓이게 될 것이다. 다시 말해 하나의 곡선으로 표현할 수 있다. 획득가치 곡선에서 ACWP곡선이 벗어난 것은 비용의 편차가 있음을 의미하고, BCWS 곡선이 벗어나 있는 것은 일정분산이 있음을 나타낸다.

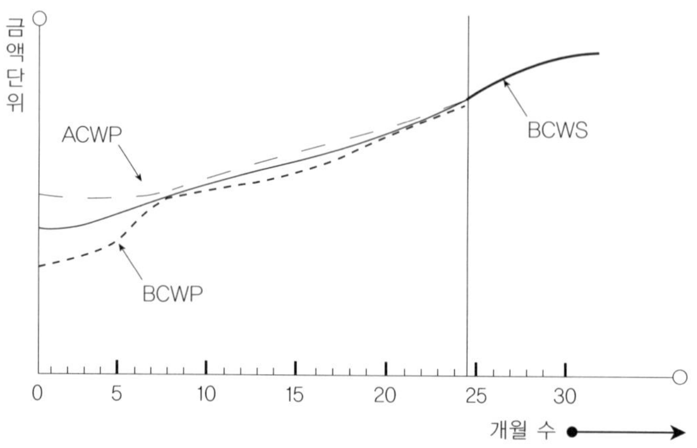

그림 13.4 시간경과에 따른 획득가치 접근법

그림 13.4를 통해서 프로젝트의 초기에는 상당한 초과비용 및 일정분산이 존재했다는 사실을 확인할 수 있다. ACWP와 BCWS 모두 BCWP에 비해 상당히 큰 값을 보인다. 이것은 마이너스 편차가 있음을 나타낸다. 그러나 시간이 경과하면서 편차가 줄어든다. 그래서 8개월이 되면 편차는 소멸된다. 이는 프로젝트에 대한 통제가 원활하게 이뤄지고 있음을 보여주는 것이다.

이런 식으로 표를 활용하면, 상급관리자가 프로젝트의 진행상황에 대해 한 눈에 파악할 수 있다. 만일 그림에서 프로젝트가 원활히 진행되고 있으면, 프로젝트 관리자는 세부 데이터를 작성하지 않아도 된다. 그러

나 그림에서 프로젝트 문제가 나타나면 보다 세부적인 데이터를 작성해
서 검토해야 할 것이다.

○ 획득가치 접근법이 적절한 때는 언제인가?

획득가치 접근법은 정부 계약자들과 정부 프로그램 관리자들에게 규
모가 크고 복잡한 프로젝트의 진행에 대해 지침을 제공하기 위해서 개발
되었다. 획득가치 시스템을 완벽하게 개발하기 위해서는 행정적인 작업
을 필요로 하는 상세한 설명서가 필요하다. 때문에 이 접근법은 적어도
100,000,000달러 이상의 규모가 되는 프로젝트에 적절하다. 작은 규모
의 프로젝트에서는 이러한 접근은 적합하지 않다.

간부 클럽 프로젝트의 사례를 통해서 획득가치 접근법의 유용성을 다
시 한번 확인할 수 있다. 즉 불필요한 행정적인 업무를 처리해야 한다는
상황을 제외하더라도, 규모가 작은 프로젝트에서도 진행성과를 측정하
기 위해서 획득가치 접근법은 매우 유용하다. 만일 프로젝트가 비용에
대한 정보를 갖고 있고, 실제비용 데이터가 정확하고 신속하게 보고 되
면 획득가치 접근법은 유용한 방법론이 될 것이다. 이 접근법은 간트차
트와 누적비용곡선을 숫자로 표현한 것이다. 간트차트와 누적비용곡선
은 프로젝트의 진행을 시각적으로 표현하여 상대의 이해를 돕는 방법
이다. 반면, 획득가치 접근법은 보다 분석적인 데이터를 통해서 설득력
을 가진다.

획득가치 접근법으로 작업성취도를 평가하기 위해서는 무엇보다 데이

터의 질이 중요하다. 양질의 데이터만 있으면 작업의 성과 달성률, 프로 젝트 기금 지출에 대한 현금 소진율을 쉽게 구할 수 있다. 그리고 EAC를 계산하여 대략적으로 미래를 예측할 수 있다. 또 작업분류체계의 모든 단계에서 이러한 분석이 가능하다.

획득가치 접근법을 사용하는 데는 2가지 제약이 있다. 첫째, 정확하고 즉각적으로 비용 데이터의 수집이 가능한가의 여부이다. 많은 기업들이 이렇게 데이터를 수집할 수 있는 시스템이 마련돼 있지 못했다. 관련 데 이터 없이 프로젝트를 효과적으로 관리하기는 힘들다.

두 번째 제약은 교육의 문제이다. 획득가치 접근법을 제대로 활용하기 위해서는 프로젝트에 관련된 모든 직원이 획득가치 접근법의 메커니즘 을 이해하고 있어야 한다. 예를 들어, 획득가치 접근법으로 작성된 보고 서의 업무성과를 이해해야 한다. 만일 그들이 충분히 학습하지 않으면 프로젝트의 작업성과를 효율적으로 파악할 수 없을 것이다.

○ 과거의 획득가치 접근법

획득가치 접근법은 1960년대 미국에서 대규모의 방위 프로젝트를 위 해서 개발되었다. 개발 당시 미국 공군에서 주도적으로 진행했다. 1950 년대와 1960년대 방위관련 계약이 절정에 이르렀을 때, 미 국방부는 점 점 커지고 복잡해지는 프로젝트의 진행상황이나 진척과정을 파악하는 것이 힘들다는 사실을 깨달았다. 그리고 대규모의 프로젝트가 여러 업 자들과의 복잡한 계약을 통해 수행되고 있으며, 각각의 계약은 계획과 통제시스템이 별도로 운영된다는 사실을 알게 되었다. 이는 문제를 보다 복잡하게 만들었다.

1960년대 초반, 국방부는 더 이상 계약자들의 작업을 정확하게 파악하고 감독할 수 없는 상황이 되었다. 그래서 국방부는 프로젝트의 계약자들에게 작업과정 및 달성도를 일관된 양식으로 보고할 것을 지시했다. 즉, 프로젝트의 진행의 보고에 대해서 규칙을 마련한 것이다. 이러한 규칙은 1967년 국방부지침(Department of Defense Instruction, DODI) 7000.2에 실렸고, 후에 비용일정 통제시스템 기준(Cost/Schedule Control System Criteria, C/SCSC)에 의해 알려졌다.

획득가치 접근법은 일관성 있는 시스템 개발에 중점을 두고 있으며, 5가지 영역에서 계약업체에서 가져야 할 관리규율을 정하고 있다.

<u>조직</u> : 작업분류체계 및 조직분류체계의 개발에 관한 지침이 제공된다.

<u>계획</u> : 핵심적인 계획에 대한 요구사항을 중점적으로 다뤄야 한다. 이를 테면 작업수행에 대한 기준선의 수립을 들 수 있다.

<u>회계</u> : 요구사항은 비용 회계 데이터의 수집과 관리를 위하여 세부적으로 명시돼야 한다.

<u>분석</u> : 예산 차이, 일정분산 및 EAC를 보고하기 위하여 획득가치 기법에 대한 사용 지침이 제공돼야 한다.

<u>보고</u> : 비용집행보고서(Cost Performance Reports, CPRs)를 통해 프로젝트의 진척상황을 보고할 때도 지침이 필요하다. 이것은 대규모 프로젝트를 수행할 때 요구된다. 비용 및 일정상황보고(Cost and Schedule Status Reports, C/SSRs)에 대한 지침이 필요한데, 이것은 상대적으로 규

모가 작은 프로젝트에서 적용된다. CPRs는 C/SSRs에 비해서 많은 작업을 요구한다.

1990년대, 국방부가 개발하여 보급한 획득가치 접근법은 여러 부분에서 수정과 변경을 겪었다. 1991년 DODI 7000.2는 DODI 5000.2로 대체되었다. 이것은 다시 1996년 DOD규제(DODR) 5000.2-R로 대체되었다. JIP도 수정을 거쳐서 1997년 획득가치관리 수행지침(Earned Value Management Implementation Guide)으로 대체되었다. 획득가치관리 시스템의 최신 버전은 어떤 조치에 따른 명령보다 지침을 정비하는 것을 중요하게 여긴다.

국방부의 획득가치 접근법은 주로 대규모의 프로젝트에 집중된 것이었다. 국방부 관련 프로젝트는 외부인이 그 속성을 이해하기 힘들었다. 이런 이유 때문에 국방부와 관련이 없는 외부의 민간기업들은 획득가치 접근법이 국방부와 관련 없는 프로젝트에서 가질 수 있는 유용성에 대해서 알지 못했다.

그러나 이런 상황은 1980년대에 이르러 변화했다. 간부 클럽 프로젝트의 예에서, 획득가치 접근법은 관료주의적 요구사항을 제외하면 소규모 프로젝트에서도 효과적으로 사용할 수 있다. 오늘날 효율적인 기업에서 일하는 프로젝트 관리자들은 획득가치 접근법이 프로젝트의 계획, 실행, 통제를 효율적으로 할 수 있는 기법이라는 것을 알고 있다.

CHAPTER 12

○ 결론

　프로젝트 관리자는 작업의 달성 정도를 지속적으로 확인해야 한다. 앞에서 언급한 방법들을 통해서 작업성취도를 측정하면 좋을 것이다. 통합비용 및 일정관리에 초점을 두고 작업성취도를 측정하면 보다 세밀하게 분석할 수 있다. 작업성취도를 측정하는 것은 매우 중요하다. 왜냐하면 이러한 과정을 통해서 초기에 문제를 발견할 수 있고, 적은 비용으로 프로젝트를 수정하고 보완할 수 있기 때문이다.

프로젝트의 평가 :
목표 유지, 책임감 강화 및
목적 달성

경영을 올바르게 하기 위해서는 책임감을 가져야 한다. 책임의 분산은 여러 가지 문제를 야기시킨다. 작업이 제대로 진행되지 않고 무시되거나, 작업이 완료되더라도 완성도를 장담할 수 없다. 또한 상황이 잘못되었을 때, 어느 누구도 책임지지 않을 것이다.

책임의 문제는 프로젝트 관리에서 매우 중요하다. 여기에는 2가지 이유가 있다. 첫째, 일반적으로 프로젝트는 차출된 인력으로 수행된다. 차출된 인력은 프로젝트 팀에 소속되었지만 원래 자신이 속한 부서에 대해서 소속감이 더 크다. 즉, 컴퓨터 프로그래머는 데이터처리 부서, 기술자는 기술 부서, 설계자는 설계 부서에 더 깊숙이 소속감을 느낄 것이다. 이러한 인력들은 필요에 따라서 프로젝트에 참여했다가 빠져나가기를 반복한다. 그들은 자신의 일을 마치면 원래의 부서로 돌아간다. 차출된 인력의 상사는 자신의 직원들이 파견근무에 나가서 어떻게 프로젝트에 임했는지 알지 못하는 경우가 많다. 당연히 프로젝트 관리자는 차출된 인력에 대해서 제한적으로 통제권을 가질 뿐이다. 게다가 일반적으로 프로젝트 관리자는 팀원의 작업을 평가할 수 있는 기술적인 지식을 갖고 있지 않다. 결론적으로 차출된 인력들은 그 어느 누구의 책임 범위에도 들지 않는다.

둘째, 프로젝트는 수행과정에서 행위자들이 변화한다. 따라서 프로젝트도 지속성을 상실한다. 가장 최근의 행위자가 어떻게 프로젝트를 해석하느냐에 따라서 요구사항이 변하는 경우가 많다. 새로운 행위자가 위원회를 구성하면 기존의 결정사항들이 반복되는 경우가 잦다. 결국 누가 권한을 갖고, 어떤 일이 벌어질 것인지 확신할 수 없는 것이다. 결정에 따른 결과의 좋고 나쁨에 그 누구도 책임지지 않는다.

이 장에서는 프로젝트를 수행하는 기업에서 책임감을 높이는 방법에 대해서 살펴볼 것이다. 책임을 강화하기 위해서는 체계적이며 엄격한 평가과정이 필요하다. 이런 평가과정을 통해서 사람들은 문제를 감추거나 주요한 결정을 회피하는 행동을 자제할 것이다. 그들은 자신이 내린 결정과 조치들에 대해서 책임감을 가져야 하기 때문이다.

평가가 올바르게 이뤄지면 책임감도 높이고, 프로젝트의 성과도 측정할 수 있다. 평가는 기준에 의해서 측정한다. 평가는 목표관리(MBO)의 필수적인 부분이다. MBO는 관리 기법으로서 1950년에 시작되었다. MBO의 기본 원리는 확실한 목표설정에 있다. 즉 기업이 직원들에게 명확하게 정의된 목표를 설정하면서, 직원들은 이를 달성하기 위해 집중하는 것이다. 이는 기업의 직원들이 프로젝트를 원만하게 수행할 수 있도록 만드는 최선의 방법이다. 기업이 목표를 달성하기 위해서는 목표달성과 연계된 각종 사업의 진행성과를 주기적으로 점검해야 한다.

정기적인 평가는 초기에 문제를 파악하도록 돕는다. 즉 문제에 대해서 즉각적으로 조치를 취하면서 문제가 확대되는 것을 막는다. 프로토타입 형성 단계보다는 설계 단계에서 문제를 파악하고 수정하는 것이 비용도 덜 들고, 일도 수월하게 할 수 있다. 또 생산 단계보다는 프로토타입 형성 단계에서 문제를 해결하는 것이 훨씬 쉽다. 우리는 지속적인 평가를 통해서 낮은 비용으로 문제를 해결할 수 있는 메커니즘을 갖는 것이다.

평가가 이뤄지기 위해서는 업무성과를 조사해야 한다. 업무가 어떻게 진행되고 있는지 자세하게 살펴보아야 할 것이다. 여기서 조사의 목적은 문제를 밝혀내는 데 있다. 프로젝트의 계획, 설계, 집행의 평가는 아무리 우호적으로 하더라도 힘이 들 수밖에 없다. 잘못된 사항에 대해 지적 받는 것을 즐기는 사람은 없을 것이다. 실제로 평가는 냉혹하게 이뤄지는 게 사실이다.

나는 6개월 동안 전문 평가 담당자로 근무했던 적이 있다. 당시 나는 다양한 방법론을 습득했고, 수많은 평가를 했으며 평가 관련 저널을 꾸준히 읽었다. 그리고 평가 기법에 대한 논문을 쓰고, 다른 평가 담당자들과 심포지엄에도 참석했다. 이렇게 현장에서 전문 평가 담당자로 일하면서 한 가지 중요한 사실을 깨달았다. 즉, 성공적으로 평가하기 위해서는 특정 기법을 사용하기보다 우호적인 환경을 조성해야 한다는 것이다. 대부분의 사람들은 평가에 대해서 위협을 느끼고 경계한다. 우선 이러한 부담스런 환경을 바꿔야 한다. 회사는 직원들 스스로가 프로젝트 작업에서 겪는 어려움을 평가 담당자와 공유할 수 있도록 환경을 조성해야 한다. 결론적으로 13장은 상세한 평가 기법이 아닌 평가의 특징과 목적에 대해서 설명할 것이다.

○ 평가란 무엇인가?

평가는 몇 가지 기준을 두고, 제대로 목표를 달성하고 있는지 확인하는 것이다. 몇 가지 기준은 일정, 예산, 기술적 기준 및 여타 작업수행 관련 지침들을 일컫는다. 이렇게 볼 때, 평가는 프로젝트 관리를 마무리 짓는 메커니즘의 한 부분이다. 즉, 목표를 수립하고, 프로젝트 스태프는 테스트를 거쳐서 목표를 완전하게 달성했는지 확인해야 한다.

평가는 우리 주변의 모든 영역에서 행해지고 있다. 우리가 평가라고 인식하지 못하는 상황에서도 평가가 이뤄지고 있다. 예를 들어 나는 경영학 세미나에서 학생들에게 직장에서 겪은 경험을 물었던 적이 있다. 나는 학생들에게 직장에서 평가했던 내용에 대한 리스트를 작성해달라고 요구했다. 학생들이 작성한 리스트는 기대 이상으로 많은 항목들을 담고 있었다. 앞으로는 학생들이 경험했던 가장 일반적인 평가 행위에 대해서 설명할 것이다.

● 입찰(Bid) 대 비(非)입찰(No-Bid Evaluaion) 평가

계약을 통해서 프로젝트를 수주하는 경우, 기업이 모든 프로젝트에 대해서 최적의 자원을 투여하기는 힘들다. 기업은 자원을 절약해서 낙찰 가능성이 높고, 많은 이익을 얻을 수 있는 프로젝트에 입찰한다. 어떤 프로젝트에 입찰할 것인지는 특정 프로젝트와 관련된 여러 가지 변수들을 고려한 뒤 판단한다. 예를 들어, 기술적인 기준이 중요하다면 다음과 같은 핵심 질문들을 중요하게 여길 것이다. 프로젝트가 우리의 기술적 역량을 증진시켜줄 것인가? 프로젝트에서 우리의 역량을 최대한 발휘할 수 있는가?

● 비즈니스 사례 평가

비즈니스 사례는 입찰 여부를 결정하는 데 상당한 영향을 미친다. 그러므로 현재의 프로젝트 이전에 겪은 프로젝트의 사례를 파악하는 것이 중요하다. 사례를 검토할 때는 프로젝트가 갖는 비즈니스적인 의미에 초점을 맞춘다. 또한 경쟁분석(competitive analysis)을 통해서 전략, 목표, 시장 존재, 핵심 경쟁자의 역량 등을 파악할 수 있다. 이것은 비용-가격 평가의 한 가지 방법으로 비용과 수익을 예측할 수 있다.

● 타당성 조사(Feasibility study)

타당성 조사는 여러 가지 방식으로 사용된다. 일반적으로 이것은 프로젝트 개념에 대해서 기술적·경제적·상업적으로 검토하는 것이다. 국

제적인 영역에서는 공공의 단체가 개인의 프로젝트에 드는 비용을 부담한다. 이들 재무 부담자(예를 들어, 세계은행, 상업은행 및 정부개발기관)는 타당성 조사를 바탕으로 프로젝트의 재무적인 지원 여부를 결정한다.

기술적 평가

기술적 평가는 프로젝트의 전 과정에서 개발 및 생산 중인 결과물을 기술적 측면에서 검토하는 것이다. 개발 단계에서는 2가지의 기술적 검토가 이뤄진다. 즉, 예비설계검토(Preliminary Design Review, PDR)와 핵심설계검토(Critical Design Review, CDR)이다.

PDR과 CDR의 목적은 설계 과정에 안정을 주는 것이다. 디자인은 초기 단계에서 많은 변화를 겪는데, 이는 프로젝트 스태프가 여러 설계의 대안들을 고민하고 적용하기 때문이다. 설계팀은 특정한 설계안을 작성하도록 해야만 프로젝트가 잦은 설계변경으로 인해 차질을 겪지 않게 된다. PDR이 이뤄질 때는 특정 설계안을 검토하고 승인해야 한다. 개발의 초기 단계는 설계에서 많은 수정과 변경을 겪게 될 것이다. 그러므로 설계가 끊임없는 수정작업에서 벗어나려면 CDR의 과정을 거쳐야 한다. CDR을 통해서 최종 설계안의 채택 및 승인이 이뤄진다. 이것은 구체적인 결과물을 만들기 위한 기초가 된다.

기술적인 평가는 테스트와 밀접한 연관을 가진다. 예를 들어, 전체적인 기준의 적합성 여부를 판단하기 위해서 소프트웨어의 한 부분을 테스트하거나, 낮은 기온에서 탄성 유지 여부를 알아보기 위해 패킹용 고무를 테스트하기도 한다.

유용한 기술평가의 접근법으로 '구조적 검증(structured walk-through)' 기법을 들 수 있다. 구조적 검증 기법은 이후에 자세히 논의하도록 하겠다.

● 제안서 평가

대규모 프로젝트의 계약을 앞둔 기업들은 제안서의 타당성 여부를 확인하기 위해 평가에 임한다. 평가를 하기 위해서 제안서의 내용을 엄중하게 비판하고 평가하는 전담 팀을 수립한다. 초기 단계에서 제안서는 '분홍색 팀(pink team)'의 검토를 거친다. 이때 검토는 PDR과 유사하다. 이때 목적은 향후 제안서 개발의 방향에 대한 지침을 제공하기 위한 것이다. 제안서 개발에 지나치게 치우치지 않기 위해서는 일단 분홍색 팀의 검토가 이뤄져야 한다. 그리고 온전하게 작성된 제안서는 '붉은색 팀(red team)'의 검토를 거쳐야 한다. 이때 검토는 CDR과 유사하다. CDR의 목적은 제안서를 제출하기 전에 최종적으로 수정하는 것이다.

● 현장 검수

프로젝트는 수행의 전 과정이 끝나면 현장 검수 단계에 거친다. 일반적으로 고객은 현장에서 검수한 내용을 바탕으로 프로젝트 결과물이 원하는 대로 만들어졌는지 판단한다. 테스트에서 가장 중요한 단계는 최종적인 '고객의 현장 검수(customer acceptance test)' 단계이다. 이 마지막 단계를 테스트해서 결과물이 명세서에 맞는지에 대한 고객만족의 여부가 결정된다. 이 결과에 따라서 고객이 프로젝트에 대한 대금을 지불할 지 결정하는 것이다.

● 근본 원인

프로젝트가 수렁에 빠지는 절망적인 상황이 발생하면, 관리자는 문제의 원인이 어디에 있는지 파악하기 위한 원인을 분석해야 한다. 문제의 원인을 발견하면, 이를 바로잡기 위해 집중적으로 노력해야 한다. 때로는 원인 분석(root cause analysis)이 문제의 심각함을 드러내기 때문에 프로젝트를 중단하는 것이 최선일 때도 생긴다.

● 사후검토

많은 회사들이 프로젝트를 종결하면서 사후검토를 행한다. 이를 통해 잘된 것과 잘못된 것을 평가한다. 사후검토는 매우 가치 있는 작업이다. 여기서 중요한 것은 문서작업을 통해서 프로젝트의 수행방법과 절차에 관한 규정을 포함시키는 것이다. 이런 식으로 기업은 프로젝트의 경험을 통해서 동일한 실수를 피할 수 있다.

그러나 프로젝트를 둘러싼 환경은 효과적인 사후검토를 힘들게 한다. 예를 들어 대부분의 프로젝트는 행위자가 자주 바뀌어서 혼란을 겪는다. 즉 새로운 행위자가 나타나서 담당자가 자주 교체되는 것이다. 따라서 프로젝트의 진행과정을 효율적으로 재구성하기가 힘들다.

이런 문제를 극복하기 위해서는 특별한 노력이 필요하다. 이를테면 프로젝트 관리자와 스태프는 프로젝트 수행 전에 취한 결정사항을 문서로 남겨둬야 한다. 그리고 스태프의 이직을 최소화하고 잘못된 점을 개선하기 위해서 고민해야 할 것이다.

● 성과평가

지금까지 논의한 평가들은 프로젝트의 실적에 초점을 두고 있었다. 성과평가(performance appraisal)는 개별 행위자의 성과에 초점을 둔다. 프로젝트에서 성과평가의 주요 문제점은 매트릭스 경영에 뿌리를 두고 있다. 일반적으로 프로젝트 수행자는 차출된 인력이다. 그들은 원래 다른 부서에 소속돼 있었기 때문에 프로젝트 파견 업무가 끝나면 본래의 부서로 돌아간다.

여기에서 가장 큰 의문은 '어떻게 직원들의 기여도를 평가할 것이냐' 하는 것이다. 차출된 인력의 상사는 프로젝트에 관여하지 않기 때문에 자신의 직원들이 프로젝트에서 어떻게 일했는지 잘 알지 못한다. 프로젝트 관리자는 직원들의 실적에 대해서 공식적으로 영향력을 행사할 수 없다. 프로젝트 관리자가 영향력을 행사하더라도, 여러 가지 이유로 인해서 그들의 의견은 반영되기 힘들다. 뿐만 아니라 프로젝트 관리자는 차출된 인력의 기술적인 기여도를 평가할 수 있는 능력을 갖지 못한 경우가 많다. 또한 프로젝트 관리자는 기존의 소속 부서의 목표에 대해서 충분히 이해하지 못하는 경우도 많다.

매트릭스 환경에서는 차출된 인력에 대한 성과 평가를 어떻게 해야 할까? 이는 오늘날의 프로젝트 관리자가 해결해야 할 가장 중요한 질문이

프로젝트의 평가

다. 매트릭스 상에서 3명의 핵심 행위자가 이 문제에 대해서 가장 큰 이해관계를 갖고 있다. 프로젝트 스태프는 자신들이 어떻게 평가 받는지 알고 싶어 한다. 회사에서 그들의 미래는 평가의 결과에 따라서 좌우된다. 그들은 소속 부서 관리자의 평가에 매우 민감하다. 그러나 소속 부서의 관리자는 그들이 프로젝트에서 어떻게 일했는지는 잘 알지 못한다. 마찬가지로 차출된 인력들은 그들의 성과를 프로젝트 관리자가 평가하는 것을 불쾌해한다. 왜냐하면 차출된 인력들은 프로젝트 관리자가 자신들의 승진 목표에 대해서 알지 못하고, 그들의 프로젝트 업무를 평가할 기술적인 통찰력도 갖고 있지 않다고 생각하기 때문이다.

차출된 인력이 소속된 부서의 관리자들도 파견 중인 직원의 성과를 평가하는 것이 힘들다. 한동안 부서 내에서 자리를 비우고 있었기 때문에 그 직원의 작업이나 업무 성과를 직접 보지 못했기 때문이다. 또 이들은 자신이 직원에게 지시했던 방법이나 절차와 상반되는 것을 프로젝트 관리자가 지시했다는 사실을 달갑게 여기지 않을 것이다.

프로젝트 관리자는 차출된 인력의 성과를 평가하는데 어떤 역할도 하지 못하는 경우가 많다. 즉, 프로젝트 관리자는 파견 직원들에게 동기를 부여할 수 있는 방법을 갖지 못한 것이다. 매트릭스 조직에서 직원들의 성과평가를 위한 해결책을 찾기는 쉽지 않다.

● 재무감사

일반적으로 재무감사를 들 수 있다. 재무감사는 대개 외부 감사기관이 행하고, 프로젝트의 회계가 이뤄지고 있는지 여부를 조사한다. 대부분

감사는 일정에 따라서 정기적으로 이뤄지지만 가끔 예고 없이 행해져서 프로젝트 수행자에게 두려움을 유발시킨다. 그래서 프로젝트 수행자는 이러한 비정기적 감사에 대해서 불신을 갖게 된다.

● 품질보증

품질보증은 원래 평가의 한 부분이다. 이는 품질에 따른 달성 목표를 정하고 그 목표에 부합하는지 여부를 검토하기 위해서 정기적인 평가를 하는 것이다.

○ 평가와 프로젝트 수명주기

여러 프로젝트를 통해서 평가와 프로젝트 수명주기의 단계가 밀접하게 연관된 것을 알 수 있다. 프로젝트의 사전 단계에서 하는 평가는 해당 프로젝트가 수행할 만한 가치가 있는지 판단하기 위한 것이다. 여기는 타당성 검토, 입찰 대 비입찰 평가, 비즈니스 사례 평가 등이 포함된다.

프로젝트 수행 중에 하는 평가는 대체로 업무 실적을 살피는 것과 관련이 있다. 즉 '프로젝트가 목표에 맞게 수행되고 있는가?'를 평가하는 것이다. 이는 주로 기술적인 것에 대한 평가로, 그에 따른 테스트가 행해진다. 프로젝트가 어려움에 직면하면 평가를 통해서 주요 경로의 수정을 위한 합리적인 근거를 마련하거나 프로젝트를 중단할 수 있다. 프로젝트가 마지막 단계에 가면 가장 중요한 평가가 실행된다. 이는 최종적으로 고객이 현장검수를 하는 것이다. 그런데 고객이 최종적으로 수용하지 않으면 프로젝트는 혼란을 겪을 수밖에 없다.

프로젝트의 사후 과정에서 하는 평가는 프로젝트의 경험을 통해 얻은 교훈에 중점을 둔다. 비록 이때의 평가는 현재 프로젝트의 결과에는 영향을 주지 않는다. 하지만 평가를 통해 습득한 교훈을 프로젝트 방법과 절차에 포함시키면 미래의 프로젝트에 긍정적인 영향을 미칠 것이다.

○ 평가의 문제점

나는 6개월 동안 한 기업의 평가 시스템 개발 작업에 참여했다. 이때 경험을 통해서, 실제로 평가를 어떻게 하는지에 대해서 지식과 의견을 갖추게 되었다. 나는 미국 국립보건원(National Institutes of Health, NIH), 국립과학재단(National Science Foundation, NSF) 등의 평가 담당자들과 작업을 하면서 그들 중 평가작업의 어려움에 대해서 정통한 전문가들을 만날 수 있었다. 그들 역시 평가를 위해 적절한 접근법을 활용했지만 평가가 가진 고질적인 문제에서 벗어나기는 힘들다고 했다.

한참동안 나는 왜 평가가 이토록 힘든 일인지 생각해보았다. 수많은 평가과정에 직접 참여하고, 평가 점수를 수차례 살펴보면서, 나는 평가에 여러 가지 공통된 문제점이 존재한다는 사실을 알게 되었다. 이 문제들 중 상당수는 평가의 의도를 왜곡한 데서 비롯되었다. 또 어떤 문제들은 평가의 고유한 성격과 관련이 있었다. 예를 들면 평가가 갖는 위협적인 요소가 있겠다.

● 평가 의도의 왜곡

　기업의 직원들은 평가가 무엇을 위한 것인지 이해하지 못한 경우가 많다. 일반적으로 평가에 대해서 오해하고 있다. 우선 평가가 직원의 부정적인 업무성과를 들추기 위한 도구로 인식하는 것이다. 때문에 평가는 두려움의 대상이다. 이 같은 인식은 평가가 문제를 찾아내는 데만 초점을 두고 있기 때문이다. 평가는 초기에 문제를 발견하여 문제가 확대되기 전에 해결하는 것이 목적이다.

　한편 일부 관리자들은 평가를 직원들이 긴장감을 늦추지 않도록 하는 방편으로 이해한다. 게다가 불시에 벌어지는 감사와 같은 것으로 인식하기도 한다. 언젠가 한 관리자가 내게 이렇게 말했던 적이 있다. "저는 불시에 직원들을 평가하는 것을 좋아합니다. 그러면 직원들이 어떻게 업무를 수행하는지 알 수 있어요. 직원들이 감사를 미리 예상하고 준비하면 제대로 평가하기 힘들죠. 불시에 평가하다 보면 직원들은 언제 평가 받을지 모르기 때문에 항상 긴장합니다."

　그러나 효과적인 평가를 위해서는 불시에 하는 방식은 가급적 줄여야 한다. 그리고 평가의 기준이 명확하게 제시돼야 할 것이다. 또한 정해진 일정에 따라 평가가 이뤄져야 한다. 이를 통해 프로젝트 스태프는 자신의 업무에 대한 기대 수준이 어느 정도인지 알 수 있다. 프로젝트 스태프가 기대 수준을 파악하면 그 기대에 부응하기 위해서 일상적인 업무에 최선을 다할 것이다. 이러한 입장은 목표관리(MBO)의 핵심이다.

　한편 정치적인 목적을 위해서 평가를 사용하는 것도 평가를 왜곡시키는 것이다. 어떤 사람들은 자신의 정치적 목적을 증진시키기 위해서 평가를 활용한다. 평가를 통해 자신의 입지를 세울 수 있으면 자연스레 평가를 이용해서 자기 자신을 강화한다. 만일 평가가 자신의 입장과 다르면, 그들은 평가를 외면할 것이다. 즉, 이러한 상황에서 평가는 단순히 편의를 위해 사용하는 도구일 뿐이다. 평가가 정치적인 목적으로 사용되면 경영 기법으로서 신뢰성을 잃을 것이다.

● 평가의 고유한 속성

평가의 고유한 속성들도 평가를 고통스럽게 하는 요인이다. 평가를 받는 사람들은 평가를 피드백의 메커니즘으로 인정하지 않는다. 그러나 평가의 목적은 프로젝트가 궤도에서 벗어나지 않도록 관리하는 것이다. 사람들은 평가를 두려워하고 귀찮아한다. 이는 평가가 가진 몇 가지 속성 때문이다.

첫째, 평가는 문제를 찾는 것이 목적이기에 그 자체가 위협적이다. 따라서 비판적인 시각으로 바라볼 수밖에 없다. 평가의 대상자는 방어적인 위치에서 평가에 대해서 저항한다. 평가를 성공적으로 하기 위해서는 프로젝트 스태프의 유연한 인식이 무엇보다 중요하다. 즉, 비판적인 평가가 프로젝트 스태프를 해치기 위한 것이 아니라는 것을 알아야 한다. 회사의 경영자들은 프로젝트에서 문제가 발생하는 것이 자연스럽고, 누구에게나 문제가 생길 수 있다는 생각을 가져야 한다. 그리고 직원들이 실수를 하는 것을 받아들이고, 그것을 개선해 나아갈 수 있도록 해야 할 것이다. 직원들이 평가의 필요성을 정확하게 인식하고 평가를 통해서 프로젝트를 성공적으로 수행할 수 있도록 해야 한다.

둘째, 평가는 해당 팀과 관련이 없는 외부인이 주관하는 경우가 많다. 이는 이해관계의 대립과 갈등이 발생하지 않도록 방지하기 위해서이다. 그러나 외부인이 프로젝트를 검토할 때, 처음에는 많은 시간이 필요하다. 왜냐하면 프로젝트의 내용과 목적, 진행과정, 팀 구성 등을 우선 파악해야 하기 때문이다. 간혹 프로젝트 스태프는 평가자의 이해를 돕기 위해 하던 일을 중단하기도 한다. 실제 평가를 수행하면, 일정지연 및 비용초과가 발생하기도 한다.

셋째, 평가는 불시에 진행되는 경우가 많다. 프로젝트 스태프들은 평가 팀이 월요일에 오느냐 수요일에 오느냐에 따라서 평가 결과는 달라진다는 사실을 알고 있다. 그리고 어떤 팀이 평가를 담당하느냐에 따라서 같은 사항에 대해서도 다른 결론을 내릴 수 있다. 평가과정은 주관성은 개입되지만 일관성이 결여된다는 문제를 갖고 있다. 결국 평가과정에 변화가 자주 일어나고, 평가의 결과 또한 가치를 상실할 것이다. 평가과정에 과도한 주관성이 개입해서는 안 된다. 평가를 효과적으로 하기 위해서는 가능한 한 객관성을 유지할 수 있도록 노력해야 한다. 즉, 평가가 이뤄지기 전에 명확한 기준을 세우는 것이다. 그러면 프로젝트 스태프는 평가가 기대하는 바를 알 수 있다. 그리고 평가를 객관적으로 검증할 수 있는 기준을 제시하는 것이다. 예를 들어, 다음과 같은 기준을 제시할 수 있다. '팀은 3월 15일까지 1단계 및 2단계의 작업들을 모두 완료해야 한다', '데이터의 오류 발생 빈도는 500타로 입력 시 1개를 넘어서는 안 된다' 등의 기준을 세울 수 있다. 즉, 어떤 작업이 정해진 기한 내에 완료되었는지 여부를 판단하는 것이다. 이는 객관적이면서도 명료하다.

그러나 프로젝트 스태프가 평가를 부정적인 것으로 인식하면 평가를

프로젝트의 평가

진행하는 사람들이 스태프들로부터 정보를 구하기가 힘들 것이다. 이를 방지하기 위해서는 평가가 갖는 위협적인 성격을 줄여야 한다. 평가가 불시에 이뤄진다는 불안감을 어떻게 없앨 수 있을까? 결국 평가를 효과적으로 수행하기 위해서는 여러 가지 방법들을 사용해야 한다. 우선 '구조적 검증(structured walk-through)' 기법을 들 수 있다. 이는 1960년대 후반부터 여러 곳에서 적용되고 있다. 구조적 검증을 사용한 사람들은 이 방법이 매우 유용하며 위협적이지 않다는 사실에 공감한다. 사람들은 구조적 검증 기법을 호의적으로 받아들이고 기꺼이 참여하는 자세를 가진다. 따라서 평가의 결과를 통해서 중요하고 의미 있는 정보를 얻을 가능성도 높아진다.

○ 구조적 검증

구조적 검증 기법은 1960년대 후반 IBM이 개발했다. 이는 프로젝트를 평가하는 방법으로서 우호적인 특징을 갖고 있다. 이 기법은 창의력을 발휘하면 아무리 어려운 문제라도 해결할 수 있다는 전제를 갖고 있다. 평가에서 가장 어려운 문제는 평가의 부정적인 측면으로 인해서 프로젝트 스태프가 평가과정을 부담스러워한다는 사실이다. 따라서 구조적 검증 기법은 평가 대상자들에게 직접 평가과정에 대한 통제권을 준다.

지금부터 구조적 검증 기법을 수행할 때 필요한 핵심 규칙들에 대해서 알아보도록 하자. 이 규칙들은 IBM에서 개발한 원래의 규칙을 반영하고, 일부 수정된 내용도 포함하고 있다. 덧붙여 프로젝트 스태프와의 인터뷰를 통해서 확인한 구조적 검증에 관한 내용도 포함하고 있다.

● 규칙1 : 비평가자 집단이 재판관과 배심원을 선정한다

　이 규칙을 통해 평가 대상자들이 느끼는 위협을 경감시킬 수 있다. 평가 대상자들이 직접 평가자를 선택하면, 평가 팀이 자의적인 방법으로 선정되었다는 불평을 하지 않을 것이고, 팀 선정에 정치적인 의도가 숨어있다고 의심하지도 않을 것이다. 즉, 평가 대상자들이 회사의 조직이 운영되는 상황, 개발 중인 작업이 무엇인지 잘 알고 있는 사람들을 뽑아서 직접 평가 팀을 선택한다. 그러면 조직과 프로젝트에 대해 전혀 모르는 평가 팀을 교육하는 것보다 시간을 절약할 수 있다.

　그러나 여기에도 위험이 존재한다. 바로 평가대상 집단이 평가 팀 구성을 조작할 수 있다. 예를 들어 평가 팀을 구성할 때, 친밀한 관계에 있는 사람을 선택할 수 있다. 그러나 다행히도 내가 인터뷰했던 인물들은 이러한 조작을 경험한 사람이 없었다. 구조적 검증 기법은 신뢰를 바탕으로 한다. 때문에 평가대상자들도 이를 지키기 위해서 평가 팀을 구성하는데 신중을 기하고 있다.

　그러나 많은 기업에서 평가 대상 집단이 평가자를 선정하는 데 완전한 자율권을 갖는 경우는 없다. 회사는 이미 선정한 평가자의 후보 명단을 토대로 평가대상 집단이 재판관과 배심원을 선택하도록 하고 있다.

프로젝트의 평가

● 규칙2 : 평가대상 집단이 평가의 규칙을 정한다

평가대상자들은 평가의 규칙을 통해서 지속적으로 통제력을 가진다. 또한 그들은 평가의 기준을 확립한다. 그들은 평가 방법에 대한 지침을 평가대상 집단에게 제공하고, 평가과정에서 점검할 주요 사항을 정한다.

그러나 이 법칙도 오용될 가능성이 있다. 특히 평가대상 집단은 평가 팀이 문제를 파악하는 데 효율적이지 못한 규칙을 만들 수 있다. 그러나 이 또한 심각한 문제는 아니다. 왜냐하면 평가대상자들은 문제를 회피하는 것이 평가에 있어서 의미가 없다는 사실을 잘 알고 있기 때문이다.

그리고 많은 기업이 평가의 규칙을 만들어서 평가대상자들이 별도의 규칙을 세울 때, 이를 활용하도록 하고 있다.

● 규칙3 : 평가대상 집단이 평가 회의를 진행한다

평가는 몇 차례의 회의를 통해서 검토되는데, 이때 회의는 평가대상자들이 진행한다. 회의를 통해서 실제적인 검증을 이뤄내는데, 회의는 누가, 언제, 얼마나 이야기할지를 결정한다.

나는 인터뷰를 하면서 구조적 검증 과정에 관한 가장 큰 불만이 회의 진행에 있다는 사실을 확인했다. 그러나 사람들은 이러한 회의진행에 관해서 몇 가지 불만을 갖고 있다. 이를테면 회의 진행자 미숙, 회의에서 벗어난 의제, 토론의 방해자를 통제하지 못하는 문제 등이다. 그러나 이러한 불만은 구조적 검증 과정에서 발생하는 것이 아니라 회의진행의 기술이 부족해서 생긴다.

● 규칙4 : 상급 관리자는 평가과정에 참여해서는 안 된다

구조적 검증 과정이 진행되기 위해서는 정직한 분위기를 위해서 환경을 조성해야 한다. 즉, 어떤 직원이 업무에서 발생하는 문제에 대해서 논의할 때, 그 직원이 정직하게 협조하도록 분위기를 만들어야 한다. 내가 인터뷰한 상당수의 사람들이 구조적 검증 과정에서 상급 관리자가 참석한다면서 이 부분을 달가워하지 않았다. 때로는 아이디어의 자유로운 흐름을 막는다는 이야기를 하기도 했다.

● 규칙5 : 고객은 평가과정에 참여해서는 안 된다

5번째 규칙은 원래 IBM의 구조적 검증 기법에는 포함되어 있지 않다. 그러나 구조적 검증 과정에 참석했던 사람들은 이 과정에서 고객을 배제해야 한다고 주장했다. 이는 규칙4의 기본적인 입장과 일치한다. 즉 고객이 참석한 자리에서 직원들이 정직하게 문제를 공개할 수 없다는 것이다. 고객은 비판 과정에 적극적으로 동참하고, 이를 프로젝트 요구사항을 변경하기 위한 기회로 삼을 수도 있다.

이 기법은 자칫 고객에 반대하는 입장으로 여겨질 수 있지만 실제로는 그렇지 않다. 고객만족은 여전히 프로젝트 관리의 핵심 목표이다. 그러므로 고객의 의견을 수렴하기 위해서 고객 검증 절차를 마련하는 방법을 사용한다.

1990년대, 구조적 검증 기법에서 고객을 배제해서는 안 되는 프로젝트가 등장했다. 즉, 프로젝트 스태프와 개발자 간에 긴밀한 협력관계가

필요하게 된 것이다. 이런 경우, 고객은 이미 프로젝트에서 발생하는 어려움들에 대해서 충분히 이해하고 있다. 따라서 평가과정에 고객이 참석하는 것을 부정적으로 바라보지 않는다.

● 규칙6 : 평가의 모든 과정을 문서로 기록하라

구조적 검증 기법이 성공되기 위해서는 모든 과정을 문서로 남겨야 한다. 평가회의의 코멘트나 결정사항을 기록하고, 이 기록을 토대로 지침을 만들어야 한다. 이때 지침은 6하원칙에 따라서 상세한 내용을 담아야 한다. 이러한 지침들이 실제로 행해졌는지 여부를 확인하기 위해서는 사후 검증도 거쳐야 할 것이다.

○ 결론

프로젝트를 올바르게 수행하기 위해서는 피드백과 통제가 필수적이다. 피드백에서 필요한 정보를 얻기 위해서는 적절한 평가가 필요하다. 평가에는 업무 실적평가, 기술평가, 선정평가, 사후평가 등이 포함돼야 한다. 이들은 프로젝트를 수행하는 다양한 힘의 원천이 존재한다는 사실을 반영하는 것이다. 따라서 이를 통한 피드백을 수렴해야 프로젝트가 제 궤도를 유지할 수 있다.

한편 평가에 관한 시스템은 신중하게 마련돼야 한다. 평가 시스템의 목적은 프로젝트 진행에 관한 정보를 통해서 시의적절하고 정확하게 상황을 파악하는 것이다. 평가 자체가 위협적인 것으로 인식되면 정직한 정보를 얻을 가능성이 줄어든다. 평가 절차가 조직적으로 마련되지 않으면 만족할 만한 결과를 만들 수 없을 것이다. 그리고 평가는 주관적인 판단의 개입을 최소화해야 신뢰할 수 있다.

결론적으로 프로젝트가 방향을 잃지 않도록 피드백을 제공하고, 평가를 활용하여 책임감을 높여야 한다. 책임감의 분산으로 인해 많은 프로젝트가 문제를 겪는다. 적절하게 평가가 진행되면 사람들은 자신이 취한 행동과 판단에 대해 책임감을 가질 것이다.

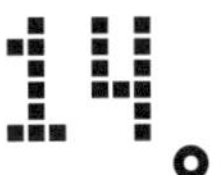

성과측정 기준의
이해 및 활용

측정은 경영을 효과적으로 하기 위해서 매우 중요하다. 기업이 비용과 수익에 대한 데이터 없이 사업을 하는 상황을 상상해보자. 또는 업무수행을 위해서 필요한 일정을 고려하지 않고 경영을 하는 기업을 상상해보자. 많은 기업들이 적절하게 업무를 수행하기 위해서는 합리적인 의사결정을 내려야 한다.

업무의 성과를 측정할 때, 저항에 부딪히는 경우가 자주 생긴다. 존 앨런 폴로스*John Allen Paulos*는 《Innumeracy》에서 현대 미국인들이 측정값에 대해서 기본적으로 이해가 부족하다고 주장한다. 즉 미국인들이 숫자를 이해하지 못하고, 숫자로 무엇을 할 수 있는지 모른다는 것이다. 설령 그것을 이해하더라도 너무나 성급하게 숫자의 결과를 받아들인다. 이는 측정에서 발생하는 함정을 피할 수 있는 능력이 부족하기 때문이다.

이 책에서 논의하고 있는 핵심주제(계산, 위험관리, 평가, 통합비용 및 일정관리, 책임감 등) 중에는 강력한 측정의 요소를 가진 것이 있다. 만일 일정과 비용계산, 성과평가 혹은 어떤 판단과 관련된 위험요소를 명확히 이해하고자 한다면, 각 분야에서 측정값이 하는 역할을 이해해야 한다. 측정을 올바르게 하기 위해서는 어떻게 해야 하는가? 측정 데이터를 어떻게 수집할 것인가? 기계적으로 '확실한(hard)' 측정이 어려울 때, 우리가 사용할 수 있는 측정 방법에는 어떤 것이 있는가? 측정의 함정은 무엇인가?

14장은 프로젝트 관리의 측정에 대한 입문 수준에서 보면 좋을 것이다. 여기서 사용할 접근법은 상식적인 수준에서 다룰 것이다. 14장은 프로젝트 관리자와 스태프가 프로젝트에서 측정의 의미와 역할을 이해하는 것을 목적으로 한다.

측정의 중요성

프로젝트 관리에서 측정은 다양한 기능을 발휘한다. 측정은 명확한 목표설정에서부터 프로젝트 수행과정의 검토까지 그 활용범위가 넓다. 측정을 통해 얻고자 하는 궁극적 목적은 '책임감 부여'이다. 어떤 사항에 대한 측정이 이뤄지면 그 기본값은 공개된다. 측정을 통해 정확하게 수치를 확인할 수 있고, 프로젝트를 검증할 수 있다. 그리고 반복해서 측정을 행할 수 있다. 측정이 효율적으로 이뤄지면, 프로젝트는 혼란에서 벗어나 책임감을 가질 수 있다. 앞으로는 프로젝트에서 측정을 활용할 때 필요한 몇 가지 핵심사항을 살펴볼 것이다.

● 명확한 목표의 설정

목표관리(MBO)의 특징은 명확한 목표를 설정하는 것이다. 목표는 구체적으로 세울수록 좋다. 예를 들어 '회사에 빨리 가야 한다'를 '회사에 9시까지 가야 한다'로 바꾸면 목표는 더욱 명료해지고 보다 정확해진다.

목표가 명확할수록 우리는 설정된 목표를 이루기 위해서 노력하기 쉽다. 또한 무엇을 해야 할지에 대해 오판할 가능성도 낮아진다.

● 성과검토

측정을 통해서 업무의 목표달성에 대한 피드백을 얻을 수 있다. 사람들은 피드백을 통해서 자신이 완료한 것이 무엇이고, 작업을 완료하는 데 어느 정도의 시간이 걸리는지 알 수 있다. 이를 위해서 다음에 제시하는 사례를 살펴보자.

로버트는 상사에게 한 가지 업무를 지시 받았다. 현재 회사에서 개발 중인 소프트웨어 시스템의 매뉴얼 3장을 2주 내에 작성하는 것이다. 작성해야 할 분량은 총 30페이지이고, 여기에는 8개의 그림이 포함돼야 한다. 첫 주가 끝나고, 로버트는 10페이지와 그림 2개를 완료했다. 만약 프로젝트 관리자가 진행상황에 대해서 보고를 요청하면, 그는 어떻게 보고해야 할까?

성과측정 기준의 이해 및 활용

아마도 "지연되기는 했지만 좀 더 노력하면 기한 내에 마무리 지을 것이다"라고 말할 수 있을 것이다. 그러나 이는 로버트가 작업과정에 대해 정확한 정보를 제공하지 못하는 것이다. 그리고 로버트가 시간에 맞춰 작업을 끝내기 위해서는 어떤 조치를 해야 하는지 판단하기 어렵다.

로버트가 상사에게 업무 측정값을 활용하면서 이야기했다면, 상사는 현재 작업 상황에 대해 보다 정확한 대안을 제공할 수 있을 것이다. 예를 들어 '사용자 매뉴얼 세 장에 설명서 10페이지와 그림 2~3개를 넣기 위해서는 1명이 7일 동안 작업을 해야 한다'는 식의 정확한 추정값을 말할 수 있는 것이다. 그런데 로버트가 혼자 작업을 한다면 마감 기한인 7일을 넘길 것이라는 계산이 나온다. 당초 로버트에게 주어진 시간은 2주였고, 할당된 작업량은 30페이지의 설명서와 8개의 그림이다. 따라서 주어진 시간에 그가 할 수 있는 분량은 20페이지의 설명서와 5~6개 그림을 완성하는 것이 전부이다. 로버트의 작업수행 속도를 계산하면, 기한 내에 작업을 완료하기 위해서 다른 직원을 추가로 투입해야 한다.

로버트의 분석을 확장하면 일정지연에 따른 비용을 계산할 수 있다. 예를 들어, 프로젝트에 추가로 인력을 투입하면서 발생하는 비용을 비교해서 그 값을 프로젝트를 1주일 연장하는 데 드는 비용과 대비시킬 수 있는 것이다. 즉, 프로젝트 관리자가 로버트의 작업성취도를 정량적인 방식으로 검토하면서 합리적인 의사결정을 위한 데이터를 마련할 수 있다.

● 보상과 벌칙

　측정할 수 있는 목표를 달성했는지 여부를 판단하는 것은 개인의 작업 성과를 평가하는 데 기초가 된다. 이렇게 접근하기 위해서는 평가 대상자들이 목표를 정의할 때 참여해야 한다. 평가 대상자들이 목표를 정의하는 과정에 참여하지 않으면 작업성과에 대한 평가를 비현실적이라 여길 것이고, 목표달성을 위해서도 헌신하려 하지 않을 것이다. 그리고 보고서의 데이터도 왜곡시킬 수도 있다. 즉, 목표설정 과정에 참여하지 않았기 때문에 벌칙을 받아들이기 힘들 것이다. 해당 직원이 참여해야 한다는 명제는 MBO의 가장 기본이다.

　직원에 대한 성과를 평가하기 위해서는 정량적인 변수가 중요한 역할을 한다. 태도, 열정, 직원의 팀 지향성 등과 같이 측정하기 힘든 변수들도 중요한 평가 기준이 된다. 그러나 이들 문제에 대해 판단을 내릴 때는 객관적인 측정 데이터를 활용하면 보다 설득력을 가질 수 있다. 열정이나 태도와 같은 주관적인 기준은 평가대상 직원이 계속해서 목표를 달성하지 못할 때는 유용하지 못하다.

　보상에는 일반적으로 금액을 지급하는 것이 있다. 예를 들어 판매 영업사원의 판매 실적이 높을수록, 회사로부터 받는 수수료도 높아진다. 직원들의 실적을 높이기 위해서는 수수료를 인상시키는 방법이 있다.

성과측정 기준의 이해 및 활용

● 모델링을 통한 프로젝트 성과의 예측

성과측정을 수립하고 활용하면서 프로젝트 활동에서 정량적인 모델을 개발할 수 있다. 프로젝트 과정의 모델링은 한 가지 강점을 갖고 있다. 즉, 프로젝트 스태프가 여러 가지 상황과 관련해서 만약(what if)의 시나리오를 만들 수 있다. 모델링을 통해서 프로젝트 스태프는 비용, 일정, 변화에 대한 예측 등의 중요한 정보를 얻을 수 있다.

모델은 정교하지 않아도 된다. 한 예로, 컴퓨터의 스프레드시트로 표현한 예산에 따른 모델은 정밀하지 않아도 효과적으로 사용할 수 있다. 분석가는 스프레드시트 상의 임금률을 변경하면서 새로운 조건에서 프로젝트 비용이 어떻게 증감될 것인지 데이터를 만들 수 있다.

프로젝트 관리에서 자주 사용하는 모델 기법은 PERT/CPM 네트워크이다. 현재 매우 다양한 PERT/CPM 소프트웨어 패키지가 개발되었다. 이러한 소프트웨어 패키지를 통해서 PERT/CPM 네트워크를 수립하는 작업이 한결 수월해졌다. 소프트웨어 패키지를 활용하면, 예산, 일정, 인력 데이터를 통합해서 프로젝트 성과를 보다 정확하게 파악할 수 있다. 여기서 정교한 소프트웨어 패키지를 활용하려면 소프트웨어 활용법을 익히는 데 많은 시간을 투자해야 할 것이다.

최근 들어 프로젝트 관리자들은 진화된 분석적인 접근법에 더 많은 관심을 갖게 되었다. 이 접근법을 통해서 위기관리를 모델로 만들 수 있기 때문이다. 최근 들어 다양한 소프트웨어 패키지가 출시되었다. 이제 수학적인 부분에 약한 관리자들도 어려움 없이 불확실한 환경 속에서 예산, 일정, 인력 등에 대한 결과값의 범위를 평가할 수 있는 것이다.

○ 측정의 속성

　모든 측정값이 유용하게 적용되지는 않는다. 데이터를 기록하는 장치에 문제가 있으면 측정값도 신뢰할 수 없다. 그리고 측정을 잘못 사용하면 그 결과도 오류가 생긴다. 따라서 측정이 효과적으로 이뤄지려면 측정의 근본적인 속성부터 이해해야 한다. 여기서는 측정의 몇 가지 기본 속성을 살펴볼 것이다. 이를 통해 우리는 보다 효과적으로 측정을 활용할 수 있을 것이다.

● 측정의 강점

　측정의 기초가 되는 수치 데이터는 여러 가지 강점을 갖고 있다. 수치 데이터는 3가지를 들 수 있다. 우선 명목척도 데이터는 이름표와 같은 것으로, 현상을 범주화할 때 유용하다. 교실에 있는 남학생과 여학생의 수, 리셉션에서 스테이크와 닭요리 메뉴의 총계, 의류 공장의 색깔별 옷의 총계 등이 모두 명목척도 데이터를 활용한 예이다.

　한편 '서열척도(ordinal scale)' 데이터는 명목 데이터보다 강력하다. 서열척도 데이터를 활용하면 정해진 순서에 따라 등급을 매길 수 있다. 예를 들어 한 중학교에서 중간고사 시험을 보았는데, 철수가 1등, 영희가 2등을 했다고 말하는 것이다. 이는 서열을 측정하는 것으로, 업무실적을 평가하는 데 많이 사용된다. 이때 분류의 형태를 활용하기도 한다. 이를테면 '매우 좋음', '좋음', '보통', '좋지 않음', '매우 좋지 않음'과 같이 단계를 나누는 것이다. 이러한 양식은 보통 설문지에서 찾아볼 수 있는데, 대개 1~5까지 순위를 정하고 선택하도록 되어 있다. 서열척도 데이터를 다룰 때는 산술적으로 조작해서는 안 된다. 이를테면 서열 측정값을 더하거나 빼거나, 곱하거나 나누면 안 되는 것이다.

마지막으로, '간격척도(interval scale)' 데이터는 산술적 조작에서 활용할 수 있다. 간격척도 데이터의 대표적인 예로, 피자 한 조각의 가격, 12월 1일의 기온, 직무 수행에 필요한 기간 등을 들 수 있다. 간격 데이터는 더하거나 뺄 수 있다(예를 들어 $2.00+$3.00+$4.00=$9.00, $5.00−$2.00=$3.00). 그리고 곱하거나 나눌 수 있다(예를 들어 $5.00×2=$10.00, $10.00÷2=$5.00). 그리고 여러 가지 방법으로 조작할 수 있다. 간격척도 데이터는 다양하게 사용할 수 있기 때문에, 지금까지 설명한 3가지 척도 데이터와 비교해서 가장 강력한 것이다.

프로젝트의 업무성과를 측정하기 위해 데이터를 수집할 때, 대부분 간격척도 데이터를 수집하는 데 초점을 맞춘다. 업무 지속시간, 예산지출, 필요인력 규모, 작업완성 부분, 효율성 측정, 기술적 성과 데이터 등은 프로젝트에서 가장 많이 측정하는 것이고, 간격척도 데이터를 제공한다.

위와 같은 측정이 준비되지 않았을 때, 프로젝트 스태프는 데이터 수집을 포기하는 경우가 많다. 그리고 그들이 찾는 것이 근본적으로 측정이 불가능하다고 주장한다. 그러나 서열척도로 측정할 수 있는지 여부를 따져봐야 할 것이다. 단순히, 고객이 소프트웨어 시스템A보다 시스템B에 2배 이상 만족한다고 이야기할 수 없다. 프로젝트 스태프는 서열척도 데이터를 활용해서, '고객은 시스템A보다 시스템B에 만족도가 높다'고 말해야 할 것이다. 비록 이것이 정확한 판단은 아니지만 이를 통해 현재의 상황이 어떤지 파악할 수 있다.

만일 서열척도 데이터로 측정하는 것이 힘들면, 명목척도 데이터를 통해서 측정할 수 있다. 명목척도 데이터는 사안을 단순하게 분류하는 것을 포함한다. 그리고 위험요인(risk factor)에 따라서 행위를 범주화하는 것도 명목측정의 한 형태이다.

● 주관적 측정과 객관적 측정

1960년대는 인간의 행동을 개량화하려는 시도가 활발했다. 당시에는 사회과학도 물리학과 동일한 수준의 객관성을 가질 수 있다는 생각이 널리 퍼졌다. 인간의 행동과 물리적 현상은 정도의 차이만 있을 뿐 본질적으로 다르지 않다는 생각이 지배적이었다. 즉, 인간의 행동은 무수한 변수들의 영향을 받기 때문에, 물리적 현상과 비교했을 때보다 질서를 찾기 힘들다는 것이다. 물리학은 $e = mc^2$과 같은 공식을 발견하고 적용할 수 있지만, 인간의 행동은 복잡하기 때문에 공식화하기 힘들다는 것이다. 그러나 컴퓨터가 등장하면서 복잡한 상관관계를 처리하는 것이 가능해졌다. 컴퓨터는 50개의 변수를 조작하는 작업도 수월하게 할 수 있다. 컴퓨터는 엄청난 양의 데이터를 처리하면서 사회과학도 측정할 수 있게 만들었다. 1969년 마이클 크라이튼 *Michael Crichton*은 《Andromeda Strain》에서 컴퓨터가 인간의 모든 행동을 전지전능하게 측정하는 모습을 묘사했다.

사회과학자들은 인간의 행동을 개량화하기 위해서 보다 객관적인 측정방법을 개발하는 데 집중했다. 객관성은 과학적인 것이다. 객관성의 확보는 프로젝트를 반복적으로 측정할 수 있다는 것을 의미한다. 그리고 측정할 때, 인간의 주관적 판단이 배제되는 것을 의미한다. 즉, 판단 자체도 과학적인 근거가 뒷받침된 것으로 간주된다.

여기서 주관성과 객관성은 간단한 예시로 설명할 수 있다. 온도계로 기온을 재는 것은 객관적이다. 반면 개인이 감각적으로 기온을 설명하는 것은 주관적이다. 객관적인 측정은 일관성 있는 결과를 보여주지만, 주관적인 측정은 일관성이 없다.

경영에서 객관성을 확보하기 위한 노력은 1960년대 델파이 프로세스 *Delphi process*에서 최고조에 이르렀다. 델파이 프로세스는 주관적인 판단을 객관적인 데이터로 변형시키는 예측 기법이다. 델파이 프로세스의 작동문제는 미국의 우주기지 건립기간의 측정문제와 연관지어 볼 수 있다. 델파이 프로세스의 작동을 논의하기 위해서 15인의 전문가로 검토위원회가 구성되었다. 위원회의 구성원들은 각각 경제학, 우주 상업화 기술, 제조업 등의 전문가이다. 검토위원들은 델파이 프로세스를 활용해서 각자의 의견을 독립적으로 수집했다. 이때는 설문지를 활용하는 경우가 많은데, 검토위원들은 상호간 의견 교환을 하지 못하도록 되어 있다. 위원들의 견해는 통계적인 분석을 통해 요약한다. 통계 분석결과를 검토위원들에게 돌려준다. 그리고 검토위원들에게 분석결과에 대한 교육이 이루어진다. 통계분석은 검토위원들의 집단적인 판단을 반영하는 것이다. 통계를 토대로 검토위원들은 최초의 평가 내용을 재검토하고, 그 내용을 수정한다. 그리고 수정한 의견들을 다시 모아서 분석하고 요약한다. 이러한 작업은 검토위원들 간의 의견이 합리적으로 수렴될 때까지 되풀이된다.

델파이 프로세스는 객관성을 확보하기 위해서 검토위원들 간의 직접적인 상호작용을 허락하지 않는다. 왜냐하면 검토위원들 간의 직접적인 상호작용은 타인의 의견에 따라서 일관성을 잃게 할 수 있기 때문이다.

1960년대 객관성을 확보하려는 노력은 오늘날의 관점에서 보면 이상해 보일 수 있다. 2가지 이유를 들 수 있는데, 우선 인간의 판단과 상호작용은 매우 근시안적인 발상으로 간주되었기 때문이다. 우리는 인간의 상호작용을 통해서 새로운 통찰력을 가질 수 있다고 믿는다. 오늘날 주관적인 판단을 객관적인 데이터로 변형하는 기법으로는, 종합적 타당성(Analytical Hierarchy Process, AHP) 기법을 들 수 있다. AHP는 정교한 수학적 접근법으로, 사람 간의 상호작용에 매우 큰 비중을 두며, 가장 널리 사용되고 있다.

그리고 지금은 1960년대보다 객관적인가, 아닌가의 개념을 판단하는 것이 훨씬 어렵다. 겉보기에는 객관적인 판단도 인간의 편견에 따른 전제조건 위에서 이뤄진 것이다. 이는 인간의 능력을 측정하기 위해 마련된 표준화된 시험인 IQ테스트, SAT(Scholastic Aptitude Test) 등의 논쟁 속에서 분명하게 찾을 수 있다. 그러나 오늘날 이와 같은 시험들이 공격의 대상이 되고 있다. 그 이유는 문화적인 편견이 개입될 수 있다는 우려 때문이다. 이제 SAT를 개발한 미국교육평가원(ETS)은 비판을 수용하여 평가에서 생기는 편견을 줄이기 위해서 주관적인 에세이를 포함하도록 결정을 내렸다. 이 사례는 주관성이 객관성보다 과학적으로 보다 타당한 것으로 여겨지고 있는 것을 보여주는 것이다.

성과측정 기준의 이해 및 활용

● 신뢰도

　측정과정에서는 사소한 것부터 결정적인 것까지 다양한 오류가 생길 수 있다. 만일 다섯 사람에게 집의 정면에서 벽돌의 개수를 세어보라고 하면, 다섯 사람 모두 다른 숫자를 말할 것이다. 이렇게 사람마다 편차를 보이는 것은 명확한 정의를 하지 않았기 때문이다. 예를 들어, 개수를 세기 위해서 벽돌 한 장을 구성하는 것은 무엇인가? 집의 모퉁이나 창문 프레임은 공간을 맞추기 위해서 벽돌을 쪼개서 사용하는 경우가 많다. 이때 쪼갠 벽돌을 하나로 셀 것인가? 아니면 1/2개로 할 것인가? 그리고 사람마다 개수를 세는 과정에서 차이가 있을 수 있다. 즉, 같은 벽돌을 2번 세든가, 아니면 어떤 벽돌은 세지 않고 그냥 넘어가기도 한다.

　여기서 모든 사람이 같은 숫자를 말하는지 여부는 중요하지 않다. 그들이 같은 숫자를 말할 가능성은 매우 낮다. 여기서는 그들이 센 수가 어느 정도 편차를 갖느냐 하는 문제이다. 3명의 사람이 각각 3,500개, 6,200개, 8,200개라고 말한다면, 상당한 편차가 있는 것이다. 이에 대해 우리는 측정의 신뢰도가 낮다고 할 수 있다. 그러나 각각 6,150개, 6,200개, 6,225개라고 한다면, 편차가 낮은 것이다. 이때 우리는 측정의 신뢰도가 높다고 말할 수 있다.결국 반복적인 샘플링 과정을 통해서 결과값이 근접할 때, 측정의 신뢰도가 높다고 판단할 수 있다.

　신뢰도를 높이기 위해서는 데이터 수집을 위한 신중한 방법과 절차를 개발해야 한다. 그리고 대상을 선정하는 작업에 신중을 기해야 한다. 즉, 어떤 벽돌을 세고 어떤 벽돌은 세지 않을 것인지 판단하는 것이다. 결론적으로 데이터 수집 절차를 명확히 해야 한다. 데이터 수집에 대한 명확한 규칙을 세우지 못하면, 측정값도 일관성을 유지할 수 없기 때문이다.

● 타당성

타당성은 '우리가 측정하고자 하는 것을 실제로 측정하고 있는가?'하고 물음을 던지는 것이다. 예를 들어, 국내총생산(Gross Domestic Product, GDP)은 국가의 경제적 복지를 측정하는데 타당한 기준이 아니다. 왜냐하면 GDP는 높지만 부(富)가 소수의 엘리트 집단에만 집중되어 있는 나라가 많기 때문이다. 이때 대다수 국민들은 가난에 시달린다. GDP는 한 국가에서 생산된 생산품과 서비스의 시장가치를 측정하는 기준으로만 타당하다.

타당성의 문제는 업무성과를 측정할 때 중요하다. 측정이 타당하게 이뤄지려면 측정을 하는 상황을 고려하여 판단해야 한다. 예를 들어 고객들이 동사무소 민원실 직원에게 자주 불만을 제기한다고 하자. 이는 해당 직원이 고객만족에 관심이 부족하기 때문이라고 판단할 수 있다. 그러나 달리 보면 동사무소의 민원실에 효율적인 업무지원을 못하기 때문일 수 있다. 예를 들어, 고객들이 불만을 제기하는 민원 창구에 오직 1명의 직원만이 근무하는 것이다. 인력부족으로 해당 직원은 고객의 민원을 즉각적으로 처리하기 힘들 것이다. 따라서 고객들은 그 직원에게만 불만을 제기할 가능성이 크다.

측정의 타당성을 검증하기 위해서, 긴밀하게 연관된 다른 측정값들과 상호관련성을 갖는지 여부를 조사하는 방법이 있다. 예를 들어, 장기 결근한 직원의 직무 헌신도를 측정하는 기준으로 무급 시간 외 근무나 직원의 태도 등을 고려하는 것이다.

한편, 우리가 측정한 것을 지속적으로 검토하고, 우리가 측정하고자 한 것을 측정했는지 지속적으로 문제를 제기하는 것이다. 이 방법은 여러 분야의 사람들이 함께 수행해야 한다. 경영 팀의 여러 직원들과 평가 대상이 되는 직원, 이해관계가 없는 외부 직원들을 포함할 수 있다.

○ 측정기준 세우기

대부분의 기업들은 유용한 측정기준을 갖고 있지만 그 사실을 알지 못한다. 내가 프로젝트 관리자에게 "당신은 생산물의 XYZ 구성부분을 테스트할 때 얼마나 시간이 소요됩니까?"라고 물었을 때, "글쎄요. 그 문제에 대한 데이터가 없답니다."라는 식의 대답을 수없이 들었다. 나는 이미 몇 차례의 프로젝트를 수행하면서 XYZ 구성부분에 대한 테스트를 수차례 거듭했다. 그러나 작업지속시간, 필요 자원, 비용 등에 대한 기초 데이터가 여전히 부족하다. 실제로 회사는 그에 관한 기초 데이터를 보유하고 있다. 그러나 기초 데이터들이 다른 사건과 요소들로 인해 드러나지 않고 있다. 문제는 아무도 그 데이터를 재발굴해서 유용한 형태로 만들지 않는다는 사실이다.

효과적인 측정기준을 수립하는 데 가장 큰 장애물은 무관심이다. 내가 만나는 사람들의 대부분은 어떻게 데이터 수립 과정을 시작해야 하는지 모르고 있었다. 그들은 데이터를 수집하는 것이 고도의 복잡한 작업이라고 여긴다. 때문에 데이터를 수집하기 위해서는 그들이 갖지 못한 전

문 기술을 습득해야 한다고 이야기하며 데이터 수집을 포기하는 경우가
많다.

여기서는 프로젝트에서 측정기준을 마련할 수 있는 유용한 방법들에 대
해서 검토할 것이다. 올바른 측정기준을 마련하기 위해서는 어떤 측정기
준이 있는지 파악하고, 측정기준들을 사용할 수 있는 형태로 바꿔야한다.

지금부터 측정기준을 수립하기 위한 2가지 접근법을 살펴볼 것이다.
하나는 기존의 데이터를 사용하는 것이고, 다른 하나는 새로운 데이터를
만들어내는 것이다.

● 기존의 데이터를 활용한 측정기준 세우기

대부분의 기업들이 캐비넷과 대용량 파일에 데이터를 보관하고 있다.
이러한 데이터를 생산적으로 활용하면 프로젝트 관리를 보다 개선할 수
있다. '어떤 데이터가 유용하게 사용될 것인가?'하는 고민을 하고 데이
터를 활용해야 할 것이다. 다음은 대부분의 프로젝트 수행기업에서 잘
활용되지 않는 데이터 소스의 예이다.

업무시간표 – 프로젝트 스태프는 업무시간표를 통해서 어떻게 시간을
배분하고 있는지 정보를 얻을 수 있다. 또 서로 다른 부서의 직원들이 어
떻게 업무에 투입되고 있는지 확인할 수 있다. 기술지원 담당자들(검사관,
유지보수 담당자, 통계 담당자, 편집 담당자 등)은 몇 가지 프로젝트에 동시에
투입된다. 핵심 직원들(설계 담당자, 개발 담당자)은 1~2가지 프로젝트에
집중적으로 시간을 투여할 것이다. 업무시간표를 살펴보면 직원들의 직

무 투입에 관한 과거의 패턴을 파악할 수 있다. 따라서 프로젝트 계획자는 직원들에 대한 직무 부여가 어떻게 이뤄질 것인지 예측할 수 있다.

한편 다른 정보도 유용하게 파악할 수 있다. 예를 들어, 어느 직원이 혹은 어떤 종류의 업무가 초과비용을 초래하는지 업무시간표를 통해 확인할 수 있다. 시간 외 근무 현황을 살펴보면, 회사가 각 업무에 대한 직무 요구사항을 얼마나 현실적으로 평가했는지 알 수 있다. 그리고 업무시간표를 통해서 업무 주기를 알 수 있고, 언제 인력부족 문제가 초래될지 예측해볼 수도 있다. 기업은 프로젝트를 수행할 때, 효율적인 인력배치 및 자원배분을 위해서 이 모든 정보를 활용할 수 있다.

업무시간표가 갖는 핵심 문제는 신뢰도에 있다. 실제로 많은 기업에서 업무시간표 작성에 대한 규칙을 엄격하게 적용하고 있지 않다. 예를 들어, 만일 기업이 사무적인 업무를 제대로 정의하지 않는다면, 어떤 직원은 재무 담당자와 30분 동안 회의한 것을 업무시간으로 계산할 것이다. 업무시간표가 프로젝트 데이터를 얻는 유용한 수단이 되려면 기업들이 모든 직원과 모든 프로젝트에 일관성 있는 규칙을 적용해야 한다.

예산 ─ 예산을 활용하면 프로젝트를 보다 효과적으로 관리할 수 있다. 예를 들어, 과거 프로젝트의 예산을 검토해보면 비용평가자는 프로젝트 수행에 필요한 비용 기준을 수립할 수 있다. 즉, 보고서 작성, 테스트, 데이터 분석과 같은 다양한 업무를 수행할 수 있다. 이렇게 수립된 비용 기준은 보다 일관성 있는 비용평가를 가능하게 한다. 프로젝트를 시작할 때마다 매번 데이터 입력 업무에 드는 비용을 알려면 새로운 비용평가법을 만들어야 한다. 그리고 평가 담당자는 과거의 경험을 통해서 마련한 기준을 검토하여 이를 새로운 프로젝트의 성격에 부합하도록 적용해야한다. 덧붙여 기준을 적용할 때는 항상 유연성을 가져야 한다. 그리고 프로젝트의 경험을 반영하여 비용평가 기준을 지속적으로 업데이트해야한다.

예산에 관한 문서데이터를 수집할 때, 분석가는 실제 프로젝트 소요비용과 당초 기획된 예산이 얼마 정도 차이가 나는지 확인해야 한다. 비용에 대한 기준을 마련하기 위해서는 실제 지출액을 파악해야 한다. 또한당초의 기획된 예산이 충분했는지도 실제 지출액과 비교해서 검토해야할 것이다. 만일 예산을 기획할 때, 프로젝트 비용을 15% 낮게 평가했다면 이는 향후 프로젝트의 예산을 기획할 때 고려해야 할 것이다.

과거의 일정계획 ─ 대부분의 기업들이 프로젝트 보고서를 보관하고 있다. 이들 보고서는 과거 프로젝트 일정에 대한 정보를 포함하고 있다. 컴퓨터를 기반으로 한 일정계획 소프트웨어가 개발되면서, 과거 일정에 관한 데이터를 전자식으로 저장할 수 있게 되었다. 과거의 자료는 유용한정보가 담고 있다. 이는 앞으로의 프로젝트 일정계획에도 활용할 수 있다. 과거 일정자료를 보면, 프로젝트 수행에서 주요 활동 및 핵심 단계들의 목록을 파악할 수 있다. 이렇게 파악한 자료들은 향후 프로젝트의 일정을 계획할 때 중요한 펀치 리스트가 된다.

과거의 일정은 업무 지속시간과 평가가 포함되어 있다. 이 평가 내용은 실제 업무성과를 고려해 검토하고, 현재의 기준선을 수립하는 데 활용할 수 있다.

기업이 양질의 프로젝트를 측정하는 데 관심을 갖는다면, 일정을 위해

성과측정 기준의 이해 및 활용

일관된 절차를 수립해야 한다. 그리고 앞으로의 프로젝트를 위하여 일정계획 데이터를 과거의 데이터베이스에 포함시킬 수 있어야 한다.

현황 보고서—현황 보고서는 양식과 분량이 매우 다양하다. 올바르게 작성된 현황 보고서는 당초 계획에 맞춰 실제 업무성과를 명확하게 표현할 수 있다. 현황 보고서에 수록된 정보들에 언제든지 접근할 수 있다면, 이는 프로젝트 측정기준에서 매우 귀중한 의미를 갖는다. 예를 들어, 계획 비용과 실제 비용 그리고 계획 일정과 실제 일정에 대한 데이터는 현황 보고서(12개월 기준)를 통해서 알 수 있다. 그리고 그 추이를 그래프로 표현할 수 있다. 그래프를 통해, 과거의 계획들이 어느 정도 충족되었는지 눈으로 확인이 가능하다. 만일 과거의 계획이 계속해서 비용을 20% 낮게 평가했다면, 계획을 수정해야 할 것이다. 실제 데이터도 각 업무별로 수집하면 향후 업무성과를 평가하기 위한 비용 및 일정의 기준을 수립할 때, 중요한 근거가 된다.

사후검토—사후검토는 프로젝트가 종결된 이후에 이뤄진다. 사후검토는 '교훈을 얻는다(lessons learned)'는 점에서 중요한 기능을 한다. 사후검토를 바르게 실행하면, 프로젝트에서 잘된 작업과 잘못된 작업을 파악할 수 있다. 더불어 표와 그래프를 활용한 데이터가 있다면 더 좋을 것이다. 사후검토 보고서에는 유용한 측정기준 및 측정값들이 포함되어 있는데, 프로젝트 스태프는 이를 충분히 숙지해야 할 것이다.

● 새로운 측정기준 세우기

프로젝트 스태프는 과거의 업무시간표, 일정계획, 현황 보고서 등에서 획득한 기존의 측정값을 갖고 작업하는 것에 대해 제약을 느끼지 않아도 된다. 어떤 경우는 완전히 새로운 측정값을 수립하는 것이 유용하기도 하다. 이제부터 새로운 측정기준을 수립하기 위한 2가지 접근법을 살펴보자.

설문지와 인터뷰 - 인간 행동에 관한 데이터 수집 방법으로 설문지와 인터뷰를 들 수 있다. 이 방법들은 주변에서 흔히 볼 수 있다. 여론 조사자는 전화로 새로운 조세 법안과 관련하여 주택소유자의 의견을 조사한다. 그리고 대형슈퍼마켓 앞에서는 고객을 대상으로 구매 선호도 조사를 한다. 그리고 컴퓨터 회사는 A/S서비스 후, 서비스의 만족도를 묻는 설문엽서를 발송한다. 길거리에서는 화장품 샘플을 주고 고객의 요구사항을 설문조사하기도 한다.

프로젝트에서도 설문지와 인터뷰를 시행한다. 프로젝트 스태프가 자신의 시간을 어떻게 사용하고 있는지 질문할 수 있다. '고객의 필요를 검토하는 데 시간이 얼마나 걸립니까?', '정해진 양식을 작성하는 데 얼마나 시간이 듭니까?', '일주일에 몇 시간을 프로젝트 작업에 사용합니까?'라는 식의 질문이 있다(이런 질문들은 업무시간표를 검토할 때 데이터 수집을 위한 기준이 된다). 이 외에도 설문지와 인터뷰는 다양하게 사용될 수 있다. 위험 예측, 프로젝트 팀 구성원의 해산 시점 확인, 프로젝트 관리 절차에 따른 만족도 확인, 다른 사항에 대한 정보 획득 등을 위해서

성과측정 기준의 이해 및 활용

활용된다.

　설문지와 인터뷰는 일반적으로 2가지 범주 중 하나에 포함된다. 첫째, 특별하게 정해진 답변 없이 자유롭게 정보를 구하는 것이다. 이 접근법에 따르면 질문에 대해서 모든 답변이 가능하다. 즉, '설계부서가 당면하고 있는 가장 중요한 품질의 문제점 3가지를 무엇인가요?', '고객의 요구에 대한 응답 시간을 단축시킬 방법은 무엇일까요?', '부서 내에서 프로젝트 수행에 가장 큰 영향력을 가진 사람은 누구입니까?' 등의 질문을 던질 수 있다.

　둘째, 객관적으로 분석 가능한 정보를 도출해내는 것이다. 이 접근법은 개량화된 결과를 얻을 수 있다. 예를 들어, 1~5까지의 보기가 있다고 하자. 1은 '나쁨', 5는 '매우 좋음'을 의미한다. 설문에 참여하는 사람은 프로젝트의 성공 가능성에 대해서 1~5 중에서 선택하는 것이다.

　체계적인 데이터를 갖고 있으면, 중요한 주제에 대해서 구체적인 질문을 던질 수 있다. 질문의 결과는 퍼센트와 교차제표(cross-tabulation)로 보고할 수 있다. 퍼센트로 보고하는 것은 '72%의 응답자가 부서의 업무 환경이 개선되지 않았다'고 말하는 것이다. 교차제표는 '위의 72% 응답자 가운데 2/3가 '이 회사에서 근무한지 아직 2년이 되지 않았다'고 말하는 것이다. 퍼센트와 교차분석 외에도 여러 가지 통계학 방법론(편차분석 *analysis of variance*, 회귀분석 *re-gression analysis*, 요인분석 *factor analysis*, 판별분석 *discriminant analysis* 등)을 활용하여 분석할 수 있다.

　한편 설문지와 인터뷰도 잠재적인 함정이 있다는 사실을 기억해야 한다. 어떤 문제들은 설문지 구성의 오류로 발생되기도 한다. 질문이 모호하지는 않은가? 질문이 중립성을 유지하고 있는가? 질문이 과연 측정하고자 의도한 사항들을 측정할 수 있는가? 설문지의 답변이 체계적으로 작성되는가? 다양한 잠재적인 답변들을 반영할 수 있는가? 설문지나 인터뷰가 지나치게 길지는 않은가? 이런 경우 응답자는 비협조적인 태도를 보일 가능성이 높다.

그리고 질문을 던지는 환경 때문에 문제가 생기기도 한다. 사람들이 자신의 의견을 밝히기에 환경이 부적절하지 않은가? 질문의 내용을 비공개로 할 것인가? 질문에 대해 응답자의 표본을 추출할 때, 무작위 추출법(random sampling)을 따를 것인가, 아니면 특정 집단을 정하여 표본(sample)을 추출할 것인가?

직접측정 – 현대경영학은 프레데릭 테일러 *Frederick Taylor*의 과학적 경영 이론에 상당한 영향을 받았다. 테일러는 업무의 성과측정에 주된 관심을 가졌다. 성과측정은 교육을 이수한 평가자가 직원들의 업무성과를 면밀하게 검토하는 것이다. 검토를 위해서 클립보드, 종이 한 뭉치, 연필, 스톱워치 등을 준비했고, 직무는 가장 기본적인 단계로 나눠서 측정했다.

직접측정은 프로젝트의 직무수행에 관해 유용하게 사용되고 있다. 설계자는 새로운 정보 시스템에서 편의성을 고려해야 한다. 편의성을 확인하기 위해서는 수많은 실험이 이뤄져야 한다. 이를 테면 데이터 입력 양식이 작업을 편하게 할 수 있도록 디자인되었는지 확인할 수 있다. 데이터 입력 담당자가 입력 양식에 따라서 업무달성도를 측정할 수 있는 기준도 다양하다. 어떤 양식을 사용할 때 데이터 입력의 오류가 가장 적게 발생하는가? 각각의 양식에 데이터를 입력할 때 가장 빨리 입력할 수

성과측정 기준의 이해 및 활용

있는 방법은 무엇인가? 담당자의 오류 수정을 가장 용이하게 하는 양식은 무엇인가?

프로젝트 스태프는 직접측정을 할 수 있는 방법을 교육받아야 한다. 이때 교육은 전문적이고 체계적이지 않아도 된다. 측정 기준을 간단히 실습하는 수준도 충분하다. 예를 들어, 스태프들에게 일주일동안 그들이 사용한 시간을 일지로 작성하게 할 수 있다. 혹은 프로젝트들이 답장이 필요한 메일 정크메일로 이메일을 분류하는 것도 교육 실습이 될 수 있다. 또는 하루 일과를 표로 작성하는 것도 한 가지 방법이다(양치질 하는 데 걸리는 시간, 출근 준비 시간, 지하철 역 간의 운행 소요 시간, 버스를 기다리는 시간 등).

○ 측정의 문제점

대럴 허프 *Darrell Huff*는《새빨간 거짓말 통계 *How to Lie with Statistics* 》에서 숫자를 활용할 수 있는 여러 가지 방법을 보여주었다. 마음만 먹으면 능숙하게 조작해서 같은 통계 결과를 놓고도 여러 가지 방법을 사용할 수 있다. 그러나 제대로 사용하지 못하면 분석의 의도가 좋더라도 오류를 낳는다. 그리고 곧 커다란 실패로 이어진다. 한편 측정도 여러 가지 문제를 갖고 있다. 이를 다음에서 살펴보도록 하자.

● 잘못된 목표에 따른 측정의 결과

프로젝트에서 측정을 활용하는 것은 성과를 달성하기 위해서이다. 제약회사는 임상실험을 위해 한 달에 40명씩 새로운 환자들을 확보한다는 목표를 세울 수 있다. 통신 회사는 교환기 설치 공사를 2일 내에 완료한다는 목표를 설정할 수 있다. 판매 영업사원들은 분기별 판매 목표에 따라 업무를 수행한다. 이러한 목표는 프로젝트의 과정을 발전시킬 수 있다. 목표를 세울 때는 신중하게 진행해야 한다. 목표를 잘못 세우면 의도하지 않은 결과를 만들어내기 때문이다. 다음의 사례를 통해서 이 문제를 살펴보자.

○ ABC 전력 회사는 고객만족을 위해서 고객의 불만을 접수하는 상담실을 설치했고 직통 전화를 개설했다. 그런데 일부 상담원이 고객과 잡담을 하면서 시간을 보낼 수 있다는 우려가 생겼다. 그래서 상담원이 받는 전화에 통화수를 기록하는 장치를 달고, 가장 많은 전화를 받은 상담원에 대해서는 보상금을 지급하기로 했다. 가장 높은 성과를 달성한 직원에 대해서는 매 분기별 최고 상담원으로 시상하기로 했다. 수잔이 최고 상담원으로 선정되었다. 모든 사람들은 그녀의 성과에 놀랐다. 수잔는 2위를 한 상담원에 비해 25% 이상 많은 통화수를 기록했다. 그런데 다음 번에도 최고 상담원 자리도 수잔이 차지했다. 이번에는 차점자에 비해 30% 이상 많은 통화 기록수를 보여주었다. 관리자들은 수잔의 실적을 의심했고, 부장은 이 문제를 직접 검토하기 시작했다. 수잔이 어떻게 연달아서 최고 상담원의 자리에 오를 수 있는지 알아보기로 한 것이다. 수잔는 실적을 높이기는 했지만 문제를 갖고 있었다. 이를

성과측정 기준의 이해 및 활용

테면 외국인이 전화를 받으면 영어가 통하지 않는다고 생각하고 전화를 끊어버리는 것이다. 그녀는 이런 통화가 실적에 도움이 안 된다고 생각하고 많은 고객을 무시한 것이다. 그러나 이는 고객만족을 위해서 설치한 고객상담실의 운영방침에 반하는 행동이다.

찰스는 한 대기업의 지사장이다. 그는 경영 교육의 효과에 대해서 굳건한 신념을 갖고 있었다. 그래서 직원들에게 교육의 기회를 제공했고, 자신도 교육의 기회를 잘 활용했다. 찰스는 교육과정을 이수하고 다시 직장으로 돌아왔을 때, 배운 것 중 한 가지 이상은 업무에 적용하기로 원칙을 세웠다. 이런 원칙이 있었기에 그는 교육과 훈련을 통해서 매우 유용한 자산을 쌓아갈 수 있었다.

2000년대 초, 찰스는 전사적 품질관리(Total Quality Management, TQM) 교육을 이수했다. 그는 일주일 동안 교육과정을 배우면서 흥미를 느꼈다. 특히, 그는 무결점(zero-defects) 프로그램 강의에 강한 인상을 받았다. 찰스는 무결점이라는 개념을 다음과 같이 이해했다. 즉, 불량품이 나올 확률이 낮더라도 기업은 지속적으로 불량품 생산을 낮추기 위해서 노력해야 한다는 것이다. 최종적인 목적은 불량이 없는 제품을 만드는 것이다.

찰스는 자신의 회사에 무결점의 개념을 적용하기로 했다. 그런데 무결점 프로그램은 제조업 분야에서 적용된다는 것이 문제였다. 제조업에서는 제품에 불량품이 생기는 것을 확인할 수 있다. 그러나 찰스는 서비스 회사에서 근무하고 있었다. 그래서 찰스는 무결점이 아니라 무불만(zero-complaints) 프로그램을 실행하기로 결정했다.

찰스는 직원들에게 무불만 프로그램을 실행할 것이라고 말했다. 모든 직원들은 고객의 불만이 제로가 될 때까지 노력하기로 했다. 이 프로그램을 실행하기 위해서 찰스는 직원들의 업무실적을 평가할 때, 고객의 불만을 상당 부분 반영하기로 했다.

무불만 프로그램을 실행하고 한 달 후 고객의 불만은 거의 사라졌다. 찰스는 무불만 프로그램의 성공에 기뻐했다. 이는 경영에서 교육의 중요성을 확인하는 계기가 되었다.

그러나 불만이 아예 사라진 것이 아니라, 직원들이 고객의 불만사항을 보고하지 않은 것이었다. 만약 보고한다면 자신의 실적에 불리하게 작용할 것이라고 생각했기 때문이다.

찰스의 직원들은 '불만(complaint)'이라는 개념을 창조적으로 재정의했다. 즉, 그들은 정직하게 데이터를 보고하지 않았다. 지사장인 찰스가 고객불만의 횟수와 직원의 실적을 연관시켰기 때문이다. 찰스가 무불만이라는 개념을 듣고 사무실에 돌아왔을 때 한 가지 간과한 사실이 있었다. 그는 품질경영에서 시스템의 문제를 고려하지 않은 것이다. 즉, 품질문제의 85%는 직원들이 통제할 수 없는 것이다. 이는 상급 관리자만이 해결할 수 있는 권한을 갖고 있다. 결국 찰스가 경영하는 회사에서 고객이 제기하는 85%의 불만은 직원들이 해결할 수 있는 문제가 아니었다. 직원들에게는 자신의 힘만으로는 해결할 수 없는 불만사항이 많았을 것이다. 그래서 직원들은 찰스의 뜻대로 업무를 진행하지 않은 것이다. 만일 찰스가 시스템 때문에 발생하는 불만과 직원의 직접적인 업무 및 조치로 인해 발생하는 불만을 구분했다면 이런 상황은 피할 수 있었을 것이다.

성과측정 기준의 이해 및 활용

● 양질의 데이터

효과적으로 측정하기 위해서는 양질의 데이터가 필요하다. 만일 데이터가 정확하지 않으면 측정값을 분석하더라도 그 결과에 오류가 생길 수밖에 없다. 우리는 앞에서 양질의 데이터를 위한 2가지 기준을 살펴보았다. 첫째, 데이터의 신뢰도가 확보돼야 한다. 즉, 같은 현상을 반복해서 측정하면 일관된 결과가 나타나야 한다. 둘째, 데이터가 타당성을 확보해야 한다. 즉, 의도했던 바대로 측정을 해야 할 것이다. 특히 측정에 편견이 개입돼 결과가 왜곡되는 것을 막아야 한다.

신뢰도와 타당성이 높은 데이터를 얻기 위해서는 최선의 노력을 기울여야 한다. 이를 위해서는 명확한 데이터를 수집하고 방법과 절차를 마련해야 한다. 그리고 데이터의 질을 지속적으로 검토해야 할 것이다.

● 모델의 문제점

우리가 측정 작업을 원만하게 수행하더라도, 모델을 현실에 적용하지 못하면 잘못된 결론을 내리기 쉽다. 이를 통계학에서는 특정화 문제(specification problem)라고 한다. 특정화 문제는 일직선상에서 과거를 외삽(extrapolate)하면서 미래의 사건을 예견하는 것이다. 기술적 용어로는 '직선형 가정(assumption of linearity)'이라고 부른다. 과거 예언가들이나 통계학자들은 그들이 다루는 변수들이 선형으로 연관되어 있다고 가정했다. 선형 관계를 다루는 것이 쉬웠기 때문이다. 예를 들면 제곱근, 삼각함수, 멱함수 등으로 이루어진 공식들보다는 $y = mx + b$와 같은 공식을 다루는 편이 훨씬 수월하다. 오늘날은 컴퓨터로 인해 비선형적 변수들을 다루는 어려움이 완화되었다. 컴퓨터를 활용하면 직선형 상관관계를 다루듯 비선형 상관관계도 쉽게 작업할 수가 있다.

한편 모델에 잘못된 변수를 사용하는 것도 특정화 문제로 인해 생긴다. 이는 관련 없는 변수들만 포함시킨 것이라서 현실을 제대로 반영할 수 없을 것이다.

○ 결론

수많은 관리자들이 측정의 속성을 이해하지 못하기 때문에, 측정을 효과적으로 활용하지 못하고 있다. 또한 다른 사람이 제시한 숫자가 어떤 의미를 갖는지 이해하지 못한다. 때문에 그들은 측정의 가치를 거부하고 부담스러워 한다.

우리는 올바른 측정을 할 수 있도록 '효과적인(effective)' 정보를 갖고 있는지 확인해야 한다. 정보가 객관적인가? 반복적으로 측정가능한가? 업무 수행을 도와주는가? 프로젝트의 책임 소재를 명확하게 규정하는가?

우리는 프로젝트의 기준을 만족시키는 많은 정보를 갖고 있다. 정보의 상당 부분은 그 자체로 측정의 척도가 된다. 데이터를 수집하고 사용하는 것은 어려운 일이나, 체계적인 데이터를 활용하면 보다 프로젝트를 성공적으로 이끌 수 있을 것이다.

15. 프로젝트 지원실의 설치 :

프로젝트 관리
역량 강화를 위하여

기업의 경영활동에서 프로젝트 관리의 중요성이 점점 커지면서, 관리자들은 프로젝트 관리과정을 규격화할 필요성을 느끼게 되었다. 프로젝트 관리가 규칙 없이 진행된다면 프로젝트는 혼란에 빠질 것이다. 예를 들어 회사 내 각 팀에서 작업분류체계를 만들 때, 각자 서로 다른 접근법, 일정계획 소프트웨어, 변화관리 절차를 따른다면 프로젝트를 체계적으로 진행할 수 없을 것이다.

1980년대, 새로운 형태의 프로젝트 관리실(project offices)이 등장했다. 프로젝트 관리실은 다양한 영역(일정계획, 예산편성, 변화관리 등)에서 프로젝트 관리의 기준을 세우고 유지하기 위해서 나타났다. 그러나 이러한 초기의 노력들은 모두 실패로 돌아갔다. 왜냐하면 프로젝트 과정의 기준을 마련하려는 욕심이 지나쳐서 관료화를 부추겼기 때문이다. 프로젝트의 관료화는 작업량의 초과를 불러왔다. 프로젝트 스태프들은 관리실에서 제시하는 규칙들이 상황을 더욱 악화시킨다는 사실을 깨달았다. 그래서 프로젝트 관리실의 지침을 무시하고, 관리실의 불필요함을 알려서 폐지하기로 했다.

1990년대, 프로젝트 관리실은 프로젝트 지원실(project support office)로 부활했다. 프로젝트 지원실은 프로젝트 스태프들이 보다 효과적으로 작업을 수행하도록 '지원'하는 쪽에 더 큰 비중을 두었다. 프로젝트 관리자 및 스태프들은 회사의 이런 시도에 대해서 신뢰감을 갖고, 지원실이 작업을 더 원활하게 돕는다는 사실을 깨달았다. 따라서 프로젝트 지원실은 성공을 거두었다.

15장은 프로젝트 지원실의 설치 및 유지 방안에 대해서 검토할 것이다.

○ 과거의 프로그램 및 프로젝트 관리실

과거의 프로그램과 프로젝트 관리실은 수십 년 동안 현장에 있었다. 주요 군사 프로젝트는 프로그램 관리실이 진행했다. 예를 들어, 탄두미사일 방어 프로그램은 탄두미사일 방어 프로그램 관리실에서 관리를 맡았다. 그리고 F-16 전투기 프로젝트는 F-16 프로그램 관리실에서, 미국 에너지국의 초대형 초전도 입자 가속 프로그램은 미국 에너지국에 (U.S Department of Energy)서 관리했다. 건설 산업도 프로젝트 관리실을 사용했다. 예를 들어 고층건물, 공항, 상수도 설비의 신축 공사는 일반적으로 프로젝트 관리실의 조정과 통제를 받았다.

다음은 과거 프로젝트 관리실의 특징을 설명한 것이다.

◦ 프로젝트 관리실은 명확하게 규정된 프로젝트를 수행하고 관리한다.
◦ 관리실의 임무는 프로젝트 작업을 지도하고 감독하는 것이다.
◦ 관리실은 프로젝트 수행에 필요한 인적·물적 자원을 관리한다. 예를 들어 예산을 관리하고, 계약자와 하청업체(subcontractors)에 대한 계약권을 가진다.
◦ 관리실의 임무 중 상당부분은 계약자와 공급자(하청업체)를 관리하는 것이다.

군사 프로그램 관리실은 다음과 같은 기능이 추가된다.

◦ 프로그램 관리실은 프로젝트의 개시에서 종료까지 수명주기를 감독한다.
◦ 수명주기 감독권 때문에, 프로그램 관리실이 수년 동안 지속되기도 한다. 예를 들어, 해군의 A-6 전투기 프로그램 관리실은 전투기가 처음 설계된 1950년대 초반에 설치되었다. 그리고 침입기의 취역이 해제된 (사용을 중지한) 1990년대 중반까지도 유지되었다.
◦ 프로그램 관리실은 다양한 프로젝트를 수주하고 관리한다. 프로젝트는 궁극적으로 프로그램의 목표를 달성한다는 관점에서 수행된다.

○ 프로젝트 지원실의 역할

오늘날의 프로젝트 지원실은 과거의 프로젝트 관리실과는 상당한 차이를 갖는다. 프로젝트 지원실의 주요한 임무는 프로젝트의 수행을 감독하고 지시하는 것이 아니라 지원하는 것이다. 따라서 프로젝트 지원실은 프로젝트 수행에 대해서 직접적인 책임을 지지 않고 회사 내 전체 프로젝트 관리를 지원하는 책임을 갖고 있다. 이는 프로젝트 지원실이 회사 내에서 수행되는 모든 프로젝트에 지원 임무를 맡고 있다는 것이다.

프로젝트 지원실은 다양한 형태와 규모로 되어 있고, 여러 가지 기능을 수행한다. 프로젝트 지원실은 프로젝트 팀의 원활한 작업수행을 위해 조직되었다.

규모적인 측면에서, 프로젝트 지원실은 매우 작을 수 있다. 즉, 작은 규모에서 한 사람이 파트타임으로 서비스를 제공할 수 있다. 아니면 큰 규모에서 여러 명이 서비스를 제공하기도 한다. 예를 들어 전자데이터 시스템(Electronic Data Systems, EDS)의 사례처럼 200명이 넘는 직원들이 전 세계 다른 기업에게 프로젝트 관리를 지원하는 경우도 있다.

서비스 측면에서, 프로젝트 지원실은 말 그대로 '지원' 그 이상의 역할은 하지 않는다. 즉, 기본적인 프로젝트 관리의 기준을 수립하도록 지원하거나 전사적인 관리 서비스를 제공한다. 지금부터 프로젝트 지원실이 제공하는 핵심 서비스에 대해서 살펴보도록 하자.

● 사무적인 업무의 지원

프로젝트 관리는 상당량의 문서작업을 수반한다. 매주 업무시간표를 작성하고, 현황보고서도 제출해야 한다. 그리고 일정계획과 예산안도 만들어야 한다. 그 외에도 여러 가지 서류 작업이 필요하다. 만일 프로젝트 지원실이 프로젝트 수행의 사무적인 작업을 대신한다면 프로젝트 팀은 보다 나은 상황에서 일할 수 있을 것이다. 즉, 프로젝트 스태프들은 목적을 달성하기 위해서 생산적인 작업에 몰두할 수 있을 것이다.

프로젝트 팀은 지원실의 사무적인 지원을 긍정적으로 평가한다. 물론 사무적인 지원이 제대로 수행될 때의 이야기다. 프로젝트 지원실이 제공하는 한 가지 사무적인 업무의 지원에 대해서 생각해보자. 지원실은 프로젝트 작업자를 위해 현황시트(status sheet)를 정비한다. 과거에 프로젝트 스태프들은 일정 기간 동안 작업한 내용에 대해 정기적으로 현황보고를 하도록 되어 있었다. 한 달에 한 번 행해질 때도 있었고, 일주일 간격으로 보고해야 할 때도 있었다. 하지만 대체로 보고서 작성은 마지막에 이뤄진다. 프로젝트 스태프는 현황보고서를 작성하는 일이 프로젝트 작업수행에 방해가 되고, 시간낭비라고 여기기 때문이다. 스태프들은 보고서 작성을 위해서 과거 자료를 들춰봐야 한다. 한 달 동안 어떤 작업을 완료하겠다고 약속했는지 확인하기 위해서이다. 달성한 작업 목록을 작성하면서, 프로젝트 스태프들은 이것이 현재의 작업 목록과 용어가 일치하는지 확인한다. 용어가 일치하지 않으면 지금까지 작성한 경과보고서들이 혼돈을 일으킬 수 있다. 프로젝트 스태프들은 경과보고서를 작성하는 것이 관료주의의 폐해라고 생각했다. 따라서 경과보고서를

프로젝트 지원실의 설치

중요하게 여기지 않았다. 그들은 보고서의 정보가 작업 목적에 따라 진
행되고 있다는 것만을 보여준다고 여겼다.

프로젝트 지원실이 프로젝트 팀 구성원들을 도와 현황보고서를 작성
한다면, 프로젝트 스태프들의 짐을 덜어줄 수 있다. 이제 현황보고서 지
원에 관한 임무가 지원실에 주어졌다. 즉, 보고서에 포함시킬 적절한 작
업 및 약속한 날짜를 확인하고, 작업 목록이 일관성을 유지하고 있는지
확인하는 것이 지원실의 몫이 되었다. 지원실은 프로젝트 팀에게 빈 칸
만 채워 넣으면 되는 양식을 제공한다. 여기에 스태프들은 간단하게 표
시하면서 각 직무에 대한 작업 현황을 파악하고, 이를 보고서로 남긴다.
과거에는 1~2시간이 걸렸던 작업을 이제는 10분이면 끝낼 수 있는 것
이다.

● 컨설팅 및 멘토링 서비스

경험이 없는 직원은 계획을 수집하는 데 서투르므로 작업을 수행하기
위해서 교육을 받아야 한다. 대부분 대학을 졸업하고 취업을 한 후, 프로
젝트에 참여한다. 따라서 이들은 계획수립에 대한 교육을 받은 적이 없
다. 대학에서도 일정계획이나 예산편성 등에 관해서 구체적인 강의가
이뤄지지 않고 있다. 때문에 졸업생들이 사회에 나왔을 때, 프로젝트에
서 계획을 수립하는 데 어려움을 겪는다. 따라서 교육을 통해서 이들이
계획을 수립하고, 실무능력을 기를 수 있도록 도와야 한다.

프로젝트 지원실은 프로젝트 컨설팅 전문가를 초빙하기도 한다. 여기
는 계획수립에 관한 전문가들도 포함된다. 프로젝트를 작업할 팀을 결

성하면 내부 컨설턴트는 계획을 수립하기 위해서 팀과 공동 작업을 한다. 이때 컨설턴트는 팀원들을 대상으로 계획수립에 관한 적기공급생산(Just-In Time, JIT) 교육을 실시한다. 따라서 프로젝트가 계획한 대로 수행할 가능성이 높아진다.

프로젝트 지원실이 제공하는 컨설팅 서비스는 계획수립에만 한정되지 않는다. 다른 여타의 주제에 대해서도 컨설팅 서비스를 할 수 있다. 즉, 수요에 대한 평가를 어떻게 수행할 것인가, 비즈니스적 수요를 기술적인 요구사항으로 어떻게 변환시킬 것인가, 효과적인 위험 평가는 어떻게 수행해야 하는가, 프로젝트에서 정치적인 문제는 어떻게 해결할 것인가 등 다방면의 문제에 컨설팅 서비스가 가능하다.

프로젝트 멘토링 서비스는 지원실의 전문가가 프로젝트 팀원에게 프로젝트에 관해서 적절한 지침을 제공하는 일이다. 멘토링은 업무 현장에서 중간관리자들을 대상으로 프로젝트의 가치와 활용을 교육할 때 효과적으로 사용할 수 있다. 예를 들어 멘토는 일주일 동안 중간급 관리자 한 사람과 함께 근무한다. 그동안 멘토는 기업의 효율성을 높이기 위해서 프로젝트 관리를 어떻게 활용할 것인지 설명한다. 그리고 중간급 관리자가 업무 효율성을 위해 어떤 도움을 줄 수 있는지 보여준다.

● 프로젝트 관리 기준의 개발 및 운용

프로젝트 지원실의 핵심 기능은 프로젝트 관리의 기준을 세우고 운용하는 데 있다. 처음 프로젝트 지원실이 설치될 때, 많은 프로젝트 팀들이 각자의 기준에 따라서 작업을 수행했다. 그 결과 회사의 프로젝트 관리 업무는 무질서의 상황에 처했다. 프로젝트 지원실은 부서별로 설정한 기준을 통합해서 운용해야 했다. 여기서 기준은 다양한 분야를 포괄해야 한다. 다음과 같은 사항을 포함하면 된다.

<u>프로젝트 선정 기준</u> : 프로젝트 후보들의 우선순위를 매길 때 사용할 수 있는 방법은 어떤 것이 있는가?

<u>현황보고 기준</u> : 현황보고의 주기를 어떻게 잡을 것인가? 현황보고서는 어떤 사항들이 포함돼야 하는가?

<u>비용, 일정, 자원 감사 기준</u> : 비용, 일정, 자원 데이터에 대해서 감사를 행해야 하는가? 어떤 형식으로 보고하고 보관해야 하는가?

<u>변화관리 기준</u> : 프로젝트 요구사항의 변화를 관리하기 위해서 어떤 접근법을 채택할 것인가?

<u>프로젝트 종료 기준</u> : 결과물을 고객에게 전달할 때 어떤 단계를 거쳐야 하는가? 프로젝트를 종료할 때 필요한 문서작업은 무엇이 있는가? 어떤 종류의 사후검토가 이뤄져야 하는가?

<u>프로젝트 소프트웨어 기준</u> : 회사는 프로젝트 소프트웨어 제품을 한 가지만 사용해야 하는가? 소프트웨어는 어떤 기능과 사항을 포함해야 하는가?

프로젝트의 기준을 세울 때는 양식과 템플릿을 만들어야 하는 경우가 많다. 프로젝트 스태프들이 2가지를 활용하면 프로젝트를 작업할 때 필요한 지침과 문서작업을 위한 절차를 제공받을 수 있다. 이때는 간결하고 일관성 있게 절차를 세워야 한다.

● 프로젝트 관리 교육에 필요한 지침

기업이 프로젝트 관리 원칙과 실제를 채택하면, 자사의 직원들 고객 및 계약자들은 프로젝트 관리 역량을 높이는 단계에 접어들게 된다. 대체로 이를 위해서 관리 교육 및 훈련을 행하는 경우가 많다. 여기서 프로젝트 지원실의 효과적인 프로젝트 관리 교육 프로그램을 위한 지침을 제공한다.

다음에 제시하는 것은 프로젝트 지원실이 지원하는 교육 관련 활동들이다.

교육과정 수립－조직의 프로젝트 관리에 대한 역량은 단기간에 향상될 수 있는 것이 아니다. 여러 분야에서 지속적으로 교육의 기회를 제공해야 하고 참여자들의 열정적인 노력도 필요하다. 프로젝트 관리 교육과정은 다음과 같은 사항들이 포함돼야 한다.

<u>프로젝트 관리의 기초</u>：프로젝트 관리 접근법 및 기본적인 기법과 도구들에 대한 소개

<u>일정계획 및 비용관리</u>：핵심 문제 및 프로젝트의 시간과 비용관리 관련 도구에 대한 심층적인 연구

<u>계약 및 수주의 기초</u>：프로젝트 관리, 아웃소싱 및 하청업자를 관리할 때, 프로젝트 스태프들이 효과적으로 대응할 수 있도록 계약의 기본 원칙 소개

<u>연성(soft) 기술</u>：프로젝트 스태프가 갖춰야 할 프로세스적인 기술(협상, 정치적 영향력, 갈등 해결, 팀 구성 기술)에 대한 검토

<u>실전 프로젝트 관리</u>：훈련생들이 효과적인 프로젝트 관리에 필요한 주요 기법과 도구들을 활용하여 실전경험을 쌓는 과정

<u>위험관리</u>：위험관리 프로세스, 위험 파악, 위험 정량화, 위험 대응계획, 위험 대응관리 등의 조망

<u>특정 기업의 프로젝트 관리 프로세스</u>：기업의 프로젝트 관리 프로세스의 실제 사례 소개. 여기에는 기업이 채택한 프로젝트 수명주기 검토, 양식과 템플릿의 소개 및 관련 문서와 절차의 검토가 포함됨

교육자 선정—모든 기업들은 직원들의 교육에 관해서 한 가지 고민을 갖고 있다. 즉, 교육을 적절하게 제공할 수 있는 사람이 누구인지 결정하는 것이다. 여기서 프로젝트 지원실의 전문가들은 교육자 선정에서 핵

심적인 역할을 수행해야 한다. 다음은 교육자 선정에서 고려해야할 사항들이다.

○ 회사 내부에서 교육자를 선정할 것인가, 아니면 외부에서 초빙할 것인가? 대부분의 기업들이 외부 강사를 초빙하여 프로젝트 관리 교육을 실시한다.
○ 외부강사를 초빙할 때 어떤 사항을 고려해서 교육자를 선정할 것인가? 여러 가지를 고민해야 한다. 강사료, 유능한 강사 초빙, 체계적인 교육과정의 제공 여부를 살펴야 한다. 그리고 내부 직원들만을 위한 세미나로 할 것인지, 공개 세미나로 할 것인지도 결정해야 할 것이다. 이 외에도 여러 가지 문제들을 고려해야 한다.

교육 프로그램 개발의 지원—기업들은 자사 직원을 대상으로 하는 교육 프로그램에 여러 가지 주문을 한다. 즉, 기업은 자사의 환경과 사정에 맞도록 교육과정에 필요한 부분과 불필요한 부분을 구분하도록 요구한다. 프로젝트 관리에 대한 포괄적인 과정을 교육할 수도 있지만, 기업이 처한 상황에 맞게 특별한 프로그램을 추가하도록 요구할 수 있다. 이 같은 요구는 간단한 사례의 연구를 통해서 충분히 충족될 수 있다. 즉, 기업이 현재 처해 있는 상황과 유사한 사례를 들어서 설명하는 것이다. 이는 기업의 프로젝트 관리 방법론의 핵심적인 성격들을 설명하는 방법으로도 해결할 수 있다. 따라서 프로젝트 지원실의 전문가들은 교육과정을 주문할 때 주도적인 역할을 해야 한다.

● 프로젝트 관리자 양성소 운영

　대부분의 기업에서 프로젝트 관리자는 직능에 따라서 특별한 책임을 맡고 있다. 예를 들어, 인터넷 제품을 개발하는 프로젝트 관리자는 네트워킹 부서에서 근무하고, 설비 관리에 종사하는 프로젝트 관리자는 설비 부서에서 근무한다. 신제품을 출시하는 프로젝트 관리자는 마케팅 부서에 소속되어 있다. 각각의 프로젝트 관리자는 자신들의 직능에 맞게 부서에 속해 있다. 때문에 이들을 중앙 프로젝트 지원실에 소속시키는 것은 이치에 맞지 않다. 만일 그들이 자신의 기능적 영역에서 자리를 비우면 사람들과의 관계뿐만 아니라 전문 분야와 관련된 기술도 잃을 수 있다. 인력관리의 원칙에 따라, 기존에 소속된 부서에서 일하도록 해야 한다.

　그러나 프로젝트 관리자들을 중앙 프로젝트 지원실에 소속시키는 것이 합당한 경우도 있다. 예를 들어 프로젝트 지원실이 정보기술 부서에 속해있고, 정보기술 부서가 모든 프로젝트에 적용되는 시스템 개발 수명주기(System Development Life Cycle, SDLC) 방법론을 따르고 있다고 하자. 이런 경우 모든 정보기술 프로젝트 관리자들을 프로젝트 지원실에서 근무하도록 하는 것도 좋은 방법이다. 프로젝트 관리자들은 일반적인 프로젝트 관리 기법 및 기준에 대해 능숙하기 때문에 그리고 다른 정보기술 프로젝트 관리자들과 자주 접촉하면서 자신의 프로젝트 작업에 대해 의견을 나눌 수 있다. 인사관리에서 보면, 그들은 핵심인력이다. 그들을 한 부서에 모으면 급여, 보너스 및 보상책이 적절하고 일관된 방식으로 직원들에게 지급될 수 있다.

프로젝트 지원실에 프로젝트 관리자들을 소속시키면, 지원실은 2가지 노력을 기울여야 한다. 첫째, 지원실은 인력충원 기관의 역할을 할 수 있도록 프로세스를 개발해야 한다. 프로젝트 지원실은 스태프들이 가진 기술을 파악하고, 그들의 기술에 맞게 프로젝트에 투입해야 한다. 즉, 프로젝트 관리자가 인력의 투입을 요청했을 때, 적절하게 응해야 한다. 따라서 지원실은 프로젝트 관리자의 직무를 정하고, 해당 직무에 적절한 인원이 배치되었는지 지속적으로 확인해야 한다.

둘째, 프로젝트 지원실은 프로젝트 관리자가 능력을 기를 수 있도록 해야 한다. 지원실은 프로젝트 관리자의 업무수행을 지원하고, 능력을 키울 수 있도록 책임져야 한다. 다음의 2가지 사항에 중점을 두면 좋을 것이다.

<u>업무실적 평가 검토 시스템의 개발 및 운용</u> 프로젝트 관리자는 업무실적 평가 검토 시스템을 통해 주기적으로 작업을 검토해야 한다. 상급관리자는 업무실적 결과를 통해서 프로젝트 관리자가 얼마나 효율적으로 일했는지 알 수 있다. 그리고 프로젝트 관리자도 자신의 작업에 대해 피드백을 구할 수 있다.

<u>직무 발전경로의 수립 및 운용</u> 기업이 유능하고 경험 있는 프로젝트 관리자를 양성하려면, 프로젝트 관리자가 '블랙벨트*black belt*' 관리자가 될 수 있도록 직무를 발전시키는 경로를 만들어야 한다. 이때 프로젝트 지원실은 프로젝트 관리자에게 동기를 유발시킨다. 이를 테면 프로젝트 지원실이 프로젝트 관리자의 능력 및 성과를 반영하여 승진시키는 것이

다. 이때 프로젝트 관리자에게 자격증을 취득하도록 요구할 수 있다. 예를 들어, 프로젝트 관리 전문가 자격증을 취득하기 위해서는 일련의 교육과정을 이수해야 하므로 PMI의 시험을 통과한 사람은 프로젝트 관리 전문가로 인정하는 것이다. 이밖에도 프로젝트 관리자가 경험을 쌓아서 보다 큰 규모의 복잡한 프로젝트에 참여해야 한다는 방법도 있다.

○ 프로젝트 지원실은 어디에 있어야 하는가?

오늘날 회사는 여러 부서에 프로젝트 지원실을 두고 있다. 특히, IT분야에 프로젝트 지원실의 절반이 속해있는데, 이는 21세기 들어서 정보기술 관련 프로젝트가 늘어났기 때문이다. IT분야의 중요성이 증가한 것은 Y2K 문제의 영향 때문이기도 하다. 1990년대 말, 기업들은 Y2K 문제에 대비하기 위해서 대규모의 팀을 조직했다. 그리고 프로젝트 지원실은 Y2K 문제를 해결하기 위해서 여러 가지 노력을 시도했다. 그러면서 앞으로도 프로젝트 지원실이 IT분야에 더 큰 비중을 두고 움직일 것이라고 예측하게 되었다. 왜냐하면 오늘날 수많은 비즈니스 활동이 정보를 다루는 것과 깊은 연관을 갖기 때문이다.

그러나 시간이 지나면서 다음과 같은 현상이 나타났다. 중앙 프로젝트 지원실은 어느 한 분야에 설치되고, 부속 지원실은 각기 다른 분야에 설치된다(그림 16.1). 이런 식의 구성은 오늘날 지식기반의 기업에서 점점 증가하여 재무, 제약, 통신, IT 분야의 기업에서 볼 수 있다. 이러한 기업에서 중앙 프로젝트 지원실은 일관된 기준을 세우고, 통제하는 역할을 수행한다. 회사 내에서 이뤄지는 모든 프로젝트는 모두 이 기준을 따라야 한다. 예를 들어, 중앙 프로젝트 지원실은 프로젝트의 변경요구를 처리하기 위해 공통의 기준을 마련할 것이다. 그러나 기준을 세우기 전에 부속 지원실의 담당자들과의 충분한 협의를 해야 할 것이다. 그리고 그 기준들이 다양한 비즈니스 단위들을 지원할 수 있도록 해야 한다. 그리고 현장의 상황을 적절하게 반영하여 적용해야 한다.

여기서 중앙 프로젝트 지원실과 부속 지원실은 구성에 있어서 2가지 흥미로운 특징을 갖고 있다. 첫째, 일관된 프로젝트 관리 기준을 만들 수 있다. 현장의 요구사항을 반영하여 기준을 정립하는 것이 필요하다. 이는 프로젝트 관리자가 명령하는 것보다 효율적인데, 그 이유는 현장에서 일어날 일에 대해서 충분한 정보를 반영하여 만들어진 것이기 때문이다.

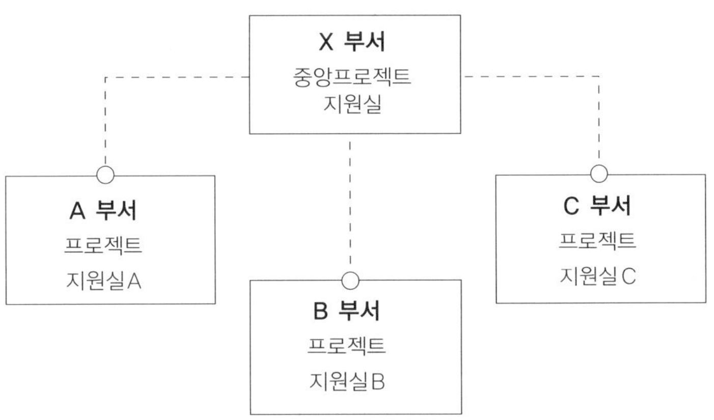

그림 16.1 전형적인 프로젝트 지원실 구성의 예

둘째, 단일 지원실을 구성하는 것보다 중앙/부속 지원실을 별도로 구성하는 것이 적절하다. 예를 들어 미국의 재무 관련 서비스 기업이 있다. 이 기업의 중앙 프로젝트 지원실은 재무 감시 부서에 속해 있다. 그러나 대부분의 프로젝트들은 다른 부서에서 이뤄지고 있다. 각 부서들은 전문 영역이 있기 때문에, 재무 감시 부서의 획일적인 지시를 수동적으로 따르는 것이 효과적이지 못하다. 그러나 중앙/부속 지원실은 중앙 프로젝트 지원실과 각 부서의 지원실 사이에서 협력관계를 형성한다.

프로젝트 관리실의 변화과정을 보면, 기업에서 프로젝트 관리가 차지하는 비중이 증가하는 것을 볼 수 있다. 여기서 한 가지 질문을 던질 수 있다. 프로젝트 관리실이 마케팅, 영업, 재무, IT 부서와 같이 독립된 직능 부서로 바뀔 가능성은 없는가? 그러나 이러한 가능성은 낮다. 기업은 조직 내의 유동적인 움직임을 강조한다. 때문에 과거의 경직된 구조를 선호하지 않는다. 그러나 '최고 프로젝트 관리 책임자'라는 직위가 조직 내에 만들어질 수 있다. 이 자리는 회사 내 프로젝트 관리 전문가 중에서 맡게 될 것이다. 최고 책임자는 회사 내의 모든 프로젝트 관리 문제에 대한 총칙을 만들어야 할 것이다.

'최고 프로젝트 관리 책임자'는 미국 에너지국(DOE)이 자신의 통제 밖에 있는 프로젝트들을 파악하기 위해서 시도되었다. DOE는 국회 법령에 대한 대응하기 위해서 1999년에 토목건설관리국(Office of Engineering and Construction Management, OECM)을 설립했다. 관리국의 국장은 조직 내의 모든 프로젝트 활동에 관한 지침을 제공한다. OECM은 10명의 직원으로 구성되어 있지만 수백억 달러의 DOE 프로젝트들에 영향력을 행사하고 있다.

○ 프로젝트 지원실의 인적 구성

인적 구성을 바탕으로, 프로젝트 지원실에서는 수많은 직능 및 직위가 존재한다는 사실을 고려해야 한다. 총 책임자, 행정 지원 스태프, 중급 프로젝트 전문가, 상급 프로젝트 전문가 등의 직위가 있을 것이다. 지금부터 각각의 직위에 대해서 살펴보도록 하자.

● 프로젝트 지원실의 총 책임자

프로젝트 지원실의 총 책임자는 행정을 적절하게 처리해야 한다. 무엇보다 예산에 대한 지식과 능력을 키워야 한다. 왜냐하면 총 책임자는 예산을 지원받고, 그 예산을 효과적으로 관리하는 역할을 수행하기 때문이다. 그리고 스태프 고용, 직무 지침 제공, 직무성과 평가 검토, 급여 수준 및 상여금 책정 등 인사관리에 관한 지식과 기술도 갖춰야 할 것이다. 프로젝트에 관한 문서체계도 잘 알고 있어야 한다. 여기는 경과보고서 제출, 경비가 많이 드는 사항에 대한 인보이스 검토, 상급 관리부서에 예산보고서 제출 등이 포함된다. 그리고 총 책임자는 의견을 조정하기 위해서 회의에도 참석해야 한다.

총 책임자는 프로젝트 관리 분야에서의 경험과 지식을 갖춰야 한다. 이는 상급자, 동료, 부하 직원의 신뢰를 얻기 위해서 중요하다. 그리고 지원실에 다루는 여러 문제를 다루기 위해서도 실무에 대한 경험이 중요하다.

프로젝트 지원실의 총 책임자는 커뮤니케이션 기술을 가져야 한다.

즉, 프로젝트 지원실에 필요한 사항과 지원실의 활동을 상급 관리자나 동료들에게 알리는 역할을 해야 한다. 즉, 지원실의 활동이 적극적으로 이뤄질 수 있도록 하는 것이다. 총 책임자는 판매 영업사원의 역할과 비슷하다. 회사 전체를 대상으로 프로젝트 지원실의 가치를 판매하는 영업사원이다. 총 책임자의 영업사원의 역할에 대해서는 15장의 끝에서 보다 자세히 설명할 것이다.

● 행정 지원 스태프

프로젝트 지원실이 프로젝트 팀에게 제공하는 업무의 대부분은 행정적 지원이다. 지원실의 행정 지원 스태프가 일정계획, 예산편성, 업무시간표 등을 처리하면, 그들은 프로젝트 스태프들이 자신의 직무에 열중하도록 만들 것이다.

행정 지원 스태프는 사무지원 기술에 대해서 잘 파악하고 있어야 한다. 스프레드시트, 워드프로세서 및 그래픽 소프트웨어 패키지 등을 잘 활용해야 한다. 그리고 스케줄 소프트웨어에 대해서도 이해해야 한다. 결론적으로 업무를 빠르게 이해하고 습득하는 것이 중요하다.

● 중급 프로젝트 관리자

초보 프로젝트 관리자는 대학을 졸업하고 프로젝트 관리를 처음으로 수행하는 사람들이다. 그들은 프로젝트에서 잡무를 담당하고, 프로젝트 팀의 일정 및 예산을 계획하는 일을 돕거나 자원배분 계획에 참여한다.

그들은 이러한 과정을 통해서 프로젝트 관리 기법을 능숙하게 사용할 수 있어야 한다. 그리고 프로젝트 팀을 도와서 프로젝트 개시 단계에서 계획수립에 참여하고, 프로젝트의 진행성과를 검토한다. 중급 프로젝트 관리자는 3~5년가량 일하면서 현장 경험을 쌓은 후, 상급 프로젝트 전문가로서 활약한다.

● 상급 프로젝트 전문가

능숙한 프로젝트 전문가는 프로젝트 관리에서 충분한 현장 경험을 갖고 있어야 한다. 대부분의 상급 프로젝트 전문가들은 규모가 큰 복잡한 프로젝트에서 10~15년 정도의 경험을 가진 사람들이다. 그들은 프로젝트를 수행하면서 겪는 사건들은 과거에 한 번 이상 경험한 적이 있는 것들이다. 프로젝트 팀 내 상급 프로젝트 전문가는 주기적으로 '타당성 검토(sanity checks)'를 한다. 그들은 타당한 것과 그렇지 않은 것을 잘 알고 있다. 그들은 프로젝트 작업을 검토하면서 프로젝트의 강점과 약점을 파악하고, 프로젝트의 효율성을 강화하기 위해서 제안할 수 있다.

만일 상급 프로젝트 전문가가 경험이 부족하면, 5년 정도 현장 프로젝트에서 수습으로 활동할 필요가 있다. 경험이 부족한 프로젝트 전문가는 프로젝트 팀의 작업을 계획하고 관리하는 일을 돕는다. 이 단계에서 가장 이상적인 모습은 경험이 부족한 프로젝트 전문가가 핵심적인 기법을 습득해서, 프로젝트의 정보를 제공하는데 핵심적인 역할을 하는 것이다. 동시에 프로젝트 관리 기법에 대한 해결자로서 활동한다.

상급 프로젝트 관리자는 학사 및 석사 학위를 소지하고 있는 경우가 많다. 회사는 PMI에서 주관하는 프로젝트 관리 자격 인증서의 취득을 더 많이 요구되고 있다. PMI의 인증서는 프로젝트 관리에 관한 핵심 역량을 갖추었다는 것을 의미한다.

○ 프로젝트 지원실의 극복대상

프로젝트 지원실을 설치하고 운영하는 것은 쉽지 않다. 프로젝트 지원실은 프로젝트에서 방해 요인을 파악하고, 그에 대한 대응 방안을 마련해야 한다. 다음은 프로젝트 지원실이 극복해야 할 방해요인에 대해서 설명한 것이다.

프로젝트 지원실은 불필요하다는 견해 1960년대, 소수의 사람들만이 제조업에서 효과적으로 품질경영을 해야 한다고 주장했다. 이때 대부분의 사람들은 품질관리 프로세스에 투자하기에는 너무 많은 비용이 소요된다고 생각했다. 이에 품질관리의 선구자인 필립 크로스비 *Philip Crosby*는 '품질은 무료다(quality is free)'라고 말했다. 이 말은 재작업을 줄이고 고객만족을 높이면, 품질관리 프로그램에 드는 비용이 줄어든다는 의미이다.

프로젝트 지원실의 필요성을 주장하는 사람들도 유사한 문제에 직면해 있다. 관리부서는 프로젝트 지원실의 필요성을 인식하지 못하고 있다. 프로젝트 지원실이 불필요한 비용만을 초래하고, 그에 상응하는 가치가 없다고 보는 것이다. 실제로 관리부서는 예산에 대한 권한을 갖고 있기 때문에, 지원실을 설치하기 위해서는 이들의 동의가 필수적이다. 그리고 기업이 구조조정, 조직의 합리화, 조직의 축소시기에 있다면, 새로운 조직을 설치하는 것은 상황에 맞지 않을 것이다. 따라서 프로젝트 지원실의 설치에 대해 필요성을 알리기 위해서는 특별한 노력이 필요하다. 즉, 프로젝트 지원실을 통해서 성과를 향상시킬 수 있다는 사실을 알려야 하고, 지속적인 설득을 통해서 확신을 가질 수 있도록 해야 한다.

프로젝트 지원실의 설치로 업무가 더 어려워질 것이라는 프로젝트 스태프들의 의심 프로젝트 스태프들은 회사에서 실시하는 새로운 제도에 대해 의심스러워한다. 새로운 제도가 현장의 작업을 더 용이하게 해 줄 거라는 회사의 말도 의심한다. 그들이 이렇게 의심하는 것은 당연하다. 왜냐하면 과거의 경험에서 볼 때, 회사의 새로운 제도는 언제나 그들의 업무를 힘들게 만들었기 때문이다. 프로젝트 스태프들은 1980년대 프로젝트 관리실의 도입도 부정적으로 바라보았다. 새로운 제도는 프로젝트 스태프들에게 과도한 문서작업을 요구했기 때문이다. 즉, 프로젝트를 위한 일정계획 수립, 상황 보고서 제출, 시간-추적(time-tracking) 시스템의 활용 등을 무리하게 요구했다. 프로젝트 스태프들은 새로운 제도를 강력히 거부했고, 관리실은 조직 내에서 사라졌다.

오늘날 프로젝트 지원실을 설치하기 위해서는 프로젝트 스태프들이 의심하는 것을 극복해야 한다. 그러면 지원실의 설치 및 운영이 성공을 거둘 수 있다. 프로젝트 지원실은 프로젝트 스태프의 업무를 가중시키지 않을 것임을 밝혀야 한다. 과거의 프로젝트 관리실에서 했던 듯이 문서작업을 가중시키는 것이 아니라, 현재의 문서작업까지 축소시킬 것이라고 인식시켜야 한다. 그래서 프로젝트 스태프들이 프로젝트 지원실을 긍정적으로 바라보고, 직접 도움을 얻으면 새로운 제도를 찬성할 것이다.

<u>프로젝트 지원실의 설치로 다른 부서의 고유 영역이 침해받을 것이라는 우려</u>
프로젝트 지원실이 재무부서 내에 설치된다면, 다른 부서의 프로젝트 관리자들은 한 가지 의심을 품게 된다. 즉, 재무부서가 회사 전체의 프로젝트 관리에 대한 권한을 가지는 것이 아닌지 우려하는 것이다. 모든 회사에서 부서 간 관할권의 문제가 나타난다. 따라서 프로젝트 지원실의 설치를 주장할 때, 이 문제에 신중하게 대처해야 한다. 이러한 문제를 해결하기 위해서는 중앙 프로젝트 지원실을 어느 한 부서에 두고, 부속 지원실을 다른 부서에 분산해서 두는 방식이 있다. 중앙/부속 지원실의 구조는 권력을 함께 공유하면 협력관계를 유지할 수 있다. 따라서 관할권 문제도 완화시킬 수 있다.

<u>일시적인 유행을 쫓는 현상에 대한 거부감</u> 나는 몇몇 기업의 상급 관리자들과의 인터뷰를 통해서 그들이 회사에서 프로젝트 관리에 어느 정도 지원하고 있는지 알아보았다. 일반적으로 대부분의 관리자들이 프로젝트 관리가 유용하다고 이야기했다. 그러나 다른 측면에서는 프로젝트 관리에 대해서 우려하고 경고를 했다. 그들이 다음과 같이 말했다.

○ 오늘날 프로젝트 관리가 충분히 지원받아야 한다고 생각합니다. 그러나 관리자들은 '일시적 유행을 쫓는' 경향이 있습니다. 실제로 우리는 쉽게 전사적 품질관리(TQM)에서 자기 관리(self-managed team)으로, 360도 평가(360-

degree review)에서 비즈니스 프로세스 합리화로, 그리고 프로젝트 관리로 관심을 돌립니다. 이런 현상이 일어나는 이유는 우리의 관심 범위가 제한되어 있기 때문입니다. 따라서 프로젝트 지원실의 설치 및 운영이 성공을 거두려면, 이 문제를 해결하기 위해서 노력해야 합니다. 특히, 프로젝트 지원실의 지지자들이 더욱 노력을 해야 합니다. 그들은 프로젝트 관리자들에게 동기를 부여하고, 상급 관리자들이 지속적으로 갖도록 역할을 수행해야 합니다.

프로젝트 지원실의 성공을 위해서는 프로젝트 관리의 중요성에 대해서 상급 관리자들과 지속적으로 커뮤니케이션을 하는 것이 무엇보다 중요하다. 이를 위해서 주기적으로 상급 관리자들에게 프로젝트 지원실의 실적 및 업무효과 등을 보고하는 자리를 마련하는 것도 좋은 방법이다. 현재 회사가 도그 앤드 포니 쇼 *dog-and-pony show*를 통해서 주어진 작업을 효율적으로 수행하게 된 것은 프로젝트 지원실이 도입되었기 때문이다. 여기서 도그 앤드 포니 쇼는 과제를 수행하는 데 뛰어난 자질이 있다는 것을 보여주기 위해 설명회를 개최하는 것이나, 설명회 자체를 지칭하는 것이다.

○ 결론

기업은 많은 사업을 프로젝트를 통해서 수행하고 있다. 신제품 개발, 사업과정의 재설계, 공급망관리, 시스템 설치, 연구개발 등 모두가 프로젝트를 통해서 수행되고 있다. 금융, 제조, 제약, 정보기술 등 여러 분야에서 기업들이 스스로를 '프로젝트 기반의 기업(project-based enterprises)'이라고 지칭하고 있다. 따라서 기업이 프로젝트를 효과적으로 수행하기 위해서 프로젝트 지원실을 설치하고 운영하는 것은 당연한 일이 되었다.

프로젝트 지원실은 기업이 수행하는 프로젝트 솔루션을 보다 빨리(faster), 보다 우수하게(better), 보다 값싼 비용(cheaper)으로 생산하도록 도와준다. 그러나 단순히 프로젝트 지원실을 설치하는 것만으로 우수한 결과를 달성하는 것은 아니다. 프로젝트 지원실이 성공을 거두기 위해서는 실제로 프로젝트 스태프들이 이를 통해서 업무를 향상시켜야 한다. 여기서 '지원(support)'이라는 말에 주목할 필요가 있다. 만일 프로젝트 지원실의 설치로 인해 관료화가 가중되어 프로젝트 스태프들이 업무수행에 어려움을 겪는다면, 프로젝트 지원실은 회사의 직원들이 진정으로 원하는 방향으로 수정을 해야 할 것이다. 프로젝트 지원실의 성공은 어떻게 확인할 수 있을까? 만일 현장 프로젝트 스태프들이 지원실에 서비스를 요청하는 횟수가 늘어난다면, 이를 성공의 징후로 삼을 수 있을 것이다.

카르페디엠
지금을 놓치지 말라!

영화 《죽은 시인의 사회 *Dead Poets Society*》을 보면 키팅 선생이 학생들에게 '카르페디엠 *carpediem*'이라고 외친다. 카르페디엠은 '지금을 놓치지 말라'라는 의미이다. 그는 낡은 규칙에 얽매이지 말라고 이야기한다. 아는 길을 따라서 여행하는 자는 편안하고 안전하게 여행을 할 수 있다. 그러나 한편으로는 익숙한 길을 벗어나면서 경험할 수 있는 놀라운 기회들을 놓쳐버린다.

오늘날 프로젝트 관리자들은 '카르페디엠'의 상황에 놓여 있다. 그들은 기업에서 프로젝트 관리의 중심적인 역할을 수행하고 있다. 우리에게 훌륭한 통찰력을 보여준 학자들(찰스 핸디, 피터 드러커, 톰 피터스, 피터 베일, 로버트 라이히 등)을 통해서 알 수 있듯이, 오늘날의 복잡하고 예측 불가능한 환경에서 생존하고 성공하기 위해서는 프로젝트 관리자가 능력을 갖춰야 한다. 수십 년 동안 프로젝트 관리자들은 지휘 체계가 분열되거나 존재하지 않는 상황에서 일해 왔다. 그 속에서 그들은 책임감을 가져야 했지만, 그에 상응하는 권한은 갖지 못했다.

과거 프로젝트 관리의 위치는 경제의 규제와 기준의 지배 속에 머물러 있었다. 그러나 19세기 초 산업혁명이 일어나기 시작하고, 1980년대 전 세계에 경쟁이 확대되면서 기존의 규제와 기준은 시대의 유물로 전락해 갔다. 따라서 커스터마이제이션 *customization*(고객의 기호와 소비형태를 기억하여 상품과 서비스를 고객의 요구에 맞게 만드는 것)과 혼돈(chaos)이 기업의 새로운 슬로건이 되었다.

따라서 오늘날의 프로젝트 전문가들은 '지금을 놓치지 말아야' 하는 상황에 서 있는 것이다. 그러나 자신의 역할을 재정의하지 않으면, 결코 이룰 수 없을 것이다. 만일 자신의 역할을 과거의 방식으로 규정한다면, 타인이 하던 일을 수행만 하던 과거의 역할과 차이가 없는 것이다. 프로젝트 전문가는 새로운 시각을 가져야 한다. 즉, 그들이 가진 기술이나 통찰력이 오늘의 복잡한 비즈니스 환경에서 높은 가치를 발휘한다는 사실을 인식해야 한다.

그러므로 이제는 적극적으로 프로젝트에 참여해야 한다. 예를 들어, 고객이 프로젝트 팀에게 비즈니스 솔루션의 개발을 요청했다면, 프로젝트 관리자는 이 역할에 부응해야 할 것이다.

이 책의 중심 테마는 새로움이다. 즉, 복잡한 비즈니스 환경에서 성공적으로 업무를 수행하려면 프로젝트 관리자는 새로운 기술을 습득해야 한다. 과거의 프로젝트 관리자는 일정관리, 예산, 인적·물적 자원의 배분 등의 영역에 관한 기술을 가지면 되었다. 따라서 프로젝트 관리자는 간트차트, PERT/CPM 네트워크, 누적비용곡선, 책임 매트릭스 등을 이해하고 활용한다면, 프로젝트 수행에 필요한 충분한 지식을 가진 것으로 간주되었다. 그러나 그것은 단순한 '수행자'로서의 역할에 따른 지식이었다.

이제 프로젝트 관리는 보다 정교하고 수준 높은 기술의 습득이 요구되고 있다. 과거에는 일정계획 및 예산관리에 대한 지식과 기술을 갖추도록 요구했던 것이 이제는 통합비용 및 일정관리로 확장된 것이다. 이제 프로젝트 전문가들은 대인관계 능력을 길러야 한다. 이는 고객과 부하직원들, 동료 관리자들을 효과적으로 다루기 위해서이다. 마찬가지로 새로운 프로젝트 관리자는 위험분석, 의사결정, 기본적인 재무분석, 요구사항 분석의 영역에서도 능력을 길러야 한다.

오늘날의 프로젝트 관리자들이 새로운 기술들을 배우고 익히는 데 투자한다면, 이러한 능력을 발달시킬 수 있을 것이다. 그러나 프로젝트는 기법과 기술들을 터득하는 것만으로 성공하는 것이 아니다. 과거 프로젝트 관리의 경험에서 얻은 '할 수 있다(can-do attitude)'는 태도를 유지하는 것이 중요하다. 그리고 '결과지향적(results-oriented)'인 태도를 결합하면 프로젝트의 가치는 높아질 것이다.

인간은 수천 년 동안 끊임없이 프로젝트를 수행해왔다. 역사를 통해 우리는 프로젝트의 수가 점차 증가했다는 사실을 확인했다. 오늘날 기업이 커스터마이제이션에 관심을 두면서 프로젝트의 양도 증가하고 있다. 따라서 기업은 프로젝트를 효과적으로 관리할 수 있는 기술과 능력을 가진 사람들을 필요로 한다.

기업에서 프로젝트 관리에 대한 중요성이 높아지면서, 우리는 그것을 전문화하려는 압력을 겪고 있다. 주요 기업들은 유능한 프로젝트 전문가를 양성하기 위해서 여러 가지 노력을 했지만, 큰 성과를 거두지는 못했다. 때문에 인력 개발에 대한 압력은 더욱 거세졌다. 이에 PMI는 1984년 프로젝트 관리 자격시험을 실시하게 되었다. 초기에는 자격시험을 통과한 사람이 적었지만 1990년에 이르러 이 자격시험을 통과한 사람들의 수가 기하급수적으로 늘어났다. 현재 35,000명 이상의 사람들이 자격시험을 통과하여 프로젝트 관리 전문가로서 활동하고 있다. 그리고 현재도 자격시험에 대한 관심은 계속해서 증가하고 있다.

유능한 프로젝트 전문가에 대한 수요가 늘어나면서 프로젝트 전문가의 임금이 상승했다. 이는 부작용이 될 수도 있는데, 내가 알고 있는 몇몇 능숙한 프로젝트 관리자는 회사의 부사장보다 많은 연봉을 받고 있다. 이러한 고액 연봉을 받는 프로젝트 관리자는 어떻게 해서 고액 연봉을 받게 된 것일까? 그들 중 대부분이 자기만의 비즈니스체계를 가진 독립된 회사와 같이 활동하고 있다. 많은 프로젝트 관리자들이 손익에 대해서 책임을 진다. 모든 프로젝트 관리자들은 고객과 긴밀한 관계 속에서 작업하도록 되어 있다.

한편 대부분의 프로젝트는 마감 기한이 촉박하게 주어지는데, 이러한 프로젝트를 원활하게 수행하기 위해서는 모두가 프로젝트 실행자가 돼야 한다. 단순히 수행자에 머무는 것이 아니라, 자신의 역할을 광범위하게 정의하면서 자신이 소속된 회사와 자신의 고객을 위해 더 많은 일을 해야 할 것이다.

프로젝트 관리와 프로젝트 전문가의 미래는 밝다. 지금의 혼돈스러운

맺음말

시대를 성공적으로 헤쳐나가는 사람이라면 고대 라틴어 격언 '카르페
디엠(carpediem)'을 따르는 사람일 것이다. 그렇다! 지금을 놓치지 말라!

thanks for

감사의 글

이 책의 5장, 10장, 15장은 크레디트 수시 퍼스트 보스턴 *Credit Suisse First Boston*과 모건 스탠리 *Morgan Stanley*의 도움으로 다룰 수 있었다.

우선 퍼싱 *Pershing*의 관리 서비스부 직원들에게 감사의 마음을 전한다. 그리고 크레디트 수이스 퍼스트 보스턴의 IT 부서와 관리 서비스부서의 빌 제이콥스 *Bill Jacobs*에게도 감사를 표한다. 빌 제이콥스의 도움으로 시간제약 일정계획법을 발전시켰고, 사업과 기술 간 간극을 최소화할 수 있는 방안을 마련할 수 있었다. 빌 제이콥스 부장과 그의 부서 직원들은 지속적인 관심과 지원에 많은 힘을 얻었다. 그들의 도움으로 프로젝트 관리의 이론을 체계화하고 핵심적인 문제를 다룰 수 있었다.

모건 스탠리의 프로그램 관리 그룹에도 감사하다. 특히 토마스 타아노 *Thomas Tarnow*에게 감사를 전한다. 모건 스탠리의 프로그램 관리 그룹은 프로젝트 관리에서 지원실을 어떻게 운영해야하는지에 대해 매우 유용한 해답을 제시해주었다. 나는 모건 스탠리에서 일했던 2년 동안, 회사가 2세대 PMO의 유능한 관리자 및 직원들 덕분에 수많은 프로젝트들을 수행할 수 있다는 사실을 깨달았다.

지난 2년 간, 웨스팅하우스의 워싱턴 정부 서비스 그룹(Westinghouse's Washington Government Services Group, WGSG)과 함께 일할 수 있는 소중한 기회를 가졌다. 여기서 리차드 험프리 *Richard Humphrey*와 제럴드 오스트랜더 *Gerald Ostrander*를 만난 것은 큰 행운이었다. 이 책은 새로운 프로젝트 관리의 특징인 복잡성을 관리하는 것을 중요한 주제로 다루고 있다. 복잡성을 관리하는 것은 프로젝트 관리의 성공을 위해서 무엇보다 중요하다. 당시 WGSG는 핵 폐기물 처리에 관한 프로젝트를 진행 중이었다. WGSG는 프로젝트를 진행하는 과정에서 능숙한 프로젝트 관리자들의 상상력까지도 북돋우면서 프로젝트를 수행해갔다. WGSG의 경험이 프로젝트 관리에서 복잡성에 대해서 이해하는 데 많은 도움을 주었다.

그리고 이 책의 책임편집을 맡은 편집자 줄리아나 거스타프슨 *Julianna Gustafson*의 지원과 도움에도 감사를 전한다. 책을 집필해보지 않은 사람은 편집자의 도움이 얼마나 중요한지 알기 힘들다. 책을 출간할 때 작가는 좋은 편집자를 만나는 것을 가장 큰 소망으로 꼽는다. 나는 줄리아나의 인내와 도움 덕분에 이 책을 출판할 수 있었다.

마지막으로 가족들에게 감사의 말을 전하고 싶다. 특히 원고 마감에 임박해서는 가족들에게 많은 짜증을 내고 불만을 표시했다. 그러나 나의 아내 얀핑 *Yanping*은 사려 깊고 신중하게 내 아이디어를 검토하고 평가해주었다. 딸 렐레*Lele*와 캐서린*Katherine*도 내게 큰 힘이 되었다. 나의 가족들에게 감사의 말을 전한다.

버지니아주, 아링턴

2002년 3월

J. 데이빗슨 프레임

지은이

J. 데이빗슨 프레임

J. 데이빗슨 프레임은 경영기술대학교(The University of Management and Technology, UMT)의 학장이고, 대학원에서 프로젝트 관리 과정을 강의 중이다. 1998년 UMT로 오기 전에는 조지워싱턴대학교의 교수로 재직했다. 그는 조지워싱턴대학교에서 프로젝트 관리, 국제과학 및 기술, 통계학을 강의했다. 1990년 이래로 프로젝트 관리협회의 프로젝트관리 자격증 프로그램의 이사로 재직해왔고, 학계에 들어서기 전에는 컴퓨터 로라이즌 사의 부사장 겸 워싱턴 지사의 관리를 맡아왔다. 그는 그곳에서 약 25개의 정보시스템 프로젝트를 관리했다.

1967년 우스터 대학에서 학사학위를 수여받은 후, 1969년과 1976년 아메리칸 대학교에서 석사 및 박사학위를 취득하였다. 저서로는《프로젝트 관리 *Managing Projects In Organizations*》를 포함하여 약 40편의 논문이 있다.

옮긴이
이석주 · 신영환

이석주 ● 고려대학교 공과대학을 졸업하고, 동대학원에서 산업공학을 전공했다. 오레곤 주립대학 산업공학 석사학위를, 아리조나 주립대학 산업공학 박사학위를 취득했다. CJ, 모토로라, ST&C, 삼성 SDS, 현대건설 등 유수의 기업에서 경영전략을 수립했다. 현재 (주) 이납의 대표로, PM과 6시그마 컨설팅을 담당하고 있다. 현재 건국대학교 정보통신대학원과 인천대학교 동북아 물류대학원에서 겸임교수로 재직 중이다. 고려대학교 컴퓨터 대학원에서 PM 과정을, 그밖에 KT, 로템, 하나생명, 코카콜라 등의 기업체에서도 활발히 강의중이다. 미국 PMI 정회원이고, 저서로는《생산관리》,《기업생존을 위한 새로운 패러다임 CIM》,《패러다임시프트》,《B2B 전략과 모델》이 있다.

신영환 ● 고려대학교 정치외교학과를 졸업했으며, 다수의 해외 주요 리포트를 번역해서 사내 및 정부기관에 배포하였다. 번역물로는《푸른 꽃》,《이아고와 카산드라》, Communications Outlook (OECD 회원국의 통신 산업에 대한 통계자료 보고서)가 있다. 현재 경제 · 경영 분야의 책을 활발히 번역중이다.